国际经济合作
理论与实务

Theory and Practice of International Economic Cooperation

主　编　钟　文　董　娟
副主编　刘贻玲　严芝清　郑明贵

中国财经出版传媒集团
经济科学出版社
Economic Science Press
北京

图书在版编目（CIP）数据

国际经济合作理论与实务/钟文，董娟主编；刘贻
玲，严芝清，郑明贵副主编 . －－北京：经济科学出版社，
2023.7
ISBN 978 - 7 - 5218 - 4971 - 4

Ⅰ.①国…　Ⅱ.①钟…②董…③刘…④严…⑤郑
… Ⅲ.①国际合作 - 经济合作 - 研究生 - 教材　Ⅳ.
①F114.4

中国国家版本馆 CIP 数据核字（2023）第 139415 号

责任编辑：杨　洋　卢玥丞
责任校对：靳玉环
责任印制：范　艳

国际经济合作理论与实务
◎主　编　钟　文　董　娟
◎副主编　刘贻玲　严芝清　郑明贵
经济科学出版社出版、发行　新华书店经销
社址：北京市海淀区阜成路甲 28 号　邮编：100142
总编部电话：010 - 88191217　发行部电话：010 - 88191522
网址：www. esp. com. cn
电子邮箱：esp@ esp. com. cn
天猫网店：经济科学出版社旗舰店
网址：http：//jjkxcbs. tmall. com
北京季蜂印刷有限公司印装
787 × 1092　16 开　26.75 印张　500000 字
2023 年 7 月第 1 版　2023 年 7 月第 1 次印刷
ISBN 978 - 7 - 5218 - 4971 - 4　定价：89.00 元
（图书出现印装问题，本社负责调换。电话：010 - 88191545）
（版权所有　侵权必究　打击盗版　举报热线：010 - 88191661
QQ：2242791300　营销中心电话：010 - 88191537
电子邮箱：dbts@ esp. com. cn）

前 言
PREFACE

随着国际分工的进一步深化和世界经济一体化的发展，国际经济合作也向纵深发展，学科的进一步发展对教材体系与内容提出了更高要求。近年来，大批国际经济合作相关教材陆续出版，为学科发展不断注入了生机与活力，但无论从内容或形式上来看，都没有较大突破。因此，编者尝试将国际经济合作的内容从理论和实务两个方面进行试探性梳理，试图做到理论体系较为完整，实务部分较为务实。

本教材具有以下四个方面的显著特色：

（1）理论体系鲜明。把理论部分独立出来进行系统分析与研究，使本教材理论性更强，有利于学科的进一步发展。

（2）鲜明的系统性。理论与实务之间紧密相连，理论指导实践，实践反过来又可以印证理论。

（3）触摸实际，丰富的最新数据、案例分析。

（4）反映学科发展的最新内容，服务实际。

本书由江西理工大学钟文博士担任主编并负责总纂。全书共 16 章，第一、第六、第十一、第十四章由钟文博士负责编写，第二、第三、第四章由郑明贵教授负责编写，第十、第十五、第十六章由董娟博士负责编写，第五、第七、第八章由刘贻玲副教授负责编写，第九、第十二、第十三章由严芝清博士负责编写。

本书由江西理工大学资助出版，本教材在编写过程中参考了大量的中外文资料，引用了大量的数据和案例，在此，特向诸位同仁表示由衷的感谢！在本教材评审、出版过程中，得到了教务处处长潘春荣教授的大力支持与热心帮助，在此一并表示感谢。

由于编者才疏学浅、水平有限，书中疏漏和不足之处在所难免，恳请广大读者和同行予以批评指正。

编者
2022 年 12 月

目 录
CONTENTS

第一章

国际经济合作导论

第一节　国际经济合作的概念与研究对象

一、国际经济活动概述

国家与国家之间、国家与国际组织之间存在着政治、经济、军事、文化、教育等多种关系，其中经济关系是最为重要并且普遍受到关注的关系。国家与国家之间的经济活动主要有以下几方面。

（一）货物和商品贸易

货物贸易也称有形（商品）贸易（tangible goods trade），其用于交换的商品主要是以实物形态表现的各种实物性商品，是有形贸易。商品贸易既包括有形商品贸易，也包括无形商品贸易（劳务、技术等）。我国从国外进口商品和货物，同时也向国外出口商品和货物。

（二）国际直接投资

国际直接投资指一国的自然人、法人或其他经济组织单独或共同出资，在其他国家的境内创立新企业，或增加资本扩展原有企业，或收购现有企业，并且拥有有效管理控制权的投资行为。例如，国际大型企业或集团，依赖其雄厚的资本和先进的科学技术，通过直接投资等方式，在中国设立三资企业，从事国际化生产、销售和其他经营活动；我国企业向国外进行投资，到国外创办企业。

（三）国际间接投资

国际间接投资指一国政府、银行或者国际金融组织向第三国政府、银行、自然人或法人提供信贷资金，以购买国外股票和其他有价证券为内容，以实现货币增值为目标而进行的投资活动。

（四）国际工程承包

国际工程承包指一个国家的政府部门、公司或项目所有人委托国外的工程承包人负责按规定的条件承担完成某项工程任务。例如，中国企业到国外承揽工程，如到非洲、阿拉伯国家、东南亚等国家承建桥梁、公共设施、道路、水利项目等；国外公司到我国承建工程项目。

（五）国际劳务合作

国际劳务合作指一国向另一国提供劳务以获取经济利益的一种国际经济合作方式。例如，我国到日本的研修生；向新加坡、阿拉伯国家、美国等派出劳动力；国外的专家、技术人员、留学生到我国。

（六）国际发展援助

现代的世界是一个开放的世界，对于已经打开国门并日益开放的中国来说，从事和接受国际发展援助已成为中国参与国际经济合作活动的重要内容。江西省综合农业现代化项目、森林生态项目等使用世界银行、亚洲银行贷款。1979～2005 年的 26 年中，联合国世界粮食计划署（WFP）和中国政府密切合作，在中国成功实施了 70 个援助项目，包括一个国别规划，累计向中国提供了 400 万吨粮食，价值 10 亿美元，共有 3000 万人受益。随着中国经济的快速发展和消除饥饿进程的推进，WFP 于 2005 年起逐渐结束了在华援助项目[①]。此后，中国也从一个 WFP 的受援国转变为 WFP 开展全球行动的重要捐助国，中国发生里程碑式转变。自 1979 年双方合作以来，中国便对联合国世界粮食计划署提供多边捐款。特别是自 2006 年以来，中国加大了对联合国世界粮食计划署的捐助力度。中国建立起全球人道主义应急枢纽，并向世界分享中国经验。

如果将上述国际经济活动进行分类，可以分为商品流动和生产要素流动两种。国际贸易主要研究商品的流动，而国际经济合作主要研究生产要素的流动。

---

① 中国和联合国合作解决粮食问题取得显著成效［EB/OL］. 中央政府门户网站，2010 - 10 - 15.

二、国际经济合作的概念与研究对象

（一）国际经济合作的概念

目前学术界关于国际经济合作的认识相对比较统一，概念表述虽然略有不同，但实质接近，具有代表性的主要有以下两点。

（1）国际经济合作是指世界上不同国家（地区）政府、国际经济组织和超越国家边界的自然人与法人为了共同经济利益，在生产领域和流通领域（侧重于生产领域）所进行的以生产要素的国际移动和重新合理配置为主要内容的较长时期的经济协作活动。

（2）国际经济合作是指第二次世界大战以后，不同主权国家政府、国际经济组织和超越国家界限的自然人与法人为了共同的利益，在生产领域以生产要素的移动与重新组合配置为主要内容而进行的较长时期的经济协作活动；国家间的经济政策协调也是国际经济合作的重要内容。

由此可以得出，国际经济合作至少应包括合作主体、合作原则、合作内容、合作形式和合作规律五个部分。从合作主体上来看，国际经济合作是不同主权国家或地区、国际经济组织之间的经济合作活动；从合作原则上来看，国际经济合作遵循平等互利基本原则；从合作内容上来看，国际经济合作侧重在生产领域，以生产要素的国际流动与重新配置为主要内容，从而与国际贸易和国际金融划清了界限；从合作形式上来看，国际经济合作多种多样、比较复杂，具体表现为国际投资合作、国际技术合作、国际劳务合作、国际建筑工程合作、国际发展援助、国际土地合作、国际信息与管理合作、国际经济政策协调合作；从合作规律上来看，国际经济合作应遵循竞争与协调的基本规律。

本书认为，国际经济合作是指不同主权国家或地区、国际经济组织之间基于平等互利合作原则，遵循竞争与协调基本规律，在生产领域开展的以生产要素的国际流动与重新组合配置为主要内容的较长时期的经济合作活动。

（二）国际经济合作的研究对象

根据上述基本概念，国际经济合作的研究对象主要是研究国际之间各种生产要素的国际流动与重新配置的规律，并揭示这一领域中进行国际经济协调的有效机制。

三、国际经济合作的特征

（一）国际经济合作的主体是不同国家（地区）政府、国际组织、各国的企业和个人

国际经济合作主体中最主要的是企业，因为对外投资、利用外资、劳务进出口、承包工程等都是由企业具体承担的。政府则有两方面功能：一是作为主体对外援助，代表国家接受国际组织援助；二是对企业进行国际经济合作，从政策、资金上进行支持（例如，出口贴息等）、帮助企业开拓国际市场。

（二）开展国际经济合作的基本原则是平等互利

历史上的殖民主义，宗主国对殖民地附属国不是基于平等互利的基础上，而是赤裸裸的直接掠夺与剥削，是不平等条约下的国与国之间的经济活动。但当今世界，和平与发展已经成为时代主题，开展国际经济合作的基本原则是平等互利。

（三）国际经济合作的研究范围是生产领域，重在研究生产要素的国际流动与优化配置

生产要素是经济学中的一个基本范畴，主要包括劳动力、土地、资本和企业家才能四种，随着科学技术的发展和知识产权制度的建立，技术与信息也作为相对独立的要素投入生产。由于各国（地区）的自然条件和经济发展水平的差异，它们各自拥有的生产要素的数量和质量也存在差异。如果将这些生产要素进行市场交换，优化配置，将形成各种各样的生产要素价格及其体系，有可能更好地促进各国经济的发展。资本和要素的流动、配置是按照效益最优化的原则进行的，以便更加充分地利用资源。跨国公司之所以在中国设立生产基地、研发中心，主要原因之一是中国的劳动力成本低，可以降低生产成本。

（四）国际经济合作是较长期的经济协作活动

国际经济合作一般以项目展开，合作周期一般都比较长，可达几年至数十年不等，因此，要求建立一种长期、稳定的协作关系。

（五）国际经济合作遵循竞争与协调的基本规律

"4C"规律，是 20 世纪 80 年代由四川大学王世俊教授通过对世界经济关系

的深入研究概括出的，即竞争（competition）、矛盾（contradiction）、协调（coordination）、合作（cooperation），反映了国际经济合作中普遍存在的基本规律。国际经济合作中各个经济主体为了自身的利益相互竞争，必然产生矛盾，要么两败俱伤，要么共同发展，后者是竞争者的理想追求。要实现共同发展，必须通过利益协调，实现新的利益分配，这就是合作。所以，竞争、矛盾、协调、合作构成了国际经济合作的基本规律。

四、国际经济合作与国际贸易的区别和联系

国际经济合作与国际贸易是任何一个国家对外经济交往的两种主要方式，都是国际分工的表现形式。从历史发展进程来看，国际经济合作是在国际贸易的基础上发展起来的，是传统意义上国际贸易的扩大和延伸，两者之间存在着密切关系。从广义上看，国际经济合作与国际贸易同属于一个研究范畴。若从狭义上看，两者在研究上又有各自不同的侧重点。国际经济合作无论就其内容、方式，还是就其运动规律来看，都具有与国际贸易完全不同的特殊性。

（一）国际经济合作和国际贸易的联系

（1）都是国际经济交往的重要形式，是各个国家参与国际分工、获得比较利益的重要手段。

（2）两者都离不开国际市场这个重要的交易环境，都必须受到国际上通行的国际惯例和准则的制约、调节。

（3）两者都与生产要素的禀赋相关。一般来说，各国开展国际经济合作的具体方式反映了其生产要素的禀赋情况，同样各国大量进出口的商品生产中也都密集地使用了其禀赋稀缺（或丰裕）的生产要素。生产要素的禀赋既决定了国际经济合作中各种生产要素的组合形式和结构类型，也决定了国际贸易中各国参与交换的商品种类和数量。

（4）在现实经济活动中，两者常常结合在一起进行。例如，国际工程承包、国际直接投资、对外援助、技术转让常常伴有商品出口。

（二）主要区别

1. 研究对象与合作领域不同

国际经济合作是研究国际间各种生产要素重新组合与配置的运动规律及协调机制，其侧重点主要是生产领域的直接合作。国际贸易则是研究国际间商品流通的规律性，其侧重点是商品的进出口贸易活动，属于流通领域的范畴。

2. 交易方式和表现形式不同

国际贸易一般采取买断和卖断的方式，往往是一笔商品交易签约后，出口方的责任是按照合同要求的商品品质、规格、数量及时交货，进口方的责任是按照合同规定及时支付货款，一旦双方完成交货与付款后，交易即告结束。国际经济合作则完全不同，在项目谈判时，双方要根据项目的特点和各自的需要来确定一个适当的合作方式。达成协议后，还需要组成一个具有联合性质的经济实体。参加实体的有关各方，对项目的经营成败有着共同的利害关系，有的项目还要共同管理、共担风险和共负盈亏。

3. 业务周期长短不同

一笔国际贸易业务一般在几周至几个月内即可完成。而国际经济合作的项目周期都比较长，内容也较复杂，从谈判、签约到合同执行完毕需要花费较长的时间，有的甚至长达几十年。

4. 对国民经济所起的作用和影响不同

国际贸易能从其他国家获得稀缺的商品（成本低、质量高、本国不能生产），但一般不能提高一个国家的经济实力、科技水平和生产力。而国际经济合作一般可提高一个国家的生产力、科技水平和管理水平。

第二节　国际经济合作的类型与方式

一、国际经济合作的类型

国际经济合作的内容非常丰富、复杂，需要按不同标准进行分类。例如，中国江西国际经济技术合作公司于1983年经国务院批准成立，是以对外承包工程、对外劳务合作、国内建筑和房地产为主营业务，建筑设计、海外投资和贸易、外经服务、劳务培训等多元化经营的综合性外向型企业，其主要经营业务包括：承包境内外工程，承担我国对外援助项目，办理承包工程所需的设备材料出口；对外派遣各类劳务人员，向日本派遣各类研修生；在境外兴办各类企业；各类商品的进出口贸易、国内贸易；国内外房地产开发；设计咨询，高新技术开发等。

因此，如何对上述国际经济活动进行分类，并促进国际经济合作的学科发展显得尤为重要。

（一）根据所含经济内容的不同，分为泛指、广义和狭义的国际经济合作

泛指的"国际经济合作"，是指在一些报刊、文件、网络及其他媒体中使用的"国际经济合作"，包括一切国际经济交往方式，如国际贸易、国际金融服务、国际投资等。广义的"国际经济合作"，是指除国际商品贸易和国际金融服务之外的国家间的经济协作活动；狭义的"国际经济合作"，是指国际承包工程、劳务合作和对外经济援助。

本书研究的是广义的"国际经济合作"。

（二）根据参与国际经济合作主体的不同，分为宏观国际经济合作与微观国际经济合作

宏观国际经济合作是指不同国家政府之间，以及各国政府与国际经济组织之间通过一定方式开展的经济协作活动。如世界银行对某一国的贷款、某一国政府对另一国政府的援助。大多数宏观国际经济合作最终都要通过微观国际经济合作形式开展。微观国际经济合作是指不同国家的法人（企业、公司）和自然人通过一定的方式开展的经济协作活动。

（三）根据参与国际经济合作主体个数的不同，分为多边国际经济合作与双边国际经济合作

多边国际经济合作是指两个以上国家政府之间、有关国际组织项下、区域性经济组织内部进行的经济合作。双边国际经济合作是指两国政府之间进行的经济合作活动。

（四）根据参与国际经济合作国家的经济发展水平差异，分为垂直型国际经济合作与水平型国际经济合作

垂直型国际经济合作一般指经济发展水平差异较大的国家之间、科技及装配水平差距较大的企业之间展开的经济合作活动。水平型国际经济合作是指经济发展水平比较接近的国家之间、科技及装配水平比较接近的企业之间展开的经济合作活动。由此，垂直型与水平型国际经济合作，既包括有宏观国际经济合作的内容，也包括有微观国际经济合作的内容。

二、国际经济合作的主要方式

国际经济合作的内容十分丰富，方式多种多样，而且随着世界经济一体化进程的加快，新的合作方式不断出现，概括起来，主要有以下几种方式。

（一）国际直接投资合作

国际直接投资合作主要研究国际资本要素在国际间移动的主要规律，具体来说，是研究一个国家引进其他国家的直接投资或向另一国进行直接投资的特点与规律，主要方式有合资经营、合作经营和独资经营。国际直接投资以投资者寻求在国外设立并运营企业获取有效发言权或控制权为目的的投资。以中国为例，包括外国在华直接投资和我国对外直接投资两部分。

（二）国际间接投资合作

国际间接投资合作是指发生在国际资本市场中的投资活动，包括国际信贷投资和国际证券投资。前者是指一国政府、银行或者国际金融组织向第三国政府、银行、自然人或法人提供信贷资金；后者是指以购买国外股票和其他有价证券为内容，以实现货币增值为目标而进行的投资活动。具体形式有：国际金融组织贷款、国际商业银行贷款、外国政府贷款、吸收外国贷款、发行国际债券、股票、国际租赁信贷等。

（三）国际劳务合作

国际劳务合作是指一国的自然人或法人通过某种形式向另一国的自然人、法人或政府机构提供劳务以获取经济利益的一种国际经济合作方式。包括直接的境外形式的劳务合作和间接的境内劳务合作。主要形式有：国际工程承包、劳动力输入和输出、国际旅游、国际咨询以及三来一补等。

其中，国际工程承包是指一个国家的政府部门、公司、企业或项目所有人（一般称工程业主或发包人）委托国外的工程承包人负责按规定的条件承担完成某项工程任务。国际工程承包是一种综合性的国际经济合作方式，是国际技术贸易的一种方式，也是国际劳务合作的一种方式。

（四）国际发展援助

国际发展援助是指发达国家或高收入的发展中国家及其所属机构、有关国际组织、社会团体以提供资金、物资、设备、技术或资料等方式，帮助发展中国家发展经济和提高社会福利的国际经济协作活动。例如，多个国家通过粮食计划署来援助朝鲜，美国是援助最多的国家。粮食援助自 1996 年实施以来，美国已派出超过 200 万吨粮食援助，价值约 700 万美元，以帮助朝鲜减轻长期出现的大量食品短缺①。中国对阿富汗提供数亿美元的资金和物资援助；对伊拉克援建；对印度洋海啸援建等。

（五）国际科技合作

国际科技合作包括有偿转让和无偿转让两个方面。有偿转让是指国际技术贸易，采取的方式有：带有技术转让性质的设备硬件；专利、专有技术或商标使用许可贸易等。无偿转让一般以科技交流或技术援助的形式出现，具体方式有交换科技情报、专家互换（如 20 世纪 50 年代我国与苏联互派专家到科研机构工作，现在与欧洲有关科研机构互派专家）、联合研究攻关（如中俄合作模拟登陆火星项目）、建立联合科研机构（如中国香港科研机构联合在四川建立生殖医学实验室）等。

（六）国际土地合作

国际土地合作包括对外土地出售、土地出租、土地有偿定期转让、土地入股及土地合作开发等。

（七）国际租赁合作

国际租赁合作又称租赁贸易或租赁信贷，也称为国际金融租赁或购买性租赁，是指出租人通过签订租赁合同将设备等物品较长期地租给承租人，承租人将其用于生产经营活动的一种经济合作方式。在租赁期内，出租人享有租赁物的所有权，承租人拥有租赁物的使用权，并定期向出租人缴纳租金，租赁期满后租赁物按双方约定的方式处理。租赁业务一般分为融资租赁、经营租赁、杠杆租赁、综合租赁和联合租赁等方式。

（八）国际经济信息与管理合作

国际经济信息合作主要指不同国家间经济信息的交流和交换。国际管理合作，具体方式有：聘请国外的管理集团（如酒店业，聘请香港酒店管理集团对我国内地的酒店进行管理）、高级管理人才进行管理咨询与合作。

---

① 美国从 1996 年开始就给朝鲜以"经济援助"了！各国捐给朝鲜的粮食里美国捐得最多！［EB／OL］.风闻新闻，2021－10－26.

（九）国际经济政策的协调和合作

国际经济政策的协调和合作包括联合国系统国际经济组织进行的协调、区域性经济组织的协调、各国政府间进行的协调等。

第三节　国际经济合作的发展历程

一、国际经济合作的产生和发展

（一）"二战"前，国际经济合作开始萌芽

"二战"以前，国际经济联系最主要的形式是国际贸易，国际贸易是在国际分工和商品交换基础上形成的。在奴隶社会，由于生产力低下，交通不便，商品流通量不大，国际贸易很有限，交易的商品主要是奴隶和供奴隶主消费的奢侈品。在封建社会，随着社会经济的发展，国际贸易也有所发展。15～16世纪初的"地理大发现"推动了国际贸易的发展。当时参与贸易的商品主要是一般消费品和供封建主消费的奢侈品。

资本主义生产方式产生后，特别是产业革命以后，由于生产力迅速提高，商品生产规模不断扩大，国际贸易迅速发展，并开始具有世界规模。17～19世纪，资本主义国家的对外贸易额不断上升，英国在国际贸易中长期处于垄断地位。当时参与国际贸易的商品主要是一般消费品、工业原料和机器设备。19世纪末进入帝国主义时期后，形成了统一的无所不包的世界经济体系和世界市场。

此后，第一次世界大战的冲击和1929～1933年世界经济危机使资本主义世界经济遭到很大破坏，世界贸易额锐减并停滞不前。

（二）"二战"后，国际经济合作蓬勃发展

1. 第三次科技革命的出现及影响

第三次科技革命是人类文明史上继蒸汽技术革命和电力技术革命之后科技领域里的又一次重大飞跃。它以原子能、电子计算机、空间技术和生物工程的发明和应用为主要标志，涉及信息技术、新能源技术、新材料技术、生物技术、空间

技术和海洋技术等诸多领域的一场信息控制技术革命。这次科技革命不仅极大地推动了人类社会经济、政治、文化领域的变革，而且也影响了人类生活方式和思维方式，使人类社会生活和人的现代化向更高境界发展。第三次科技革命扩大了世界范围的贫富差距，科学技术成为影响一国生产力水平的最重要因素，因此，国家之间在生产领域进行合作成为可能。

2. 跨国公司得到了大发展

1998 年底，全球共有跨国公司 5.99 万家，而到了 2008 年底，全球共有跨国公司 8.2 万家，掌握世界上 90% 以上的先进技术，占世界贸易额的 70% 以上，2008 年累计直接投资额达 18 万亿美元。跨国公司得到了突飞猛进的发展。2019 年中国跨国公司 100 大海外资产总额为 95134 亿元、海外营业收入为 63475 亿元、海外员工总数为 1391971 人，分别比上年提高 8.93%、6.41% 和 7.31%；入围门槛为 98.58 亿元，比上年提高 26.36 亿元；平均跨国指数为 15.96%，比上年提高 0.16 个百分点，比 2011 年中国跨国公司 100 大的平均跨国指数提高 3.72 个百分点。[1]

3. "二战"后国际分工的新特征

国际分工是国际间的劳动分工。"二战"后国际分工新发展表现在生产过程的国际化上，主要体现为：发达国家之间的工业分工迅猛发展，占主导地位；发达和发展中国家之间的垂直型国际分工的主流地位已经让位于水平型的国际分工；产业部门之间的国际分工日益转变为产业内部的国际分工，以产品为界限的国际分工逐步转变为以生产要素为界限的国际分工（产品内分工）。例如，苹果公司最终产品组装目前分布在美国加利福尼亚州、得克萨斯州和中国、捷克、韩国，关键部件制造和供应分布在美国、中国、德国、爱尔兰等国家，其中苹果计算机、iPhones、iPads 和 iPods 装配在中国完成。国际分工的深化形成了全球生产网络，经济全球化程度不断加深，例如，日本马自达最新的跑车 MX－5 在美国加州设计，在东京和纽约融资，样车来自英国 WORTHING，总装在美国的密歇根和新墨西哥，电子部件在美国新泽西设计，在日本制造。

4. "二战"后世界政治经济格局的新变化

"二战"前，宗主国从殖民地掠夺资源，向殖民地倾销商品；"二战"后，原殖民地独立，成为发展中国家，本身需要经济独立，发展民族经济，需要资金、技术和管理；发达国家只能通过资本、技术进入发展中国家市场。

---

① 2019 中国 100 大跨国公司发布　前十位国企占八成［EB/OL］. 人民网，2019－09－02.

二、国际经济合作的新发展

国际经济合作极大地促进了世界经济的快速发展，提高了参与各国人民的福利水平。越来越多的国家积极参与到国际经济合作中来，尤其进入20世纪80至90年代以来，国际经济合作出现了一些新的特点。

（一）竞争更加激烈

国际经济合作领域的竞争毫不逊色于国际贸易领域，可以说，更加激烈。世界各国为了扩大国际市场，在劳动力市场、原材料来源、资本流入等方面展开了激烈的争夺，众多国家为此而想方设法，积极实施"引进来、走出去"战略。

（二）集团化趋势更加明显

出现了众多的区域经济合作组织，如欧盟（2013年拥有28个成员国）、亚太经济合作组织、海湾合作委员会、南亚区域合作联盟、北美自由贸易区等。因此，国与国之间的经济联系更加紧密，集团化趋势更加明显，发达国家之间经济合作进一步加强。

（三）经济合作形式多样化

国际经济合作形式随着国际经济合作业务内容的发展而不断多样化，近年来出现了一些国际经济合作的新形式：BOT投资模式、带资承包工程、联合研究开发新技术和新产品、带资移民及补偿贸易等。

（四）经济政策协调经常化、制度化

为了保障和推动生产要素的国际移动与合理配置更加顺利地进行，需要不断地加强国际经济政策协调，使之经常化、制度化，调整的方向主要包括：加强双边或多边国际协调、促进资本和技术向发展中国家转移、促进世界经济产业结构的调整、加强对跨国公司的管理等。

第四节　国际经济合作的影响

国家间进行广泛的合作与协调有力地推动了世界经济和参与合作国家经济的发展，并使各国间的经济联系加强和经济依赖程度加深。国际经济合作打破了以

往以商品贸易为主要内容的国际经济交往格局，不仅为国际经济联系增加了新的内容和方式，还使"二战"后国际贸易的发展出现了新的动向，具有了新的特征。国际经济合作的影响主要表现在以下几个方面。

一、对生产的影响

国际经济合作对生产的影响表现在加深各国的生产国际化和经济国际化方面。由于国际经济合作是各国在生产领域开展的较长时期的经济协作活动，直接促进了生产的国际化，使世界经济由传统的以世界市场为主要特征的时代，演变为以世界工厂为主要特征的时代。

二、对生产要素的影响

在世界经济中，各国在某一生产要素方面会存在不同程度的差异性。通过国际经济合作，一个国家可以从其他国家获得本国稀缺的生产要素，弥补各国在自然资源方面的不足，获得发展生产所迫切需要的资金、技术、劳动力、土地等，从而降低生产成本，提高生产要素的利用效率。

首先，国际经济合作直接实现了各国在生产要素的数量、质量和种类方面的互补及优化配置；其次，国际经济合作提高了生产要素的使用效率和收益；再次，国际经济合作促使生产要素价格在世界范围内出现均等化的趋势；最后，生产要素的国际移动会导致某些出口产业的国际转移和某些替代进口产业的加速建立，改变了一些国家参与国际分工的态势。

三、对国际贸易的影响

生产要素的国际移动促进了国际贸易的进一步发展，具体表现为：

（1）资本和技术的移动增加了机器设备和原材料的国际贸易量；

（2）一国如果把输入的生产要素投入出口产品生产企业或出口产业部门，无疑会推动该国出口贸易的扩大；

（3）国际工程承包业务的开展能促进相关设备、材料等商品的进出口；同时，世界服务贸易往往会随着生产要素国际移动数量的增加而扩大。

复习思考题

一、名词解释

国际经济合作、国际劳务合作、国际租赁合作、"4C"规律

二、简答题

1. 国际经济合作的主要特征是什么?

2. 国际经济合作与国际贸易的联系和区别?

3. 国际经济合作的类型有哪些?

4. 国际经济合作的主要方式有哪些?

5. 国际经济合作有哪些新特点?

6. 国际经济合作的影响主要表现在哪些方面?

第二章

生产要素的国际移动理论

第一节　生产要素的概念与分类

一、生产要素的概念

从一定的角度来讲，生产要素分析是经济学的一个重要基础。对于如何理解生产要素这一概念及生产要素包括哪些主要内容，国内外经济学界存在着不同的看法。具有代表性的观点大致可以分为五种。

（一）从使用价值的创造和具体生产过程角度

第一种观点认为，生产要素是指用于商品和劳务生产的经济资源，通常分为土地、劳动和资本，即三要素。第二种观点认为，生产要素是指用于生产过程的社会资源，通常包括土地、劳动、资本和企业家才能，即四要素。这个解释与西方经济学教科书的解释基本相同。

这两种观点侧重于从使用价值的创造和具体生产过程的角度来分析生产要素，基本上反映的是西方经济理论界较传统的认识，对"二战"后提出的新生产要素（人力资本要素、研究与发展要素、规模经济要素和信息要素等）则未加以分析概括。

（二）从我国经济理论界和实际经济部门角度

第三种观点认为，生产要素是进行物质资料生产所必须具备的条件，即劳动者和生产资料。该观点实际上是我国政治经济学界对生产要素的解释，由于是从人类社会生产最基本和最一般条件的角度所下的定义，所以比较抽象。

第四种观点是我国经济学界在研究生产力系统的构成因素时提出的，这种观点认为，生产力因素是社会生产力的细胞形态，是生产力经济学的逻辑起点。但是，在分析生产力具体由哪些因素构成时，却存在着"七要素论"和"九要素论"的争论。"七要素论"认为，生产力的构成因素包括劳动者、劳动资料、劳动对象、科学技术、生产管理、经济信息和现代教育；"九要素论"则认为生产力的构成因素有九个，即劳动者、生产工具、能源设施、基础设施、材料、科学技术、生产信息、现代教育和生产管理。该观点对现代化大生产条件下的生产力构成情况进行的分析虽然比较具体，但对于要素内容的概括过于宽泛，在理论渊源上与第三种观点有一定联系。

第五种观点是中国经济界在解决企业兼并和产权转让等现实问题时提出的。这种观点认为，生产要素包括人员、资金、土地、固定资产、物资、技术、信息、管理和经营权等。该观点则完全是从实际经济活动的过程来概括生产要素的内容。

（三）本书的定义

综合上述几种观点，并结合对国际经济合作实际业务的理论分析，所谓生产要素是指使具体的生产过程得以正常进行所必需的各种物质条件和非物质条件。生产要素通常包括资本、劳动力、技术、土地、经济信息和经济管理六种。

二、生产要素的分类

（一）资本要素

资本要素是指通过直接和间接的形式最终投入产品生产过程的资本、货物（机器设备、厂房建筑物和原材料等）和金融资产（股票、债券和借款等）。从资本主义生产过程考虑，资本的本质是能够产生剩余价值的价值。按在剩余价值生产中的作用，资本可分为不变资本和可变资本；按在产品价值转移过程中的方式，资本又可分为固定资本和流动资本；按产业资本的存在形式，资本可分为货币资本、生产资本和商品资本；按资本的所有权和使用权，资本又可分为职能资本和借贷资本。

资本具有以下特征：（1）资本的存在量决定着一个产业的具体性质，如资本密集型或劳动密集型等；（2）资本作为生产要素的一种，必须表现为一定的形式。货币资本能够流动，但只有当它的流动转化为生产资本成为生产要素时，才有意义。从生产资本角度来看，资本又是不能流动的，因为它已经成为特殊产品生产所需要的生产原料和生产设备，具有产业和产品的特殊规定性，从一个产业转移到其他产业的流动受到严格的限制。

（二）劳动力要素

劳动力要素是指可用于生产过程的一切人力资源，不仅包括体力劳动者，也包括脑力劳动者。劳动力与劳动是两个关系密切但又有区别的概念，劳动是劳动力的使用和消费，即人们在生产中付出的体力或智力活动。简化的理论分析中劳动力就是劳动者的数量，每个人都有进行任何一种生产的必要技能，或者生产本身不需要任何技能，即劳动力因素是同质的。从劳动力自身的再生产来说，同质意味着劳动者的生活习惯、偏好是没有差异的。这些无差异性意味着劳动力的任何流动都是无障碍的，即劳动者从一地流动到另一地，不存在生活习惯上的障碍；劳动者从一个产业流动到另一个产业，不存在特殊技能的障碍。但实际上，劳动者是不同质的，不同质是影响劳动者流动性的最根本因素。

（三）技术要素

技术要素指的是劳动者在长期的生产实践中所掌握、使用的技能，它反映了人类在征服和改造自然过程中的知识积累。它是制造某项产品、应用某项工艺或提供某项服务的系统知识，但不包括有关货物买卖与物品出租的知识。技术要素的表现形态可以是有形形态（文字、表格、数据配方等），也可以是无形形态（实际生产经验、个人的专门技能等）。技术有高低之别，具体有两种意义：一是同种产品的生产技术比较，它直接影响到产品的质量和数量；二是各国总的技术水平比较，是所有产业比较的综合反映。技术是不断进步的，技术本身很难计量，其经济意义可以用其他方式来衡量，如技术进步率、技术在经济增长中的贡献等。

（四）土地要素

土地要素是人类生产劳动必需的空间场所，也包括蕴藏于自然界中并可为人类开发、利用的原料、材料与能源。土地要素是一个有着三方面内涵的立体概念，它不仅包括土地自身，还包括地下矿藏和地面自然资源（如森林等）。经济学中假定土地是农业生产密集使用的要素，土地具有两方面的特殊性：（1）土地有丰度上的差异，这种差异导致了等量资本或劳动的投入会有不等量的产出；（2）土地有地理位置上的差异（如纬度），某些作物并不是在地球上任何地方都能生长的。这两种特殊性决定了单用量的比较作为生产要素来分析是不够的。土地要素包含了存在于一定地域、海洋的自然资源，如石油、金属矿藏、森林、海洋资源等。资源的特殊性在于其多样性和不可替代性，不同资源的不同工业用途基本上是不可替代的。资源的这种特殊性决定了资源开发的重要性和资源流动的可能性。

（五）经济信息要素

经济信息要素一般是指与产品、服务、生产、销售和消费直接相关的消息、情报以及数据等相关知识。经济信息是经济运动过程中各种发展变化特征的真实反映，它具有可传递性、可再生性、可处理性、可储存性和可共享性等特征。其主要作用在于为生产者制定有关其他要素的移动、配置的时间和场所的决策等，并提供指导和参考。

（六）经济管理要素

经济管理要素（生产组织要素或企业家才能要素）是指人们为了生产和生活的需要而采取的对经济活动过程的一种自觉的控制，即通过计划、组织、指挥和监督控制等手段，使生产过程中的各种要素在时间、空间和数量上组成更为合理的结构，实现最佳生产效益。经济管理的主要职能是决策和协调。

人们对生产要素种类的认识和概括是随着生产技术的不断发展而日益丰富的，生产越是现代化，其所拥有的生产要素种类也就越多，生产要素的内涵也就越丰富。近年来，有些经济学家提出应当把人力资本、研究与开发、规模经济等作为新的生产要素，是对生产要素研究的一种积极探索。

第二节　生产要素国际流动的原因

一、生产要素国际流动的概念、特点

（一）生产要素国际流动的概念

从狭义的角度来看，生产要素国际流动是指生产要素以国际贸易或国际经济合作的形式在各国间所进行的直接流动；从广义的角度来看，除生产要素的直接移动外，它还应包括生产要素以产品为外化形式在国际间所展开的间接移动（即

商品的输出入，这里指的是一般意义上的商品，不包括作为特殊商品单独存在的生产要素）。

（二）生产要素国际流动的特点

虽然研究生产要素移动的重点在于其直接移动方面，但对于生产要素的间接移动及其与直接移动的相互关系方面也不应忽视。在经济和社会发展的不同阶段，生产要素流动和商品流动也呈现出不同的特点。在市场经济的初级阶段，市场交易以商品为主要对象，生产要素作为物质资料生产所必须具备的条件，只停留在经济运行过程初期的生产阶段，还远远不能进入经济运行的交换、分配阶段；而在市场经济高度发达的阶段，生产要素将逐渐代替商品成为市场交易的主要对象，并进入经济运行的交换和分配阶段，从而参与经济运行的全过程。

二、生产要素国际流动的主要原因

按照经济学的一般原理，单一的或极少的一两种生产要素不可能形成生产力，只有若干种生产要素的相互组合和有机结合才能形成生产力并促进经济发展。但生产要素在地区间的分布是不平衡的，即每一地区都不可能天然具有组织生产所必需的各种生产要素，其所具有的一种（或几种）生产要素无法生产出满足地区需求的产品或者生产效率极低，这一客观事实决定了生产要素在各地区间是流动的而不是静止的。生产要素的流动和水的流动原理是一样的。水总是从高处流向低处，而由于经济效益（尤其是生产成本因素）的决定作用，生产要素也总是从禀赋充裕的地区流向禀赋稀缺的地区，寻找其他要素并与其相结合以降低生产成本。这是因为受供求关系的影响，禀赋充裕的生产要素价格相对较低，而当相对稀缺的要素价格较高时，为了获得更多的收益，生产要素总是从价格较低的地区流向价格较高的地区，也就是从相对丰富的地区流向相对欠缺的地区。因此，生产要素流动和商品流动的原因是一致的，即都是由于地区间或国家间在价格上的差异，为了谋取利益的最大化而引起的流动，从而商品或生产要素都从充裕、价格较低廉的地区流向稀缺、价格较昂贵的地区。商品和生产要素的流动，会缓解某一地区或国家对某种生产要素的稀缺程度，并减轻充裕要素的相对丰富程度。

由于制约和影响生产要素国际流动的因素较多，所以对生产要素国际流动原因的分析就较为复杂和困难。一般而言，导致生产要素国际直接流动的原因主要有以下几点。

（一）各国（地区）之间生产要素禀赋的差异性

由于受到自然地理条件、经济发展程度和科学技术发展水平等因素的影响，各国（地区）之间的生产要素存在着较大的差异。这种差异主要表现在以下几个方面。

1. 各国（地区）之间资本要素的差异

各国（地区）之间资本要素的差异主要是由历史的原因和经济与科技发展水平不同所决定的。资本丰裕的国家对于资本密集型产品的生产具有巨大的优势。在历史发展过程中，发达资本主义国家通过原始积累和殖民主义的对外经济政策获取了大量建立现代化工业的资本。"二战"后，科学技术的发展促进了社会劳动生产率的提高，从而推动了当今发达资本主义国家的资本积累，与发展中国家相比，发达资本主义国家具有资本优势。因此，发达国家与发展中国家在发展经济的资本要素方面具有显著的差别。不仅如此，即使在发展中国家之间或者发达国家之间，在发展经济所需的资本要素方面也存在着一些差异。

2. 各国（地区）之间劳动力要素的差异

各国（地区）之间劳动力要素的差异也是影响经济发展一个重要因素，人口稠密的国家在劳动密集型产品的生产方面具有明显优势。由于历史等原因，发展中国家的劳动力比较丰裕，因此，"二战"后劳动密集型产品的生产主要集中在发展中国家。对于劳动力的分析，不仅要考虑劳动者的数量，而且还需考虑劳动者的能力。劳动者的能力取决于人的天然资质、接受教育的程度和长期从事的职业等方面。

（1）人的天赋差异。

（2）接受教育的程度。一个人接受教育的程度取决于该国的教育水平。一般而言，接受教育多的劳动者比接受教育少的劳动者能生产出更多的产品。"二战"后，西方经济学提出的人力资本概念就是指这一情况。人力资本是指在劳动者身上进行的投资（其中包括教育、培训、卫生、保健等投资），以使普通劳动者的素质大大提高，从而提高劳动生产率，发展科学和利用先进的技术。这种投资和劳动力结合，可以形成一种新的生产要素，并对国际经济合作和国际贸易发生作用。

（3）长期从事的职业。即使每个人的天赋差异和受教育水平一样，长期从事一种或少数几种职业仍然会使人与人之间的能力产生差别，劳动者的技能会因职业不同而发生变化或改进。

3. 各国（地区）之间技术要素的差异

赫克歇尔和俄林在生产要素禀赋理论中，假设各国间在技术上是没有差别的。用这一假设来解释"二战"后各国间经济发展和经济往来是不现实的。各国间的劳动力、资本和自然资源方面的差异对于各国生产要素的流动固然具有十分重要的影响，但技术也是一个不可忽视的因素。第二次世界大战以后，一些主要的资本主义国家又开始了新的科学技术革命，这次科学技术革命首先发源于美国，随后，西欧和日本也迎头赶上，在这一过程中，国际技术转让起了很大的作用。一个国家在科学技术上的优势决定了该国在技术密集型产品生产方面具有的有利条件。发达资本主义国家由于技术比较发达，其技术密集型产品的生产条件大大优于发展中国家。技术要素属于一种人为的可得性生产要素，从根本上来说，各国（地区）之间技术要素方面的差异性源于其在基础研究和应用研究方面的水平。

4. 各国（地区）之间在其他生产要素方面的差异

各国（地区）之间在土地要素、经济信息要素和经济管理要素方面也存在一些差异。由于各国（地区）所处的纬度位置和地理条件的不同，又由于社会历史的因素，各国（地区）的国土面积、土地状况和气候状况都不尽相同。土地要素丰富的国家或地区，土地价格会相对低廉，相反则会相对昂贵。土地要素丰富，有利于进行土地和资源密集型产品的生产。

经济信息要素对于经济发展来说也是不可缺少的因素之一。经济信息虽是一种无形的非物质的生产要素，但是，当它与其他有形的生产要素结合在一起时，就能够对产品的生产、销售和消费等产生巨大的影响。"二战"后，发达国家都十分强调这一要素的重要性并具有一定的相对优势，而广大的发展中国家也日益对这一要素加以重视。

各国（地区）在经济管理要素方面的丰裕程度也不尽相同。与市场经济相关的经济管理，既包括整个国民经济的宏观管理，又包括微观企业的管理。总的来说，发达国家这种要素丰裕一些，而发展中国家稀缺一些。

（二）各国（地区）之间经济发展水平的不平衡性

各国经济发展水平不平衡规律是制约和影响生产要素在各国间进行流动的重要因素。发展中国家如何从不发达的经济状态进入经济发达国家的行列，如何提高本国人民的社会福利水平，都与正确的国内经济发展战略及合理的对外经济战略密切相关。其中，一个非常重要的问题就在于，如何通过对自己相对充裕要素（劳动力、土地等）的输出和相对稀缺要素（资本、技术、管理等）的输入，做到国内资源的合理配置与使用。因而，一方面，从发展中国家和发达国家经济发展的阶段性差距来看，要素的国际流动非常必要。另一方面，从发达国家之间的关系来看，发展不平衡规律的作用也导致了生产要素在发展水平相近的欧美等资本主义国家间的相互流动。

从各国经济结构角度分析，各产业间、各部门间、各类产品生产间的比例在经济发展水平相差悬殊的国家间会产生不一致，即使在经济发展水平相近的国家间也不会完全一致。这种经济发展的不平衡性从两个方面促进了生产要素进行跨越国界的移动：一方面，各国在生产能力、生产结构上的不一致，导致了对要素需求在种类、质量和数量上的不一致；另一方面，从要素供给的角度来看，各国在要素禀赋、要素创造方面的不一致，使得各国在各类要素的可供量上也存在种类、质量和数量的不一致。这种来自供给和需求两个方面的促进因素，将直接造成要素在各国市场上供求状况的差异，进而造成它们的价格差异。有了价格差，如果各国又不对要素流动施加限制，生产要素就将会为获取更高的报酬而开始流动。也就是说，生产要素的国际直接流动是一国参加国家分工的一种方式，获取绝对利益和相对利益是生产要素发生国际流动的根本原因。追求更高的要素收益是国际流动的一个基本出发点，是价值规律在各国间发生作用的必然结果。当然，在现实的经济生活中，由于要素配置在数量和质量上相对固定，或由于对要素价格在未来某个时期可能提高的预期及出现强大的非经济因素的作用，有时也会出现某种生产要素由价格相对较高的国家流向价格相对较低的国家的现象。

（三）各国（地区）政府的干预

国际经济的现实说明，各国（地区）政府采取的鼓励性干预措施对生产要素的国际直接流动产生了巨大的推动作用，是促使生产要素流出和流入的一个重要原因。这种干预措施所采取的主要手段包括行政手段（颁布有关行政性的政策条例）、法律手段（以法律的形式固定有关条文）、经济手段（如税收方面的优惠政策）和国际协调手段（通过双边政府首脑会议或多边国际组织），干预的范围涉及各种生产要素。就干预措施中的法律手段而言，涉及资本要素流动的有外商投资法和海外投资法等，涉及技术要素流动的有技术转让法、专利法和商标法等，涉及劳动力要素流动的有外国劳工管理法和本国劳工输出管理法规等，涉及土地要素流动的有经济特区法和有关土地出售与出租方面的法规等。尽管政府干预的动机多种多样，然而如果就经济动机来考察的话，政府的一切干预措施都是着眼于鼓励本国充裕要素的流出和本国稀缺要素的流入，从而缓解本国在生产要素数量、质量和结构方面的不平衡，直接和间接地提高本国要素的收益率。

三、生产要素国际流动与商品流动的异同

生产要素流动与商品流动在一定程度上可以相互替代。

（一）生产要素流动障碍大，商品流动会代替生产要素流动

商品在 A 地区价格昂贵而在 B 地区价格便宜，是因为生产这种商品的要素在 A 地区稀缺而在 B 地区充裕。受价格机制的作用，如果不存在商品流动的障碍或障碍较小，商品会从 B 地区流向 A 地区，从而使这一商品及生产这种商品的生产要素在地区间的价格差异缩小，这样商品流动就在某种程度上代替了生产要素的流动。

（二）商品流动障碍大，生产要素流动会代替商品流动

一般来说，商品交换并不能促使要素价格完全均衡，地区间的价格差异仍然存在，当差别大到足以克服障碍时就会引起生产要素的流动。另外，当地区间商品流动的障碍（如地区间运输成本或贸易壁垒）较大时，要素流动就会成为商品流动的代替物。

（三）两者一般同时存在

瑞典著名经济学家伯尔蒂尔·奥林认为，商品流动和要素流动在一定程度上可以相互替代，当商品的运输不便或运输成本很高时，生产要素会移动到商品消费地或消费国进行生产以满足需求；当商品的转运费用较低而生产要素流动的障碍较大时，商品流动则取代生产要素的流动。要素和商品流动是经济机制的反作用，两者一般同时存在。这两种流动都表明，地区商品供给适应于需求条件。要素流动主要反映了生产条件对转运和需求条件的适应，同时也表明对转运条件和地区需求分配的适应。商品流动及它们所表现的地区间生产的分配，表明在一定生产和转运条件下，地区商品供给和本地区的需求相适应。

第三节　主要生产要素的国际流动

不同类型的生产要素，在流动性方面特别是国际流动性方面的差异是极其明显的。有的生产要素的流动性极差或几乎是不流动的，而有的生产要素流动性极强。生产要素在流动性上的巨大差异，使各种生产要素在国际经济贸易和经济合

作中发挥着不同的作用，并成为世界性经济区域形成的主要原因。

一、资本要素的国际流动分析

（一）国际资本流动的概念与形式

国际资本流动是指一国政府机构或个人资本向另一国政府机构或个人的流动。国际资本流动主要有三种分类形式。

1. 按投资期限

国际资本流动按投资期限可分为长期投资（long-term investment）与短期投资（short-term investment）。长期投资是指期限为一年以上的投资，主要有直接投资、证券投资和国际贷款等形式；短期投资是指期限在一年以下的投资，主要形式有贸易资金流动、银行资金流动、保值性资本流动和投机性资本流动。

2. 按投资者经营权

国际资本流动按投资者经营权可分为间接投资（indirect investment）和直接投资（direct investment）。间接投资是指投资者进行证券投资和跨国贷款，不拥有直接经营权的对外投资，主要包括国际金融机构贷款、国际商业银行贷款、政府间贷款、出口信贷和国际证券发行等；直接投资是指投资者直接到国外独资或合资设立公司，并具有部分或全部管理权和控制权，主要有"三来一补"、中外合作经营企业、中外合资企业和外商独资企业等形式。

3. 按投资者的目的

按投资者的目的可以把直接投资分为市场导向型（market oriented）、自然资源导向型（resource oriented）和生产要素导向型（factor oriented）。市场导向型是指以扩大国外销售、增加国外市场占有率为目的的投资；自然资源导向型是指向自然资源丰富国家进行直接投资，用以开发当地丰富而廉价的资源，从而满足本国的需求及降低生产成本；生产要素导向型是指发达国家向发展中国家直接投资，举办劳动密集型或资源密集型企业，以充分利用当地廉价的劳动力、土地和自然资源等生产要素。

（二）国际资本流动的动因

资本在国际间进行流动主要有以下四个方面的原因。

1. 追逐高额利润

追逐高额利润是国际资本流动的内在动力和根本原因；追逐高额利润包括追逐高的资本预期收益率和降低成本。

（1）追逐高的资本预期收益率。资本的预期收益作为资本追逐的目标，成为影响资本流动的最基本的因素之一。各国资本的预期收益率差异可能是由于世界各国要素禀赋不同造成的，也可能是国家为吸引外资而采取的优惠政策带来的。资本的本性是追求利润最大化，它驱使着资本从收益率低的国家流向收益率高的国家。

（2）降低成本。由于各国所得税税率不同，企业可以在低税率的国家投资设立子公司，与在高税率的国家设立的子公司或母公司以转移价格进行交易，减少在高税率国家的所得，达到减轻税负增加利润的目的。由于贸易保护主义的存在影响了商品贸易的发展，通过对外投资可以绕过贸易壁垒的限制，降低成本，提高利润率。

随着人们对环境问题的日益重视，各国纷纷设立了环保标准，颁布了一系列减少工业污染的法令，提高了企业处理生产中产生的废水、废气、废弃物的成本，而将生产转移到环保标准相对较低的国家，则可以降低成本、增加利润。

另外，有的产品运输成本很高（如饮料），在消费国生产就可以节约运输成本，提高利润率。

2. 规避风险

国际资本流动在可以获得较高的资本预期收益率的情况下，一般要考虑与每项具体投资相联系的经济风险和政治风险的大小。例如，汇率风险会造成投资者预期收益减少，市场风险和政治风险会使投资者预期收益的不确定性变大等。在风险一定的情况下，资本则会流向风险较小的地方，因此风险与收益呈正相关关系。证券投资可以利用资产组合理论，通过投资数种证券，特别是建立一种既包括国内证券又包括国外证券的资产组合，从而获得更高的平均收益率或更低的风险水平。

另外，任何一国的经济活动都是在一定的资源限制条件下进行的，而自然资源的短缺与不平衡的地理分布，将是制约一国经济发展的重要因素。对于那些来源渠道单一、供应量不足、需求量大、价格波动大的商品，可以通过对外投资的方式，在东道国创办资源开发型企业，建立稳定的进口货源，降低生产中的风险。

3. 争夺国际市场

一国企业的产品进入另一国市场时，往往会与进口国该行业已经存在的企业进行竞争。为了避免竞争和由此可能导致的损失，该企业可以通过对外投资的方式兼并主要的竞争对手。

在寡头市场上，如果一个寡头企业对外投资，为维持自身的市场份额和竞争优势，其他寡头企业也会跟随其进行对外投资。

4. 获取先进的技术和经济信息

各国为保持本国产业的竞争力和保护国家安全，往往限制甚至禁止某些先进技术的输出，但不禁止技术在国内的传播。通过向先进国家进行直接投资设立企业，可以比较便利地获得先进技术，有利于推动本国经济的发展。

当今社会已进入信息时代，及时获得信息，意味着获得优势、机遇或财富。通过对外投资设立分支机构，企业可以更及时、准确地了解有关经济信息。

通常情况下，国际资本的接受国一般应具备以下条件才有可能吸引外资的流入：一是经济条件，即该国的市场潜力很大，基础设施比较健全，经济稳定，对外资有优惠或稳定的政策和措施等；二是资源条件，即该国具有比较丰富的自然资源或人力资源；三是政治条件，即投资国与接受国的政治关系良好，接受国的政治局势稳定，法律制度基本完备，政策具有连续性等。此外，作为投资环境的一部分，一些社会文化因素如传统文化、民族风俗及社会价值观等也会对外资的进入产生一定影响。一旦投资者感到某国或地区的投资环境不理想，如政治局势、市场潜力有限或投资安全系数不高，该投资者就会将资本从该国转移到其他国家和地区。

（三）国际资本流动的本质

国际资本流动的本质是改善国际间的资源配置。新古典经济学家纳克斯等认为，资本的供求失衡是资本国际流动的基础，而追求更多的投资收益则是资本国际流动的根本动因。资本流动的动机主要是为了追求高额利润、争夺投资流向国的市场、吸收所在国的先进技术和管理经验等，当一国的政局不稳、经济动荡、汇率变动、外汇管制或税率过高时，也会促使本国的资本流向国外。

（四）国际资本流动的影响

1. 改善国际间的资源配置

国际资本流动能够改善国际间的资源配置状况，其流向主要是从资本富裕的国家流向资本稀缺的国家，从而提高资本的回报率，促使资本得到最有效的利用，使资本输出国和输入国都获得收益。

2. 国内不同要素收入的重新分配

对资本输出国来说，总资本报酬和平均资本报酬都获得了增长，而其他要素总报酬和平均报酬都降低了。因而，当资本输出国在对外投资中整体受益时，其在资本和其他生产要素之间将存在着国内收入重新分配问题。对资本输入国而言，利用外资也导致了资本和其他生产要素之间国内收入的重新分配问题。

3. 对国际收支的影响

资本国际流动还会对资本输出国和输入国的国际收支产生影响。在对外投资发生的当年，资本输出国的对外支付增加，可能会带来国际收支逆差；而输入国的国际收支将会改善。然而，资本输出国最初的资本转移和对外激增的支付活动对国际收支所带来的影响也有可能被输出国资本品、零部件和其他产品的大量出口及随后引发的利润汇回所带来的收入所抵消。此外，对外投资还有可能替代资本输出国的商品出口，甚至导致以前出口商品的进口，从而恶化国际收支。因此，资本的输出对国际收支的即时作用在输出国是负的，在输入国是正的，但是，资本国际流动对于输出国和输入国的长期作用却很难断定。

4. 对税收的影响

资本国际流动对输出国和输入国的另一个重要影响是，由于有着不同的税率和投资收益，从而导致资本从较高税率国向较低税率国流动。结果，资本输出国的税基与所纳税额都减少了，而资本输入国的税基与所纳税额都相应提高了。

5. 对贸易条件的影响

资本国际流动通过影响资本输出国与输入国的产品产量和贸易量，进而影响两国的贸易条件。然而无论贸易条件怎样变化，还要依两国的条件而定，不能一概而论。

6. 对技术地位和经济独立性的影响

资本国际流动会影响资本输出国的技术领先地位，也会影响输入国对自己经济的控制和执行独立的经济政策的能力。

（五）国际资本流动的障碍

资本的国际流动在一般经济理论分析中都被假定为完全流动。资本的国际流动在许多国家中都没有什么障碍，甚至国家鼓励对外投资和大力吸引外国投资，所以资本的国际流动是十分方便的。奥林曾经指出，"资本在国际上比任何其他生产要素的流动性更强，它能轻易地移向其他生产条件都是最好的地方"。他还认为，"刺激资本出入境的最重要的因素当然是利率差别。……（同时）'政治'这一重要因素是不可忽视的"；"除了政治法规影响国际资本流动外，资本家宁愿分散投资也影响到国际资本流动。……特别是投资信托公司，试图把资本分散于购买国外与国内债券上，以减少风险"；"另一重要因素是，一些制造厂商到国外设置分厂和分支机构的政策。在很多情况下都是母公司所在国调来资金"。另外，"一些公司感到在那些利息比较低的国家借款容易，这就意味着资金从低利率国家的输出"。①

但是必须看到资本流动也存在一些障碍。一是国内资本流动的障碍，如投资风险的存在等，对国际资本流动来说不但存在而且更甚；二是货币资本一旦转化为产业资本在国外进行投资，就意味着在一个新的、完全不同的投资环境中运作，这远比在本国内投资复杂得多，因此，国际投资环境的变化和各国投资环境的差异就构成了资本国际流动的障碍；三是世界上不同的国家使用不同的货币，而且有些货币甚至是不可兑换的货币，货币的不可兑换性、多样性和货币汇率的变动性构成了国际货币流动的另一障碍。

从当代国际资本流动理论、各国有关资本流动的政策及各国间资本流动的实际来看，把资本看作在国际间绝对流动或绝对不流动都是片面的。在世界经济运行的现实中，资本在国际间基本上是流动的，但这种流动是受到一定限制的。从目前各国对资本国际流动的政策变化趋势来看，各国都在放松对资本国际流动的控制，在吸收利用外国资本方面更是如此。

二、劳动力的国际流动分析

（一）劳动力国际流动的原因

一般来说，在国际间劳动比资本缺乏流动性。劳动力跨国流动既有经济方面的原因也有非经济方面的原因。19 世纪及更早年代的国际移民是出于逃避欧洲政治、宗教上的迫害。当今社会如果某个国家的政治制度发生较大变动时，也可能导致出现较大数量的国际移民。然而，大多数劳动力的跨国流动，特别是第二次世界大战后的劳动力跨国流动，主要是由于受到国外高收入的美好前景的吸引。

对于出于经济原因的劳动力跨国流动，可以用与分析投资决策一样的观点和方法来分析，即可以采用成本与收益的分析方法。劳动力跨国流动与其他投资一样，都涉及成本与收益。这些成本包括交通费用的支出，在新列的国家中安置与重新寻找工作所花时间损失的工资和原有家庭固定资产的损失等。另外，还有很多难以量化的成本，如与亲人、朋友、熟悉环境的分离，要熟悉新的风俗习惯及学习一门新的语言所需要的花费，在新的土地上寻找工作、住房所涉及的风险等。由于许多劳动力的跨国流动都是共同流动，或迁到一个已有一定数量来自同一个地方的早期移民聚居的区域，因而许多非经济因素的成本可以大大地降低。

---

① ［瑞典］奥林. 地区间贸易和国际贸易［M］. 王继祖等译校，北京：商务印书馆，1986.

劳动力跨国流动的经济收益可以通过他们在剩余工作寿命内从国外所能获得的收入与国内收入的差额来衡量。其他的好处是其子女可能享有较好的教育和工作机会。

一般情况下，劳动力的跨国流动是从低收入国家流向高收入国家，从经济发展水平较低的国家流向经济发展水平较高的国家，从经济萧条的国家流向经济繁荣的国家。在劳动力的跨国流动中，年轻人比年老人更倾向于移民，除了其他因素外，主要是由于他们可以有更长的剩余劳动寿命来从国外的高收入中获利。

劳动力的跨国流动可以采取以下形式：永久移民式的劳动力国际流动、中短期国际劳务出口、留学人员、技术性劳务合作人员等。

（二）劳动力国际流动的影响

1. 改善国际间的资源配置

与资本国际流动相似，劳动力的跨国流动能够改善国际间的资源配置状况，使劳动力输出国和输入国都获得收益。

2. 国内不同要素收入的重新分配

与资本国际流动相似，劳动力的跨国流动使劳动力流出国与劳动力流入国及其他生产要素之间都存在着国民收入的重新分配。

3. 对财政收入和财政支出的影响

劳动力的跨国流动可以对劳动力流入国的财政收入和财政支出产生影响，因而会引起有关移民政策的争论。对劳动力流入国来说，外国人迁移到本国就可以分享该国的社会公共服务，如社会及医疗保险、交通通信设施、学校教育和安全保障服务等，因而会增加本国的财政支出负担，这也是许多人反对外国移民的理由。但是，应该看到，现实生活中的移民往往大多是中青年，他们正处于一生中纳税的高峰期，他们对该国税收的贡献要远远大于他们给公共设施造成的额外支出。另外，随着具有较高专业技术水平的移民的涌入，本国还可以大大节省对人力资本的投资。

对劳动力流出国来说，劳动力的流出会减少本国的财政收入。发展中国家由于迁移出去的劳动力有相当一部分是受教育水平较高的，从年龄上看大部分处于青壮年阶段，政府在其移民之前承担了社会公共服务的支出，但却不能得到相应的报酬，因而劳动力的迁出造成了政府财政上的净损失。因此，有些经济学家主张劳动力流出国应对移民征税，以部分地补偿政府财政上的损失，其数额至少应相当于社会承担的公共费用。但是，即使采取这种措施也很难使发展中国家在人才外流方面的损失得到合理的补偿。

4. 技术知识的传播

移民还可为流入国带来各种技术与知识。从烹饪方法、商业技巧到先进的科学技术，移民带来的技术与知识有许多是具有较大经济价值的。它们所产生的经济利益并非仅被其雇用者获得，而且会向社会扩散；它们所产生的外部效应往往远远大于它们所创造的直接经济利益。

5. 社会摩擦和拥挤成本

移民的迁入也会引起某些社会问题。如果不同文化背景的移民不能融入其所移居的社会，就会产生社会中的小集团或类似于部落的封闭群体，从而容易造成社会摩擦和集团对抗；移民的增加还容易引起种族矛盾的激化。此外，人口拥挤会产生噪声污染、加重交通阻塞、提高犯罪率等，这些也是劳动力跨国流动中不可低估的负面外部效应。

（三）劳动力国际流动的主要障碍

同其他生产要素的流动一样，劳动力在国际间的流动也会遇到一定的障碍，如语言交流的障碍、生活习惯的不同、背井离乡之苦、昂贵的运转费用等。另外，奥林还曾指出，"对劳动力流动的障碍主要还不是运送他个人、家属和私人财产的费用问题，更主要的是心理上讨厌变动，特别是对那些多少带点陌生的情况"[①]。其实，对劳动力流动影响最大的还是移入国政府限制移民的规定。但是移入国对不同劳动力的入境限制是有区别的，一般情况下，移入国政府对非熟练劳动力入境限制严格，对熟练劳动力和技术人员的移入限制程度要小，甚至对科学家等稀缺人才还要鼓励迁入，但这些人员的流动会遭到原籍国家的阻止，其目的是为防止"人才外流"，以免影响本国经济发展。

（四）劳动力国际流动的新特征

"二战"后，由于跨国公司的发展，各国总公司常设立分支机构，母公司的经理、技术人员可以迅速调到国外子公司任职，子公司的经理、技术人员也可以迅速调回母公司或其他子公司任职，因此出现了经理和技术人员从发达国家向发展中国家的流动，这一流动趋势使传统的劳动力流动方向发生了重要变化。以往的劳动力流动大都是为了追求高工资或更高级的生活方式而从发展中国家流向发达国家，或是从发展中国家流向发展中国家，但由于发达国家向发展中国家投资而引起的同方向包含经理和技术人员的高级劳动力流动，使劳动力的国际流动呈现出全方位、多方向的特征。

---

① ［瑞典］奥林. 地区间贸易和国际贸易［M］. 王继祖等译校，北京：商务印书馆，1986.

（五）劳动力国际流动的类型

劳动力要素在国际间的流动主要有两种类型：一种是直接意义上的流动；另一种是间接意义上的流动。

1. 直接意义上的流动

直接意义上的劳动力国际流动最明显的表现形式是国际移民。"二战"后，由于生产和资本国际化的发展，劳动力的国际流动随之加强，大量的劳动力涌向美国、加拿大等发达国家。据有关资料统计，1950～1974年，美国、加拿大共接受移民1130万人，2021年加拿大接受40万名新移民，美国接受新移民73万人①。移民对移出国和移入国均会产生重要影响。除了高级技术人才的流动会影响一国的科学技术水平外，劳动力的供求变动也会对国民经济发展产生影响。对于移出国来说，移民往往是国家的重要劳动力甚至人才，移出国为此付出了相当的教育与培训费用，一旦移出为他国服务，将会使本国蒙受损失。对于移入国来说，移民不仅带来知识方面的利益，而且往往会增加一国的人口密度，带来交通拥挤、种族冲突等一系列消极后果。另外一种劳动力国际直接移动的方式是国际工程承建和劳务合作。这种劳动力的流出，一般是以工程为转移的，并且是短期性的、大规模的劳动力流动。

2. 间接意义上的流动

间接意义上的流动有三种主要表现形式：一是劳动密集型产品（实际包括任何产品）的输出和输入。根据萨缪尔森的要素价格均等原理，要素产品的流动实质是要素的流动，所以劳动密集型产品的流动实质是劳动力的流动。二是某些纯粹的劳务输出。如近年来兴起的咨询、专门设计、计算机软件开发等，都起到了脑力劳动输出的作用，这种输出与从事这些职业的脑力劳动者直接流向国外几乎没有什么差别。三是一国劳动力与他国资本等要素在国内结合，对外开展加工装配再出口业务。在这种方式下，尽管劳动力本身并没有流动，但其生产的产品进入了国际市场，从一定意义上说也是一种劳动力的流出。随着世界经济一体化和跨国公司的发展，这种形式的要素结合已成为当代世界生产的一种典型方式，这种形式的劳动力要素流动并不同于劳动密集型产品输出入进行的国际流动，其最大的差别在于它是多国生产要素在一国范围的组合。

所有这些直接和间接的劳动力国际流动的事实证明，劳动力的国际流动不仅是可能的，而且是客观存在的。

---

① 美国历年移民人口统计. 美国历年移民入境人数统计［EB/OL］. 加油留学网站，2023－05－15.

三、技术要素的国际流动分析

（一）国际技术流动的含义、方式与特征

国际技术流动是指制造一项产品、应用一项工艺或提供一项服务的系统知识在不同国家的企业、个人或其他经济组织之间的转移。国际技术流动有两种方式：一种是非商业性的国际技术转让，这是一种无偿的技术转让，主要是指国际间各种无偿的技术交流和国际双边或多边的技术转让；另一种是商业性的国际技术转让，即有偿的技术转让，也称国际技术贸易。本书中所研究的国际技术流动主要是指后者。

国际技术流动的方式主要有技术使用权许可和技术所有权转让，此外国际技术流动还常与直接投资、合作生产、技术服务等相结合。

技术作为一种无形的生产要素，其国际转移与国际货物买卖相比，有着显著不同的特征。

1. 权利的转移

在货物买卖中，卖方将货物的所有权转移给买方，他就失去了货物的所有权，不可能再将该货物转让给第三人。买方得到货物后可以自己使用，也可以转卖他人或作其他处理。

在技术转移中，固然有技术输出方将技术所有权转让给技术引进方的情况，但该现象在国际技术贸易中是很少见的。在绝大多数情况下，技术引进方仅得到技术的使用权，技术的所有权仍归技术输出方。因此，输出方可以把同一项技术许可给多个引进方使用。引进方得到技术的使用权后可以自己使用，但如果没有输出方的授权，其无权对该技术作其他处理。

2. 市场的状况

货物的买方与卖方往往不在同一领域进行竞争，因此，货物的卖方往往愿意向市场提供其最好的产品，以增强竞争力。如果买主有众多的卖主可以选择，则市场呈现买方市场的特征。技术的输出方与引进方往往在同一领域进行竞争，因此，技术的输出方不愿意向市场提供其最好的技术，以避免增强其竞争对手的竞争力。此外，技术往往具有一定程度的垄断性，因此技术市场往往呈现卖方市场的特征。

3. 价格的形成

货物的价格由单位产品成本和利润两个部分构成，在正常销售情况下，货物的价格高于单位产品成本。技术的价格由技术的成本（包括研究开发成本和转让

成本）、利润和机会成本（即技术输出方因输出技术而减少的产品销售收入）三个部分构成，由于技术输出方可以把同一项技术许可给多个引进方使用，一项技术许可的价格（即许可费）就是技术价格在愿意接受该技术的引进方之间的分摊，因此，一项技术许可的价格有可能低于技术的研究开发成本，这也是技术引进方愿意引进技术的原因之一。

（二）国际技术流动的经济效应

国际技术流动的经济效应主要表现在两方面：对技术输出的经济效应和对技术引进国的经济效应。

1. 国际技术流动对技术输出国的经济效应

（1）补偿技术研究与开发成本，并取得较高收益。技术研究与开发成本往往靠销售产品的收入来补偿，但贸易保护主义的盛行在一定程度上妨碍了商品贸易的发展，而技术转移给引进国带来的收益大于商品出口，更容易被引进国所接受。技术输出带来的收入可以使输出国的技术研究与开发成本得到补偿，并取得较高收益。

（2）延长技术生命、增加收入。技术是有生命周期的，由于世界各国经济与科技发展水平不同，一国所淘汰的技术可能在另一国还是一种适用技术。因此，技术输出不仅可以延长技术的使用期，还可以增加收入。

（3）带动产品出口、扩大对外贸易。技术输出可以带动设备、零部件、原材料、劳务和其他物品出口。

（4）改善国际收支。技术输出本身增加的收入及技术输出带动出口增加的收入，有利于改善技术输出国的国际收支。

（5）可能培育出与自己势均力敌或强于自己的竞争对手。

（6）可能丧失自己的某些专有权，如以保密为存在条件的专有技术。

2. 国际技术流动对技术引进国的经济效应

（1）缩小与先进国家的技术差距。任何意义上的技术进步，都包括由科学原理的形成，科学原理转化为具体的技术发明和技术进步方案直至技术发明得到实际的商业应用这一过程。引进国通过技术引进，由于不需要再进行有关科学原理的研究和应用技术的开发转化，因而大大节约了技术进步的时间，迅速促进本国技术进步，可以缩短甚至跳跃式地缩短与先进国家的技术差距，在更高的起点上发动和推进工业化进程。

（2）节省研究与开发费用，降低研究与应用风险。技术研究与开发耗费大、风险高。引进国的技术落后，即便其有着强烈的独立开发某项技术的欲望，也往往不一定具备从事这一活动的人力、物力和财力，并且相对于先进国家而言，自主开发一项先进技术的经济耗费也通常要高得多。从先进国家引进成功的技术，虽然为此需要支付有关的技术转让费用，但往往会低于自行研究开发的成本。

另外，引进国引进的技术大多属于在先进国家已经得到成功运用的商业性技术，因此在某种意义上只需进行简单的移植和模仿即可形成生产能力，而无须再作多少商业性试验或是改进，因而可以大大降低技术研究与应用的风险。

（3）提高生产能力和竞争能力，促进经济发展。引进国通过技术引进，可以提高生产能力，使本国资源得到充分有效的利用，促进产业结构调整和经济发展。同时，技术引进可以降低生产成本，提高产品质量和档次，提升产品的市场竞争力，有助于提高产品的自给能力和出口能力。

（4）造成对先进国家的技术依赖。如果技术引进国不能够将引进的技术进行消化吸收和进一步开发创新，有可能造成对先进国家的技术依赖。

（5）在技术交易中处于劣势地位。技术市场的信息不对称要远甚于货物市场。由于技术转移的机会成本难以估算，加上技术引进国对技术的了解程度有限，技术引进国在技术交易中往往处于劣势地位。

（三）国际技术流动的方向

技术作为一种重要的生产要素，通常包含在人力资本、机器设备及生产产品中。因此，商品流动及劳动力流动都有可能引起技术流动，有关商品及劳动力流动的分析也适用于技术流动。

技术在国际间的自由流动可以促进各国生产力的提高，增加世界各国的收入水平。技术流动的方向一般情况下比较单一，都是从经济发达国家流向次发达国家或发展中国家。但发达国家在开发和研究新技术时，投入了大量的人力、物力。因此，作为发明国并不愿意让新技术自由流动，而是希望以新技术的产出利润、转让费和租让费获得尽可能多的收益。同时，发达国家常常出于政治及军事目的，限制本国高新技术向某些国家的流动，使得技术转让问题变得更为敏感。

技术流动往往和技术产品的生命周期有着密切的关系。美国哈佛大学教授雷蒙德·弗农认为，一个新产品的技术发展大致可分为三个阶段，即新产品阶段、成熟阶段和标准化阶段。在新产品的第一阶段，由于必须拥有先进的科学技术和投入大量研究、推广和改进的经费，因此该产品还属于技术与资本密集型产品，一般只能在拥有丰富科学技术及资本发达的国家出现。当新产品进入成熟阶段，开始大规模生产后，其主要投入是机器设备和技术工人，该产品变为一般技能与资本密集型产品，由于次发达国家具有生产该产品的比较优势，因而成为主要生产国与出口国；当新产品进入标准化阶段，生产技术已经变成标准化、程序化及简单化，产品的技术与资本含量也相对减少，从而变成劳动密集型产品，拥有丰富劳动力的发展中国家就在生产该产品上具有比较优势，最终成为该种产品的主要生产国与出口国，而发达国家又在发明新的产品，从而重新开始另一批新产品的生命周期。因此可以看出，技术的国际流动是在多批发展水平不同、要素禀赋各异的国家间完成，其流动方向也是从拥有高技术的国家或地区向只具有低级技术的国家或地区流动。

（四）国际技术流动的主要形式

技术在国际间的流动按照技术流动的目的不同，可以分为非商业性技术转让和商业性技术转让两种形式。前者包括各种学术交流、技术考察、政府援助等形式；后者通常指以盈利为目的的技术转让，即国际技术贸易。非商业性技术转让虽然也可以实现技术的转移，不失为国际技术转移的有效形式，但通过非商业性技术转让取得的技术往往是很不完整的，不能直接应用于实现经济发展的目的。因此，商业性技术转移即国际技术贸易才是国际技术流动的主要形式。国际技术贸易的基本内容主要有版权、专利权、商标和专有知识等的转让，国际技术贸易的方式主要有许可贸易（专利许可、专有技术许可、商标许可）、技术协助（技术咨询、工程服务）、合作生产、合作研究等。

对于不同形式的技术而言，或从不同角度对技术进行分析，技术的国际流动性是不同的。当技术作为生产商品的专利形式，为了获取利润而作为商品价格的组成部分与商品一同出售或单独出售时，应当将其看作像商品一样，在国际上是完全流动的。当把技术看作是劳动者的一种附属能力，则它的流动性受到较大限制。如果技术包含在资本中（资本流动常伴随着技术流动），则又是基本流动的。

四、自然资源的国际流动分析

在所有的生产要素中，自然资源的流动性是最差的，甚至在许多经济学著作中干脆被认为是不能流动的。但由于自然资源又可细分为若干次级要素，因此各次级要素的流动性是不同的。自然资源主要包括水资源、能源资源、矿产资源、土地资源、耕地与气候资源等。土地、水资源和气候资源是完全不同的流动性，而能源和矿产资源的流动性则随着运输成本的降低而逐渐增加。一些发达国家如日本，严重依赖资源进口，资源流动对其本国经济起了决定性的作用。

传统的国际贸易，主要是通过商品的流动实现资源的间接流动。随着运输成本的降低，资源的直接流动显得越来越重要，并越来越频繁。资源一般由资源丰富的国家注入资源稀缺的国家，以提高资源的利用效率。自然资源作为一种不可缺少的生产要素，具有以下一些主要特点。

1. 不以人们的意志为转移

一国拥有的自然资源的种类和数量完全是一种天然禀赋，人们一般无法改变这种大自然的安排。各国可通过独特的自然资源禀赋，拥有某种产品生产的优势。但随着人类生产力水平的提高，自然资源在生产中的作用正逐渐减弱，一国凭借自然资源获得的优势也正逐渐失去。

2. 供给弹性较小

自然资源的市场供给量一般比较固定，新资源的开发一般具有不确定性。因此，许多对自然资源出口依赖较大的发展中国家一直谋求通过建立有关某些自然资源贸易的国际协定和组织，从而稳定其市场价格。

3. 具有不可再生性

自然资源的形成一般需要较长的时间，许多资源是不能再生的，因此，自然资源在许多国家是稀缺的，经济学研究的根本目的也正是要通过提高资源的利用效率，以有限的资源创造更多的财富。由于自然资源的流动性较差，因此在以自然资源为主要原材料进行生产的原始贸易阶段，往往以商品的流动来代替生产要素的流动。而在自然资源不再起决定性作用的现代贸易阶段，却以劳动力、资本等其他要素的流动代替自然资源要素的流动。从生产要素均等理论的角度来说，自然资源是"流动的"。因为自然资源的不流动性反过来成为资本和劳动力流向自然资源所在国，从而造成自然资源要素的相对国际移动。

五、经济信息的国际流动分析

（一）国际经济信息的类型和传递渠道

国际经济信息按内容或功能主要可分为六种类型，即客户信息、国际市场信息、国际经济法规信息、国际管理信息、国际金融信息和国际科技信息。经济信息跨国传递的渠道主要有商业化渠道传递、公共媒介渠道传递、内部交流渠道传递、经济组织渠道传递、信息产业渠道传递等。

（二）国际经济信息传递的作用

经济信息的跨国传递对于促进各国经济发展和推动国际经济贸易规模的扩大能够起到重要作用。经济信息不但是沟通各国经济交流和合作的重要渠道，是各国经济生活国际化的前提，还有助于克服国际经济合作领域中的项目风险，有助于做出正确的涉外经济活动的决策，提高经营效益，从而影响各国参与国际分工和国际贸易。

（三） 国际经济信息流动的障碍

信息在国际间的流动是显而易见的，其流动性也是极强的。但是，由于信息本身的类型和不同类型信息的性质不同，信息作为一种生产要素在国际间的流动也受到某些限制，而且不同性质的信息在国际流动中所受到的限制也不尽一致。尤其是随着信息处理和传递越来越以高科技化的电子计算机等形式出现，经济发展落后或信息条件不具备的国家往往在国际信息流动中处于不利地位。

需要指出的是，各种生产要素的流动并不是单独孤立进行的，也很难把它们完整地割裂出来并精确地加以区分，而往往是你中有我、我中有你，相互交织、依附在一起。例如，技术的流动往往和劳动力的流动结合在一起进行，资本的流动往往又伴随着技术和管理的流动，而资本和劳动的流动又取代了自然资源的流动，等等，在进行分析时应当加以注意。

六、管理的国际流动分析

（一） 国际管理流动的作用

管理的国际流动对于输出国和输入国都有着重要的经济效应。对于管理要素的输出国来说，通过向国外企业提供管理咨询服务，能增加本国的外汇收入，扩大其在海外投资的规模，还能带动本国商品和其他要素的输出。对于管理要素的输入国来说，管理要素的输入不但能够改进输入国企业或公司的生产经营状况，提高公司产品的质量和竞争力，降低成本，提高收益，还能通过提高管理水平，优化各生产要素的配置，提高要素的使用效率。同时，管理要素的输入也是改变本国落后状况，实现现代化的重要手段。

（二） 国际管理流动的特征

管理作为一种知识是完全流动的，作为国际投资的附属物也是基本流动的，但作为劳动力的附属物在流动时则要受到一定的限制。由于管理总是与一国的具体情况、劳动者和管理者的素质及社会经济制度相联系的，在一国可行的管理方式在另一国不一定适用。因此，管理要素的流动是受到一定"排斥力"下的流动。

（三） 国际管理流动的主要形式

管理作为一种生产要素在国与国之间是不断移动的。管理要素国际移动的主要形式有：人事与管理参与、签订管理合同、国际管理咨询、合资或合作经营企业、聘请国外管理集团或管理专家、交流管理资料与经验、举办国际管理讲习班等。另外，外商独资经营企业和"三来一补"企业的创办、跨国公司的兴起与扩大、联合国多边经济技术援助的进行也在一定程度上包含着经济管理要素的国际移动。

 复习思考题

一、名词解释

生产要素、资本要素、劳动力要素、生产要素的国际流动、国际技术流动

二、简答题

1. 生产要素的分类。
2. 生产要素国际流动的原因。
3. 劳动力国际流动的影响有哪些？
4. 自然资源的特点有哪些？
5. 国际资本流动的动机是什么？
6. 国际资本流动的障碍有哪些？
7. 国际技术流动的经济效应表现在哪些方面？

第三章

国际经济相互依赖理论

第一节 国际经济相互依赖的概念与成因

一、国际经济相互依赖的概念

所谓国际相互依赖是指国家之间或其他国际行为主体之间广泛的、一般的相互影响和相互制约关系。国际相互依赖所涉及的范围，既包括国际之间在政治、军事、经济方面的相互依赖，也包括广泛的社会生活领域中的相互依赖。其中，表现在经济方面的最为突出，因此，经济上的相互依赖是整个国际相互依赖关系的基础。不同组织和个人对相互依赖给出了广泛而具体的解释。

1. 依赖的相互性

相互依赖是指双向传递或双方面的依赖，而不是单向传递或片面依赖。同时，相互依赖的情况复杂和依赖的程度也不一样。没有哪个国家要完全依赖别国，也没有哪个国家绝对孤立。某国可能依赖另一国、另几国，或在某项问题上依赖外部世界。另外，相互依赖绝非一成不变，而是随着时间的推移而有所变化。

2. 依赖的正反性

正向的（积极的）相互依赖和反向的（消极的）相互依赖。主要是指同一变化对不同国家（或其他行为主体）可能意味着不同的结果。如果甲国的某种变化在乙国引起同样的反应，即对甲国有利的对乙国也有利，对甲国不利的对乙国也不利，这种相互依赖就是正向的或积极的相互依赖。反之，如果某种变化仅对甲国有利，而对乙国却不利，或对甲国不利，而对乙国却有利，这种相互依赖就是反向的或消极的相互依赖。积极的相互依赖将会带来团结协作的加强，消极的相互依赖则会引起矛盾与冲突，甚至导致战争。

3. 依赖的悬殊性

从相互依赖关系的各方在实力上的差异着眼，有对称的相互依赖和不对称的相互依赖，所谓对称与不对称，主要指相互依赖关系中量的差别。一个实力很强的大国所发生的微小变化，可能引起一个小国内部发生巨大变化；而一个小国的巨大变化，却不一定会对大国产生多大的影响。

4. 依赖的敏感性和脆弱性

所谓敏感性主要是指一国对别国和外部世界在许多方面的依赖或相互依赖有程度上的不同。例如，西方发达国家对发展中国家的石油和某些原材料的依赖，发展中国家对发达国家某些工业制成品的依赖，都具有非常敏感的性质，一旦发展中国家的能源政策或发达国家的产业政策进行调整或发生变化时，必然会引起对方的关注并及时采取对策。

所谓脆弱性，是针对一国在政策措施上的应变能力如何而言的，假定甲、乙两国同样需要进口一定数量的石油，当世界石油市场发生供不应求或其他变化时，甲国能迅速采取措施渡过难关，而乙国却难以做到并将影响经济发展，这就表明，在对石油的依赖上，乙国比甲国要脆弱得多。因此，不同国家在某些经济领域的相互依赖，往往表现出不同的敏感性和脆弱性。

联合国国际货币基金组织《金融与发展》编辑部对国际经济相互依赖的定义：（1）一个国家的经济情况将因其他国家发生的事件而受到影响；（2）一个国家要做的事情，在一定程度上取决于其他国家的行动和政策。显然，国际经济相互依赖，意味着任何一国的经济发展都会受到别国的行动和政策的影响。

二、国际经济相互依赖的成因

"二战"后国际社会中相互依赖关系产生的原因可以归纳为以下五点。

（一）核武器的威慑作用

"二战"后超级大国为争夺世界霸权，拼命扩军备战，核武器规模急剧膨胀，超级大国核均势的形成，使得谁也不敢轻易发动一场带来毁灭命运的战争。在此条件下，各国都考虑到了人类共同生存的现实问题，即一国只有在不威胁他国生存条件下才能享有自身的生存安全。

（二）内政外交的重点发生变化

"二战"后，和平与发展日益成为当今世界的主题，是大势所趋、人心所向。各国的内政外交重点逐渐转移到发展经济上。各国都认识到，要想发展本国经济决不能闭关自守，必须越来越多地融入相互依赖的世界经济体系，在对外政策上必须更加开放，积极争取与他国在多方面的合作。

（三）现代科技的快速发展

现代科学技术的发展，尤其是交通、通信工具的现代化，使国家间、地区间更易于进行广泛的交流，增强了世界各国人民之间的彼此接近与了解，相互依赖观念日益深入人心。

（四）"二战"后国际组织和国际机构的大量出现

各种类型的国际组织和国际机构的出现，特别是"二战"后跨国公司的兴起，促使生产社会化的程度超出国界而趋于国际化，使资本、技术与劳务等要素，在国际范围内的循环与周转成为一种经常而普遍的现象，从而在国际经济中形成一种相互渗透、相互依赖的新局面。

（五）对现实主义理论的补充与修正

"二战"后国际力量对比发生了很大变化，整个国际关系形势趋于复杂，西方学术界不少人士对传统的强权政治逻辑展开了争论，对现实主义理论进行了批评与修正，国际相互依赖理论就在这种背景下应运而生了。

第二节　国际经济相互依赖的发展历程

一、早期的相互依赖理论

相互依赖是国际关系，特别是当代国际关系中的一个重要问题。对这个问题的研究很早就散见于前人的政治经济理论著述中。吉尔平的研究表明，早期重商主义和自由主义者都讨论过相互依赖的政治和经济意义，提出了各自不同的政策主张和见解。马克思主义学者们也对这个问题做过精辟的分析。他们的观点对以后相互依赖理论的发展有着重要的影响。

二、理想主义的相互依赖理论

（一）理论产生与主要观点

西方国际关系理论中比较系统的相互依赖理论出现在 20 世纪 60 年代。各派的观点分别反映了不同时期和不同地域国际关系的特点并具有各自的观察角度和独特的研究方法，因此是很不统一的。

20 世纪 60 年代蓬勃兴起的对国际相互依赖的研究，在思想上承袭了早期自由主义作家的理想主义乐观情绪，在理论上深受"二战"后国际关系理论中功能主义的影响，在现实上则以"二战"后建立的国际经济秩序和区域性国际政治经济组织为主要对象，从而形成了自己独特的风格和思想观点。

早期自由派思想家认为，经济相互依赖与和平之间有着必然的联系。亚当·斯密认为，基于分工而产生的自由贸易是民富国强的条件之一。大卫·李嘉图和穆勒则进一步阐述了国际贸易的比较优势原则，证明国际贸易对交往双方都是有利可图的。孟德斯鸠在《论法的精神》一书中说，"贸易的自然结果就是和平。两个国家之间有了贸易，就彼此相互依存。如果此方由买进获利，则彼方由卖出获利，彼此间的一切结合是以相互的需求为基础的"①。卢梭则进一步认定，经济相互依赖创造出相互利益和制约的纽带，这些纽带可缓解国家之间争权夺利的斗争②。直到第一次世界大战前夕，安吉尔在他闻名遐迩的《大幻想》一书中"以令人信服的例证和颠扑不破的立论，说明在当时各国财政经济相互依存的情况下，胜者和败者同样遭殃，所以战争已成为无利可图，所以没有一个国家竟会愚蠢到乃至发动一场战争"③。

这种对国际相互依赖的乐观情绪一直延续到"二战"以后，并在功能主义那里找到了新的理论根据。国际关系中的功能主义是与一体化理论联系在一起的，这种理论认为，国际相互依赖最终会导致国际一体化的出现，而一体化则是保证国际合作与和平的一个关键。它的基本思路是：当代国家中各种非政治军事性的专业职能，如经济发展和环境保护等职能有了显著增加，由于国际相互依赖的作用，各国在处理这些国内问题时不得不与其他国家的相应职能部门合作。这种合作最终将体现在超国家的国际一体化组织的活动中，成为制度化的国际合作，它一方面有利于培养国际信任和合作的气氛；另一方面还可通过"分支"（米特兰

---

① 孟德斯鸠. 论法的精神［M］. 北京：法律出版社，2020.
② 卢梭. 社会契约论［M］. 北京：法律出版社，2017.
③ 诺曼·安吉尔. 大幻想［M］. 上海：上海人民出版社，2019.

尼的概念）或"外溢"（哈斯的概念）作用，从一个职能部门扩张到其他相近的职能部门，如此层层扩大，形成综合性的国际一体化组织。这一过程的不断发展深化，一方面会加深国际相互依赖，另一方面将使国际合作精神发扬光大，共同利益不断增进，世界和平得以维持。哈斯用欧洲煤钢联营发展到欧洲经济共同体的事例说明这个过程是可行的。

事实上，理想的相互依赖观不仅仅从前人和其他理论那里汲取思想养料，它也帮助形成了"二战"后的世界格局。安吉尔关于美国对"二战"后世界安排设想的分析充分说明了这一点。他认为，美国人深信自由贸易是一种和平的力量[1]。美国人对战后世界经济秩序的安排是基于三个认识之上的，即第二次世界大战基本上起源于经济上的原因；只有建立一个多边贸易体制以保证所有国家都能平等地利用世界资源和市场，才能最有效地促进世界和平；建立这样一个贸易体制的根本障碍来自盛行于20世纪30年代欧洲的那种民族主义和歧视性经济措施。为此，美国精心设计并全力推行了一种有助于加强各国经济相互依赖的经济秩序，它以美元为核心，以"关税和贸易总协定""国际货币基金组织"和"世界银行"为基本机制（regime）。美国曾设想利用这种结构化的经济相互依赖来防止那种曾导致第二次世界大战的国际经济矛盾和冲突。又如战后法国之所以热衷于建立欧洲经济共同体，其主要目的之一也在于把联邦德国纳入共同的经济相互依赖体系，对其进行牵制，以维持欧洲的和平与稳定。从实际效果上看，由于上述国际经济秩序的建立，20世纪五六十年代欧洲和世界经济得到了迅速发展，西欧国家之间长达百年的传统矛盾似乎也得到了有效的抑制。在这种背景下，学术界普遍看好国际相互依赖关系，形成了战后理想化的相互依赖观。

（二）理论的共同特点

理想主义的相互依赖论具有一些共同的特点，即它把重点放在经济、生态环境和能源资源等区域性或全球性非政治军事领域的问题上，认为人类在这些问题上面临着共同的挑战、承担着共同的责任。由于这些问题不属于传统的军事安全问题，且又是单个主权国家无法圆满解决的，因此，传统的以国家利益和权力为基础的国际关系原则和制度已无济于事；相反，各国将不得不携起手来，通过一体化来实现世界的永久和平，而经济上的相互依赖关系必定是有利于促进国际合作、推动一体化进程实现的。

---

① 诺曼·安吉尔. 大幻想［M］. 上海：上海人民出版社，2019.

（三）理论的局限性

基于理想主义的相互依赖观虽然为以权力政治为主要内容的战后国际关系理论界吹来了一股清新之风，但它在理论上和对现实的认识上毕竟存在一些重要弱点。

1. 所讨论的相互依赖条件比较特殊

即所讨论的相互依赖是在"二战"后形成的在经济、自然资源和环境保护等低政治领域方面的全球性或区域性国际相互依赖，而不是建立在国际双边或多边关系基础上的一般意义上的，即国际政治关系领域中的相互依赖，这种局限性一方面限制了它对国际关系现实的全面认识，另一方面使在这种基础上得出的结论无法用于说明一般意义上的国际关系。

2. 过于强调低政治，而贬低高政治

理想主义相互依赖理论家过于强调"高政治"与"低政治"的区别，过于强调后者在当代国际关系中的地位而贬低前者的作用，这显然是不符合 20 世纪60 年代国际政治实际的。

3. 过于强调国家主权的作用

由于受到功能主义影响，且一心想排除现实主义学派的影响，这一时期的很多相互依赖理论家往往过于强调国家主权的消极作用，而一再贬低国家和权力在当代国际政治中的作用。

4. 过于强调国家之间的经济依赖关系

世界历史和"二战"后国际关系的演变也一再证明，经济上的相互依赖并不能自动地保证国家之间的合作，保证世界的和平与稳定。国际相互依赖，没能防止第二次世界大战的爆发，没有保证 20 世纪二三十年代大萧条时期各国进行合作，也没能防止布雷顿森林体系在各国自保政策的压力下土崩瓦解。

上述弱点使理想主义相互依赖理论无法解释 20 世纪 60 年代末和整个 70 年代国际关系发生的巨大变化。这一时期爆发的美元危机和石油危机充分暴露了"二战"后相互依赖背景下国际经济的脆弱性，并对此后的国际政治和经济产生了深远的影响。这两大危机所触发的世界性经济萧条和 20 世纪 70 年代中期东西方关系的缓和使经济问题在西方各国议事日程中的地位迅速提高，经济民族主义情绪再次抬头；尼克松于 1971 年宣布的嫁祸于人的"新经济政策"激化了美欧和美日矛盾，欧共体的内部发展也因主要成员国之间的经济矛盾而在 20 世纪 70年代一度裹足不前；同时，曾在西方学术界名声不佳的国家主权问题再度成为热门话题。在这一背景下，20 世纪 70 年代的国际关系理论界不得不重新认识国际相互依赖问题。

三、现实主义的相互依赖理论

20世纪70年代研究相互依赖的学者注意到，相互依赖实际上与传统的现实主义理论中的权力概念有着密切关系，依赖是权力的一个重要来源；在相互依赖的世界中，传统的国家之间的权力斗争并未消失，只不过取得了新的表现形式。他们的研究表明，相互依赖作为国际关系中的一种表现和形态绝不是"二战"以后的独特现象，历史上许多国家在特定问题上一直存在着相互依赖关系；当代国际相互依赖的特点是它们不对称，即在相互依赖双方中，一方更加依赖于另一方，而这种不对称的相互依赖构成了一方对另一方行使权力的基础，使权力斗争或强权政治在国际关系中仍起主导作用；同时，也正因为相互依赖的不对称性，双方对相互依赖关系便会产生不同的评价，这种不同评价引起的不平等感使民族主义和国家主权观念继续对国际关系产生着深刻的影响。这种影响的范围之广，程度之深，使有些学者不无道理地认为，在相互依赖的世界中，当前更突出的现象是全球管理的国内化，而不是国内政治的国际化。为了说明相互依赖关系及其导致的一国对另一国可能施加的影响的程度，这一派学者提出了两个十分重要的概念，敏感性和脆弱性，前已述及，即"从依赖的代价看，敏感性指行为者调整政策以改变局面之前所具有的承受外部世界所强加的不利影响的倾向性。脆弱性则可以定义为即使在政策调整之后，行为者仍具有的遭受外来事件强加的损失的倾向性。"前者是指外部影响对一国造成的直接结果，后者是指该国采取某些对策之后抵消或减轻上述结果的能力。对于相互依赖派的研究者来说，更有意义的指标是脆弱性，因为只有它才能说明相互依赖关系对一国产生的实际影响。

既然当代相互依赖是不对称的，它实际上并没有改变国际关系的权力政治性质，并且相互依赖关系也可能成为传播不利影响的媒介，那么，结论就是很明显的了，相互依赖不一定导致国际合作和世界和平，它同样可能引起国际矛盾和国际冲突。

上述分析和结论使人们对国际相互依赖现象有了更完整的认识。另外它又使相互依赖理论与国际关系的现实联系了起来，使之带上了浓厚的现实主义色彩。它不仅深化了对国际关系理论的研究，而且深化了人们对国际相互依赖现实的理解，把人们的认识提高了一步。

尽管如此，对照上述两种相互依赖观，我们可以发现，无论是理想的还是现实的相互依赖理论都有两个表现不同但性质一样的理论弱点。其一，它们对相互依赖的认识都存在不同程度的片面性和表面性。理想主义只强调相互依赖的积极的一面，忽视了消极的一面，认为这种关系必然导致国际合作和世界和平，因而在对策上主张尽一切可能去追求并促成相互依赖格局，即使牺牲国家主权也在所不惜；现实主义则相反，它矫枉过正，强调相互依赖消极结果的一面，并据此来定义和认识相互依赖关系。以下举几个有代表性的定义权作说明。

"给世界经济相互依存下一个简单的定义，可以用以下两点来表述：（1）别国发生的事情将对一国的经济发生影响；（2）一国要做的事情在一定程度上依赖别国的行动和政策。通常两者都有。简而言之，经济相互依存意味着别国的行动和政策影响一国的经济成绩"①。

"相互依赖的含义就是相互的脆弱性"②。

"相互依赖就是相互不自主"（霍尔斯蒂）③。

可见，现实主义相互依赖理论虽然并未否认相互依赖可能具有的互利性，但它基本上是从消极被动的意义上来认识国际相互依赖的。事实上，没有消极意义或没有积极意义的相互依赖都是不可想象的，若没有消极的后果，就不会有国际矛盾，全球一体化就很容易实现；而若没有积极意义，国家也早就可以用政治手段来切断相互依赖关系，从而彻底摆脱这种关系带来的消极影响了。但相互依赖问题的复杂性恰恰在于，它对一国的消极影响和积极影响是与生俱来、不可分割的。

上述两派理论观点的第二个，也是带有根本性的理论弱点，它们都仅从相互依赖的表现或结果上来认识和分析相互依赖。理想主义认定相互依赖会引起各国之间的利益趋同，因此必定导致国际和平与合作；而现实主义则强调相互依赖是"受别国影响""敏感性""脆弱性""不自主"等。相反，它们都未对相互依赖关系的形成、基础和实质做出深入系统的阐述，因此，无法对相互依赖的积极和消极作用做出统一的、深入的分析和说明。

上述弱点对人们理解相互依赖，进而对分析当代国际关系都产生了一些不利影响。首先，由于未抓住相互依赖的本质含义，而仅拘泥于考察相互依赖的国际关系表现和后果，使对相互依赖的分析失去了应有的理论深度。其次，由于忽视了对相互依赖的本质和基础的研究，因此各派相互依赖理论尽管都有其长处，但仍然没有统一起来的基础，使相互依赖理论本身在 20 世纪 80 年代渐渐失去了发展的势头。最后，对国际相互依赖的分析本来可以成为 20 世纪 70 年代兴起的国际政治经济学的一个基础，成为连接国际经济分析和国际政治分析、连接国内政治研究和国际政治研究的关键环节，但由于未能深入系统地分析相互依赖的本质和基础，因此，目前的国际政治经济学的理论基础并未牢固建立起来，其表现

①②③　卡列维·霍尔斯蒂. 和平与战争［M］. 北京：北京大学出版社，2005.

是，国际政治分析和国际经济分析基本上仍然是相互分离的，并没有彼此融合起来，形成独立的概念体系和分析框架。

第三节　国内外学者关于国际经济相互依赖的主要观点

一、马克思主义关于国际相互依赖的论断[①]

马克思、恩格斯早在 100 多年前就已论述了国际间相互依赖关系的存在，他们指出，由于资产阶级开拓了世界市场，使一切国家的生产和消费都成为世界性的了，各民族各方面的相互往来和相互依赖就增强了。马克思在论及资本主义生产方式的历史使命时又指出，要造成以全人类互相依赖为基础的世界交往，以及进行这种交往的工具，同时要发展人的生产力，把物质生产变成在科学的帮助下对自然力的统治。列宁进一步发展了马克思和恩格斯的观点。他指出，各民族之间各种联系的发展日益频繁，民族壁垒的破坏，资本、一般经济生活、政治、科学等国际统一的形成是资本主义发展过程中的历史性规律之一。列宁创造性地断言不同社会制度的国家在经济上的相互关系是不可避免的。社会经济制度不同的国家之间存在着共同的经济关系，而且这种经济关系具有一种巨大的力量，把世界连接成一个整体。在实践中，列宁强调当时刚刚独立的社会主义苏联在经济上不能走闭关锁国的道路，应努力保持与资本主义世界的经济联系，只要资本主义国家存在，就必须同他们做生意。马克思主义关于国际相互依赖的论断，对于当代国际经济合作的理论与实践仍有极其重要的指导意义。

【知识拓展】

马克思主义关于国际相互依赖的论断

马克思主义关于国际相互依赖的论断，可以归纳为以下六点。

（1）经济生活的国际化，生产与消费的世界性，各国、各民族的闭关自守和互不相干必然被对外开放和相互依赖所替代。这是世界经济和科学技术发展的客观要

---

① 张峰. 马克思恩格斯的国际交往理论与"一带一路"建设 [J]. 马克思主义研究，2016 (5)：68 – 75.

求和必然趋势。

（2）意识形态和经济制度的不同，不能妨碍各国之间相互依赖关系的存在和发展。

（3）国家之间的依赖关系是相互的，而非单方面的依附。

（4）国际相互依赖的内涵是多方面的，既包括物质领域的相互依赖，也包括精神领域的相互依赖。

（5）国际相互依赖关系必须遵循互不干涉内政、尊重民族主权和平等互利的原则，这是国际相互依赖关系不可动摇的基础。

（6）国际相互依赖的深化与发展，必将导致国际经济合作的顺利发展。

二、现代西方学者关于国际相互依赖的主要理论

（一）复合相互依赖论

复合相互依赖论由美国学者罗伯特·基欧翰和约瑟夫·奈提出。他们认为，当代世界已经与现实主义所描述的受权力政治支配的世界不同，而是一种"复合相互依赖"（complex inter-dependence）关系的社会。复合相互依赖具有以下三个特征。

（1）多渠道的社会关系。这些渠道包括政府之间的官方正式外交关系与政府人士之间的非正式关系；非政府人士之间的非正式关系；跨国性组织（跨国公司、跨国银行等）的内部关系。这些渠道中的任何一种都会促使国际相互依赖关系变得复杂化、多样化。

（2）多种多样的问题被提到国家间关系的议事日程。这些问题在国际关系的议事日程中并没有一种严格的轻重缓急的先后次序，军事安全问题不再始终处于首要位置；许多问题的国内界限与国外界限变得越来越模糊，那些被认为纯属国内政策的问题，现在往往也结合外交政策去考虑，那些属于国内经济政策的问题也逐渐纳入国际经济问题中进行讨论。

（3）政府解决问题的手段发生变化。在存在复合相互依赖关系的区域，政府不再把武力作为解决各种问题的主要手段。但这并不等于否认军事力量的巨大作用，军事力量往往使用在对一些敌对国家或敌对集团的政治和安全关系上。

（二）勃兰特委员会的观点

在德意志联邦共和国前总理维利·勃兰特的领导下，国际发展问题独立委员会（以下简称"勃兰特委员会"）曾先后发表两份著名的报告《北方和南方：争

取生存的纲领》和《共同的危机：南北合作争取世界经济复苏》。勃兰特委员会的这两份报告，从发达国家同发展中国家关系现存矛盾的角度，广泛地探讨和论述了国际经济和社会各个方面存在的严重问题，并对国际经济相互依赖于国际经济合作提出了一些新的见解。

（1）人类面临的问题日益全球化，越来越多的问题影响着全人类，因此解决办法不可避免地具有国际性。勃兰特委员会认为，不同政治制度的国家面临着众多的共同性问题，可称为"跨制度问题"，如能源短缺、环境污染、严重的土壤侵蚀和荒漠化、消除饥饿和增加国际粮食生产、预防疾病、金融和贸易、国际经济协调以及限制军备与保卫世界和平等。这些都是具有全球性的共同问题，要求各国人民之间、各个国家之间实现谅解，承担义务和相互支援，共同寻找解决全球性问题的新办法。

（2）南北各国有着众多的共同利益，只有通过对话与合作才能产生合理的解决办法。勃兰特委员会指出，缩小贫富国家之间的差距、消除歧视、逐步达到机会均等，不仅是谋求正义的问题，也符合各国的自身利益。一个国家的经济能否得到增长及增长量如何，愈加地依赖于其他国家的做法。南方有了北方的协助与支持才能获得充分的发展；反之，北方的繁荣发展有赖于南方取得的进步。勃兰特委员会重视南北双方相互依赖关系，并强调应该协助这种关系。

勃兰特委员会在报告中坚持认为，南北之间共同的利益关系日益增多，这就需要对各国之间和各国人民之间的相互依赖关系采取一种新的见解。因此通过对抗的办法不能有效地解决工业发达国家和发展中国家之间的任何重要问题，只有通过相互间的对话与合作才能得到合理的解决。勃兰特委员会的观点是实现一个建立在契约而不是地位、协商一致而不是强制的基础上的全球社会。

（三）"依附"论（"中心—外围"理论）

"二战"后兴起的"依附"论（"中心—外围"理论）的主要代表人物有阿根廷的劳尔·普雷继什等。他们对国际经济相互依赖提出了不同的看法和主张。

"依附"论把世界分为两大部分：一部分是发达资本主义国家（"中心"地区）；另一部分是发展中国家（"外围"或"边缘"地区）。"中心"国家在社会经济方面有着很多优势，而"外围"国家在社会经济方面都居于劣势地位。因此，"中心"国家和"外围"必须与"中心"脱钩，"外围"国家只有从世界经济体系中脱离出来，才有可能获得发展；"外围"国家只有独立自主地发展民族经济，打破旧的、不平等的国际分工格局，才有可能从恶性循环中解脱出来。

"依附"论者比较深刻地分析了发达国家与发展中国家间不平等的经济关系，揭露了发达国家利用旧的国际分工，剥削与掠夺发展中国家的事实与本质，从而提出了独立自主地发展民族经济的要求，这些观点是具有进步意义的。但是，"依附"论的"中心"与"外围"的划分，以及"外围"必然依附"中心"的逻辑是不科学的，没有看到发展中国家经济发展的内部能动性，也忽视了发展中国家作为一支重要力量对世界经济发展的巨大作用。同时，"依附"论的发展中国家应同国际经济和世界市场"脱钩"的政策主张，是对既联系又矛盾的国际经济关系现实的否定，其结果必然对发展中国家的经济发展造成消极不利影响。

三、国内学者关于国际经济相互依赖理论的研究

我国学者对相互依赖的关注始于 20 世纪 80 年代末，对相互依赖理论的研究大致可分为三大类：理论的引入和介绍、理论分析、实证分析。早期的国内研究更偏重引入和介绍理论，进入 21 世纪后，更偏重理论创新，在借鉴西方学者理论模型的基础上尝试着探索属于自己的研究纲领。从研究方法来看，受到我国国际关系大学科发展的影响，早期的研究主要是以定性分析为主。最近几年，随着我国改革开放的深入和国际化步伐的加快及对研究方法的重视，学者们开始关注经济相互依赖对国家间政治关系的影响，并且更强调实证研究的方法，纷纷采用案例分析法、博弈论和统计模型等方法。

（一）理论的引入和介绍

20 世纪 80 年代末，我国学者兴起了研究相互依赖的热潮，但是这一热潮仅维持了三年时间，1993～1997 年，几乎很难看到关于相互依赖方面的文献。直到 1998 年，梅然和苏长和等学者发表了关于相互依赖的文章才开始打破这种沉默。迄今为止，大致还有以下学者对引入和介绍相互依赖理论做出过努力。

周建平（1986）认为欧洲共同体成员国间形成了经济相互依赖的格局。黄苏（1992）认为区域经济集团化推动了世界经济相互依赖新格局的形成。张蕴岭（1988）指出，相互依赖关系体系中的矛盾是经常的、广泛的，涉及各个方面，体现在贸易领域、国际资本流动领域和国际分工领域。卢林（1990）对经济相互依赖理论进行了评介，并介绍了国际相互依赖理论的发展轨迹。聂虹（1989）则比较了权力政治与相互依赖在研究的基本单位、研究问题和主题等方面存在差异，最后指出，权力政治理论并没有过时，相互依赖理论适合于解释低度政治，尤其是经济领域中的问题，而高度政治仍需要用权力政治理论来分析。邝艳湘（2007）认为目前已有研究中，经济相互依赖促进和平的机制大致可划分为四种：机会成本说、信号传递说、国内联盟说和外溢效应说。最后指出了相互依赖理论研究的意义及未来的研究方向。

（二）理论分析型

这一类型的文章主要以定性分析为主，从理论推理的角度来阐述经济相互依赖对国际政治关系的影响，虽仍然带有文献综述的特点，但已经显示出进行理论创新的努力。与国外研究相比，国内学者对于经济相互依赖的政治后果的研究大致有五种不同的观点。

第一种观点以马克思主义为分析方法，认为相互依赖与矛盾冲突是世界经济发展过程中的矛盾统一体，应该辩证地看待，这种观点主要存在于20世纪80年代末期和90年代早期的国内文献中。邓力平和罗君伟（1986）最早提出了这种观点。他们认为：一方面，随着科学技术革命的蓬勃发展，国际分工体系内各国经济联系加深，资本主义各国间经济相互依赖日益深化；另一方面，"二战"后各国间经济依赖的深化过程，始终伴随着激烈的矛盾和冲突。正如上面所述，王世浚（1990）也持这种观点。此外，黄苏和徐尧兴（1989）认为世界经济中的相互依赖是资本主义生产方式发展的结果，是资本主义内在本质的要求。经济相互依赖孕育着国家干预与国际调节等形式，力图缓解这一矛盾，但矛盾和冲突是经济依赖中不平衡和不平等性的必然结果，矛盾冲突反过来又推动着经济依赖关系的向前发展。

第二种观点认为经济相互依赖促进合作与和平。张蕴岭、祁忠武等（1988）也认为，相互依赖必然带来矛盾和冲突，但是合作与矛盾是相互依赖体系中的两个方面，在相互依赖的经济体系中形成了一种相互制约的机制，对双方都有制约和牵制作用，使合作一般来说不至于发生破裂。宋国友（2003）指出，东亚国家之间为什么能够在冷战结束后维持长时间的和平与稳定，主要是因为东亚国家之间形成了相互依赖的局面。余万里（2007）从国内政治的角度分析中美相互依赖对中美关系的影响。他认为国家间相互依赖的行为主体在很大程度上并不是抽象的作为整体的国家（及其政府），而是社会中的企业、集团和个人。伴随着跨越国界的商品、资金、技术、信息和人员的交往与流动，在相互依赖的国家内部必然形成某种跨国性的利益共存结构。这种利益结构会通过国内政治过程对双边的政治和外交关系产生作用，推动双边关系朝着稳定的方向发展。庄宗明与蔡洁（2008）对国际贸易和国际直接投资影响国际冲突的理论和方法进行了评述，指出在不加任何限制条件的情况下，国际贸易和国际直接投资都具有显著的消减冲突、促进合作的净效应。

第三种观点认为经济相互依赖将导致矛盾与冲突。卢林（1990）认为，尽管相互依赖关系为国际合作创造了多种机会，但它同时也可以是国际争端和冲突的一个直接根源。于军（2003）认为，相互依赖关系中国家与市场的矛盾、国家行为的不自主及相互依赖的不对称都使相互依赖具有导致冲突的内在倾向，而不同领域权力资源的转换则具有使冲突升级的性质，相互依赖与国际冲突间的内在联系是由国际社会的无政府状态、国家与市场两者的不同逻辑所决定的。

第四种观点认为经济相互依赖既能促进和平，也能导致冲突，具体影响如何取决于一定的条件。苏长和（1998）认为，依赖的不对称性和脆弱性及由此引起的国家行为自主性的降低，增加了国家对依赖带来的脆弱性的担心，为减少这种担心需要国际制度来调整和控制跨国间的关系，使相互依赖关系稳定在一个相对信任的阶段，以保证相关方安全持久地获益。因此，"高度相互依赖会不会引起国际冲突与既定国际制度的作用有着重要联系"。[①] 常欣欣（2001）系统地梳理了经济相互依赖（贸易）和平论的历史沿革以及对贸易和平论的质疑和修正，指出经济相互依赖既包含有促进和平的因素，也包含有诱发冲突的可能，具体分析经济相互依赖的性质、条件和其他因素，则会发现经济相互依赖远远不能成为国际和平的保障。而从体系层面来说，中国学者也关注到了南北国家间的不对称相互依赖，认为这种相互依赖是引发矛盾与冲突的重要原因。"只有'经济相互依赖＋平等的依赖关系'"才是我们所应争取的构建 21 世纪国际和平的经济保障[②]。郎平（2005）从国家决策的路径入手，引入了"对贸易收益的判断"这一变量，认为只有在战争收益接近于零并且国家对贸易收益的判断为正时，贸易水平的增加才能推动国家间的和平。

第五种观点认为经济相互依赖有其战略限度，国家的最高目标是确保主权的不可侵犯性和政治安全，经济往来只是达到这个目标的手段。梅然（1998）从相互依赖的定义出发，认为维护和平根本不是相互依赖的政治影响中全部的而且是恒定的内容。相互依赖既可能给和平带来机会，也可能招致风险。所以相互依赖并不必然地增进和平，和平的基本的或更重要的原因在于相互依赖之外。宋国友（2007）在《中美经济相互依赖及其战略限度》中指出美国的对华战略走向将决定经济相互依赖的作用，而不是相反。

（三）实证检验型

进入 21 世纪后，中国国际关系学科的发展开始重视研究方法，这种发展趋势也影响了中国学者对相互依赖的政治后果的研究。

庄宗明和蔡洁（2008）通过构建模型考察了国际贸易影响国际冲突的机制，贸易可以减少发起国对目标国的冲突，同时，在全球化的条件下贸易能更好地消

---

① 苏长和. 经济相互依赖及其政治后果 [J]. 欧洲，1998（4）：34－39.
② 常欣欣. 和平与经济相互依赖关系的理论考察 [J]. 北京行政学院学报，2001（5）：64－69.

减国际冲突。作者利用亚洲国家1991~2000年的面板数据所做的经验分析证明了国际贸易对国际冲突的确具有显著的消减作用，并能促进国际合作。蔡洁与周世民（2008）考察了国际直接投资对国际冲突的影响，所得出的结论是：在一国追求本国效用最大化的条件下，国际直接投资越多则国际冲突越不容易发生，国际直接投资的增长可以减少发起国对目标国的冲突。作者采用经济合作与发展组织中27个国家及中国、新加坡在1991~2000年间的面板数据做实证分析，证明了国际直接投资对国际冲突的确具有显著的消减作用，并能促进国际合作。邝艳湘（2009）以多瑞森的模型为基础，通过构建一个动态的多国模型，从理论上证明了国际贸易的和平效应随着对外开放度的增大及参与国际贸易体系的国家数目的增多而加强。然后利用1980~1989年和1990~2001年有关国家之间的贸易与冲突数据，考察了冷战结束前后两个不同历史时期国际贸易和平效应的大小。理论分析和实证检验的结果表明与冷战时期相比，冷战后国际贸易的和平效应显著增强。邝艳湘通过借鉴马克·克里森兹（Mark J. Crescenzi）的退出模型（exit model），构建了一个五阶段动态博弈模型，从动态视角考察经济相互依赖如何影响不同级别的冲突，并着重对经济相互依赖如何抑制冲突升级的内在机制进行了理论研究。主要结论是：随着经济相互依赖的加深，国家间发生低级别冲突的概率将会增加，但是低级别冲突升级为战争的概率下降，即经济相互依赖有助于抑制冲突的升级。然后利用1949~2008年中美间政治经济关系的现实对理论分析的结论做了进一步的说明。该书为考察经济相互依赖在冲突升级过程中发挥何种作用做出了初步尝试。

 复习思考题

一、名词解释

国际相互依赖、复合相互依赖论、"依附"论

二、简答题

1. 造成国际经济相互依赖的原因有哪些？

2. 西方国际关系理论中的相互依赖理论有哪些局限性？

3. 复合相互依赖的特征。

4. 马克思主义关于国际相互依赖的论断。

5. 国内学者关于国际经济相互依赖理论的研究进展。

第四章

国际经济一体化理论

第二次世界大战以后，由政府出面建立国际经济一体化组织逐步开展起来。国际经济一体化组织有多种类型。各国参加经济一体化组织的原因是多方面的，其最根本的原因是获得静态和动态的经济利益。在现实经济中国际经济一体化的形式多样、模式各异。从世界经济发展的趋势来看，区域经济的一体化对全球经济的一体化，或者各国经济的国际化有着巨大的推动作用。

第一节　国际经济一体化的概念、原因与分类

一、国际经济一体化的含义

一体化原指两个或两个以上的个体通过某种形式组合为一个整体。国际经济一体化是指两个或者两个以上的国家通过某种协定或者条约建立起来的经济合作组织。

准确理解国际经济一体化的定义，需要把握以下几点。

（一）国际经济一体化区别于国内经济一体化

国际经济一体化是指国与国之间通过签订协议的形式建立的经济合作组织，因此这种经济一体化的前提是跨国界的经济一体化。一国范围内的经济一体化的主要特征是国内市场的统一，因此，打破国内各区域经济限制或者割据是问题的核心。

（二）　国际经济一体化区别于跨国的区域经济一体化

跨国的区域经济一体化是指地理位置邻近的国家之间通过某种协定和条约建立起来的国际经济一体化组织。因此，区域经济一体化是国际经济一体化的特殊形式。

（三）　国际经济一体化区别于集团化

严格上讲，集团化不是一个规范的经济学概念，更多的是具有政治色彩。一般而言，国际经济一体化是一个专门用来描述一种特有的国际经济现象的概念。

（四）　国际经济一体化区别于经济合作组织

国际经济合作组织是国家或者地区之间建立的旨在促进相互合作的国际组织，如经济合作与发展组织（OECD）、亚洲太平洋经济合作组织（APEC）等，都属于经济合作组织。而国际经济一体化组织是通过签署一定的协议而成立的组织，参与一体化的成员都需要有一定的主权让渡。因此判断一个组织是否为国际经济一体化组织，最有效的标准就是看成员是否签订了含有主权让渡的条约和协定。

二、国际经济一体化的原因

经济一体化早就随着新航路的开辟而起步，但其迅速发展却是在"二战"以后。战后出现的国际经济合作形式有两种：一种是世界性的，如联合国经济及社会理事会、国际货币基金组织、世界银行、世界贸易组织等；另一种是区域性的，如欧盟、东南亚国家联盟等。

"二战"后，经济一体化迅速发展有其深刻的历史、政治和经济原因。

（一）　经济一体化是历史发展的必然结果

1929～1933 年发生了席卷资本主义世界的经济危机，主要资本主义国家为了各自利益，纷纷采取贸易保护措施，如外汇管制、提高关税及采取数量限制等，以加强在国际市场上的竞争，结果却导致了国际贸易壁垒林立，贸易障碍大大增加，使"一战"后初具规模的世界一体化市场重新被割裂，严重影响了世界贸易与国际经济的发展，也使采取保护措施的各国深受其害，正所谓"损人不利己"。"二战"后，有关国家为恢复国内经济，重建国际经济秩序，吸取教训，纷纷朝着贸易自由化方向发展。

（二）科技与生产力的发展是经济一体化的根本原因

第三次科技革命，从核能、电子计算机、宇航三大技术开始，而后汇入了一批批新技术，从而形成了一个宏大的技术群，数量之多、规模之大，是空前的。它使世界生产力发展到相当高的水平，这种巨大的生产力绝非一个国家可以驾驭和独享。这在客观上要求各国加强合作以适应生产力的飞速发展。欧洲的"尤里卡"计划、国际空间站、人类基因图的绘制，都是国际合作的典型体现。

（三）经济一体化是垄断资本发展的必然结果

"二战"后，私人垄断资本加速集中，国家垄断资本也空前发展，垄断资本社会化越来越超出民族国家范围，结成国际垄断组织。这必然带来资本在国际间的协调和联合。时至今日，作为国际垄断组织形式之一的跨国公司已成为经济全球化的重要参与者和载体。2021 年美国《财富》杂志世界 500 强企业统计数据显示，上榜企业在 2020 年的总营业收入约为 31.7 万亿美元，相当于当年全球国内生产总值（GDP）的 1/3[①]。据联合国贸发会议（UNCTAD）发布的《2021 年世界投资报告》显示，2020 年全球前 100 名最大的非金融类跨国公司的资产总额为 17.924 万亿美元，其中海外子公司资产为 9.639 万亿美元，占比约为 54%，比 2018 年下降 4 个百分点；总营业额为 9.493 万亿美元，其中海外子公司营业额为 5.335 万亿美元，占比约为 56%，比 2018 年下降 4 个百分点；员工总数为 1957.1 万人，其中海外子公司员工总数 907.6 万人，占比约为 46%，比 2018 年下降 7 个百分点。跨国公司的运行与发展情况日益成为国际博弈的"晴雨表"。

（四）经济一体化是大国争夺和妥协的结果

"二战"后出现了美苏两国全球争夺格局。美国凭借其庞大实力，对西欧和土耳其推行马歇尔计划。为了有一个"更具内聚力的势力范围"，美国在这一计划实施过程中，始终把争取欧洲的统一作为对欧政策的核心。通过协定，西欧国家之间的关税壁垒逐渐削减，取消了一些贸易限额，并成立了西欧支付同盟，以促进西欧贸易和支付的自由化。这些都有利于西欧经济的一体化。苏联则在其势力范围内成立了经互会，在原料、食品、机器、设备等方面进行相互协作。西欧为了摆脱美国的控制，摆脱苏联及其东欧盟国的威胁，积极推动欧共体的成立和发展。由于两大阵营在全球的对峙，这种一体化进程主要表现为一部分有共同利害关系的国家形成区域性的经济合作关系。

---

① 2021 年《财富》世界 500 强排行榜揭晓［EB/OL］. 财富中文网，2021 - 08 - 03.

"冷战"结束后，真正意义上的全球经济一体化进程才得以向更深广的方向发展。世界贸易组织代替了关贸总协定，并得到了进一步发展。经过长期艰苦的谈判，在各方都做出重大让步的情况下，中国加入了世界贸易组织。

（五）经济一体化是新兴民族国家维护自身经济权益与促进发展的结果

"二战"后，原有的殖民体系迅速瓦解，新兴民族国家纷纷独立。它们在独立后致力于发展经济，但这些国家由于基础薄弱、科技落后、管理水平低下、资金不足、国内市场狭窄等原因，无力单独从事大规模经济建设。因此，它们一方面与原宗主国、发达国家保持联系，另一方面又努力加强彼此之间的经济合作，走经济一体化道路。当然，经济发展水平相近、经济结构相似、文化传统相类、地理疆域连成一片等，也不同程度地推动了经济一体化的发展。

三、国际经济一体化的类型

按照国际经济一体化组织成员国经济一体化的紧密程度，或者各成员国让渡国家自主决策权给超国家的经济一体化组织的程度，一体化组织分为以下五种类型，即自由贸易区、关税同盟、共同市场、经济联盟及完全经济一体化。

（一）自由贸易区

自由贸易区是指两个或两个以上的国家通过达成某种协定或者条约取消相互之间的关税和与关税具有同等效力的其他措施的国际经济一体化组织。

自由贸易区突出特征是成员之间实行自由贸易，但是对第三国或者非成员国没有共同行动，没有统一的排他性措施，循序成员国自主地制定和实施本国对第三国的关税和非关税措施。

自由贸易区的局限在于会导致商品流向的扭曲和避税。如果没有其他措施作为补充，第三国可能将货物先运进一体化组织中实行较低关税或贸易壁垒的成员国，然后再将货物运到其他成员国。因此，自由贸易区需要制定详细的"原产地规则"。

（二）关税同盟

关税同盟是指两个或者两个以上的国家之间通过某种协议，相互取消关税和与关税具有同等效力的其他措施，建立共同对外关税的经济一体化组织。

关税同盟的主要特征是成员国相互之间不仅取消了贸易壁垒，实行自由贸易，还建立共同对外关税。这也意味着：（1）不需要原产地规则来作补充，具有比自由贸易区更强的排他性；（2）成员国的主权让渡较自由贸易区更多，一旦加入关税同盟，成员国就失去了自主关税的权利。

（三）共同市场

共同市场是指两个或两个以上的国家之间通过达成某种协议，相互取消关税和与关税具有同等效力的其他措施，建立共同对外关税，在成员国之间实行商品自由流动的基础上，取消劳务、资本和人员自由流动限制的经济一体化组织。

它的主要特征是在成员之间实现了四大要素的自由流动如下：

（1）商品和劳务的自由流动意味着商品贸易和服务贸易完全自由；

（2）资本的自由流动意味着各成员国政府不再干涉他们之间的直接或间接的资本流动；

（3）人员的自由流动意味着成员国居民可以在共同市场任何地方居住，寻找工作机会。

（四）经济联盟

经济联盟是指两个或两个以上的国家之间通过达成某种协议，不仅要实现共同市场的目标，还要在共同市场的基础上，实现成员国经济政策的协调。

经济联盟的显著特征是在成员国之间实现市场一体化的基础上，进一步实现为保证市场一体化顺利运行的政策方面的协调。

经济联盟是经济一体化程度更高的一体化组织。参加这种一体化组织的国家不仅要让渡对商品、资本和劳动力的干预，还要将政府干预或者调解经济的主要政策工具上缴给超国家的国际经济一体化组织。

（五）完全经济一体化

完全经济一体化是指两个或两个以上的国家通过达成某种协议，不仅要实现经济联盟的目标，还要实现每个成员在政治、外交、军事等方面的合作，或者政策协调。完全经济一体化有两种形式：一种是"联邦"，它的特征是超国家的一体化组织的权利大于各成员国的权利，因而权利的主体在超国家的一体化组织，它类似于一个国家；另一种是"邦联"，它的特征是各成员的权利大于超国家的一体化组织的权利，因而主权的主体在各成员国。

第二节　国际经济一体化建立的理论基础

众多经济学家从多方面对经济一体化进行研究和论证，提出了不同的理论。其中比较有代表性的有：以范纳和李普西为代表的"关税同盟理论"、西托夫斯基和德纽为代表的"大市场理论"、著名国际经济学家小岛清提出的"协议性国际分工理论"、以发展中国家合作研究中心高级研究员鲍里斯·塞泽尔基为代表的"综合发展战略理论"等。

一、关税同盟理论

（一）关税同盟的静态效果

1. 贸易创造效果（贸易创生）

贸易创造由生产利益和消费利益构成。在关税同盟内实行自由贸易后，国内成本高的产品被成员国成本低的产品所代替，从成员国进口增加，新的贸易得以"创生"。其结果是，由于取消内部关税，各国不再保护本国效率低、成本高的国内生产，而从成员国进口较低廉的产品替代较昂贵的本国产品，为消费者节省了开支，提高了福利水平；本国低效率、高成本的生产被成员国低成本、高效率的产品所替代，随着贸易创生的扩大，提高了本国效率，节约了资源；整体来看，生产从高成本转向低成本，节约下的资源又用于效率高的出口工业，促进了出口，改善了国际收支，同时使资源得到合理配置和使用。

下面通过表4.1和表4.2来说明关税同盟的贸易创生作用。假定在A、B、C三国中，A、B两国成立关税同盟；A、B、C三国煤炭单位生产成本，依次为250美元、150美元、100美元；成立关税同盟以前，A国对煤炭征收200%的进口税（从价税）。

表4.1　　　　　　　　　　　关税同盟成立前　　　　　　　　　　单位：美元

项目	A国	B国	C国
煤炭单位生产成本	250	150	100
煤炭在A国价格	250	150+200%（关税）=450	100+200%（关税）=300

表 4. 2   **关税同盟成立后**   单位：美元

项目	A 国	B 国	C 国
煤炭单位生产成本	250	150	100
煤炭在 A 国价格	250	150	100 + 200% （关税）= 300

从表 4.1 可知，在关税同盟成立前，A 国将自行生产煤炭。因为 A 国国内的煤炭价格在 3 个国家中最低，分别是 A 国 250 美元，B 国 450 美元，C 国 300 美元。A、B 两国成立关税同盟后，若它们对外共同关税仍为 200%，则 B 国产品价格就成为最低的，分别是 B 国 150 美元，A 国 250 美元，C 国 300 美元。因此，A 国就从 B 国进口煤炭，A、B 两国产生新的贸易。结果，煤炭生产就从成本较高的 A 国，移至成本较低的 B 国，创造出新的国际分工，这就是贸易创造效果。同时，A 国可以用较低的价格（以前是 250 美元，现在是 150 美元）买到煤炭，从而提高了福利。从 A、B 两国整体来看，由于生产从高成本转向了低成本，节约了资源，故能提高共同的福利。对 C 国来说，因为它原来就不与 A、B 两国发生贸易关系，所以仍和新的贸易开始前一样，对它没有什么不利影响。如果把关税同盟国家增加收入、增加进口的动态效果计算在内，C 国也会有利可得。因此，关税同盟对整个世界是有利的。

2. 贸易转移效果（贸易转向）

由于关税同盟对外实行共同关税，对第三国进口形成歧视壁垒，导致外部进口减少，转向从成员国进口，因而发生贸易"转向"。在关税同盟成立以前，关税同盟国从世界上生产效率最高、成本最低的国家进口产品。关税同盟成立以后，关税同盟国该项产品转由从同盟内生产效率最高的国家进口。但如果同盟内生产效率最高的国家不是世界上生产效率最高的国家，则进口成本较以前增加，消费开支扩大，使同盟国的社会福利水平下降，这就是贸易转移的效果。

如表 4.3 和表 4.4 所示，假定在 A、B、C 三国中，A、B 两国成立关税同盟；A、B、C 三国煤炭单位生产成本，依次为 250 美元、150 美元、100 美元；成立关税同盟以前，A 国对煤炭征收 100% 的进口税（从价税）。

表 4.3   **关税同盟成立前**   单位：美元

项目	A 国	B 国	C 国
煤炭单位生产成本	250	150	100
煤炭在 A 国价格	250	150 + 100% （关税）= 300	100 + 100% （关税）= 200

项目	A 国	B 国	C 国
煤炭单位生产成本	250	150	100
煤炭在 A 国价格	250	150	100＋100%（关税）＝200

表 4.4　　　　　　　　　　　　关税同盟成立后　　　　　　　　　单位：美元

从表 4.3 可知，成立关税同盟前，A 国对煤炭课征 100% 的进口税，在此种假定下，A 国将从 C 国进口煤炭，因为 C 国煤炭在 A 国的价格为 200 美元（含税），较 A 国的 250 美元、B 国的 300 美元（含税）更低。A、B 两国关税同盟成立以后，若其对外共同关税仍为 100%，则 A 国将改向 B 国进口煤炭，因为 A、B 两国的关税废除后，B 国产品在 A 国的价格 150 美元就变为最低。结果，煤炭生产就从成本较低的 C 国，转至成本较高的 B 国，这就是所谓贸易转移效果。C 国受到了损失，并因不能有效地分配资源而使整个世界福利降低。

3. 贸易扩大效果

贸易创造效果和贸易转移效果是就生产而言，而贸易扩大效果是就需求而言。关税同盟在贸易创造效果和贸易转移效果下，都能产生贸易扩大效果。

4. 减少行政支出

关税同盟建立后，将减少行政支出，这部分行政支出指的是由于免征关税而减少的政府征税的相关费用。

5. 加强集体谈判力量

关税同盟建立后，经济力量增加，统一对外进行关税减让谈判，有利于关税同盟贸易地位的提高和贸易条件的改善。

（二）关税同盟的动态效果

关税同盟的动态效果又称为次级效果，主要是分析关税同盟对成员国就业、产出、国民收入、国际收支和物价水平的影响。

1. 使成员国之间的竞争力加强，专业化程度加深，资源使用效率提高

西托夫斯基认为关税同盟成立后，促进商品流通，可以加强竞争，打破孤立，经济福利因此得以提高。但是，有人持相反的看法，认为消除贸易壁垒，市场扩大，容易获取生产的规模经济，反而容易产生独占，而使经济福利下降。

2. 获取规模经济

关税同盟成立以后，成员国结为一体，自由市场得以扩大，因而可以获取专业化与规模经济的利益。持有此种观点的巴拉萨特别指出了形成关税同盟可以使

生产厂商获得重大的内部与外部规模经济的利益。但金德尔伯格则认为欧洲经济共同体原成员国厂商的原有生产规模已经很大，关税同盟建立后生产规模再扩大不一定更为有利。因为生产规模太大，效率反而会下降。但在关税同盟有利于厂商扩大规模经济方面，二者的观点是一致的。

3. 刺激投资

关税同盟成立以后，随着市场的扩大、风险的降低，成员国厂商会增加投资；商品的自由流通，会使竞争程度加强；为提高竞争能力，关税同盟成员国原有厂商也会纷纷增加投资，以改进产品品质，降低生产成本；由于成员国之间关税完全免除，对外统一关税，关税同盟外的国家会被吸引到同盟内设立工厂，以求得豁免关税的利益。

4. 促进技术进步

关税同盟成立后，市场扩大、竞争趋于统一，生产要素可在各成员国间自由移动，因此提高了要素的流动性，促进了要素的合理配置，降低了要素限制的可能性。

二、大市场（共同市场）理论

大市场（共同市场）理论主要阐述了经济一体化的动态效应，其理论的核心是：（1）只有通过大市场才有可能获得规模经济，从而实现技术利益；（2）依靠因市场扩大化而使竞争激烈化的经济条件来实现上述目的。两者是目的与实现目的的手段关系。

德纽认为大市场实现过程中，由于生产扩大、新技术的应用、竞争的恢复，再加上取消关税，所有这些因素都会使生产成本和销售价格下降、购买力增加和实际生活水平提高。购买某种商品的人数增加之后，又可能使这种消费增加和投资进一步增加。由此，经济就会开始其"滚雪球式"的扩张。

西托夫斯基则以另一种方式论述欧洲共同市场及其发展的原因，即西欧有一个"小市场与保守的企业家态度的恶性循环"。与美国相比，西欧陷入了高利润率、低资本周转率、高价格的矛盾。人们交往于狭窄的市场，竞争不激烈，市场停滞，阻止新竞争企业的建立，使高利润长期处于平稳停滞状态。由于价格高昂、耐用消费品等普及率很低，不能进行大量生产。最终，西欧陷入高利润率、高价格、市场狭窄、低资本周转率的恶性循环之中。能够打破这种恶性循环的乃是共同市场或贸易自由化条件下的激烈竞争。如果竞争激化，价格下降，就会迫使企业家停止过去旧式小规模生产，转向大规模生产。同时，随着消费者实际收入的增加，过去只供收入高的阶层消费的高档商品将被多数人消费。其结果是产生大市场—大量生产规模转换（和其他的合理化）—生产成本下降—大众消费的增加（市场的扩大）—竞争进一步激化，从而出现了一种积极扩张的局面。

三、协议性国际分工原理

（一）协议性国际分工原理的内容

协议性国际分工原理的内容是在实行分工之前两国都分别生产两种产品，但由于市场狭小，导致产量很小，成本很高，两国经过协议性分工以后，都各自生产一种不同的产品，导致市场规模扩大，产量增加，成本下降。协议各国都享受到了规模经济的好处。

协议性分工原理是由日本学者小岛清提出的。他认为：经济一体化组织内部如果仅依靠比较优势原理进行分工，不可能完全获得规模经济的好处，反而可能会导致各国企业的集中和垄断，影响经济一体化组织内部分工的发展和贸易的稳定。因此，必须实行协议性国际分工，使竞争性贸易的不稳定性尽可能保持稳定，并促进这种稳定。

（二）协议性国际分工实行的条件

（1）必须是两个（或多数）国家的资本、劳动禀赋比率没有多大差别，工业化水平和经济发展阶段大致相等，协议性分工的对象商品在哪个国家都能进行生产。在这种状态之下，在互相竞争的各国之间扩大分工和贸易，既是关税同盟理论所说的贸易创造效果的目标，也是协议性国际分工理论的目标。而在要素禀赋比率和发展阶段差距较大的国家之间，由于某个国家只能陷入单方面的完全专业化或比较成本差距很大，所以还是听任价格竞争原理（比较优势原理）为宜，并不需要建立协议性的国际分工。

（2）作为协议分工对象的商品，必须是能够获得规模经济的商品。因此产生出如下的差别，即规模经济的获得，在重化工业中最大，在轻工业中较小，而在第一产业几乎难以得利。

（3）不论对哪个国家，生产协议性分工商品的利益都应该没有很大差别。也就是说，自己实行专业化的产业和让给对方的产业之间没有优劣之分，否则就不容易达成协议。这种利益或产业优劣主要决定于规模扩大后的成本降低率，随着分工而增加的需求量及其增长率。由此可以得出，协议性分工是同一范畴商品内更细的分工。

四、综合发展战略理论

以发展中国家合作研究中心高级研究员鲍里斯·塞泽尔基为代表的一些经济学家认为，根据发展中国家国内外的经济与政治环境，不能把发达资本主义国家经济一体化的理论（如关税同盟理论、大市场理论）照搬到发展中国家。因此，他们提出了与发展理论紧密联系的综合发展战略理论。

（一）综合发展战略理论的内容

1. 综合发展战略理论的原则

（1）一体化是发展战略，而不是限制因素。一体化是发展中国家的一种发展战略，它不限制市场的统一，也不必在一切情况下都追求尽可能高级的其他一体化。

（2）两极分化是不可避免的特征。两极分化是伴随着一体化而产生的特征，只能用有利于发挥较不发达国家优势系统的政策来避免它，而这就要求具有强有力的共同机构和政治意志。

（3）拒绝一体化成功条件。拒绝古典和现代一体化理论中所阐述的一体化成功条件，虽然其中个别部分在某些具体情况下仍然适用。其主要条件是，把一般模式和具体理论有效地应用到特定集团和现实环境中去。

（4）政府干预是一体化成功的关键。许多情况下，私营部门在发展中国家一体化进程中占有统治地位，是经济一体化失败的重要原因之一。有效的政府干预对于经济一体化的成功至关重要。

（5）发展中国家的一体化是变革世界的要素。鉴于世界被敌对性地划分成了发达国家和发展中国家，因而将发展中国家的一体化视为集体自力更生的手段和按照新秩序逐渐变革世界经济的要素。

2. 发展中国家（地区）一体化的主要因素

（1）经济因素。经济因素包括该区域经济（和总体）发展水平及各成员国之间的差异；各成员国之间现存的经济和其他方面的相互依存状况；新建经济区的最优利用状况；特别是有关资源和生产要素的互补性及其整体发展的潜力；同第三国经济关系的性质；外国经济客体（尤其是跨国公司）在特定集团各国经济中的地位；根据特定集团中的实际条件，选择的一体化政策模式和类型的适用性。

（2）政治和机构因素。政治和机构因素包括区域政治协调程度；各成员国的社会政治制度的差异；在所有成员国中，有利于实现一体化的"政治意志"状况及其稳定性；该集团对外政治关系模式，尤其是同超级大国和前宗主国关系的模式；共同机构的效率，以及它们进行有利于集团共同利益的创造性活动的可能性。

3. 制定经济一体化政策应注意的问题

（1）各成员国的发展战略和经济政策应有利于经济一体化发展；（2）生产和基础设施是经济一体化的基本领域，集团内的贸易自由只应是这一进程的补充；（3）在形势允许时，经济一体化应包括尽可能多的经济和社会活动；（4）应特别重视通过区域工业化来加强相互依存性，并减少发展水平的差异；（5）通过协商来协调成员国利用外资的政策；（6）对较不发达成员国给予优惠待遇，以减轻一体化对成员国两极分化的影响。

（二）综合发展战略理论的特点

（1）突破了以往经济一体化理论的研究方法，抛弃了用自由贸易和保护贸易理论来研究发展中国家的经济一体化进程，主张用与发展理论紧密相联系的跨学科的研究方法，把一体化作为发展中国家的发展战略，不限于市场的统一。（2）充分考虑了发展中国家经济一体化过程中国内外的制约因素，把一体化当作发展中国家集体自力更生的手段和按新秩序变革世界经济的要素。（3）在制定经济一体化政策时，主张综合考虑政治、经济因素，强调经济一体化的基础时，生产及基础设施领域必须有有效的政府干预。

第三节 国际经济一体化组织的实践

国际经济一体化组织已经有几百年的历史了。最早的国际经济一体化组织是原普鲁士的各个城邦组成的同盟。它最终导致了除奥地利之外的日耳曼族51个独立城邦的统一。现代的国际经济一体化组织开始于第二次世界大战以后。现有的国际经济一体化组织已遍布世界各地。其中，以欧洲、北美及亚太的实践最具有代表性。

一、欧洲联盟

欧洲联盟，简称欧盟，是在欧洲共同体基础上发展而来的。根据1991年12月签署的《欧洲联盟条约》（又称《马斯特里赫特条约》），欧盟的宗旨是"通过建立无内部边界的空间，加强经济、社会的协调发展和建立最终实行统一货币的经济货币联盟，促进成员国经济和社会的均衡"①。2022 年，欧盟拥有 27 个成员国，人口超过 5 亿人，GDP 高达 18.5 万亿美元②。

（一）欧盟的历史发展进程

欧盟成立以来，在工业、农业、能源、运输、财政、货币等领域取得了重大成就，由最初的关税同盟发展到统一大市场，再到经济与货币联盟，一体化程度不断提高，带动欧洲各国经济迅速发展，成为当今世界的重要一极。

1. 关税同盟的建立

1951 年 4 月，法国、联邦德国、意大利、荷兰、比利时和卢森堡在巴黎签订了《欧洲煤钢共同体条约》，1952 年 7 月生效。1957 年 3 月，六国又在罗马签署了《欧洲经济共同体条约》和《欧洲原子能共同体条约》（合称《罗马条约》），次年 1 月正式生效，欧洲经济共同体和欧洲原子能共同体成立。1965 年 4 月，六国又签订《布鲁塞尔条约》，决定成立"欧洲共同体"（以下简称"欧共体"），该条约于 1967 年 7 月生效。1968 年 7 月，欧共体实现了关税同盟，使成员国之间的工业制成品贸易不再征收关税，值得一提的是，由于各国农业劳动生产率的巨大差距，一时还无法消除内部贸易的关税。1970 年欧共体实行了共同的对外贸易政策。

2. 欧洲统一大市场的建立

关税同盟的建立虽然基本上实现了成员国间的商品自由流通，但与《罗马条约》人员、劳务和资本三方面自由流动的目标相差甚远。1985 年 6 月，欧共体发表了关于完善内部市场的"白皮书"，次年 2 月正式签署了《欧洲单一文件》（又称《欧洲一体化文件》），决定于 1992 年底建立成欧共体统一大市场。其目标是逐步消除各种非关税壁垒，包括有形障碍（海关关卡、过境手续、卫生检疫标准等）、技术障碍（法规、技术标准）和财政障碍（税制、税率差别）。为此，欧共体最高权力机构—欧共体委员会于 1990 年 4 月提出实现上述目标的 282 项指标。1993 年 1 月，欧洲统一大市场如期建成，成员国的商品、资本和劳务基本可以自由流动，但人员尚未实现自由流动。

3. 欧洲经济与货币联盟的建设

实现经济与货币联盟是欧盟经济一体化发展的关键阶段，无论是从欧盟内部充分实现统一大市场的需要，还是对外形成强大实体、振兴欧洲，同美、日抗衡的需要，实现经济与货币联盟都是必经阶段。1991 年 12 月，欧共体首脑会议通

---

① 欧盟的宗旨是什么？1995 年的时候欧盟扩大为几个国家？［EB/OL］. 巴中在线，2023 - 04 - 11.
② 2022 年欧盟 27 国人均 GDP 情况：两地超过 10 万美元，保加利亚最少［EB/OL］. 网易新闻，2023 - 04 - 30.

过了《马斯特里赫特条约》，决定分三阶段实现欧洲经济与货币联盟。

第一阶段：1990 年 7 月至 1993 年 12 月，要求所有成员国货币都要加入欧洲货币体系的汇率机制，取消外汇管制，协调货币和汇率政策；

第二阶段：1994 年 1 月至 1999 年 1 月，筹建欧洲货币局，从技术上和法律上为建成货币联盟做准备；

第三阶段：1999 年 1 月至今，建立欧洲中央银行，发行欧元。

（二）欧盟对区域经济一体化的影响

欧盟是成立最早、起点最高、范围最广、程度最深、受益最大的区域经济一体化组织，对世界范围的区域经济一体化格局构成影响，并对区域经济一体化的发展起到示范作用。目前，世界范围内存在欧盟、北美自由贸易区及亚太经合组织三大区域经济组织，这一三足鼎立之势与欧盟的影响是分不开的。可以说，欧盟对世界范围内的区域经济一体化浪潮起到了推波助澜的作用。欧共体一直是区域经济一体化的领头羊，其产生、发展反映了区域经济一体化发展和变化的过程。区域经济一体化是世界经济发展的必然趋势。

二、北美自由贸易区

北美自由贸易区是区域经济一体化的浪潮中，为了与欧盟相抗衡而由美国联合加拿大和墨西哥组成的。北美自由贸易协定自 1994 年 1 月正式生效，其宗旨是逐步取消成员国之间的关税与非关税壁垒，实行商品的自由流通，创造公平竞争的条件，相互开放金融市场，增加投资和就业机会，对知识产权提供适当的保护，建立执行协定和解决争端的有效程序，促进三边的、地区的和多边的合作。

（一）北美自由贸易区的发展历程

关于建立北美自由贸易区的设想，最早出现在 1979 年美国国会关于贸易协定的法案提议中，1980 年美国前总统里根在其总统竞选的有关纲领中再次提出。但由于种种原因，该设想一直未受到特别重视，直到 1985 年才开始起步。

1. 美加自由贸易区的建立

1987 年 10 月，美国和加拿大两国经过一年多的协商和谈判，达成关于建立自由贸易区的协定。1988 年 1 月，双方正式签署了《美加自由贸易协定》。经美国国会和加拿大联邦议会批准，该协定于 1989 年 1 月生效。

《美加自由贸易协定》规定在 10 年内逐步取消商品进口（包括农产品）关税和非关税壁垒，取消对服务业的关税限制和汽车进出口的管制，开展公平、自由的能源贸易。在投资方面两国将提供国民待遇，并建立一套共同监督的有效程序和解决相互间贸易纠纷的机制。另外，还确定了原产地原则。美加自由贸易区是一种类似于共同市场的区域经济一体化组织，标志着北美自由贸易区的萌芽。

2. 北美自由贸易区的成立

由于区域经济一体化的蓬勃发展和《美加自由贸易协定》的签署，墨西哥开始把与美国开展自由贸易的问题列上了议事日程。1986 年 8 月两国领导人提出双边的框架协定计划。1990 年 7 月，两国正式达成了美墨贸易与投资协定（也称"谅解"协议）。同年 9 月，加拿大宣布将参与谈判，三国于 1991 年 6 月 12 日在加拿大的多伦多举行首轮谈判，经过 14 个月的磋商，终于于 1992 年 8 月达成了《北美自由贸易协定》。该协定于 1994 年 1 月正式生效，北美自由贸易区宣告成立。

（二）北美自由贸易区的特点

（1）南北合作。北美自由贸易区既有经济实力强大的发达国家（如美国）也有经济发展水平较低的发展中国家，区内成员国的综合国力和市场成熟程度差距很大，经济上互补性较强。

（2）大国主导。北美自由贸易区是以美国为主导的自由贸易区，美国的经济运行在区域内占据主导和支配地位。

（3）减免关税的不同步性。由于墨西哥与美国、加拿大的经济发展水平差距较大，而且在经济体制、经济结构和国家竞争力等方面存在较大差别，因此，在贸易区存在着减免关税的不同步性。

（4）战略的过渡性。美国积极倡导建立的北美自由贸易区，实际上只是美国战略构想的一个前奏，其最终目的是为在整个美洲建立自由贸易区。

（三）北美自由贸易区对南北关系的影响

北美自由贸易区是世界上第一个由发达国家和发展中国家组成的区域经济一体化组织，它的诞生打破了传统的区域经济一体化模式，开创了发达国家和发展中国家共处同一个区域经济一体化组织的先例，从而揭开了南北关系的新篇章，使南北关系由以政治舞台和经济舞台的关键为主转化为以寻求互利互补为主的经济合作。这种合作使南北的相互依赖性进一步加深，南北经济联系更加紧密；加快了世界产业结构协调，有助于缩小南北经济差距，促进世界经济的稳定发展。

（四）美洲自由贸易区设想

美国为了进一步增强其国际地位，扩大海外市场，力图使北美自由贸易区向南扩展，发展为美洲自由贸易区。早在 1990 年 6 月，美国前总统布什就正式得出了关于地区贸易、减免债务和增加投资的"美洲经济合作计划"，试图通过加强美国与拉美国家的经济联系，在 20 世纪末建立起以美国为中心的美洲自由贸易区。1994 年 12 月上旬，美国再次正式向美洲 34 国领导人提议，在加快美洲一体化步伐的基础上，准备在 2005 年正式建立美洲自由贸易区。虽然美国的这一设想因墨西哥金融危机而搁浅，但是美国已制定了比较明确的"全美洲经济联盟计划"。根据该计划，美国要以自己为核心，以北美自由贸易区为基础，把经济一体化的范围推向整个美洲，组建全美洲经济集团。

三、亚太经济合作组织

亚太经济合作组织（以下简称"亚太经合组织"，Asia – Pacific Economic Cooperation，APEC）成立于 1989 年，是亚太地区影响最大的地区合作组织。总部设在新加坡。其宗旨是维护亚太地区的经济发展，增进成员间的相互了解和经济交往，推进区域内的国际贸易和经济合作。该组织现有 21 个成员国和地区，是亚太地区重要的政府间区域经济合作组织，是本区域国家和地区加强多边经济联系、交流和合作的重要组织之一。

（一）亚太经济合作组织的发展阶段

1. 初期发展阶段（1989～1992 年）

这一阶段，APEC 建立了作为一个区域性经济组织的基本构架。第一、第二届双部长会议上，各方就致力于地区自由贸易与投资和技术合作达成了某些共识，确定设立 10 个专题工作组开展具体合作。1991 年召开的汉城会议通过了《汉城宣言》，它作为 APEC 的基本章程，首次对该论坛的宗旨、原则、活动范围、加入标准等做了规定。1992 年的曼谷会议决定在新加坡设立 APEC 秘书处，由各成员认缴会费，使 APEC 在组织结构上进一步完善。

2. 快速发展阶段（1993～1997 年）

自 1993 年起，APEC 从部长级会议升格到经济体领导人非正式会议，发展进程加快。1993～1997 年这 5 年，每年都有新的进展，解决了区域合作所面临的不同问题，是 APEC 进程的"五部曲"。例如：

1993 年——"APEC 不应该做什么？"；

1994 年——"APEC 应该做什么？"；

1995 年——"APEC 应该怎么做？"；

1996 年——制定具体的合作蓝图；

1997 年——实现与加速。

3. 调整阶段（1998～2000 年）

亚洲金融危机直接影响到 APEC 进程，危机的受害者开始对贸易投资自由化采取慎重态度。在 APEC 内部，始于 1997 年的"部门提前自由化"（EVSL）计划在一定程度上超越了亚太地区的现实情况，难以按原有设想加以推进。经济技术合作得以保持发展势头，但因发达成员态度消极，实质性进展不大。1998 年和 1999 年，APEC 进入巩固、徘徊和再摸索的调整阶段。2000 年，领导人非正式会议重申了应坚持贸易投资自由化和便利化目标，并加强人力、机构、基础设施和市场等方面的能力建设活动。

4. 稳定发展阶段（2001 年至今）

以 2001 年在上海举行的领导人非正式会议上达成的《上海共识》为起点，APEC 全面推动各成员在贸易投资领域的各项合作。同时，世界贸易组织"多哈发展议程"启动之后，"为多哈议程作贡献"也成为各成员关注的焦点。

（二）亚太经济合作组织的特点

亚太经济合作组织是一个"跨国区域"的经济合作组织，由于地域辽阔和复杂的政治经济情况，其经济合作形式具有独具的特点。

1. 松散型

APEC 是一个松散的、论坛式的协调机构，各成员拥有完全的经济和管理的决策权。

2. 开放性

亚太经合组织自建立开始就将"开放的地区主义"奉为行动准则，尊重各成员国的经济利益，允许成员与非成员的经济合作。

3. 区域内次区域边缘性

亚太经济合作组织内存在众多次区域合作关系，形成了次区域安排交叉的相互依存与合作的态势。

（三）亚太经济合作组织面临的问题

出于自身利益的考虑，APEC 成员在合作的取向、具体方式等方面存在着种种不同观点和立场，总的来看，以下几个突出的矛盾贯穿于过去一个时期 APEC 的合作进程。

1. 方向之争

美国始终没有放弃将 APEC 发展成为亚太共同体的设想。APEC 是只讨论经济问题的论坛，还是改变其性质，把议题扩展到政治、社会等领域，并引入非政府组织及民间参与，关系 APEC 的未来发展方向。美国、加拿大等成员不断试图在 APEC 内引入经济以外的议题，也不断遭到包括我国在内的发展中成员的反对。这一矛盾仍将继续存在、演变。

2. 原则之争

APEC 采取何种政策、运作方式关系该组织的基本特性问题。是进一步肯定以自主自愿、协商一致为核心内容的 APEC 方式，以此处理 APEC 合作中的差异与分歧，还是像发达成员所推动的，以"实质多数"等方式推进贸易投资自由化，对这一问题各方并未达成共识。

3. 重点之争

贸易投资自由化与经济技术合作两方面的实际发展仍很不平衡。以美国为首的发达成员中所看中的主要是贸易投资自由化，对经济技术合作消极甚至阻挠。围绕这个问题的争论是，APEC 要推动贸易投资自由化的同时，是否要在经济技术合作方面也取得进展，以尽可能地缩小目前已经存在的这两大合作内容发展不平衡的差距。

4. 速度之争

即要以何种速度推进 APEC 贸易投资自由化，如何处理 APEC 与世界贸易组织谈判进程的关系。发达成员始终要全面、快速地推动自由化，而且要超越世界贸易组织进程。多数发展中成员认为，应根据各自的实际情况和承受能力，逐步开放市场，APEC 成员应首先落实世贸组织已达成的协议，而不应急于超越。

 复习思考题

一、名词解释

自由贸易区、共同市场、经济完全一体化

二、简答题

1. 国际经济一体化的原因。
2. 国际经济一体化的类型有哪些？
3. 关税同盟的贸易创生作用表现在哪些方面？
4. 综合发展战略理论的原则有哪些？
5. 发展中国家（地区）一体化的主要影响因素有哪些？
6. 新时代下，亚太经济合作组织面临着哪些问题？

第五章

国际经济协调理论

第一节　国际经济协调概述

一、国际经济协调的含义

所谓国际经济协调（international economic coordination），全称为"宏观经济政策的国际协调"，是指在各个国家或国际组织之间，以发达国家或国际经济组织为主体，就贸易政策、汇率政策、货币政策和财政政策等宏观经济政策进行磋商和协调，适当调整现行的经济政策或联合采取干预的政策行动，以缓解政策溢出效应和外部经济冲击对各国经济的不利影响，实现或维持世界经济均衡，促进各国经济稳定增长。从狭义上讲，国际经济政策协调是指各国在制定国内政策的过程中，通过各国间的磋商和协调，对某些宏观经济政策进行共同的设置；从广义上讲，只要能在国际范围内对各国国内宏观经济政策产生一定程度制约的行为，都可以被视为国际经济政策协调。国际经济协调的基础是各国经济的相互依赖和国际经济传递机制。

二、国际经济协调的产生与发展

早在经济国际化和统一市场开始出现和形成时，国际经济协调就出现了，只是"二战"后它才日益受到重视并不断加快发展。因此，通常认为，真正意义上的国际协调出现于"二战"之后。

（一）19 世纪国际经济机制的最初构建

克拉斯纳认为，最早的全球性机制产生于 16 世纪的地理大发现以后。随着殖民主义在全世界范围内的扩张，整个世界被纳入了全球资本主义市场体系中。马克思和恩格斯早在《共产党宣言》中就曾指出："资产阶级，由于开拓了世界市场，使一切国家的生产和消费成为世界性的了。"①

近代世界市场的产生、国际分工的形成、国际贸易的发展，乃至发达国家争夺殖民地市场的竞争等，都要求国家间进行必要的协调和规范。在此要求下，国际经济机制的构建最初始于 19 世纪初的欧洲。1815 年欧洲国家成立的莱茵河委员会是世界上第一个官方国际经济组织，也是第一个通过机制化和制度化途径协调各国经济利益、确立规范以合理分配资源。

19 世纪中后期出现了构建经济规则的第一次高潮。到了 1909 年，国际经济组织已达到 37 个，如 1865 年成立的国际电报联盟、1875 年成立的万国邮政总联盟和国际度量衡组织、1890 年成立的国际铁路货运联盟等。在贸易领域，关于开放市场、关税协调、自由贸易、自由航行的规则、规范已初具规模。金融领域，在 19 世纪末欧洲及世界的大部分地方，以英镑为核心、以黄金为基础的国际金本位制及相应协调机制的建立，使国际货币金融有了统一的基础，在一定意义上促进了国际贸易的稳定和发展。它们所涉及的范围在经济领域内从具体到抽象、从特殊至一般、从一区蔓延到整个世界，形成了一定的机制性安排。在国家间的经济关系及各层次的国际经济体系的发展过程中，开始遵循一定的"约定"，这些"约定"逐渐形成通则，对各个国家的行为产生约束作用；随后，国际机构、组织或定期的国际协调出现，并开始在各自领域内确立了统一原则和规则，有效地促进了其规范范围内部事务的有序化进行。

19 世纪出现的另一类特殊的机制要素是民间经济组织的协调作用。这类协调机制最初是生产同类产品的各企业通过签订销售协定而形成的"普尔"或"卡特尔"，后来发展为规定统一价格并分配各企业的产量和销售量。19 世纪末，在"卡特尔"基础上出现了"辛迪加"，同类企业在商品销售和原材料方面实现联合。与此同时，在生产领域出现了"托拉斯"，在此基础上形成的国际"托拉斯"以瓜分市场为目的，协调了各自的世界性或跨国性的商品生产与流通，在资本和管理组织方面实行分配。从本质上说，不管是"卡特尔"还是"托拉斯"，都属于垄断形式，不属于真正意义上的国际机制要素，但鉴于其客观上的协调和资源配置功能，它们仍可看成是一种特殊的国际经济机制，或者是具有国际经济

---

① ［德］马克思，［德］恩格斯. 共产党宣言［M］. 上海：上海教育出版社，2020.

机制功能的垄断。

（二）20 世纪以来国际经济协调的发展

在 19 世纪，国际经济机制的构建主要是专业性的，这是由当时世界经济体系形成初期的特性所决定的。进入 20 世纪，特别是"二战"后，随着国家间相互依存态势的逐步形成和深化，国际经济机制开始在世界经济的各个领域和各个层面得到迅速发展。其发展历程可分为三个阶段。

1. 国际经济协调机制建立与启动时期（"二战"后至 20 世纪 70 年代初）

"二战"后初期是国际经济机制发展的一个新高潮时期，相继产生了构成国际经济机制核心的联合国经社理事会、国际货币基金组织、世界银行、关贸总协定等。这些机构的产生，不仅使国际相互依存程度不断增强，也使国际经济的运行逐步走向规则化，促进了经济协调机制的综合化和专门化。

"二战"后国际经济协调最突出的特色是以机构性协调为其基本特征，突出表现就是各种国际机制作用的发挥，这不但表现于国际货币基金组织、世界银行、关税总协定三大经济组织及众多区域性组织的建立，还集中体现在国际经济体系所确立的、几乎涵盖经济中所有重要方面的若干运行规则。

进入 20 世纪 60 年代后，随着发展中国家的独立，国际经济体制中出现了新的协调问题。一大批发展中国家在世界经济舞台上的出现意味着它们将成为一股强大的经济力量，世界经济呈现南北两极的态势。长期在世界经济中出于被剥削被掠夺地位的发展中国家为了积极谋求经济上平等的地位，开始了争取国际经济新秩序的斗争，这就有效地促进了国际经济机制向平等方向发展。与此同时，发展中国家还加强了自身的南南经济协调，建立了 77 国集团、石油输出国组织等大批经济组织，进而导致了国际经济机制质的转变。

2. 世界经济转向全面动荡和国际经济协调频繁时期（20 世纪 70 年代初至 80 年代初）

这一时期，西方国家经济陷入"滞胀"困境，国际金融秩序混乱，贸易保护盛行，世界经济格局三足鼎立。伴随着布雷顿森林体系的崩溃，国际经济协调进入了新的阶段。其主要标志是西方七国首脑会议的召开，特别是 1977 年的"伦敦会议"和 1978 年的"波恩会议"，西方国家开始在经济发展总体目标上进行协调，突破了以往仅在汇率方面进行协调的局限。

3. 以世界经济多极化为基础，以西方大国为主的多层次全方位的多边国际经济政策协调时期（1985 年至今）

20 世纪 80 年代中期以来，国际协调的范围日益扩大，程度逐渐加深，甚至涉及历来被视为国家内部事务的财政、货币、外贸等方面的经济政策，以实现调整国际收支、克服通货膨胀和财政赤字、维持国际经济繁荣的目标。区域性和专门化组织的蓬勃发展或许是对已经扩大了的经济基础的合理反映。

国际货币基金组织与世界银行在世界经济中的作用越来越大，它们在职能上甚至出现一体化的倾向。而关贸总协定也成为世界贸易领域内进行实质性权利义务谈判的重要场所，它通过 8 轮多边贸易谈判，极大拓展了对国际贸易的规范、各国贸易行为的国际监督。在乌拉圭回合谈判的最后阶段，它把以往游离于关贸总协定以外的诸如纺织品与服装、农产品等贸易纳入了总协定的规范。最终，它成功地把服务贸易、知识产权与货物贸易并入一个单一的组织，形成一个单一的规则并使用单一的争端解决机制，完成了世界贸易组织的构造及对世界贸易进行规范和协调的目标。

20 世纪 90 年代经济全球化时代的到来，为国际经济机制的构建提供了前所未有的良好环境和条件。在国际贸易领域，1995 年 1 月 1 日成立的世界贸易组织承担了构建和完善全球贸易机制的职责；在国际金融领域，国际货币基金组织和世界银行的作用得到了一定强化，构建全球性金融机制的问题自 1997 年东南亚金融危机以来已得到了越来越多国家的关注。联合国经社理事会、国际货币基金组织和西方七国首脑会议等重要的国际经济组织都已明确了构建安全高效的国际金融机制的目标。除领域方面的巨大发展和不断完善外，20 世纪 90 年代国际经济机制在功能的完善和规范程度的增强方面也取得了引人瞩目的进展。

三、国际经济协调的作用与局限性

（一）积极作用

"二战"后，各主要资本主义国家又发生了次数不等的经济危机。国际经济协调在危机中发挥了积极作用，为更加深入的国际经济合作顺利进行提供了制度保障。同时，加速了经济全球化的进程。所谓全球化，首先应该是经济上的概念，是指商品、技术、资本、服务、信息在全球范围内的广泛流动，使世界各国、各地区形成日益密切的相互关系、相互依存关系，使世界各国经济走向开放、走向市场化，整个世界经济趋向于整合统一的过程。它正在不断创造一个趋于统一的全球化市场，从而在一定程度上构建着一个地球村。在经济走向全球化过程中，各国、各利益集团之间出现这样或那样的经济矛盾、经济碰撞、经济摩擦是不可避免的。经济全球化不可挡，国际经济协调不可缺。可以说"二战"后的世界历史，既是经济全球化不断扩展和深化的历史，也是国际经济协调不断扩展和深化的历史，两者相辅相成、相互促进。

（二）国际经济协调的局限性

国际经济协调要求各国主权在一定程度上进行让渡，也就是说，国际经济协调是以一定程度上牺牲本国利益为代价的。国际经济协调之所以取得成效，是因为各发达资本主义国家之间随着生产国际化的发展，共同利益日益明显。国际经济协调仍是以发达国家为主导，发展中国家在国际经济协调中处于受支配的地位。到目前为止，发达国家的国际协调范围越来越广，而且深入到各国国内的宏观经济政策当中。

当今国际经济协调不论在范围上、力度上、成效上都还是有限的，还落后于经济全球化的实际进展，还不足以消除国际经济摩擦。之所以如此，首先，当今的世界还是国家主权至上、国家利益第一的世界，维护国家主权和国家利益是所有国家对外交流的首要任务。但是，由于各国制度和体制的不同，社会经济发展水平和发展战略的不同，其国家利益也必然有所不同。国际经济组织都是由不同国家组成的，其规则、协议都是靠各国政府来贯彻执行的。由于利益的不同，各国在贯彻执行上必然带有倾向性和选择性，这必然削弱国际经济协调的能量和质量。其次，现存的国际经济协调组织数量众多、职责各异，相互之间不仅很少存在紧密的协作关系，而且经常发生相互抵触和相互矛盾的现象，从而使国际经济协调的有效性受到削弱和抵消。最后，多数国际经济协调组织是协商性的，没有法律效力，缺乏约束机制，参与国没有承担落实协议的硬性义务，从而往往使国际协调的功能名存实亡。

国际经济协调虽然对维护国际经济秩序、推进经济全球化发挥了重要作用，但远不是完善的，也不足以消除国际经济摩擦，随着经济的发展，国际经济协调的范围将进一步扩大，协调的效率将进一步提高。

【知识拓展】

国际经济政策协调

国际经济政策协调是在世界经济动荡和危机不断爆发的过程中产生和发展起来的，是"二战"后世界经济一体化进程中各国经济相互依存、不断加深的必然产物，国际经济相互依存理论可以用来说明国际政策协调产生的必要性。相互依存理论的基本观点是：相互依存并不意味着互利；相互依存不意味着"非零和"；相互依存并不意味着完全平等。西方经济学家认为，在过去几十年里，相互依存理论给世界经济发展带来了许多好处。例如，促进了国际贸易的快速发展与国际资本流动的不断自由化、促进了世界资源更有效的利用，此外，科学技术的国际交流也使知识、技术和管理技能得以广泛传播，从而带动了世界经济的发展。

但事实也已说明，国际间经济越来越大的相互依存性极大地降低了国内经济政策的有效性，并增加了向世界各国的溢出效应，很显然，在一个相互依存的世界经济中，各国的经济政策应该相互协调，而且，随着国际间相互依存的增加，国际经济政策协调变得更加重要而不可或缺。

可见，正是由于日益明显的国际经济相互依存关系，各国经济政策的溢出效应得以增加，国际经济政策协调更显示了其重要性和必要性，国际经济政策协调是世界经济相互依存不断加深的必然产物。

第二节　国际经济协调的主要形式

一、国际经济组织

（一）世界贸易组织

世界贸易组织是多边贸易体制的法律基础和组织基础。它规定了主要的协定义务，以决定各缔约方政府如何制定和执行国内贸易法律制度和规章。同时，它还是各国通过集体辩论、谈判和裁判，发展其贸易关系的场所。

世界贸易组织的执行机构是总理事会，由每个成员的常设代表组成，平均每个月在日内瓦开会一次，其最高权力机构是每两年开一次会的部长理事会。总理事会在成员协商后任命总干事，任期四年。世界贸易组织的决策程序是：（1）采用合意决策的做法，即如果任何一个与会的成员方对拟通过的决议不正式提出反对，就算达成合意。（2）如通过合意未达成决定时，以投票决定。在部长会议和总理事会上，成员方均有一票投票权，除非另有规定，通常以多数票为准。（3）部长会议和总理事会拥有对世贸组织各项协议的解释权，运用解释做出的决定以成员方3/4投票为准。（4）如要免除成员方义务，需部长会议以3/4投票方式表决。

世界贸易组织中的关键机构是争端解决机构和贸易政策审议机构。所有成员国都可参加争端解决机构，该机构通常每个月开两次会议听取关于违反世界贸易组织规则和协议的投诉。该组织设立专家小组研究争端并决定是否违反了规则。该机构的决定是不可阻挡的。贸易政策审议机构是全体成员都可参加的审议世贸组织所有国家贸易政策的论坛。贸易大国的政策每隔两年审议一次，其他国家的贸易政策每隔四年审议一次。

其他主要机构还有货物贸易理事会、非货物贸易理事会和知识产权贸易相关问题理事会。

（二）国际货币基金组织

国际货币基金组织的宗旨是：促进国际货币合作；促进国际贸易的扩大和平衡发展；促进汇率的稳定；协助建立多边支付体系；在具有充分保障的前提下，向成员国提供暂时性的普通资金；缩短成员国国际收支失衡的时间，减轻失衡的程度。

（三）世界银行

世界银行的宗旨是：对用于生产目的的投资提供便利，以协助会员的复兴与开发、促进私人的对外投资、促进国际贸易的长期平稳发展，并维持国际收支平衡。世界银行的主要任务就是向各成员提供长期贷款，协助不发达国家发展生产、开发资源。

世界银行的贷款业务与贷款条件。世界银行主要以其实收资本、公积金和准备金，或从其他会员金融市场筹集的资金，和其他金融机构一起联合对外发放贷款，同时它也自行发放贷款。贷款的条件：（1）只限于各会员，当贷款对象为会员的驻外政府机构时，需要其他会员的政府、中央银行或世界银行承认的机构进行担保；（2）申请贷款的国家确实不能以合理的条件从其他方面取得贷款时，世界银行才考虑发放贷款；（3）申请的贷款必须用于一定的工程项目；（4）贷款必须专款专用，并接受世界银行的监督。世界银行的贷款期限最长可达30年，贷款利率实行浮动利率。世界银行的资金来源主要有：成员缴纳的股金、借款、累积收益和偿还的贷款。

二、区域经济一体化组织

区域经济一体化组织又称区域经济集团，是由几个或一些地理位置比较接近、经济文化有一定关联性的国家结成的一个经济联合体，或者结合成更大范围的经济区域，根据国家间签订的协议，共同对区域内的经济进程和相关政策进行协调，以实现区域内的商品和资本、劳动力等生产要素的自由流动。根据经济一体化程度的大小，区域经济组织又可以分为：（1）自由贸易区。指以贸易为主发挥工商业多种功能的自由经济区。在贸易区内，取消各成员之间的关税壁垒，但各成员国对区外第三国仍保持各自的关税制度。（2）关税同盟。除了对内取消关税壁垒外，还对外统一关税。关税同盟是在自由贸易区的基础上进一步协调成员国的贸易政策。（3）共同市场。这是更高一层次的经济一体化形式，除了在区域内实现商品的自由流动外，还实行生产要素的自由流动。共同市场对内协调各国货币汇率，建立统一的货币制度；对外采取一致的行动。（4）经济同盟。这是目前经济一体化最高级形式。它要求各成员在更广泛的领域里让渡国家主权。除了以上一体化的内容以外，经济同盟还要建立统一的财政、货币和社会政策及对所有经济事务型控制的超国家性中央机构。

不同程度的经济一体化组织所需要协调的目标不同，协调的效果也不同。在上述四种类型中，除了在商品的自由流动上有共同之处，即都取消区域内商品贸易限制以外，其他方面则有所不同。在生产要素的自由流动方面，只有后两种类型才涉及实现生产要素在区域内国家间自由移动；在对外经济贸易政策上，从第二种类型开始有统一的对外贸易政策和措施；在各成员之间的经济政策协调方面，它们都涉及不同程度的经济政策和措施的协调，但经济同盟的一体化程度最高，达到了财政、货币和社会政策一定程度的统一，因而其协调的力度最大，效果也最好。下面来具体分析欧洲联盟、北美自由贸易区和亚太经济合作组织，这三种一体化水平不同但都是当前有较大影响的区域经济组织。

（一）欧洲联盟

1993 年 1 月 1 日，欧洲统一大市场正式启动，欧盟内部逐渐实现了人员、商品、服务和资本的自由流通。不同成员国人员可以自由在任何一个成员国工作、学习或居住。欧洲联盟的人口为 5 亿人，是世界上最大和最富庶的市场之一。服务行业占欧盟国民生产总值的 65%，工业占 32.5%，农业仅占 2.5%。[①] 1995 年 12 月，马德里欧盟首脑会议确定欧元为欧盟未来的统一货币，并确定了日程表，1999 年 1 月 1 日正式进入欧元体系。

欧盟拥有自身的机构，可以根据各成员国的要求做出决定并在整个欧盟内实施。欧盟还有独立的预算，约为各成员国国民生产总值的 1%。欧盟预算的主要来源是各成员国上缴的进口税、农产品征税和增值税的一部分。欧盟的主要机构有欧洲委员会、欧洲议会、欧洲联盟理事会、欧洲中央银行、欧洲法院、欧洲审计院、欧洲投资银行、经济社会委员会。

现在，欧元已经诞生，欧洲中央银行正运行并确定统一的货币政策。欧盟的规模还将扩大，其成员的数量还将增加，面积将覆盖大半个欧洲。由于欧洲不同地区和不同国家之间的社会经济水平存在着差别，需要欧盟加强协调各成员经济政策，努力减少这些差别促进社会经济的均衡发展。今后，欧盟不仅要在经济一

---

① 资料来源：Maigoo 官网。

体化方面继续发展，还会进一步朝着政治、军事一体化甚至准国家方向发展。这是其他任何区域性经济组织都望尘莫及的。

（二）北美自由贸易区

北美自由贸易区（North American Free Trade Area，NAFTA）由美国、加拿大和墨西哥三国组成于 1992 年 8 月 12 日就《北美自由贸易协定》达成一致意见，并于同年 12 月 17 日由三国领导人分别在各自国家正式签署。1994 年 1 月 1 日，协定正式生效，北美自由贸易区宣布成立。

《北美自由贸易协定》的签订，对北美各国乃至世界经济都将产生重大影响。

第一，对区域内经济贸易发展有一定的影响，其中积极的影响有：一是不仅工业制造企业受益，高科技的各工业部门也将增加对加拿大、墨西哥的出口，美国同墨西哥的贸易顺差将会因此而增加；二是美国西部投资扩大；三是由于生产和贸易结构的调整结果，将会出现大量劳动力投入那些关键工业部门；四是协定对墨西哥向美国的移民问题将起到制约作用。

消极的影响主要有：技术性不强的消费品工业对美国不利，为改善墨西哥与美国边境环境条件，美国要付出巨额的经济与社会费用，关税削减美国减少大笔收入，加重了美国的负担。协定对加拿大、墨西哥两国同样有很大的影响。

第二，对国际贸易和资本流动也会产生影响。北美自由贸易区的建立，一方面扩大了区域内贸易，另一方面也使一些国家担心贸易保护主义抬头，对区域外向美国出口构成威胁。

（三）亚太经济合作组织

前面已经对亚太经济合作组织做了详细的介绍，本部分就不再赘述。

三、重要国际会议

（一）西方七国首脑会议

西方七国首脑会议又称西方七国经济最高级会议，是美国、日本、德国、法国、英国、意大利和加拿大七国，为协调西方主要工业国家在世界经济和政治中遇到的重大问题而定期举行的高级会议。从 1975 年第一次会议开始，每年举行一次，由七个国家轮流主持，每七次会议为一轮。1997 年召开的第 23 次首脑会议，由于俄罗斯的正式加入而变成了"八国峰会"。不过，俄罗斯的经济实力与西方七国相差悬殊，因而，仍被排除在讨论全球经济及金融汇率等核心问题之外。

西方七国首脑会议是西方国家经济政策协调国际化的典型例子，是经济生活日益国际化的重要表现。30 多年来，西方七国首脑会议的主题随着世界经济的发展变化而不断变换着，从最初的应付"石油冲击"，减少对外国的石油依赖，到协调货币政策，对付通货膨胀；从努力克服"黑色星期一"的严重影响，到如何解决电脑"千年虫"问题；从联合干预美元汇率，到共同签署《IT 宪章》。可以说，西方七国首脑会议对减缓主要发达资本主义国家的经济危机、稳定汇率和协调相互间的经济政策方面发挥了一定作用。但是，从近几次会议结果来看，面临的问题越来越多，相互间的矛盾和摩擦增大，西方七国首脑会议协调世界经济的能力正在下降。

（二）亚欧会议

亚欧会议（Asia – Europe Meeting，ASEM）是亚洲与欧洲之间级别最高、规模最大的政府间论坛。1994 年 10 月，新加坡总理吴作栋访问法国时提出了召开亚欧会议的构想，这一构想得到了各有关国家的积极响应。1995 年 3 月，欧盟部长理事会正式通过支持召开亚欧会议的决议。亚洲的东盟各国和中国、日本、韩国也对这一构想表示赞同，并给予积极支持。

1. 会议宗旨

亚欧会议的宗旨是通过加强亚欧两大洲间的对话与合作，为两地区经济和社会发展创造有利条件，以建立亚欧新型全面伙伴关系。

2. 会议成员

1996 年 3 月，首届亚欧会议在泰国首都曼谷举行，这是亚欧国家领导人第一次共商亚欧合作大计。会议明确提出，亚欧合作应遵循以下原则：相互尊重、平等相待、促进基本权利、遵守国际法义务、不干涉他国内部事务；合作进程开放和循序渐进；后续行动基于协商一致；增加新成员由各成员领导人协商一致决定。此次参加会议的 26 个成员包括亚洲的泰国、马来西亚、菲律宾、印度尼西亚、文莱、新加坡、越南以及中国、日本和韩国，欧洲的 15 国奥地利、比利时、丹麦、芬兰、法国、德国、希腊、爱尔兰、意大利、卢森堡、荷兰、葡萄牙、西班牙、瑞典、英国以及欧盟委员会。会议通过的《主席声明》确定亚欧会议的目标是在亚欧两大洲之间建立旨在促进增长的新型、全面的伙伴关系，加强相互间的对话、了解与合作，为经济和社会发展创造有利的条件，维护世界的和平与稳定。

2004 年 10 月，亚欧会议实现首轮扩大，东盟 3 个新成员柬埔寨、老挝、缅甸和欧盟 10 个新成员塞浦路斯、捷克、爱沙尼亚、匈牙利、拉脱维亚、立陶宛、马耳他、波兰、斯洛伐克、斯洛文尼亚，亚欧会议成员增至 39 个①。2006 年 9 月，第六届亚欧首脑会议同意接纳蒙古国、印度、巴基斯坦、东盟秘书处、保加利亚及罗马尼亚 6 个新成员，亚欧会议实现第二轮扩大。2010 年 10 月，第八届亚欧首脑会议接纳俄罗斯、澳大利亚、新西兰为新成员。至此，亚欧会议成员增至 48 个，其中包括亚洲 16 国、欧洲 28 国、大洋洲 2 国以及东盟秘书处和欧盟委员会。2012 年 11 月，第九届亚欧首脑会议接纳孟加拉国、挪威、瑞士为新成员，亚欧会议成员数目由开始创立时的 26 个增加至 51 个。截至 2018 年 9 月，亚欧会议有 45 个成员，包括东盟 10 个成员国，东盟秘书处、中国、日本、韩国、蒙古国、印度、巴基斯坦、欧盟 27 个成员国及欧盟委员会。亚欧会议成员国有 24.7 亿人，约占世界人口的 39%，国内生产总值占世界总值的一半多。②

3. 合作领域

亚欧会议主要包括政治对话、经贸合作、社会文化及其他领域交流三大支柱。自成立以来，亚欧会议合作总体进展顺利，在三大领域均取得积极成果。亚欧双方就重大国际和地区问题在各层面开展政治对话，增进了相互了解和信任；在经贸合作方面，亚欧双方积极开展宏观经济和金融政策对话，共同致力于促进两地区经济和贸易稳定增长；在文化交流和文明对话方面，双方共识不断增多并制订了中长期文化合作规划，还通过亚欧基金开展了近 400 项学术和人员交流活动。此外，亚欧会议在科技、劳动与就业、执法、环境、教育和青年等领域也开展了多层次的交流与合作。

四、国际集团组织

（一）经济合作与发展组织

经合组织的宗旨是：在维持成员财政稳定的同时，在成员中实现经济增长和就业水平的提高；通过广泛协调经济和社会政策，改善成员的经济和社会福利，提高生活水平；按照国际义务在多边和不歧视基础上对扩大世界贸易做出贡献。

经合组织成立 30 多年来，其成员经济飞速发展，这主要得益于两方面重要因素：一方面是科技革命和贸易、投资自由化促进了发达国家经济的发展；另一方面是经合组织的协调作用，为发达国家提供"讨论问题和交流情报的场所"，不断地协调成员之间的经济政策，协调发达国家在多边贸易谈判中的立场。另

---

① 亚欧会议［EB/OL］. 中国经济网，2009 - 07 - 01.
② 亚欧会议［EB/OL］. 外交部网站，2023 - 04 - 01.

外，在对外援助、环境、能源等方面经合组织都发挥了重要的作用。虽然近年来，由于欧洲经济一体化的加强和北美自由贸易区的发展，经合组织内部出现了美国、欧共体、日本三大力量。再加上西方七国首脑会议的影响，经合组织的作用有所下降，但它仍然是目前国际上具有较大影响的国际经济组织，在世界经济中发挥着重要的协调作用。

（二）七十七国集团

七十七国集团（The Group of 77）是发展中国家为了在国际经济领域加强接触和协商，决定共同的目标和彼此的立场，采取一致的行动，反对国际霸权主义和殖民主义，打破旧的国际经济秩序，按平等互利原则建立新的国际经济秩序而逐步形成的一个世界性国际集团。

七十七国集团的宗旨是：在国际经济领域内加强发展中国家间的团结和合作，推进建立新的国际经济秩序，加强发展中国家的工业化进程。它未设总部和秘书处等常设机构，也没有章程和财政预算，议事按协商一致的原则做出决定。通常在每届联合国贸发大会召开之际举行部长级会议，协调立场，统一步调。

30 多年来，七十七国集团已成为发展中国家在国际经济组织中共同利益的代表。它的活动逐渐从贸发会议扩至联合国其他一些机构和重要会议。它在促进南南合作，推动南北对话，为维护自己的正当权益以及改变不合理的国际经济秩序进行了不懈的努力，并取得了可喜的成就，在贸发会议主持的谈判中达成了一系列对发展中国家有利的国际公约和协定。中国不是七十七国集团成员，但一贯重视发展同七十七国集团的合作，支持七十七国集团的正义主张和要求，并与其保持着良好的合作关系。

第三节　国际经济协调的内容与领域

一、国际贸易协调

（一）早期的国际贸易协调

1. 聚敛金银的重商主义

（1）重商主义的含义。

重商主义（mercantilism，也称作"商业本位"，15～18 世纪）。重商主义是

18世纪在欧洲受欢迎的政治经济体制。它建立在这样的信念上：即一国的国力基于通过贸易的顺差，即出口额大于进口额所能获得的财富，是封建主义解体后的16~17世纪西欧资本原始积累时期的一种经济理论或经济体系，反映资本原始积累时期商业资产阶级利益的经济理论和政策体系；15~18世纪中在欧洲流行，后为古典经济学取代；认为一国积累的金银越多，就越富强；主张国家干预经济生活，禁止金银输出，增加金银输入。重商主义者认为，要得到这种财富，最好是由政府管制农业、商业和制造业，发展对外贸易垄断，通过高关税率及其他贸易限制来保护国内市场，并利用殖民地为母国的制造业提供原料和市场。该名称最初是由亚当·斯密在《国民财富的性质和原因的研究》（《国富论》）一书中提出来的。但1776年亚当·斯密在他的著作中抨击了重商主义，他提倡自由贸易和开明的经济政策。但是，直到19世纪中叶英国才废弃以重商主义哲学为基础的经济政策。

（2）重商主义产生的时期及背景。

重商主义是资产阶级最初的经济学说。产生和发展于欧洲资本原始积累时期，反映这个时期商业资本的利益和要求。它对资本主义生产方式进行了最初的理论考察。

15世纪末，西欧社会进入封建社会的瓦解时期，资本主义生产关系开始萌芽和成长；地理大发现扩大了世界市场，给商业、航海业、工业以极大刺激；商业资本发挥着突出的作用，促进各国国内市场的统一和世界市场的形成，推动对外贸易的发展；商业资本加强的同时，西欧一些国家建立起封建专制的中央集权国家，运用国家力量支持商业资本的发展。随着商业资本的发展和国家支持商业资本政策的实施，产生了从理论上阐述这些经济政策的要求，逐渐形成了重商主义理论。

重商主义是西欧封建制度向资本主义制度过渡的时期（资本原始积累时期），具体地说，重商主义是15~18世纪初受到普遍推崇的一种经济哲学。重商主义又分为早期的重商主义和晚期的重商主义两种。重商主义抛弃了西欧封建社会经院哲学的教义和伦理规范，开始用世俗的眼光，依据商业资本家的经验去观察和说明社会经济现象。它以商业资本的运动作为考察对象，从流通领域研究了货币—商品—货币的运动（资本产生的过程）。

（3）重商主义的局限性。

①重商主义的政策结论仅在某些情况下站得住脚，并非在一般意义上能站得住脚。

②重商主义把国际贸易看作一种零和游戏的观点显然是错误的。

③重商主义把货币与真实财富等同起来也是错误的。正是基于这样一个错误

的认识，重商主义才轻率地把高水平的货币积累与供给等同于经济繁荣，并把贸易顺差与金银等贵金属的流入作为其唯一的政策目标。

（4）重商主义的主要内容。

第一，一个国家的财富必不可少的是贵金属，如金银等。这个国家如果没有贵金属矿藏，就要通过贸易来取得。

第二，对外贸易必须保持顺差，即出口必须超过进口。因此，伊丽莎白一世不仅采取许多有利于贸易发展的措施，同时提高商人的政治地位。重商主义的发展可分为两个阶段：15~16世纪为早期重商主义时期，16世纪下半期到17世纪为晚期重商主义时期。早期重商主义主张采取行政手段，禁止货币输出和积累货币财富。晚期重商主义与早期不同的是，认为国家应该将货币输出国外，以便扩大对外国商品的购买。不过他们要求，在对外贸易中谨守的原则是购买外国商品的货币总额，必须少于出售本国商品所获得的总额，其目的仍是要保持有更多的货币流回本国。因此，晚期重商主义者主张对外贸易必须做到输出大于输入，以保持出超。

2. 亚当·斯密和大卫·李嘉图的自由贸易理论

亚当·斯密是自由贸易理论的创始者，首创性地提出了分工学说。他的绝对利益论认为，不同国家生产同样的商品成本不同，一国应放弃成本绝对高的，而选择成本绝对低的进行专业化生产，并彼此进行交换，这样两国的劳动生产率都会提高，成本会降低，劳动和资本能得到正确的分配和运用。而分工和专业化的发展需要自由贸易的国际市场。因此，他认为自由贸易是增加国民财富的最佳选择。但亚当·斯密的绝对利益论无法解释当一国在所有产品的生产成本上较之另一国均处于绝对优势或绝对劣势时，仍能进行互利贸易的原因。

大卫·李嘉图的比较利益论则解决了这个问题。他认为该国应根据"两优相较择其重，两劣相较取其轻"的比较利益法则，选择优势较大或劣势较小，即具有比较优势的产品进行专业化生产，而放弃较小或劣势较大产品的生产，并出口具有比较优势的产品，进口具有比较劣势的产品。李嘉图的比较利益说成为以后国际贸易理论发展的基石，为自由贸易政策提供了强有力的理论依据。此后，国际贸易理论的主流学派就一直倡导自由贸易，并将其作为贸易政策追求的理想目标。而在贸易实践上，随着工业革命的发展，19世纪中期以后到第一次世界大战前，以英国为主的各主要西方国家都实行了自由贸易政策。"二战"后迅速发展的经济全球化、区域经济一体化、贸易和投资的自由化，以及GATT和WTO所建立的多边贸易体制都深受此理论的影响。

3. 李斯特的《保护幼稚工业论》

保护幼稚工业论，是著名经济学家李斯特提出的。幼稚工业保护论影响了

19 世纪的德国和美国，影响了 20 世纪的日本，使他们都能在保护主义的篱笆后面成长，强大之后又转而推行自由贸易。经过近半个世纪的修补与解释已经适用于现今的社会。

（1）主要内容。

李斯特的幼稚工业保护理论建立在三大理论基础上：国家经济学、社会经济发展五个阶段论及生产力理论。其中生产力理论是核心。建立在这三大理论基础上，他提出了如下基本观点。

第一，提出发展阶段论，批判比较成本理论忽视了各国历史和经济的特点。李斯特认为，斯密和李嘉图的理论尽管有其长处，但却只是适合英国的情况，或者说只是从全世界共同发展出发的，而没有考虑到各国情况不同、利益各异，这不是一种普遍适用于各国的理论。

李斯特特别强调每个国家都有其发展的特殊道路，并且从历史学的观点，把各国的经济发展分为五个阶段：原始未开化时期、畜牧时期、农业时期、农工业时期、农工商业时期。他认为，各国在不同的发展阶段，应采取不同的贸易政策，在经济发展的前三个阶段必须实行自由贸易；当处于农工业时期时，必须将贸易政策转变为保护主义；而经济进入发展的最高阶段，即农工商业时期时，则应再次实行自由贸易政策。只有这样才可能有利于经济的发展，否则将不利于相对落后国家的经济发展。

李斯特认为，由于英国已进入农工商业时期，它实行自由贸易政策是正确的，但绝不能否认保护贸易政策在英国经济发展史上所起的重要作用。至于德国，由于其还处在农工业时期，所以必须采取保护贸易政策。

第二，提倡生产力论，指出比较成本论不利于德国生产力的发展。李斯特认为，生产力是创造财富的能力。一个国家的财富和力量来源于本国社会生产力的发展，提高生产力是国家强盛的基础。他说，"财富的生产力，比之财富本身不晓得要重要多少倍；它不但可以使原有的和已经增加的财富获得保障，而且可以使已经消失的财富获得补偿"。[①] 李斯特正是从保护和发展生产力的角度出发，主张在农工业时期的国家必须采取保护贸易的政策。

李斯特（1961）认为，在当时，如果英国的自由贸易学说不加区别地应用于各国，就会使先进的英国商品充斥落后国家，包括李斯特的祖国——德国。从短期来看，落后国家可以买到一些廉价商品，似乎占了便宜；但从长远看，落后国家的工业却因此发展不起来，社会生产力得不到提高，就会长期居于落后地位和

---

① ［德］弗里德里希·李斯特. 政治经济学的国民体系［M］. 陈方煦，蔡受百译，北京：商务印书馆，1961.

从属地位。反之，如果德国采取保护贸易政策，从短期看，某些商品价格，特别是先进的工业品价格是高一些，但是，为了培育自己的民族工业，就应当忍受暂时的牺牲。经过一段时期，民族工业发展起来了，原来依靠进口的商品—先进工业品的价格就会降下来。这样，看起来似乎开始时减少一些财富，但却通过保护贸易，发展了自己民族的生产力，即创造财富的能力，这才是真正的财富。李斯特说："保护关税如果会使价值有所牺牲的话，它却使生产力有了增长，足以抵偿损失而有余"。①

第三，主张国家干预经济，反对古典学派的放任自由原则。李斯特认为，要想发展生产力，必须借助国家的力量，而不能听任经济自发地实现其转变和增长。他承认当时英国工商业的发展，但认为英国工商业的发展也是由于当初政府的扶植政策所造成的。德国正处于类似英国发展初期的状况，应实行在国家干预下的保护贸易政策。

李斯特主张通过保护关税政策发展生产力，特别是工业生产力。他认为，工业发展以后，农业自然跟着发展。因此，他提出的保护对象有几个条件：一是幼稚工业才需保护；二是在被保护的工业得到发展，其产品价格低于进口同类产品并能与外国竞争时，就无须再保护，或者被保护工业在适当时期（如30年）内还不能扶植起来时，也就不需再保护；三是一国工业虽然幼稚，但如果没有强有力的竞争者，也不需要保护；四是农业不需要保护。②

基于李斯特主张保护的是幼稚工业，并且主要是通过关税保护，所以，人们把李斯特的保护贸易理论称作幼稚工业保护论或关税保护贸易理论。

（2）影响。

美国宪法禁止出口关税，发展中国家却经常对他们的传统出口产品征收出口关税，以得到更有利的价格和增加收入。发展中国家之所以在很大程度上依赖出口关税增加收入，是因为这种关税征集上很方便。相反，工业化发达国家通过设置关税或其他贸易壁垒来保护某些产业（劳动密集型），而收入的增加主要是通过征收所得税。工业化国家自"二战"以来关税一般都有所下降，现在制成品的平均关税不超过5%③，但是农业品贸易却一直受直接配额限制和非关税贸易壁垒。主要发达国家和欧盟国家对进口的纺织品和服装、皮革、橡胶及旅游产品都在征税最高的产品之列，但是平均税率水平仅在5%。其他发展中国家的平均税率甚至更低。主要发展中国家，税率最低的是韩国，最高的是印度，发展中国家税率普遍比大的发展中国家高得多。

①② ［德］弗里德里希·李斯特. 政治经济学的国民体系［M］. 陈方煦，蔡受百译，北京：商务印书馆，1961.

③ 柳怡耀，陈琪. 大国贸易冲突对比分析及其对中国的启示［J］. 中州学刊，2020（3）：32－38.

战略性贸易政策，一个国家可以（通过暂时的贸易保护、补贴、税收以及政府和工业部门合作的计划）在半导体、计算机远程通信和其他被认为对该国至关重要的领域内创造出比较优势。这些高科技有很高的风险，要求大规模生产以形成规模经济，当其成功时便可能带来外部经济。战略性的贸易政策认为通过鼓励这样的产业，国家可以从中得到很大的外部经济，也加强了这些部门未来增长的前景。该政策还适用于发达国家，有助于它们在重要的高科技领域中获得比较优势。

保护幼稚工业论，一个国家的某种商品可能有潜在的比较优势，但是由于缺乏专有的技术和最初较少的投入，该产业难以建立，或者虽已启动，亦难与许多现有的国外公司进行成功竞争。对幼稚工业进行暂时的保护，直到它能对付国外的竞争，具有经济规模并形成长期的竞争优势为止，那时就可以取消保护了。保护幼稚工业论适用于发展中国家，以补贴形式为主，是直接的帮助形式。大多数发展中国家以出口导向和进口替代实现工业化和发展的策略。

（3）现实应用。

从世界贸易组织（WTO）条文的规定来看，各种保障条款的适用条件均各不相同、不可替代。相对而言，幼稚产业保护条款的条件显得较为宽松。因为与反倾销、反补贴和保障措施相比，援引幼稚产业保护条款不需要以国内产业受到损害为前提；与第28条的关税重新谈判相比，援引第18条B节修改或撤销关税减让，既不受三年约束期的限制，也不会被WTO机构所阻断。而第20条的援引很少成功，第18条B节和第25条的援引条件变得难以达到。似乎援引幼稚产业保护条款更有优越之处，是否可得出援引幼稚产业保护条款更具可行性的结论，既然幼稚产业保护条款的援引条件显得较为宽松，那为什么国际范围内反倾销案件急剧上升，各国包括众多发展中国家却纷纷采取反倾销手段来保护本国产业呢？这一问题还得回到实际运用的效果中去考察，从实际操作的角度透视幼稚产业保护条款。

经过近半个世纪对关税及贸易总协定（GATT）规则的修补与解释，尤其乌拉圭回合对例外条款采取收紧法网与严密条件限制以后，这些保障条款的性质和条款的适用，确实有很大变化。在GATT实际适用中，对幼稚产业条款的解释和程序规则上，遇到很大困难。首先，从第18条的规定可以看出，发展中国家可以援引18条以背离GATT规则的条件是"只能维持低生活水平"，"经济处在发展初期阶段"的缔约国，这些国家可以根据该条A、C节修改或撤销关税减让以及采取非关税措施。为了帮助对那些符合上述条件的缔约国便于理解，GATT对此做了进一步注解："在考虑一缔约方的经济是否只能维持低生活水平时，缔约方全体应考虑这一缔约方经济的正常状态，而不应以这一缔约方的某项或某几项主要出口产品暂时存在特别有利条件的特殊情况作为判断的基础"。"所用处在发展初期阶段一词不仅适用于经济刚开始发展的各缔约方，也适用于经济正在经历工业化的过程，已改正过分依靠初级产品的各缔约方"。[①] 这一解释还是显得过于宽泛、含糊，在实际适用过程中仍然无法确定地判断适用的标准。

在关贸总协定的实践中，为了克服第18条过于空泛的缺陷，采取两种解决方法：第一，结合第18条规定的标准，提出了人均国民生产总值，工业在国民生产总值中所占比重等几项具体标准，综合加以衡量；第二，不是通过第18条的定义或其他标准解决，而是经过缔约方全体的非正式谈判为特定案件达成一份非官方名单。由此可见，解决因援用第18条的缔约国的适格问题并非易事。

其次，对"为促使某项工业建立"难作界定，也使得适用范围不清。再次，许多专家认为，第18条B节"为保证其经济发展项目能有足够的储备水平"在意思上完全可以把C节"促使某项工业建立"包括进去，没有必要再去界定C节所指的确切范围。最后，C节对申请审查批准手续的程序规定得非常周折、繁杂，甚至要经"缔约方全体一致同意"，很难成功。

单从规定的表面来看，幼稚产业条款的条件确实相对宽松或说是更具有一些弹性，确实不能忽视其在实际操作层面存在的困难，范围解释的模糊与程序的繁杂确实在一定程度上遏制了其适用。因而中国在援引WTO幼稚产业保护条款时也须慎重。总的来说，中国援引WTO幼稚产业保护条款具有一定的可行性：其一，中国是以发展中国家的身份恢复缔约国地位，作为发展中国家的地位仍不容置疑。中国现阶段的经济状况亦确实符合该条规定的"只能维持低生活水平"和"处于发展初期阶段"等要求；其二，中国政府对国民经济和社会发展规划的制定，无一例外地涉及了中国相关产业的发展。中国完全可以以这些规划或计划为依据要求对有关产业进行保护。

但是幼稚产业保护条款并不直接等于保护幼稚产业。如何保护幼稚产业，即保护手段也并非唯有幼稚产业保护条款。经济学家认为，采用产业政策如优惠贷款、免税补贴等要优于采用进口关税和配额等限制进口的贸易政策。这种观点很有道理，实践中各国也是尽量这样去行动的，这与WTO的精神也是十分切合的。当然，如果从世贸规则来说，既然援引幼稚产业保护条款是发展中国家经过斗争才得以享有的一项权利，并且援引这一条款确实可以起到一定程度的保护本国相关产业的作用，同时采用关税办法还可以增加政府的财政收入，在适当的时候援引此条规定确有它自己的合理性。

4. 由美国牵头的大量双边贸易谈判

以美国为主导，为了促进贸易自由而进行了大量的双边自由贸易谈判，早期

---

① 论述GATT的基本原则［EB/OL］. 高久峰网站，2023 – 07 – 09.

比较普遍，当今也比较普遍。例如，经过近 2 年时间的准备后，美国和欧盟 2013 年 7 月将开启旨在达成一项自由贸易协定的谈判，从这一全球最大的贸易和投资合作关系中寻找新的经济增长点。美国贸易代表麦克·弗罗曼（Mike Froman）透露，谈判的目标是尽可能达成欧美双方最广泛、最全面的贸易协定。

（二）GATT 与全球国际贸易协调

1947 年 4 月 10 日至 10 月 30 日，在联合国贸易与就业会议筹备委员会第二次会议期间，与会国在起草《国际贸易组织宪章》草案的同时，进行了有关相互间减让关税的多边贸易谈判。会议结束后，与会国决定将该宪章草案中有关多边贸易的规定作为已取得一致的关税减让的基础，并将这些规定和各国所作的"关税减让表"结合成为独立的《关税与贸易总协定》（GATT）附于《会议最后文件》中。1947 年 10 月 30 日，与会国签署了最后文件。同日，23 个最后文件签署国制定了关税及贸易总协定临时使用议定书。于是自 1948 年开始，作为与贸易有关的国际框架的 GATT 体制正式发挥其职能，并支撑了"二战"后国际贸易的发展。其后，GATT 进行了八轮多边贸易谈判，如表 5.1 所示。

表 5.1 GATT 的八轮多边贸易谈判

年份	地点/名称	主要议题	参与国家（个）
1947	日内瓦（瑞士）	关税	23
1949	安纳西（法国）	关税	13
1951	托奎（英国）	关税	38
1956	日内瓦（瑞士）	关税	26
1960～1961	日内瓦（瑞士）狄龙回合	关税	26
1964～1967	日内瓦（瑞士）肯尼迪回合	关税与反倾销	62
1973～1979	东京（日本）东京回合	关税与非关税措施等	102
1986～1994	埃斯特角城（乌拉圭）乌拉圭回合	关税与非关税措施等	123

世界贸易组织（WTO）是 1995 年 1 月 1 日正式建立的国际贸易协调机构。它在与关贸总协定并存一年后，于 1996 年取代 GATT，担当起国际贸易的协调、组织、管理的职能。WTO 成立后又陆续举行了许多协调内容更加广泛深入的合作谈判。1997 年 2 月，69 个国家政府签订了关于电信服务方面的协议，同年又有 40 个国家政府成功地达成了关于信息技术产品零关税的协议，70 个成员签署了涉及银行、保险、证券和金融信息等领域 95% 贸易量的金融服务协议。2000 年开始，许多关于农业和服务业的谈判又被提上了议程。

更加自由的多边贸易体制虽然为各成员发展国际贸易带来了明显的好处，但是在谈判过程中，因为涉及各方利益的进退取舍，谈判始终十分艰难。

出于对 WTO 坎昆会议谈判结果的失望及 WTO 多哈回合谈判前景的谨慎，近年来全球范围内的双边区域性自由贸易安排（FTA）发展得极为迅速，丝毫没有受到 WTO 建立的影响。

根据 WTO 的官方统计，截至 2005 年 7 月，向 WTO 及其前身 GATT 通知备案的自由贸易协定总计达 330 个，其中 206 个是 1995 年 1 月 WTO 成立后备案的[①]。在 WTO 的所有成员中，除蒙古国以外，其他都是一个或多个区域自由贸易协定的当事方；协定当事方之间的贸易额占到全球贸易总额的一半以上。

二、国际货币体系与汇率的协调

（一）金本位制下的国际协调

金本位制就是以黄金为本位币的货币制度。在金本位制下，每单位的货币价值等同于若干重量的黄金（即货币含金量）；当不同国家使用金本位时，国家之间的汇率由它们各自货币的含金量之比——铸币平价（mint parity）来决定。金本位制于 19 世纪中期开始盛行。在历史上，曾有过三种形式的金本位制：金币本位制、金块本位制、金汇兑本位制。其中金币本位制是最典型的形式，就狭义来说，金本位制即指该种货币制度。

1. 金本位制

金本位制除了以黄金作为本位币这一基本的特征外，还具有三个典型特征：（1）黄金可以自由进出口，这就保证了各国货币之间的比价相对稳定；（2）黄金可以自由兑换，这保证了黄金与其他代表黄金流通的金属铸币和银行券的比价相对稳定；（3）黄金可以自由铸造，这样就能够调节市面上货币流通量，使各国物价水平保持相对稳定。

金本位制的优点：在当时的条件下金本位制对汇率的稳定、国际贸易和资本流动的发展，以及各国经济的发展起到了积极的作用。在金本位制的条件下，当国际收支不平衡时，国际贸易的各参加国的国内货币供应量与其国际收支状况直接相连：逆差国货币供应下降，物价水平下降；顺差国货币供应增加，物价水平上升。而国内物价水平的变化又将改变顺差国和逆差国商品的国际竞争力，使得

---

　　①　WTO 多哈回合与中国贸易政策和法律的新挑战［EB/OL］. 中华人民共和国商务部网站，2015 - 09 - 08.

顺差国的出口能力相对削弱,逆差国的出口能力相对增强,这就逐渐地使国际收支恢复平衡。

金本位制的缺点:金本位制下国际间的清算完全依赖于黄金的输出与输入,而黄金本身作为一种自然资源,因供给量无法跟上国际市场对其的需求量,这导致了黄金价格的不断调整、上扬,从而引起世界市场上商品价格的动荡;由于资本主义国家发展的不平衡,较发达国家能够通过国际贸易和一些有利的贸易规则不断地积累黄金,这使得黄金的分配很不均衡。

2. 国际金汇兑本位制

"二战"结束后,出于对经济恢复的需要,世界各国又着手开始进行世界货币体系的重建。1922 年,在意大利的热那亚召开了世界货币金融会议,讨论重建国际货币体系的问题。当时人们普遍倾向于恢复到"二战"前相对稳定的国际金本位制。然而在缺乏国际合作,无法全面提高黄金价格的条件下,已有的黄金储备显然不足以支撑世界各国对黄金的需求。因此在此次会议上就确立了一种节约黄金的国际货币制度——国际金汇兑本位制。

国际金汇兑本位制的特点:

(1)黄金依然是国际货币体系的基础,各国纸币都规定了相应的含金量,并代替黄金执行流通清算和支付手段的职能。

(2)一些主要发达国家的货币与黄金直接挂钩,其他国家通过与这些国家的货币维持固定的比价而与黄金间接挂钩。

(3)国际禁止黄金的自由流通,黄金的输出输入由中央银行负责办理。

(4)黄金只在最后才充当支付手段,以维持汇率的稳定。

(二)固定汇率制下的国际协调

"二战"结束后,布雷顿森林体系所制定的固定汇率制度成为国际货币体系相当长时间内的主要特征。布雷顿森林体系在规范国际货币秩序、促进国际贸易发展的同时还成立了国际货币基金组织(IMF)和世界银行。

IMF 的宗旨:通过设置一常设机构就国际货币问题进行磋商与协作,从而促进国际货币领域的合作;促进国际贸易的扩大和平衡发展,从而有助于提高和保持高水平的就业和实际收入及各成员国生产性资源的开发,并以此作为经济政策的首要目标;促进汇率的稳定,保持成员之间有秩序的汇率安排,避免竞争性通货贬值;协助在成员之间建立经常性交易的多边支付体系,取消阻碍国际贸易发展的外汇限制;在具有充分保障的前提下,向成员提供临时性贷款,以增强国际社会对它的信心,使其能有机会在无须采取有损本国和国际繁荣的措施的情况下,纠正国际收支失衡。

IMF 根据上述宗旨可达到缩短成员国际收支失衡的时间、减轻失衡的程度。

IMF 的主要职能：监督成员国及全球的经济、金融发展和政策，并以其多年的经验为基础，向成员国提供政策建议；向有国际收支困难的成员国提供贷款，不仅是提供暂时性融资，还对旨在纠正基础问题的调整和改革政策给予支持；在其专长领域向成员国政府和中央银行提供技术援助和培训。

（三）浮动汇率制下的国际协调

浮动汇率制下，国际货币汇率协调发生一些变化，主要表现为：

（1）七国汇率协调开始发挥重要作用；

（2）IMF 的治理机制和职能面临着改革；

（3）区域货币合作取得重大进展。

三、宏观经济政策的协调

（一）宏观经济政策协调的含义

国际宏观经济政策协调在经济学界有不同的定义。沃利克（Wallich，1984）把国际宏观经济政策协调定义为国际经济一体化中各国经济政策相互调整的过程，这一定义较为宽泛。凯南（Kenen，1990）认为，国际经济政策协调是一种政府间明确的经济合作形式，是参与国际宏观经济政策协调一致的过程和彼此在政策执行上所遵守的承诺和约束。维伯（Webb，1995）指出，国际宏观经济政策协调是单方面实施宏观经济政策的政府间就相互不同的政策目标协调统一，并就宏观经济政策实施工具和实施路径统一设计的行为。

因此，可以将国际经济政策协调从狭义上定义为各国在制定国内经济政策的过程中，通过各国间的磋商、谈判等方式来对某些宏观经济政策进行共同的设置，或各国充分考虑国际经济联系，有意以互利的方式调整各自的经济政策。对于单个国家来说，这样的政策也许并非是最佳的政策选择，但是却能够实现整体福利的最大化。从广义上来看，凡是在国际范围内能够对各国国内宏观经济政策产生一定程度制约的行为均可视为国际间政策协调。通过政策协调，可以避免负外部性；可以取得与目前经济形势相适合的政策组合；一致的和共同加强的宏观、微观经济政策会更加有利于整体经济运行。

（二）国际宏观经济政策协调的动因

宏观经济政策协调是国际经济学中的主要问题。第二次世界大战之后，不同的经济体越来越相互依赖，所有国家都是相互依存的。在封闭经济条件下，一国可以忽视经济政策的外部性，它能够通过调整货币政策与财政政策实现国内外经济的均衡。而如今，全球化带来了新的变量（如汇率的稳定或避免贸易失衡）、新的媒介变量（资本流动，进出口）和新的工具（贬值，不同的贸易政策和外汇储备方面的政策诱导的变化）。这些新的工具及那些在封闭经济中运用的变量，均会对国内外产生影响。这意味着外国政策的选择会对本国经济福利产生重要影响。从理论上说，在纯粹的浮动汇率条件下，汇率的完全自由波动可以隔绝经济震荡在国际间的传导，因而一国的宏观政策效应不会影响其他国家的经济状况，于是也就不需要宏观经济政策的协调。但是纯粹的自由浮动汇率制度是不存在的，各国都在运用宏观经济政策优先保证实现内部均衡，进而对其国际收支和货币汇率水平产生影响。

政策协调的主要动因源于国内独立的政策会对他国产生潜在的溢出效应。这些溢出效应会导致他国不利的经济后果。例如，一国为降低通货膨胀而采取紧缩的货币政策，使汇率上升，从而使他国进口价格上升，而对他国未来的通货膨胀产生不利影响。随着贸易壁垒的不断降低，技术进步的提高，资本和劳动力流动性的加强，世界经济一体化程度越来越高，溢出效应问题显得越来越重要。不断的一体化导致世界经济间宏观经济冲击更迅速地传播。像亚洲危机及其对世界的影响进一步说明了国际经济政策协调的重要性。

（三）国际宏观经济协调的目标

一国的宏观经济政策目标是实现经济增长、充分就业、物价稳定和国际收支平衡。国际经济政策协调的目标则是，在考虑本国宏观经济目标的同时，实现共同福利最大化。

第二次世界大战以来，在一个较长的时期，经济政策协调的目标主要是经济大国之间达成某种货币与财政政策临时的默契，使发达国家相互的经济政策在短时期内不至于冲突太大，政策的负面效应不至于对世界经济产生巨大的危害。到了 20 世纪 80 年代，经济政策协调的目标向更深层次发展，即通过对财政和货币政策长期、持续的调整，消除各国之间经济结构、发展水平、政策制度的不平衡，使得协调整体的经济周期能够同步，使各国采取紧缩或扩张的需求一致。在这种情况下，经济政策的协调目标，将不再是出现经济危机时所采取的唯一应急措施，而是成为针对各国经济发展状况采取的一致对策。随着协调目标的深化，协调的范围也从流通领域扩展到了生产领域，深入到经济生活。而且通过宏观经济政策的调整，影响物价、就业和经济增长，进而实现对社会再生产的调整。这也是国际经济协调进入更高阶段的一种表现。但是协调的目的是为各国经济体系的发展创造一个平等竞争的环境，是促进世界经济发展和各国经济发展的手段。欧盟的经济货币一体化就是一个很好的政策协调的实践。

 复习思考题

一、名词解释

国际经济协调、区域经济一体化、重商主义、金本位制、国际宏观经济协调政策

二、简答题

1. 国际经济协调的局限性。

2. 区域经济组织有哪些类型？

3. 经济合作与发展组织的宗旨是什么？

4. 李斯特的《保护幼稚工业论》有哪些观点？

5. 金本位制的优缺点表现在哪些方面？

6. 国际宏观经济协调的目标。

第六章

国际直接投资理论

第一节　国际直接投资概述

一、国际直接投资的概念

国际直接投资（international direct invest），也称对外直接投资和国外直接投资（foreign direct invest，FDI）、跨国直接投资（transnational direct investment，TDI）、境外直接投资（overseas direct investment，ODI），是指一国的投资者（自然人、法人或其他经济组织）为了获得长期的投资利益通过将资本用于他国进行生产和经营并掌握国（境）外企业的有效控制权的投资行为。

投资者对其所投资的公司或企业掌握经营控制权是国际直接投资最基本的特征。所谓有效控制权，根据国际货币基金组织的解释，是指投资者拥有企业一定数量的股份，因而能行使表决权并在企业的经营决策和管理中享有发言权。国际直接投资通常以股权方式参与而取得对企业的控制权，有别于非股权参与的控制权。如果没有股权参与，即使能通过其他途径或方法对企业产生影响，也不是直接投资。一般情况下，投资者所占股权比例越大，对企业的控制能力就越强。国际货币基金组织认为，投资者在所投资的企业中拥有25%或更多的股份，作为有效控制权的标准。

二、国际直接投资的基本形式

跨国公司通过创建投资（又称"绿地投资"）或跨国并购的方式来进行国际直接投资时，建立的企业通常有三种基本形式：国际合资企业、国际合作企业和国际独资企业。

（一）国际合资企业

国际合资企业是指外国投资者和东道国投资者（企业或个人）按照东道国的有关法律规定，共同出资在东道国境内设立的企业。

1. 国际合资企业的特征

（1）合资企业是股权式合营企业：各方共同投资、共同经营、共担风险、共享利润，权利和风险按股权比例分担。

（2）外国投资者的股权比例：在不同国家、不同行业，可能有规定，也可能没有规定。

（3）合资企业中，一般至少包括一个外国投资者。

（4）一般有合资期限规定。

2. 国际合资企业的类型

（1）研究与开发型合资企业。此类企业是为了进行新技术、新产品的研究与开发而设立的合资企业。这类合资企业一般会事先签订研究和开发的范围、开发技术和产品使用与保护范围。通常有一方的技术转让。

（2）制造和生产型合资企业。此类企业主要是利用合资各方的技术、设备、人力等资源设立企业。一般是一方提供技术和工业产权，另一方提供设备和人员生产产品。产品由一方、各方或合资企业销售。

（3）营销和分销型合资企业。合资企业在特定地区销售一方或各方的产品。如果某公司希望进入新的国外市场，就可与对当地市场熟悉的企业建立合资企业。

（4）混合型合资企业。前面两种以上的混合。

（二）国际合作企业

国际合作企业是外国投资者和东道国投资者在签订合同的基础上，按照东道国的有关法律共同设立的企业。

1. 国际合作企业的特征

国际合作企业是契约式合营企业。合作各方的权利、义务由各方通过协商在合同中订明。各方承担的义务不完全为投入资金；承担风险、权利、利润分配，不一定与出资比例对应。

2. 国际合作企业的方式

（1）知识产权转让型。

知识产权转让型适用于：①被转让方愿意使用国外企业拥有知识产权的技术；②转让方希望快速进入国际市场，实现自己技术的价值；③转让方希望自己知识产权的费用得到补偿。

（2）研究与开发型。

研究与开发型是为了进行新技术、新产品的研究与开发而设立的合作企业。

（3）生产许可型。

一家企业同意国外低成本企业生产自己的产品，并同意以高于成本价收购产品。

（4）销售代理协议型。

企业无法或非常困难在国外建立销售渠道，通过允许当地代理商销售自己的产品，让代理商提取佣金的方式进行合作。

（三）国际独资企业

国际独资企业是外国投资者依照东道国有关法律，在东道国境内设立的全部资本为外国投资者所有的企业。

1. 国际独资企业的特征

国际独资企业由东道国政府经过法律程序批准，由外国独资者提供全部资本，自主独立的经营，在东道国境内取得法人资格，能够完全地行使法人权利和义务。国际独资企业便于投资者保护技术诀窍与商业秘密，经营的利润和风险全部由外国投资者承担。由于东道国不参与生产经营管理活动，所以东道国对独资企业的掌握尺度较为严格。但对东道国来说，既吸引和利用了外资，自己又不必出资，不承担投资与经营风险。

2. 国际独资企业的形式

国际独资企业的形式主要有国外分公司、国外子公司。

（1）国外分公司。

国外分公司是指总公司为扩大生产规模或经营范围在东道国依法设立的，并在组织和资产上构成总公司不可分割的一部分的国外企业。分公司的最大特点在于和总公司是真正的一体结构，不是独立于总公司之外的经济实体。从组织结构上看，分公司是总公司的一个部分，它没有自己的资产，没有独立的一套财务报表制度，也没有独立的组织管理机构。从经营方面看，它以总公司的名义进行业务活动，在总公司的严格授权下从事经营活动。从法律的角度看，国外分公司依东道国的法律设立并依法在国外注册，但它却不是一个独立的企业法人，不能单独承担法律义务和责任，总公司对此负有连带责任。

（2）国外子公司。

国外子公司是指母公司投入全部股份资本，依法在东道国设立的独立企业。不同于分公司的是，它是独立于母公司的经济实体。

由于国外子公司是独立的法人，同时有时全部由外资拥有的企业，所以东道国往往对这些公司的审批条件比较严格，特别是发展中国家，他们从本国的利益出发，要求外国独资子公司使用先进技术、开发新产品、承担出口义务和建立高出口型企业来带动本国经济的发展。

三、国际直接投资的发展

20 世纪 90 年代以来，国际直接投资得到了长足的发展，流量与存量迅速扩大，逐渐成为国际经济交往中的主导力量，贸易与技术也越来越多地被纳入国际直接投资的结构之中，根据联合国贸易与发展会议（UNCTAD）《2008 年世界投资报告》公布的数据，国际直接投资在 2007 年出现创新记录的高水平，达到 19788 亿美元。但是，从 2008 年开始，由于受全球金融和经济危机的影响，全球国际直接投资规模出现一定幅度的下降，2008 年投资总额达 1.74 万亿美元，比 2007 年 1.97 万亿美元的历史峰值减少了 11.66%。2009 年跨国直接投资延续了下降态势，缩减至 1.18 万亿美元，标志着从 2004 年开始的国际投资增长周期的正式终结。随着世界经济缓慢复苏以及世界生产和贸易活动的恢复，全球跨国直接投资也从低谷中走出。2010 年全球各国跨国直接投资增长 9.3%，总额达 1.29 万亿美元，但远低于 2007 年的历史高点。尽管 2011 年全球经济持续动荡，但全球外国直接投资实现了 17% 的增长，达 1.5 万亿美元。受新冠疫情影响，2020 年全球性流动性明显不足，经济预期普遍不佳，导致全球外国直接投资从 2019 年 1.5 万亿美元降至 1 万亿美元，降幅高达 35%，创下 2005 年以来的历史新低。新披露的绿地投资项目和国际项目融资交易数据显示，发展中国家绿地项目价值和国际项目融资交易分别下降了 44% 和 53%，发达国家则分别为 16% 和 28%，发展中经济体降幅远超发达经济体。[1] 一般来讲，国际直接投资的规模会伴随着世界经济形势的变化而起伏涨落，也就是说投资增长和经济发展存在周期波动的规律，因此，从长期来看国际直接投资仍会呈现出增长的趋势。

---

[1] UNCTAD Investment Briefs [R]. the Investment Issues Analysis Branch of UNCTAD, 2018 - 11 - 01.

近年来，国际直接投资呈现出以下三个特征：（1）国际直接投资飞速发展，投资规模急剧扩大，但进入21世纪后出现了大起大落，全球对外直接投资增速下降，从2008年开始进入新一轮调整期；（2）发达国家仍是国际直接投资的双重主角，但发展中国家对外直接投资发展迅速；（3）跨国公司继续扮演FDI的主要角色，其跨国并购行为成为国际直接投资的主要方式。各国纷纷采取投资自由化、便利化和规范化（概括为"三化"）措施，改善投资环境，以吸引更多的外资进入。

四、国际直接投资的动机

国际直接投资的动机有时也称为国际直接投资的目的，它主要是从必要性的角度阐明投资者在进行投资决策时所要考虑的主要因素，也就是说明投资者为什么要进行某一特定类型的投资，由于投资者在进行对外投资时既受企业本身的优势（资金、技术、管理、规模经济和市场技能等）的影响，也受所处的客观社会经济环境（自然资源禀赋、国内市场规模、经济发展水平、产业结构、技术水平、劳动力成本和政府政策等）的制约，而这两方面在内容上存在相当大的差异，所以导致不同企业的对外投资动机及同一企业的不同投资项目的动机不同。国际直接投资的主要动机有以下六种。

（一）市场导向型动机

该投资动机以巩固、扩大和开辟市场为主要目的。又可细分以下四个方面。

1. 本土化生产占有当地市场

在本国生产，出口到外国市场，但东道国或区域性经济组织实行贸易保护主义，影响和阻碍正常出口。因此，企业转为在东道国或不受限制的第三国投资设立企业，就地生产，就地销售。如国外汽车厂在我国建立合资企业；我国向美国出口棉纺织品，美国对我国有配额，我国到墨西哥设立企业，在墨西哥生产，向美国销售。

2. 巩固和扩大市场份额

外国企业对东道国某一市场的开拓已达到一定程度，为了给顾客提供更好的服务，巩固和扩大市场份额，在当地投资建厂进行生产和销售，或投资建立维修服务、零部件供应网络。

3. 接近目标市场

为了接近目标市场，满足当地消费者的需要而进行的对外投资。例如，麦当劳、肯德基在世界各地进行投资，设立营业网点，就是为了直接满足当地市场需求。

4. 开辟国外市场

投资企业在本国的市场已经饱和，对外投资，开发国外市场，寻找新的市场需求。

（二）降低成本导向型动机

这种动机的投资主要是为了利用国外廉价的原材料和生产要素，降低成本，提高效益，保持或提高企业的竞争能力。具体分为以下几种情况。

1. 获得稳定的自然资源

例如，我国需要大量进口铁矿石资源。2004年，中国四家钢铁集团通过合资方式获得必和必拓公司转租的澳大利亚Jimblear铁矿石40%的股权，从而拥有每年购买1200万吨铁矿石的权利，该协议总价值90亿美元，为期50年[①]。从2008年下半年开始，武汉钢铁集团公司便积极与加拿大、巴西、澳大利亚和委内瑞拉等多个铁矿资源丰富的国家矿产公司联系，在2009年成功地签下上述四国总量近30亿吨的铁矿石资源。2009年2月，华菱集团与澳大利亚FMG公司在香港签署股权合作协议，以2.38澳元/股的较低均价收购FMG公司17.34%的股权，成为FMG第二大股东，并获得了最多1000万吨/年的铁矿石资源。[②]

2. 利用国外便宜的劳动力、土地等生产要素

例如，中国目前是世界制造业基地。美国、日本等发达国家，将研发中心设在本国，把加工制造厂设在中国，特别是东南沿海地区，是世界电子产品的重要生产地。在美国，大部分电子产品是中国制造的。其主要原因是中国劳动力便宜，且近些年来中国高等教育培养了大批高素质人才。

3. 抓住汇率方面的变动

汇率的变动会直接导致出口商品价格的变动。当一国的货币升值时，其出口商品外币表示的价格就会升高，并直接影响其商品的国际竞争力。在这种情况下，该国企业往往会扩大对外直接投资，以克服本币升值所带来的不利影响。

4. 利用各国关税税率的高低来降低生产成本

如果一个国家的关税税率高，那么，其他国家的企业就可能为了降低产品的成本而在该国投资；反之，则会促使该国企业到生产成本较低的国家投资建厂，商品返销国内。

---

① ［企业动态］澳大利亚将批准必和必拓与中国四大钢企建铁矿石合营公司的申请［EB/OL］. 中国有色网，2005 - 06 - 07.
② 铁矿石疯狂涨价　钢企海外并购紧锣密鼓［EB/OL］. 证券日报，2010 - 04 - 13.

5. 利用闲置的设备和工业产权与专有技术等技术资源

以对外投资的形式向国外输出闲置或者未充分利用的设备与资源，可减少国外企业的生产与经营成本，提高经济效益。

（三）技术与管理导向型

这类投资的目的是为了获得和利用国外先进的技术、生产工艺、新产品设计和先进的管理知识等。有些先进的技术和管理经验通过公开购买的方式不容易得到，于是可以通过在国外设立合营企业或者兼并当地企业的方式获取。这些技术和管理经验可用于促进其他子公司的生产经营活动。技术与管理导向型投资具有较强的趋向性，一般集中在发达国家和发达地区。

（四）分散投资风险导向型

这种投资的目的是为了分散和减少企业所面临的各种风险。投资者在政局稳定的国家进行投资的目的是寻求政治上的安全，因为政局稳定的国家一般不会采取没收、干预私有经济等不利于企业的措施。企业在政局稳定的国家从事生产经营决策的灵活性也较大。再者，这些国家一般不会出现给企业生产经营造成较大影响的国内骚动或者市场销售状况突变的突发变动。很明显，企业的投资过分集中在某个国家或地区或某个行业，一旦遇到风险时，就会由于回旋余地不大而出现较大的损失。企业要分散的风险主要是政治风险，同时也包括经济的、自然的和社会文化的风险。一般而言，国际直接投资的这种动机是出于对国际投资风险的考虑，但是在某些情况下，也会出于对国内风险的考虑而进行对外投资。

（五）优惠政策导向型

投资者对外投资的主要目的是为了利用东道国的优惠政策及母公司的鼓励性政策。东道国政府为了吸引外资通常会制定一些优惠政策，如优惠的税收和金融政策、优惠的土地使用政策，以及创造尽可能良好的投资软、硬环境等。这些优惠政策尤其是在税收上的优惠政策会诱导外国投资者做出投资决策。同样，东道国政府对于对外投资的鼓励性政策也会鼓励和诱发本国企业或者个人做出对外投资的决策，如鼓励性的税收政策、金融政策、保险政策及海外企业产品的进口政策等。

（六）全球战略导向型

全球战略导向型投资是指企业以公司整体利益最大化为目的在全世界范围内从事生产经营活动的投资行为。投资的主要目的是提高企业的知名度，在世界范围内树立良好的企业形象，以实现其全球发展战略。

第二节 发达国家的国际直接投资理论

第二次世界大战以后，特别是 20 世纪 50 年代后期，跨国公司和对外直接投资活动的迅猛发展带来了理论的迅速跟进和发展。西方经济学家在对发达国家的对外投资活动动机研究的基础上，创立了一系列的对外直接投资经典微观理论。这些理论成功地揭示了美国、日本、欧洲等发达资本主义国家的大型跨国公司的直接投资行为。下面对这些发达国家的国际直接投资理论进行简要的介绍。

一、垄断优势理论

垄断优势理论（monopolistic advantage theory）是美国麻省理工学院教授斯蒂芬·海默（Stephen Hymer）和其导师金德尔伯格（Charles P. Kindle Berger）提出的。它产生于 20 世纪 60 年代，也被称为"海默—金德尔伯格"理论。

（一）主要内容

海默通过研究美国对外投资的工业部门结构，发现美国对外投资的企业主要集中在具有独特优势的少数部门，特别是垄断行业。因此，海默认为考察对外直接投资应从"垄断优势"着眼，只有拥有垄断优势，才能在竞争中胜过东道国的民族企业。国际贸易是获得比较利益的途径，但是，各国存在的关税和非关税壁垒，严重阻碍了国际贸易的顺利进行，导致企业利用自己所拥有的垄断优势，通过对外直接投资进入国际市场。

（二）主要思想

市场的不完全性是对外直接投资的根本原因，同时跨国公司的垄断优势是对外直接投资获利的条件。

1. 市场具有不完全性

不完全性产生于四个方面：（1）产品市场不完全：这主要与商品特异、商标、特殊的市场技能或价格联盟等因素有关；（2）生产要素市场的不完全：这主要是特殊的管理技能、在资本市场上的便利及受专利制度保护的技术差异等原因造成的；（3）规模经济引起的市场不完全；（4）由于政府的有关税收、关税、利率和汇率等政策原因造成的市场不完全。

2. 垄断优势

垄断优势包括：（1）市场垄断优势：如产品性能差别、特殊销售技巧、控制市场价格的能力等；（2）生产垄断优势：如经营管理技能、融通资金的能力优势、掌握的技术专利与专有技术；（3）规模经济优势：即通过横向一体化或纵向一体化，在供、产、销各环节的衔接上提高效率；（4）政府的课税、关税等贸易限制措施产生的市场进入或退出障碍，导致跨国公司通过对外直接投资利用其垄断优势；（5）信息与网络优势。

（三）贡献

（1）突破了传统国际资本流动理论的框架，提出了研究对外直接投资的新思路，从而将国际生产理论与国际贸易理论和资本流动理论区别开来。

（2）提出了直接投资与间接投资的区别。

（3）主张从不完全竞争出发来研究美国企业对外直接投资，突破了以完全竞争为前提的传统理论，较好地解释了"二战"后一段时期美国大规模向海外进行直接投资的行为。

（4）把资本国际流动研究从流通领域转入生产领域，为其他理论的发展提供了基础。

（四）局限性

（1）不能解释为什么拥有独占技术优势的企业一定要对外直接投资，而不是通过出口或技术许可证的转让来获取利益。

（2）不能解释跨国公司在直接投资中的地理布局和区位选择问题。

（3）无法解释发展中国家的对外直接投资，特别是发展中国家向经济发达国家的直接投资。

（4）对海默及其追随者较多的另一批评是，认为其分析强调了结构性的市场失效及共谋行为，忽视了市场交易成本。

二、产品生命周期理论

（一）主要内容

产品生命周期理论是美国哈佛大学教授维农（Raymond Vernon）在 1966 年发表的《产品周期中的国际投资与国际贸易》一文中提出的。他把一种产品的生命周期分为创新、成熟、标准化三个阶段。认为美国企业的对外投资与产品的生

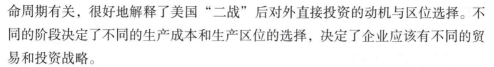

命周期有关，很好地解释了美国"二战"后对外直接投资的动机与区位选择。不同的阶段决定了不同的生产成本和生产区位的选择，决定了企业应该有不同的贸易和投资战略。

1. 创新阶段

创新企业垄断技术市场需求少、产品价格高。因此，该技术一般用在国内生产，并将产品出口而不是直接投资。

2. 成熟阶段

在成熟阶段中产品技术逐渐标准化，生产出现竞争者，需求增加，价格下降。创新企业开始对外投资，逐渐避开进口国关税与非关税壁垒。

3. 标准化阶段

产品生产技术普及，创新企业技术优势丧失。该阶段主要是价格竞争，因此，创新企业通过对外投资把产品的生产转移到工资低廉的国家和地区，尤其是转移到具有成本优势的发展中国家。最初的创新国将从发展中国家运回最终产品以满足国内需求，原来新产品的生产企业也将由于产品生命周期的终结而转向另一新产品的研究和开发。

（二）主要贡献

（1）产品生命周期理论创造性地把时间概念引入到分析中，从动态的区位条件来分析对外直接投资，侧重研究直接投资所需的外部环境条件，在一定程度上弥补了垄断优势理论的不足，从而为投资企业进行区位和市场选择提供了一个分析基础。较好地解释了某一产品的境外生产最终是怎样替代产品出口的。

（2）该理论把跨国公司对外直接投资和国际贸易有机地结合起来进行论述，是该理论的一个创新之处。

（三）局限性

（1）产品生命周期理论是对美国企业在特定时期对外直接投资实证研究的结果，因此，其结论缺乏普遍意义，并且对当今许多国际直接投资行为不能够作出全面科学的解释。

（2）假定公司生产单一产品，产品生命周期理论只是针对公司生产一种产品的情况进行研究，但现实中的跨国公司都会生产多种产品，这些产品之间往往有很大的相关性。这样，该理论在解释较大范围的出口与对外直接投资关系就会产生一些问题。

（3）不能很好地解释同类产品的不同生命周期。产品生命周期理论是建立在对制造业分析的基础上，对制造业产品生命周期是适合的，但对解释具有较长生命周期产品时则存在着较大的局限性。

三、比较优势理论

比较优势理论有时也称为边际产业扩张论，是日本学者小岛清（Kiyoshi Kojima）在 20 世纪 70 年代提出来的。从"二战"后到 20 世纪 70 年代中期，日本理论界接受和流行的对外直接投资理论主要是海默和金德尔伯格的垄断优势理论，以及维农的产品生命周期理论。但后来，日本理论界提出了不同的看法，认为上述两个理论只研究了美国跨国公司的对外直接投资问题，而没有考虑其他国家对外直接投资的特点，不能解释日本的对外直接投资问题。

（一）主要内容

小岛清认为日本的对外投资与美国相比，有四点不同。

（1）美国对外投资多是制造部门，在美国具有比较优势；日本对外投资多分布在资源开发和劳动力密集部门，是日本国内丧失优势的行业。

（2）美国对外投资的是拥有先进技术的大企业；日本对外投资是以中小企业为主，转让的是适用技术。

（3）美国对外投资是贸易替代型的，对外投资减少了这些行业产品的出口；日本对外投资是日本国内处于劣势，而在东道国为优势的行业，不影响对外贸易。

（4）美国公司设立的海外企业一般采用独资形式，与当地的联系较少，类似"飞驰"；而日本的对外直接投资多采用合资形式，注意吸收东道国企业参加，有时还采用非股权安排方式（nonequity arrangement）。

因此，应创立符合日本国情的对外直接投资理论，用以说明和指导日本企业的对外直接投资活动，在此背景下，比较优势理论便应运而生了。

比较优势理论的基本内容是：对外直接投资应该从本国已经处于或即将处于比较劣势的产业（边际产业）依次进行。这些产业是指已处于比较劣势的劳动力密集部门或者某些行业中装配或生产特定部件的劳动力密集的生产环节或工序。即使这些产业在投资国已处于不利地位，但在东道国却拥有比较优势。凡是本国已处于比较劣势的生产活动，都应通过对外直接投资依次向国外转移。

（二）主要贡献

（1）比较优势理论从投资国的角度而不是从企业或跨国公司角度来分析对外直接投资动机，克服了传统的国际投资理论只注重微观而忽视宏观的缺陷，能较好地解释对外直接投资的国际动机，具有开创性和独到之处。

（2）比较优势理论摒弃了"垄断优势"的论点，提出了维护比较优势的论点。这不仅有利于日本垄断资本企业比较优势的发挥，而且有助于日本传统工业部门通过对外直接投资，促进产品创新，从而使他们的比较优势得以持续保持下去。

（3）比较优势理论摒弃了"贸易替代性"的论点，提出了与贸易导向并行不悖的对外直接投资理论。

（4）比较优势理论直接反映了发达国家对发展中国家进行直接投资的动机和形式，它对我国吸收外资和对外投资，具有一定的理论指导意义。

（三）局限性

（1）比较优势理论的分析以投资国而不是企业为主体，很少考虑企业本身的因素对对外直接投资所产生的影响，难以解释处于复杂国际环境之下的企业对外投资行为。

（2）比较优势理论的动机理论并不能解释当时发生的以日本中小企业，而不是大企业为主进行对外直接投资的特征。

（3）比较优势理论所能解释的时空范围狭小。它仅从发达国家向发展中国家的单方向进行，作为发展中国家总是处于被动地位，无法解释发展中国家对发达国家的逆贸易导向型直接投资，它仅仅揭示了 20 世纪 70 年代日本的对外直接投资。

四、内部化理论

自 20 世纪 70 年代中期，以英国里丁大学学者巴克莱（Peter J. Buckley）、卡森（Mark Casson）与加拿大学者拉格曼（A. M. Rugman）为主要代表人物的西方学者，以发达国家跨国公司（不含日本）为研究对象，沿用了美国学者科斯（R. H. Coase）的新厂商理论和市场不完全的基本假定，建立了跨国公司对外投资的一般理论——内部化理论。

（一）基本假设

内部化理论建立在三个基本假设的基础上：一是企业在不完全市场竞争中从事生产经营活动的目的是追求利润最大化；二是中间产品市场的不完全，使企业通过对外直接投资，在组织内部创造市场，以克服外部市场的缺陷；三是跨国公司是跨越国界的市场内部化过程的产物。

市场内部化过程取决于四个因素：一是产业特定因素，主要是指产品性质、外部市场结构及规模经济；二是区位特定因素，包括地理位置、文化差别及社会心理等引起的交易成本；三是国家特定因素，包括东道国政治、法律、经济等对跨国公司的影响；四是公司特定因素，主要是指企业组织结构、协调功能、管理能力等因素对市场交易的影响。

（二）主要内容

内部化是指企业内部建立市场的过程，以企业的内部市场代替外部市场，从而解决由于市场不完整而带来的不能保证供需交换正常进行的问题。企业内部的转移价格起着润滑剂的作用，使内部市场能像外部市场一样有效地发挥作用。跨国化是区域内部化超越国界的表现。

内部化理论的主要内容是：企业生产需要多种资源，这些资源分布在不同国家和地区，由于市场的不完全，企业通过市场的买卖关系难以保证企业获得这些资源，实现利润最大化的目标；若企业通过对外投资建立内部市场来代替外部市场，则能对这些资源进行控制，并有效利用。企业对外直接投资的实质是基于所有权之上的企业管理与控制权的扩张，而不在于资本的转移。其结果是用企业内部的管理机制代替外部市场机制，以便降低交易成本，拥有跨国经营的内部化优势。

（三）主要贡献

（1）内部化理论是西方学者对跨国公司理论研究的一个重要转折，它开创了与垄断优势理论不同的研究思路，提供了另一个理论框架并力求解释较大范围的跨国公司与对外直接投资行为。

（2）内部化理论有动态分析，更接近于实际。

（3）内部化理论研究并解释了跨国公司的扩展行为，不仅较好地解释了"二战"以来跨国公司的迅速增加与扩张以及发达国家直接的相互投资行为，而且成为全球跨国公司进一步发展的理论依据。它被称为跨国公司综合理论之核心理论。

（四）局限性

（1）内部化理论所强调的内部化能力，实际上是在垄断优势理论的组织管理能力上引申和发展起来的。所以，它与垄断优势理论分析问题的角度是一致的，都是从跨国企业的主观方面来寻找其特点，忽视了国际经济环境的影响，如市场结构、竞争力量的影响等。因而对交易内部化为什么一定会跨国界而不在国内实行，仍缺乏有力的说明。

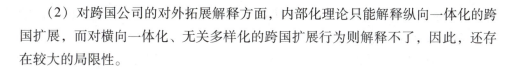

（2）对跨国公司的对外拓展解释方面，内部化理论只能解释纵向一体化的跨国扩展，而对横向一体化、无关多样化的跨国扩展行为则解释不了，因此，还存在较大的局限性。

五、国际生产折衷理论

国际生产折衷理论（the eclectic theory of international production）又称国际生产综合理论，是在 20 世纪 70 年代由英国里丁大学国际投资和国际企业教授邓宁（John H. Dunning）提出来的。

（一）主要内容

国际生产折衷理论认为：一个企业要从事对外直接投资必须具备三个优势，即所有权优势、内部化优势、区位优势。用简单公式表示：所有权优势 + 内部化优势 + 区位优势 = 国际直接投资。

所有权优势是指企业拥有或掌握某种财产权和无形资产的优势，它具体包括专利、专有技术、管理能力、企业规模、金融与货币、获得和利用资源的能力、市场控制能力等。内部化优势是指企业将资产或所有权内部化过程中所拥有的特定的优势。企业将其所有权优势内部化的动机是避免市场不完全对企业经营的不利影响（如较高的交易成本或获得产品生产或销售的信息困难或成本很高）。区位优势是指企业在投资区位上具有的选择优势，其取决于东道国的自然资源、劳动力等要素禀赋，市场条件，政治、经济、文化和社会环境等。

邓宁（1977）认为，一国的商品贸易、资源转让、国际直接投资的总和构成其国际经济活动，该理论将企业的特定垄断优势、国家的区位与资源优势结合起来，为国际经济活动提供了一种总和分析的方法，从而弥补了以往理论的不足。跨国企业所拥有的所有权优势、内部化优势、区位优势的不同组合，决定了它所从事的国际经济活动。三种经济活动之间的选择依据有：（1）若公司拥有技术优势但无力内部化，也不能利用国外区位优势时，将选择技术转让方式；（2）如公司拥有技术优势，并具有内部化能力，则可选择国内生产后出口；（3）如国外区位优势具有吸引力，则可选择对外直接投资。

（二）主要贡献

（1）国际生产折衷理论吸收和借鉴了在此之前的各派理论的精华，从而形成了对国际直接投资影响较大的理论框架，采用了折衷和归纳的方法，运用多种变量分析解释跨国企业海外直接投资应具备的各种主、客观条件，强调经济发展水平对一国企业对外直接投资能力和动因起决定作用，都是符合实际的。因此，它具有较强的适应性和实用性。

（2）国际生产折衷理论给出了一个启示，对外直接投资并不完全取决于一国的外汇资金、技术、经济发展水平方面的绝对优势，而是取决于它的相对优势。一国可以依靠其相对优势进行对外直接投资。因此，该理论具有较好的指导意义。

（3）国际生产折衷理论在较大程度上对国际化经营活动的三种形式——技术转让、出口贸易、对外直接投资作出解释。

（4）国际生产折衷理论同各国经济发展的阶段与结构联系起来进行动态化分析，国际生产折衷理论有时也称作 OIL（ownership-internalization-location），因其概括性、综合性和应用性强获得了对外直接投资"通论"之称。该理论目前已成为实际上对外直接投资和跨国公司研究中最有影响的理论，并被广泛用来分析跨国公司对外直接投资的动机和优势。

（三）局限性

（1）国际生产折衷理论所提出的对外直接投资条件过于绝对化，使之有一定的片面性。

（2）国际生产折衷理论从微观上对企业跨国行为进行分析，且微观分析没有摆脱垄断优势论、内部化理论、区位优势理论等传统理论的分析框架，缺乏从国家利用的宏观角度来分析不同国家企业对外直接投资的动机。

（3）国际生产折衷理论对三种优势要素相互关系的分析停留在静态的分析方式之上，没有随时间变动的动态分析。

（4）邓宁所论述的决定依据侧重在成本分析基础上，但他假定不同进入方式的收入是相同的，但这不符合实际。

第三节　发展中国家对外直接投资理论

20 世纪 80 年代以来，随着发展中国家跨国公司的形成和发展，不仅改变了世界国际直接投资的格局，而且也对主流的跨国公司提出了挑战。发展中国家的企业既不具备先进的大规模生产技术，又缺乏巨额的研究与开发投资，当然也不具备垄断优势，但这些国家为什么会进行直接投资呢？传统跨国公司理论对此缺乏解释力。这一现实也引起了西方经济学派的极大关注，开始研究并对这一现实寻求新的理论解释，从而陆续出现了一些专门用来解释发展中国家企业对外直接投资行为的理论。

一、小规模技术理论

（一）主要内容

美国经济学家刘易斯·威尔斯（Louis J. Wells）于 1977 年在题为《发展中国家企业的国际化》一文中提出"小规模技术理论"。他认为，传统对外直接投资理论的最大缺陷是把竞争绝对化，发展中国家跨国企业的竞争优势是相对的。该理论指出，发展中国家的跨国企业比较优势来自生产的低成本，这种低成本与本国的市场特征紧密相关。他从以下三个方面分析了发展中国家跨国企业的比较优势。

（1）拥有为小市场需要提供服务的小规模生产技术，以迎合低收入国家制成品市场需求量有限的特征。

（2）发展中国家企业对外投资有好多是为了满足海外同一族群的需求，特别是当海外移民数量较大时，这类海外投资更具优势。

（3）由于市场的多元化、多层次，即便技术不先进，生产经营不大的企业，由于具有明显的低成本优势，仍然会有较强的国际竞争力。

（二）优缺点

小规模技术理论被西方理论界认为是发展中国家跨国公司研究中的早期代表性成果。刘易斯把发展中国家跨国公司竞争优势的产生与这些国家自身的市场特征结合起来，在理论上给后人提供了一个充分的分析空间，对于分析经济落后国家企业在国际化的初期阶段如何在国际竞争中争得一席之地是颇有启发的。但该理论也存在明显的缺陷，如始终将发展中国家在技术上的创新活动局限于对现有技术的继承和使用上，从而限制了该理论的适用范围。

二、技术地方化理论

（一）主要内容

英国经济学家拉奥在 1983 年出版了《新跨国公司：第三世界企业的发展》一书，提出用"技术地方化理论"来解释发展中国家对外直接投资行为。所谓地方技术化，是指发展中国家跨国公司可以对外国技术进行消化、改进和创新，从而使得产品更适合自身的经济条件和需求。拉奥在对印度跨国企业的竞争优势和投资动机进行了深入研究后指出，发展中国家跨国企业的主要特征表现在规模小、使用标准化和劳动密集型，但这种技术的形成却包含着企业内在的创新活动。拉奥强调，这种创新活动是企业技术引进的再生过程，而非单纯的被动模仿和复制。正是这些创新活动使发展中国家的跨国企业形成了自己的"特有优势"，在拉奥看来，导致发展中国家能够形成和发展自己特有优势主要有以下四个因素。

（1）发展中国家技术知识的当地化是在不同于发达国家的环境中进行的，这种新的环境往往与一国的要素价格及其质量相联系。

（2）发展中国家通过对进口的技术和产品进行某些改造，使他们的产品能更好地满足当地或邻国市场的需求，这种创新活动必然形成竞争优势。

（3）发展中国家企业的竞争优势不仅来自其生产过程和产品与当地的供给条件和需求条件紧密结合，而且来自创新活动中所产生的技术在小规模生产条件下具有更高的经济效益。

（4）从产品特征看，发展中国家企业往往能开发出与品牌产品不同的消费品，特别是当东道国市场较大，消费者的品位和购买能力有很大差别时，来自发展中国家的产品仍然具有一定的竞争能力。

（二）主要意义

拉奥的技术地方化理论，对于分析发展中国家跨国公司的意义在于它不仅分析了发展中国家企业的国际竞争优势是什么，而且更强调形成竞争优势所特有的企业创新活动。不仅生产技术上的原创性研究使企业具有优势，且根据企业本身具有的生产环境对技术进行相应的改进也可以使企业具有竞争优势。在拉奥看来，企业的技术吸收过程是一种不可逆转的创新活动，这种创新往往受当地的生产供给、需求条件和企业特有的学习活动的直接影响。

（三）与小规模技术理论的异同点

与威尔斯的小规模技术理论相比，拉奥更强调企业技术引进的再生过程。即欠发达国家对外国技术的改进、消化和吸收不是一种被动的模仿和复制，而是对技术的消化、引进和创新，正是这种创新活动给企业带来新的竞争优势。虽然拉奥的技术地方化理论对企业技术创新活动的描述是粗线条的，但它把发展中国家跨国公司研究的注意力引向微观层次，以证明落后国家企业以比较优势参与国际生产和经营活动的可能性。

小规模技术理论和技术地方化理论的共同点是都强调发展中国家跨国公司具有相对优势：（1）相对于发达国家的跨国公司，发展中国家拥有更加适合当地市场条件的生产技术，因而在同类型发展中国家市场具有竞争优势；（2）相对于欠发达国家，许多发展中国家的跨国公司拥有相对先进的生产技术，从而具备了竞争优势。

三、技术积累—技术改变理论

随着发展中国家对外直接投资的加速增长，发展中国家跨国公司的对外直接投资出现了新的趋势。针对这种情况，英国里丁大学的坎特威尔（Cantwell）和托林梯挪（Tolentino）于 20 世纪 80 年代后期和 90 年代中期共同对发展中国家对外直接投资现象进行了系统考察，提出了发展中国家的技术积累—技术改变理论。

（一）主要内容

技术积累—技术改变理论认为，发展中国家技术能力提高与其国际直接投资累积增长相关联。该理论表明，发展中国家的企业从事海外直接投资，是在引进外资和技术以及积累经验的基础上，利用自身的生产要素创造某些优势，从而提高了竞争力和综合优势来实现的。

发展中国家对外投资的顺序应为：首先在周边国家投资，积累海外投资经验；其次从周边向其他国家扩展直接投资；最后在经验积累的基础上为获得更加复杂的技术开始向发达国家投资。

（二）主要意义

技术积累—技术改变理论解释了 20 世纪 80 年代以后的发展中国家，特别是亚洲新兴工业化国家和地区的对外直接投资现象，因而具有一定的普遍意义。

四、动态比较优势投资理论

（一）主要内容

日本学者小泽辉智（Ozawa）试图把跨国公司对经济增长的推动力作用与开放经济发展理论结合到一起。他认为各国经济发展水平具有阶梯形的等级结构，这种阶梯等级结构为发达国家创造了转移知识和技术的机会，为发展中国家和欠发达国家提供了赶超机会，他提出了跨国投资的模式选择问题，这种选择应能够使国家现有和潜在的比较优势激发出来，并达到最大程度。因此，发展中国家的跨国投资模式必须与工业化战略结合起来，将经济发展、比较优势和跨国直接投资作为互相作用的三种因素结合起来分析。按照这个理论，发展中国家经济的发展要从吸引外资中提高本国的比较优势并不断增强自身的比较优势，从而提高经济的竞争力。

小泽辉智认为提高经济竞争力的动机是发展中国家从纯吸引外资转变成向海外投资的国家的基本原因，并把这种转换过程分为四个阶段：第一阶段是吸引外商直接投资；第二阶段是外资流入并向海外投资转型阶段；第三阶段是从劳动力导向的对外投资贸易支持型向技术支持型的对外投资过渡；第四阶段是资本密集型的资金流入和资本导向型对外投资交叉发展阶段。

（二）主要贡献

技术积累—技术改变理论提出了发展中国家的对外投资要同国家工业化战略结合起来，强调了发展中国家在不同发展阶段以不同模式参与跨国投资的必要性，而且还提出了选择原则和实现的步骤，即要以比较优势的动态变化为基础，以出口导向为条件，这是其对国际直接投资理论的一大贡献，进一步丰富了国际直接投资理论。

五、后发优势理论

19世纪60年代初期，美国经济学家格申克龙从历史的角度分析了世界范围内工业化过程的不平衡性，以及法国、德国、美国、俄国和日本等后发国家的高速工业化或经济发展的原因。18世纪中叶，工业化首先在英国开始。他认为19世纪欧洲各国如法国、德国、比利时的工业化受英国工业革命的影响而开始，美国、俄国的工业化受欧洲各国的冲击而起步，日本的工业化受各国的影响而迅速发展。到了20世纪，世界上的国家可分为两类，一类是实现了工业化的国家，即发达国家或先发国家；另一类是尚未完成或尚未进入工业化过程的国家，即发展中国家或后发国家。

后发优势（late-mover advantage；second-mover advantage），又称次动优势、后动优势、先动劣势，主要是指后进国家在经济发展过程中，可通过观察、模仿，以较低的代价获得和利用先进国家的科学技术成果以及管理经验等。因此，与先进国家相比，后发国家在工业化过程中具有优势，其发展速度将大大加快并呈加速趋势。

经济发展过程与企业成长密切相关。后发国家经济发展的后发优势会影响企业成长的各个方面。后发优势可以使得后发国家在工业化较早的阶段实现企业的多元化和大规模化经营；使后发国家的企业成长超越国内市场的约束，比先进国家早期相应发展阶段更多地依赖国外市场；使后发国家的企业可以学习而后利用先进国家企业在长期的发展过程中所形成和积累起来的技术；使后发国家的企业拥有多种多样的产品类别及产业选择。

第四节　国际直接投资的环境分析

一、国际直接投资环境的概念与构成要素

（一）国际直接投资环境的概念

国际直接投资环境是投资者所面对的东道国环境的总称。具体来说，是指一国的投资者进行国际投资活动时所面对的各种外部条件和因素，它既包括经济方面的，也包括自然、政治、法律、社会、文化和科技方面的，是各种条件和因素的一个综合体。国际直接投资和国内投资不同，投资者在东道国投资，风险较大，因此，国际直接投资环境的好坏、投资者对国际投资环境的了解程度与分析评估直接影响着投资效益的高低。

（二）国际直接投资环境的分类

从不同的角度可以把国际直接投资环境分为不同的类型。从国际直接投资环境包含因素的多少，可分为狭义的投资环境和广义的投资环境；从地域范围上划分，可分为宏观投资环境和微观投资环境；从各种环境因素所具有的物质和非物质性来看，可以把环境分为硬环境和软环境；从各因素的稳定性来区分，可将国际直接投资的环境因素归为三类，即自然因素、人为自然因素和人为因素，如表6.1所示。

表6.1　　　　　　　　国际直接投资环境因素稳定性分类

A：自然因素	B：人为自然因素	C：人为因素
a1 自然资源	b1 实际增长率	c1 投资刺激
a2 人力资源	b2 经济结构	c2 开发进程

A：自然因素	B：人为自然因素	C：人为因素
a3 地理条件	b3 外汇制度	c3 政策连续性
a4……	b4……	c4……
相对稳定	中期可变	短期可变

（三）国际直接投资环境的构成要素

国际投资环境构成是指东道国对于国外投资产生影响的外部条件，包括以下几个方面。

1. 自然环境

自然环境由地理位置、自然资源、气候、人口等因素组成，是企业生存和发展的必要条件。

（1）地理位置：影响企业的运输成本、生产布局；（2）自然资源；（3）气候：直接影响到企业的生产、运输条件；（4）人口：包括人口数量、出生率、死亡率、人口增长率。人口因素对投资的影响主要体现为决定产品需求量，需求的种类和层次，劳动力供给，劳动力素质、水平、工资水平。

2. 经济环境

（1）经济状况。①经济发展水平：收入水平较高，市场容量大；②经济发展速度：经济发展速度快的国家，收入增长较快，市场不断扩大，需求也随之扩大，盈利机会较多；③经济稳定程度：主要看物价、利率、汇率等指标是否稳定。稳定程度低的国家，投资风险较大。投资者面对的环境不稳定，则很难对投资的成本、收益、风险做出客观的评价。

（2）基础设施。包括交通、运输、电力等设施。

（3）经济政策。指东道国政府对外商投资所采取的一些有关政策。①外资政策：对投资方式、投资领域、经营管理、资本和利润汇出的一些特殊规定；②产业政策：东道国制定的鼓励、限制、禁止国外投资的产业和项目；③税收政策：包括公司所得税、个人所得税、税收抵免和税收优惠，直接影响到投资收益；④外汇政策：货币是否可以自由兑换，外汇汇出有无限制；⑤贸易政策：分为自由贸易政策和保护贸易政策。

（4）国际贸易及国际收支状况。①一国进出口总额、进出口产品结构、进出口产品地区分布和对进出口的依存度。一般发展中国家欢迎进口替代型和能扩大出口的投资；②国际收支状况：主要包括资本项目和经常项目。对投资者非常重要，如一国出现较大收支逆差，有可能采取限制进口，鼓励外国资本流入的政策。

（5）经济制度及市场体系完善程度。①经济制度：包括资本主义经济制度和社会主义经济制度；②市场体系完善程度：包括市场统一性、开放性、竞争性和有序性等方面。

3. 法律环境

法律环境包括法律的完备性、公正性和稳定性。

（1）法律的完备性。对外国投资的进入、经营等方面的政策规定。不仅要了解东道国的立法形式、立法内容，还要对法律文件进行深入分析。

（2）法律的公正性。法律的公正性指东道国的法律执行能否公正、无歧视地对待每一个诉讼主体。如对纠纷的诉讼和仲裁，是否有特殊的规定。

（3）法制的稳定性。国际直接投资是一种长期的经济活动，其收益要在很长一段时间后才能逐步实现，如果一个国家的法律经常变化、调整，使不确定性增加，将增大投资风险。

4. 政治环境

政治环境直接关系到投资的安全和投资者的人身安危。

（1）政治制度。政治制度包括政党意识形态、各政治利益集团的比例、政权交接方式等。（2）政治稳定性。一国政权有无被颠覆、推翻的可能性。如果该国经济困难，人民生活水平大幅下降，就有可能导致对目前政权不满，引发政治暴动。（3）政策的连续性。政策的连续性是指一国政权发生变更时，该国的政策能否保持一定的连续性。（4）突发事件的可能性。如战争、动乱等。

5. 社会与文化环境

（1）语言。语言包括有声语言和无声语言。其中有声语言是指官方语言和经常使用的语言；无声语言是指身体语言（面部表情、手势）和空间语言。

（2）宗教。对人的生活态度、价值观、消费习惯、购买动机、消费偏好等有影响。

（3）教育水平。影响到劳动力素质。

（4）社会心理和社会习惯。①社会心理：是指在一段特定的时期内弥漫在社会及其群体中的整个社会心理状态，是整个社会的情绪基调、共识和价值取向的总和。社会心理直接影响到对国际直接投资的认可与接受程度。②社会习惯：亦称"社会风俗习惯"。人们自发形成，并为社会大多数人经常重复的行为方式。对人们行为的控制是非强制性的，是潜移默化的，是特定社会的产物，与社会制度变革有密切关系。社会习惯直接影响到国际直接投资企业所生产的产品市场欢迎程度。

二、国际直接投资环境评估方法

对国际直接投资环境的评估，大部分是将众多的投资环境因素分解为若干指标，对每项指标根据重要程度赋予一定的权数，然后应用一定方法进行加总，以获得对投资环境的总体评估。

（一）投资障碍分析法

这种方法要求投资者根据投资环境因素分析构架，分别列出阻碍对外直接投资的主要因素，并对潜在的东道国加以比较，阻碍因素比较少的国家，就是投资环境比较好的国家。阻碍投资的因素通常包括以下十个方面。

（1）政治障碍。如东道国的政治制度与母国不同，政局动荡、政治选择的变动、国内骚乱、内战、民族纠纷等。

（2）经济障碍。如国际收支赤字增大、外汇短缺、通货膨胀、货币币值不稳定及基础设施不良等。

（3）资金融通障碍。如资本数量有限、资本市场不良等。

（4）技术人员和熟练工人短缺。

（5）实施国有化政策与没收政策。

（6）对外国投资实行歧视政策。如禁止外资进入某些产业、对当地的股权比例要求过高、要求有当地人参与企业管理等限制外国人员的某些活动。

（7）对企业干预过多。如实行物价管制、规定使用本地原材料。

（8）实行较多的进口限制。

（9）实行外汇管制和限制利润汇回。

（10）法律行政体制不完善。如投资法规不健全、没有完善的仲裁律师制度及行政效率低下等。

（二）冷热国对比分析法

冷表示投资环境恶劣，热表示投资环境优良，用此来评估相关国家投资环境的优劣。其基本方法是：从投资者和投资国的立场出发，选定诸因素，据此对目标国逐一进行评估并将之由"热"至"冷"依次排列，热国表示投资环境优良，冷国表示投资环境欠佳。

美国学者利特瓦克和拜延在20世纪60年代分析了美国250家企业对海外投资资料，将各种环境因素综合分析，归纳出影响对外直接投资的7类59个子因素，并评估了100多个国家的投资环境。该7类因素包括政治稳定性、市场机会、经济发展、文化一元化、法令阻碍、实质阻碍和地理文化差距，前4种程度大就称为"热环境"，后3种程度大称为"冷环境"。在一国投资环境中，前4种越大越好，后3种越小越好。利特瓦克和拜延发现，随着东道国由热转为冷，企业将越来越多选择产品出口，减少投资进入。

（三）可以自行设计评估体系或选择评估方法

1. 选用评估方法注意事项

（1）根据企业对外投资的目的和动机，选择主要影响因素。如钢铁企业希望获得稳定的铁矿石资源，此时，经济发展缓慢、对进口限制、实行外汇管制、限制利润汇出等因素，不应该成为主要因素；如希望占有国外市场，重要因素是东道国经济发展水平、市场机会。（2）权数根据对所投资目标的重要程度决定。

2. 自行设计评估体系基本步骤

（1）建立评估指标体系：选择影响因素，因素不宜过多。指标体系可以分层、分级。（2）确定每个指标的权数：权数可以请部分专家给出，再利用加权平均、算术平均、中值等方法综合确定。（3）计算每个国家得分。

第五节 境外企业创建

国际直接投资有两种方式：一是在国外创建新的企业，又称"绿地投资"；二是进行跨国并购。投资者需要根据不同情况对这两种投资方式进行分析比较，然后决定采用哪种方式建立海外企业。

一、境外企业创建的方式

境外企业创建是指跨国公司等投资主体在东道国境内依照东道国的法律设立的部分或全部资产所有权归外国投资者所有的企业。创建境外企业可以是由外国投资者投入全部资本，在东道国设立一个拥有全部控制权的企业，也可以是由外国投资者与东道国投资者共同出资，在东道国设立一个合资企业。从形式上看，创建新企业有合资企业、合作企业和独资企业。投资者在投资过程中应选择哪种方式要根据具体情况来定。下面对独资企业和合资企业进行详细阐述。

（一）创建独资企业

创建独资企业是指某一或若干外国投资者在东道国境内，新建或设立全部资本归该投资者所有的企业。所有权、经营权都归该外国投资者掌握，全部风险和收益由该投资者享有和承担。

1. 国际独资企业的优势和缺点

（1）创建独资企业的优势。①企业的技术、工艺、配方和管理等企业秘密不易扩散；②具有完全的控制权，可以实现母公司的经营与战略意图；③免除与其他投资者的摩擦，企业生产经营过程中易协调；④独享企业经营成果，特别是具有垄断利润优势时。

（2）创建独资企业的缺点。①建设周期长；②在一些投资方向上受到限制，有些行业不允许外资独资，如我国电信、金融业；③与当地政府、社区等团体沟通困难；④缺乏对东道国文化习俗、法律以及经济等企业外部环境进行了解和沟通的渠道。

2. 国外独资企业的形式

（1）境外分公司。

境外分公司是指一个国家的企业为扩大生产规模或经营范围等，在东道国依法设立的分支机构。其主要特点有：①分公司不具备法人资格；②分公司的设立比较简便；③分公司的经营范围受到限制；④母公司可直接对其进行管理。

（2）境外子公司。

是母公司投入全部股份资本，依法在东道国设立的独立企业。其主要特点有：①是一个独立企业，具有东道国法人资格，能以自己的名义开展民事活动，承担民事义务。能够独立承担风险，母公司不承担连带责任；②子公司有独立的公司章程、组织机构和财务报表；③董事会、经理负责企业的生产经营和决策；④母公司对子公司的控制，是通过董事会；⑤东道国对子公司的审批较严格。

（3）设立分公司和子公司的比较。

境外分公司和子公司是从事境外业务经营的两种基本形式。选择哪种形式需考虑：①经营范围；②资金融通；③风险；④优惠政策；⑤税收。

（二）创建合资企业

创建合资企业是指外国投资者与东道国投资者共同投资设立，依法在东道国新设立的独立企业。

1. 国际合资企业的优势和缺点

（1）合资企业的优势。①可以利用合营各方的销售网络，扩大市场；②合营各方可以在资本、技术和管理等方面实现优势互补；③可以获得税收减免等方面的优惠政策；④有利于迅速扩大生产规模，克服本企业的资金不足；⑤分散或减少国际投资中的风险；⑥可以更好地适应当地社会环境条件，了解东道国的政治、经济、文化及社会情况；⑦有当地资本的投入，可以消除对某些经营领域的限制。

（2）合资企业的劣势。①投资各方的目标不同，管理思想、思维方式不同，经营决策和管理中易出现分歧；②母公司对合资企业的控制和管理能力较差，合资企业有自己独立的利益。

2. 国际合资企业的基本类型

国际合资企业的基本类型主要包括：①股权合资企业：即合资企业；②契约合资企业：即合作企业。

（三）独资与合资的选择策略

投资者向国外投资，需要考虑：选择独资还是合资企业？在合资企业中拥有多大股权比例？

1. 倾向于选择独资方式的主要因素

（1）母公司的总体战略要求对子公司实施有效的控制，避免子公司与母公司的利益冲突；（2）当地市场利润对母公司具有重要意义；（3）母公司在技术、生产经营和资源等方面具有垄断优势，且不希望扩散其优势；（4）东道国对外资持欢迎态度，不存在敌对的民族意识；（5）东道国潜在的合作者在技术、资本等方面的能力明显不足。

2. 倾向于选择合资方式的主要因素

（1）东道国企业有重要的资源可供利用；（2）母公司资金不足，需要在当地筹集资金；（3）需要当地合作者帮助扩大市场；（4）为享受东道国的优惠政策。

3. 在合资企业中拥有多大比例的股份

需要考虑投资企业内部和外部等综合因素的影响。

（1）内部因素。①投资企业的经营实力，如技术、资本、管理和营销等竞争优势的强弱；②投资企业承担风险的能力和主要决策者的风险态度；③投资企业的产品策略。

（2）外部因素。①东道国政府的外资政策和立法情况；②东道国当地的民族意识和民族情绪；③东道国潜在合作者的能力。

二、境外企业创建的优点

在境外创建一个新企业的优点主要表现在以下四个方面。

（1）创建新的境外企业不易受到东道国法律和政策上的限制，也不易受到当地舆论的抵制。

（2）在大多数国家，创建境外企业比收购境外企业的手续要简单。

（3）在东道国创建新的企业，尤其是合资企业，经常会享受到东道国的优惠政策。

（4）对新创立境外企业所需要的资金一般能做出准确估价，不像收购境外企业那样会遇到烦琐的后续工作。

三、境外企业创建的缺点

除了以上优点以外，在境外创建新的企业也存在明显的缺点。

（1）创建境外企业常常需要经过一段时间的项目营建期，所以投产开业比较慢；

（2）创建境外企业不像收购境外企业那样可以利用原有企业的销售渠道，因此，不利于迅速进入东道国及其他市场；

（3）不利于迅速进行跨行业经营和迅速实现产品与服务的多样化。

第六节　境外企业收购与兼并

一、境外企业收购与兼并的含义

（一）基本概念

境外企业收购是指一企业以某种条件获得另一企业的大部分资产，从而处于控制地位的产权交易行为。通常是一家企业以现金、证券或其他形式购买另一家企业的部分或全部资产或股权，以获得该企业的控制权。

境外企业兼并是指两个或两个以上的企业按照某种协议联合组成一个企业的产权交易行为。通常是一家企业以现金、证券或其他形式购买取得其他企业的产权，使其他企业丧失法人资格或改变法人实体，并取得对这些企业的决策权和控制权的经济行为。

（二）境外企业收购与兼并的异同点

1. 相同点

（1）基本动因相似：或者为扩大企业市场占有率；或者为扩大经营规模，实现规模效益；或者为拓宽企业经营范围，实现分散经营或综合化经营。总之，都是增强企业实力的外部扩张策略或途径。

（2）都是以企业产权为交易对象。

2. 主要区别

（1）在兼并中，被合并企业作为法人实体不复存在；而在收购中，被收购企业仍可以法人实体的形式存在，其产权可以是部分转让。

（2）兼并后，兼并企业成为被兼并企业新的所有者和债权债务的承担者，是资产、债权、债务的一同转换；而在收购中，收购企业是被收购企业的新股东，以收购出资的股本为限承担被收购企业的风险。

（3）兼并多发生在被兼并企业财务状况不佳、生产经营停滞或半停滞之时，兼并后一般需调整其生产经营、重新组合其资产；而收购一般发生在收购企业正常生产经营状态，产权流动比较平和。

从广义上看，收购可视为兼并的一种特殊形式。国际上习惯将兼并和收购合并在一起使用，统称为并购（merger and acquisition，M&A）。

二、企业收购的主要方式

企业收购分为部分收购（收购者只取得被收购企业的部分所有权）和全部收购（收购者取得被收购企业的全部所有权）。其主要方式有以下几方面。

（一）直接收购

直接收购是指收购公司直接向目标公司提出获得、拥有目标公司所有权的要求，双方通过一定的程序进行磋商、谈判，共同商定收购条件。直接收购一般是在双方协商一致的基础上完成的，因此又称为协议收购（negotiated acquisition）。

1. 收购公司要求部分所有权

收购公司要求部分所有权的主要途径有：（1）增资：目标公司允许收购公司取得增加发行的新股票；（2）收购公司从目标公司股东那里购买股票。

2. 收购公司要求全部所有权

双方共同磋商，在共同利益的基础上确定所有权转让的形式和条件，签订协议，进而完成收购。

（二）间接收购

收购公司并不向目标公司直接提出收购的要求，而是通过在股票市场上收购目标公司已发行和流通的具有表决权的普通股票，从而取得目标公司的控制权。

间接收购一般不是建立在双方共同意愿的基础上，有可能引起公司间的对抗，因此，这种收购也称为敌意收购。

（三）杠杆收购

杠杆收购（leveraged buyout），是指一家或几家公司在银行贷款，或在金融市场借贷的支持下，进行的企业收购。

1. 一般做法

收购公司设立直接收购公司，然后以该公司的名义向银行贷款，或发行债券从金融市场融资，以借贷的资本完成企业收购。这种收购只需较少资本就可完成，故称杠杆收购。

2. 特点

收购公司通常是以目标公司的资产和收益作为借贷的保证。一般情况下，收购公司自己拿出的资本只占收购资金的 10% ~ 15%，其余靠银行贷款或债券解决。

三、企业并购的主要做法

（一）现金收购及主要影响因素

现金收购是指收购企业向目标企业的股东支付现金，取得被收购企业的所有权。影响现金收购方式决策的主要因素有以下四个方面：（1）收购企业的短期资金流动性：即能否筹集到足够的现金？对企业短期资金需求的影响？对企业生产经营的影响？（2）收购企业的资产结构：企业所拥有的资产能否变现？（3）筹资能力：如果需要融资，是否能够融通到足够的资金？（4）能否获得外汇？

（二）股票收购及主要影响因素

股票收购是通过增加发行本公司的股票，以新发行的股票去交换被收购企业股东手中的股票，收购公司兼并被收购公司成为一个新的公司（以收购公司为主导），被收购公司的股东成为兼并后新公司的股东，收购公司进而实现对被收购公司的控制权。

1. 股票收购的特点

（1）不需支付大量的现金；（2）被收购公司的股东不丧失所有权；（3）收购公司的股权结构发生变化。

2. 股票收购的主要影响因素

（1）股权结构。股票收购改变收购企业的股权结构，原股东股票比例下降。收购企业需确定主要股东在多大程度上可接受股权比例的降低。

（2）收益减少。被收购企业通常是生产经营困难，收购后导致短期内每股收益下降，在多大程度上可以接受。

（3）股价水平。上市公司增加发行股票，会影响股价水平，如导致股价下降，在多大程度上可以接受。

（4）外国股权限制。有些国家对本国居民持有外国公司股票实行限制。

（5）当地交易所上市。新发行股票经常是在东道国当地交易所上市，能否申请上市。

四、境外企业并购的优缺点

（一）境外企业并购的优点

（1）直接利用东道国目标企业现有的厂房、设备设施、技术人员等物质条件，大大缩减项目的建设周期，能够迅速扩大企业的生产和经营规模。

（2）可以直接获得现场的经营管理人才。

（3）可以直接利用目标企业原有的销售渠道，扩展销售网络；还可以直接占领目标公司原有市场，从而减少竞争对手，保证收购企业的利润水平。

（4）迅速增加企业的产品种类，扩大企业的生产经营范围，或迅速改变企业的经营方向。

（5）迅速获得新产品的生产能力，更好地解决产品周期缩短的问题，使收购公司得以保持自己在产品生产中的有利地位。

（6）可以取得企业发展所需的技术、专利和商标等无形资产。

（7）当购买一家价值低估的企业时，可以大大减少资本支出，比重新创建企业更有利。

（二）境外企业并购的缺点

（1）失败率高。目标公司原有契约或传统关系的存在，会成为对其进行收购的主要障碍。另外，目标企业总是存在一些问题，如需要解雇员工、改变产品方向等，需要重新进行整合，如果整合不好，将会存在较大的风险。

（2）东道国反托拉斯法以及对外来资本股权和被并购企业行业的限制，也会阻碍跨国并购的实施。

（3）当一国被并购企业数量多、金额大时，常会受到当地民众、舆论的抵制。

（4）价值评估的困难。由于被并购企业所在国的会计准则与财务制度往往与投资者所在国存在差异，所以，经常难以准确评估被收购企业的真实价值，导致收购者花冤枉钱。

（5）企业规模和选址上的问题。难以找到完全符合意愿的目标企业。

 复习思考题

一、名词解释

国际直接投资、国际合资企业、比较优势理论、国际直接投资环境、境外企业收购

二、简答题

1. 国际直接投资有哪些形式？
2. 国际直接投资的动机。
3. 垄断优势理论的主要思想有哪些？
4. 产品生命周期理论的局限性。
5. 小规模技术理论的优缺点是什么？
6. 国际直接投资环境的构成要素是什么？
7. 国际直接投资环境评价方法有哪些？
8. 境外企业收购与兼并的异同点表现在哪些方面？

第七章

国际间接投资理论

第一节　国际证券投资概述

一、证券投资的含义

证券是代表一定财产所有权和债权的凭证，它是一种金融资本，表示对财产的一项或多项权益，其内容包括占有、行使、处分和转让等。实际上，证券就是权益的象征，合法地拥有证券就意味着合法地拥有权益，这种权益将随着证券的转让而转移，因而，权益正是证券的价值所在。

证券具有狭义和广义之分，狭义的证券是一种有面值的，并能给持有者带来收益的所有权和债权的证书，其具体内容包括股票、债券和基金证券等资本债券。广义的证券内容十分广泛，除包括股票、债券和基金证券在内的资本证券外，还包括货币证券、商品证券、不动产证券等。货币证券指的是支票、本票、汇票等，商品证券是指水单、仓单、提单等，不动产证券指的是房契和地契等。在日常生活中所说的证券是狭义的证券，即股票、债券和基金证券。在大陆法系国家中，证券被认为是有价证券的简称。有价证券是具有一定面额，代表一定的财产权，并借以取得长期利益的一种凭证。有价证券既属于经济的范畴，也属于法律的范畴，其经济范畴主要表现为有价性和收益性，即它可以买卖和转让，并能凭此取得收益，其法律范畴主要体现在证券与权益紧密相连以及证券发行和流通的规则性。

证券投资是指个人、企业以赚取股息、红利、债息为主要目的购买证券的行为。证券投资是一种不涉及资本存量增加的间接投资，证券本身不是商品，但它可以作为商品在市场上进行买卖。证券作为商品的时候则与一般商品不同，一般商品是用于满足人们的某种需要，其价值是由生产该产品所需的必要劳动时间决定的，而投资者购买证券是为了满足其增值欲望，证券的价值则由证券发行企业的经营状况决定。证券投资的作用不仅体现在能给投资者带来收益，还能加速资本集中，促进社会资金的合理流动，以满足从事社会化和国际化生产的企业对巨额资金的迫切需求。证券投资是资本流动的形式之一，证券投资的国际化，不仅使闲置资本在世界范围内得到广泛利用，促进了世界性的经济发展，而且为证券投资企业和个人带来了更广阔的投资机会。目前，证券投资已经发展成为国际投资活动的主要形式之一。

二、证券投资的特征

证券投资是以获取收益为目的并以信誉为基础的，投资者能否获取收益或收益多少取决于企业的经营状况，证券的持有者还可以将证券在证券市场中进行买卖和转让，这些就决定了证券投资具有投资的收益性、投资行为的风险性、价格的波动性、流通中的变现性和投资者的广泛性等特征。

（一）投资的收益性

投资的收益性是指证券的持有者可以凭此获取债息、股息、红利和溢价收益。证券投资的收益分固定收益和非固定收益两大类，购买债券和优先股的投资者取得的收益是固定的，无论证券发行者的经营效益如何，他们都会分别获取固定的债息和股息，而购买普通股和基金证券的投资者所获取的收益是非固定的，他们能否获取收益或收益的多少取决于证券发行者经营效益或基金运作的情况，赢利多则收益多，赢利少则收益少，亏损或无赢利则无收益。据统计，美国债券的投资者年平均收益率为 8% 左右，而股票投资者的年平均收益率则平均在 10% 以上[①]。此外，证券的投资者还可以通过贱买贵卖获取溢价收益。

（二）投资行为的风险性

证券投资者不仅可以获取收益，同时还必须承担风险。其风险主要来自四个方面：第一是经营风险，即证券的发行企业在经营中，因倒闭使投资者连本带利

---

① 美国股票平均收益率［EB/OL］. 我优财经网，2023 - 07 - 12.

丧失殆尽，或因亏损在短期内没有收益而给投资者造成损失；第二是汇率风险，即由于投资者所用货币贬值，导致债券等投资者到期所得到的本金和利息不足以弥补货币贬值带来的损失；第三是购买力风险，即在投资期内，由于通货膨胀，货币的实际购买力下降，从而使投资者的实际收益下降；第四是市场风险，即投资者往往会因证券市场的跌落而亏损。此外，政治风险往往也是证券投资者不可回避的因素。购买任何证券的投资者都要承担一定的风险，只是承担风险的大小不同而已。投资股票的风险一般要大于投资基金的风险，而投资基金的风险又大于投资债券的风险，投资于政府债券的风险又要比投资于其他债券的风险小得多。实际上，证券投资的收益越多，投资的风险也就越大。

（三）价格的波动性

企业往往根据其发行证券的目的、企业的发展规划和发行方式的不同来决定证券的发行价格，但由于企业的经济效益、市场、投资者心理和政治等因素的影响，股票、债券等证券在市场上的交易价格往往与票面值或发行价格相背离，这种背离会给投资者带来收益或损失。当然，很多投资者都想利用价格的波动来满足其资本增值的欲望。

（四）流通中的变现性

证券在流通中的变现性指的是证券的可转让性和可兑换性。证券的投资者可以在证券市场上按照法定的程序将证券公开进行买卖和转让，即持有者可以根据自身的需要和市场的具体情况自由地将证券变为现金。变现性的强弱取决于证券期限、收益形式、证券发行者的知名度、证券的信用和市场的发达程度等多种因素。一般来说，证券的信誉越高，期限越长，发行者的知名度越高，市场运行机制越发达，证券在流通中的变现性越强；否则，其流通中的变现性就较差。

（五）投资者的广泛性

投资者的广泛性主要是指参与证券投资的人多而且面广。证券的投资者既可以是政府和企业，也可以是个人，其中，社会大众是主要的证券投资者。证券投资对投资者的投资数量没有具体限制，投资数量由投资者根据其资金数量的多少和风险的大小自行决定，这就为寻求资本增值的社会大众参与证券投资提供了可能。

三、国际证券市场

（一）国际证券市场的概念

国际证券市场是由国际证券发行市场和流通市场所组成。国际证券市场一般有两层含义：第一层含义是指已经国际化了的各国国别证券市场，第二层含义指的是不受某一具体国家管辖的境外证券市场。目前，绝大多数的国际证券市场属于第一层含义的证券市场，只有欧洲债券市场属于第二层含义的国际证券市场。由于股票是目前国际证券市场上交易量最大的有价证券，所以人们通常所称的证券市场一般是指股票市场。

国际证券市场历史悠久，最早可以追溯到 17 世纪创立的荷兰阿姆斯特丹证券交易所。19 世纪 70 年代以后，以股票为中心的证券交易所如雨后春笋般蓬勃发展起来，尤其是第二次世界大战以后，股票和债券交易量大幅增加，使世界上形成了诸如纽约、伦敦、东京、中国香港等许多著名的国际证券交易所。

（二）国际证券发行市场

国际证券发行市场是向社会公众招募或发售新证券的场所或渠道。由于发行市场卖出的是新印发并第一次出售的证券，所以称为"初级市场"或"第一市场"。

证券发行由发行人、购买者和中间人组成。证券市场上的发行人一般是资本的使用者，即政府、银行、企业等；证券的购买者大多为投资公司、保险公司、储蓄机构、各种基金会和个人等；中间人主要包括证券公司和证券商等。证券发行市场一般有固定的场所，证券既可在投资公司、信托投资公司和证券公司发行，也可以在市场上公开出售。证券发行的具体方式有两种：一种是在证券公司等金融机构的协助下由筹资企业自行发行；另一种是由投资银行等承销商承购，然后由承销商通过各种渠道再分销给社会各阶层的销售者进行销售。当新证券发行完毕后，该新证券的发行市场也就自行消失。

（三）国际证券流通市场

国际证券流通市场是指转让和买卖那些已由投资者认购了的证券的市场。因此它也被称为"次级市场"或"第二市场"。证券的发行市场是制造证券的市场，它是流通市场产生的基础，而流通市场为投资者提供了转让和买卖证券的机会，满足了投资者渴求资本短期收益的欲望，从而起到了引导投资导向和变现的作用。证券流通市场一般有四种形式，即交易所、柜台交易、第三市场和第四市场。

1. 证券交易所

证券交易所是属于有组织的规范化的证券流通市场，这里的投资者必须通过经纪人按法定的程序从事证券的交易活动。交易所内的证券交易集便利、迅速、公平、合法于一体（具体内容将在后面作专门介绍）。证券交易所属于二级市场，同时也是二级市场的主体和核心。证券交易所的组织形式一般有两种，一种是公司制，另一种是会员制。

公司制证券交易所是由投资者以股份有限公司的形式设立，以盈利为目的的法人机构。这种交易所是由股份公司提供场地、设备和服务人员，在主管机构的管理和监督下，证券商依据证券法规和公司章程进行证券买卖和集中交割。公司制证券交易所相当于一个以盈利为目的的自负盈亏的私人公司，其收益主要来自发行证券的上市费和证券交易的手续费。证券公司本身的证券大都不上市交易，公司本身也不自行或代客买卖证券。目前，世界各国的多数交易所属于公司制证券交易所。

会员制证券交易所是由证券商自愿组成的非法人团体。会员制交易所不以盈利为目的，在交易所内进行交易的投资者必须为该所的会员，其会员资格是经过交易所对其学历、经历、经验、信誉和资产予以认证以后取得的。会员制交易所的会员既可以是投资银行、证券公司、信托公司等法人，也可以是自然人。交易所的费用由会员共同承担。这种交易所同样提供场地、设备和服务人员，证券的投资者也只能通过经纪人代为买卖证券。发达国家的交易所以前多属于会员制交易所，但目前多数已转为公司制交易所。

2. 柜台交易

柜台交易是指在证券交易所以外进行的交易活动，亦称场外交易。这种交易在 17 世纪已经出现，但当时人们多在柜台上进行，所以又称店头交易。柜台交易的证券多属可以公开发行但未在证券交易所登记上市的证券。柜台交易的数量没有起点和单位限制，不通过竞价买卖，交易者可以不通过经纪人直接买卖证券，而是协议成交。柜台交易也有固定的场所，一般在证券经营商的营业处进行。由于柜台交易满足了不同类型和不同层次的证券投资者的需求，因而得以迅速发展。

3. 第三市场

第三市场是指非交易所会员从事大量上市股票买卖的市场，也就是说，交易的证券已经上市，但却在交易所以外进行交易。第三市场是 20 世纪 60 年代才开创的一种市场。在第三市场进行证券交易的投资者可以节省在交易所内应缴纳的佣金等交易费，因而这种市场的交易额占各种证券市场交易额总和的比重在不断提高。目前，有很多投资公司、基金会、保险公司等也频繁在第三市场上从事证券交易活动。

4. 第四市场

第四市场指的是各种机构或个人不通过经纪人，直接进行证券买卖交易的市场。它实际上是通过计算机网络进行大量交易的场外市场。在第四市场上进行交易，不仅使交易者的身份得以保密，而且成交迅速，并节省了佣金等交易费用。在第四市场上进行交易，交易者往往互不知道对方的身份，通过将信息输入电脑来寻找客户。双方通过电脑进行磋商，最后达成交易。

（四）世界主要的证券交易市场

1. 纽约证券交易所

纽约证券交易所成立于 1792 年，位于目前世界公认的金融中心美国纽约曼哈顿的华尔街。纽约证券交易所原是会员制交易所，受 20 世纪 70 年代初经济危机的影响，于 1971 年 2 月 18 日改为公司制，但纽约证券交易所仍实行"席位"会员制。

1991 年的纽约证券交易所拥有会员 1416 名，其中 1366 名为"席位"会员，代表着 600 多家证券经纪公司，约有 2200 多种证券在这里进行交易，其中有 1700 多种股票和 500 多种债券。纽约证券交易所的主要部分是交易大厅，其面积相当于足球场的 3/5，气势十分壮观，堪称世界之最。纽约证券交易所采用的交易方式有现款交易、例行交易、发行日交易和连带选择权交易 4 种。[①]

纽约证券交易所对申请在该所上市的公司有严格的标准，即公司必须拥有 1600 万美元的股票，拥有 2000 个以上的股东，其中公众持股不得少于 110 万股，最近 1 年的盈利必须达到 250 万美元，过去两年的平均利润不少于 200 万美元。申请上市的公司被批准上市以后，先缴纳 2.5 万美元的入会费，然后每年缴纳 1.5 至 5 美元的会费。对批准在该所上市的公司出现下列情况之一者，将会被停止上市资格：（1）持股的股东低于 1200 个；（2）公众拥有的股票总值低于 500 万美元；（3）公众持股少于 60 万股。从近几年的情况看，纽约证券交易所还有一个显著的特点，即不是以数字，而是以 1~4 个字母来表示上市公司的股票，如 S、H、D，或 FA、HE、KT，或 KHN、TIM、QWE，或 SYU、GAV、OPY 等，其中使用 3 个字母的居多，而使用一个字母的为数极少。[②]

---

① 世界主要证券交易所 [J]. 证券市场导报，1991（2）：52.
② 纽约证券交易所上市条件 [EB/OL]. 搜狐新闻，2023 – 02 – 20.

美国对证券业务有一套较为完整的管理体制，其中直属美国总统领导的证券交易委员会对证券经营机构、证券发行、证券交易等实施全面的管理，该委员会还按经济区域直接派驻机构和人员对证券市场进行监管。此外，美国还颁布了一整套有关证券交易方面的法律，主要包括《证券法》《证券交易法》《政府证券法》《信托契约法》《投资公司法》《投资顾问法》。

2. 伦敦证券交易所

伦敦证券交易所成立于 1773 年，具有近 240 年的历史，是世界上最古老的证券交易所，也是目前世界四大交易所之一。伦敦证券交易所的交易地点不仅设在伦敦，而且在英国的格拉斯哥、利物浦、伯明翰等城市也设有交易场所。伦敦证券交易所虽然是一个股份有限公司，但也属于会员制交易所。该交易所的会员代表着 381 家证券公司。

2011 年 2 月 9 日，伦敦证券交易所与多伦多证券交易所宣布一项合并计划，伦敦证交所同意以全部换股方式与多伦多证交所集团合并，期望通过合并创建全球最大的商品、能源和资源板块上市场所，同时也是一个为中小型和成长企业服务的高端市场。合并后的证券交易所上市公司将超过 6700 家，总市值约为 5.8 万亿美元。截至 2017 年底，AIM 市场有 941 家公司，其中，有 145 家海外公司、796 家英国本土公司，市值的总额达到了创纪录的 1113 亿英镑；伦敦证券交易所主板市场上市公司 1165 家，其中英国本土公司 944 家，境外公司 221 家。英国股市具有较高的国际水平，2016 年海外投资者持有市值的比例达到 53.9%。[①]

伦敦证券交易所具有三大特色：一是该所内上市的债券的交易量超过了其他证券的交易量，其中，英国本国大部分的公债是在该交易所进行交易，而且大部分债券是外国债券；二是在该交易所的大厅内不设综合行情咨询系统，也不报告当日的最新交易牌价，当日交易的详尽资料刊载在次日的《金融时报》等杂志上；三是从成交到交割所间隔的时间是世界所有交易所中最长的，多数股票交易是在成交后的两个星期内交割，如遇节假日，交割手续顺延。伦敦证券交易所目前主要采用现款交易和清算交易两种，交易所内分成 8 个交易区，即政府统一长期公债市场、美国股票市场、美国债券市场、外国债券市场、英国铁路证券市场、矿业证券市场、银行证券市场和工商证券市场。伦敦证券交易所的证券交易主要是在中间商和经纪人之间进行，该交易所经纪人的种类和职能与纽约证券交易所经纪人的职能大体相同，其佣金也是固定的，但对不同证券有不同的佣金标准：股票的交易额在 200 英镑以下的，可酌情而定；交易额在 200 ~ 476 英镑的，

---

① 关于英国股市，你了解多少？[EB/OL]. 凤凰网财经，2018 – 11 – 15.

佣金为 7 英镑；交易额在 476 英镑以上的，佣金为交易值的 1.5%①。伦敦证券交易所内的中间商与纽约证券交易所内的证券自营商相似，靠低价买进、高价卖出赚取买卖差价。

除主板市场之外，1995 年伦敦证券交易所还推出了另项投资市场（AIM），AIM 市场上市标准较低，主要面向新成立的、尚未达到主板市场所有标准的、具有较大发展潜力的中小企业，对有发展潜力的中小企业在 AIM 市场上市实行保荐人制度。伦敦证券交易所还具有高流动性、市场的多层次性、产品的多样化和高知名度。此外，伦敦交易所还是世界上最大的股票基金管理中心。机构投资者是伦敦交易所证券的主要交易者，其交易份额占到交易所交易总额的 80% 以上，对国际上的大机构投资者具有极大的吸引力。

3. 东京证券交易所

东京证券交易所创建于 1878 年，它的历史与历史悠久的伦敦证券交易所和纽约证券交易所相比，晚了近一个世纪。但它的发展速度很快，目前已经超过具有 200 多年历史的伦敦证券交易所，跃居世界第二位，成为世界著名的四大交易所之一。

东京证券交易所内设有交易大厅、债券交易大厅、债券期货交易大厅、国债交易大厅和电脑系统买卖室。东京证券交易所股票交易有两种方式：一种是在交易大厅通过交易站进行交易，这里主要交易 250 种日本和外国股票；另一种是通过电子计算机进行交易，即经纪人公司通过中央处理器向经纪人发出指令，经纪人接到指令后通过计算机进行交易，并将交易的结果通过中央处理器立即返回给经纪人公司。该交易所股票交易的结算可采用当日结算、特约日结算和例行结算。当日结算就是在交易成交的当天进行股票或钱款的交割，特约日结算一般是在交易成交后 15 天内的某一日进行交割，例行结算是在交易成交后的第四个交易日进行结算，该交易所内的股票交易多数采用例行结算。至于债券交易，该交易所只允许面值 100～1000 日元的国债、大面值的可转换债券、世界银行债券、亚洲开发银行债券、欧洲日元和外国债券集中进行交易。

东京证券交易所对在该所上市的公司也制定了标准，上市公司的股票先在第二部市场上市交易，然后才可进入第一部市场进行交易。如果其指标低于第一部市场上市的标准，就将降到第二步市场。第二部市场的上市标准为公司的净资产价值截至 2021 年 10 月 31 日，东京证券交易所共有 3806 家上市公司，总市值达到 933.58 万亿日元（8.20 万亿美元），与去年同比增长 53.63%。其中，市值贡献最大的为主板市场（占比 97.29%）和创业板（占比 2.16%），增长率分别为

---

① 关于英国股市，你了解多少？［EB/OL］. 凤凰网财经，2018 - 11 - 15.

54. 47% 和 18. 23%①。

日本证券业的管理体制是模仿美国建立起来的，有关证券方面的法律和机构也十分健全和完善。东京证券交易所直接在日本大藏省的监督下进行证券交易，大藏省为此还专门设立了证券局，证券局设总裁一名，副总裁若干名，其中一名副总裁兼任东京证券交易所的监理官。日本颁布的有关证券方面的法规有《证券交易法》《证券投资公司法》《证券投资信托法》《担保公司信托法》等。

四、国际证券投资的发展趋势

纵观目前国际证券投资的现状，预计未来将呈以下发展趋势。

（一）证券交易国际化

证券交易国际化主要表现在四个方面：一是证券发行、上市、交易的国际化，这主要体现在一国的筹资者不仅可以申请在其他国家发行和上市交易有价证券，而且在其他国家发行的证券既可以本国货币为面值，也可以东道国或第三国货币为面值；二是股价传递的国际化，即任何一国的股市行情都对其他国家有示范效应；三是多数国家都允许外国证券公司设立分支机构；四是各国政府间及其与国际组织间加强了证券投资合作与协调。

（二）证券投资基金化

在证券投资活动中，个人投资者数额小而且资金分散，难以参与收益较高和资本额要求也较高的证券投资活动，于是各种投资基金便应运而生。投资基金一般由专家运营，采用投资组合，而且由不同的机构进行运作、管理和监督，这不仅提高了投资者的收益率，也减少了投资风险。

（三）证券投资的增长速度超过直接投资②

从第二次世界大战结束到 20 世纪 70 年代末，国际直接投资一直占主导地位，其中，发达国家在 1951～1964 年间的私人投资总额中，大约有 90% 采用直接投资，其私人直接投资额从 1960 年的 585 亿美元增加到 1980 年的 4702 亿美元，年均增长速度为 11%。进入 20 世纪 80 年代以后，国际债券市场的发行量从

---

① 3806 家上市公司，8. 02 万亿美元市值体现了东京证券交易所的主要特点［EB/OL］. 东方财富网，2021－11－12.
② 国际证券投资的特征［EB/OL］. 正点财经，2019－03－16.

528 亿美元增长至 2500 亿美元，平均每年增长 18.9%。世界最大的投资国美国从 1980～1993 年的对外证券投资由 624.5 亿美元增加到 5184.8 亿美元，平均每年增长 7.5%。1994～2001 年国际证券投资年增长率一直保持在 15% 以上。20 世纪 80 年代以来，西方国家对金融管制的放松导致了金融体系自由化趋势的出现，再加上近些年来计算机和电信技术的发展，促进了金融衍生工具的迅速发展。金融工具的创新反过来为全球流动性跨域快速流动创造了条件，投机性交易所占比重越来越大，证券市场为实际生产的筹资功能大大减少。

（四）债券在国际金融市场融资中所占的比重日益提高①

国际债券融资一直是国际融资的一种方式，而债券融资的地位在不断提高。1975 年，在国际金融市场融资总额的 585 亿美元中，债券融资仅为 187 亿美元，占融资总额的 32%。而 1994 年债券融资达到了 2939.4 亿美元，占当年国际金融市场融资总额 4741 亿美元的 62%。1995～2008 年债券融资额一直保持在 5000 亿美元以上，占国际市场融资额的比重仍维持在 50% 以上。债券融资占国际金融市场融资比重的提高与各国证券市场的开放、证券市场的统一化和国际化以及交易的多样化有关。

（五）流向发展中国家的证券资本在不断增加②

20 世纪 80 年代以来，国际资本流动的总态势是流向发展中国家。进入 20 世纪 90 年代以后，流向发展中国家的证券资本也在迅速增加。例如，1993 年，在全球海外股票投资的 1592 亿美元中，有 525 亿美元流向发展中国家，占股票总投资额的 33%。1989～1997 年，流向发展中国家的证券投资每年平均递增 34% 左右，其中主要是流向新加坡、马来西亚、泰国、印度尼西亚、中国等亚洲新兴市场。1997～2008 年流向发展中国家的股票投资额仍占全球股票投资总额的 1/3 以上，这主要与发达国家的低利率政策以及发展中国家经济发展迅速、市场收益率高、风险较小有关。

---

①② 国际证券投资的特征［EB/OL］. 正点财经，2019 – 03 – 16.

第二节 国际债券投资

一、债券的概念及其特征

（一）债券的概念与性质

债券是一种按照法定程序发行并在规定的期限内还本付息的有价证券，债券所表明的是一种债务和债权的关系。债券是由国家、地方政府、金融机构和企事业单位为筹集资金而发行的一种借款凭证。债券实际上是把债务和债权之间的关系转化为一种有价证券，债券是以法律和信用为基础的借款凭证，是发行人对其借款承担还本付息义务所开具的凭证。债券对发行者来说是一种筹资手段，也表明了它对持有者所欠的债务；债券对购买者来说却是一种投资工具，还表明了它对发行者所享有的债权。人们购买债券行为就是债券投资，如果投资者购买的是国际债券，那就是国际债券投资。国际债券投资具有收益性、安全性和流动性等特点。债券的性质与借款收据是一样的，但是，债券通常有固定的格式，较为规范，因此持券人可以在债券到期前随时把债券出售给第三者，而借款收据就不能做到这一点。

（二）债券的特征

债券是一种虚拟资本，债券作为有价证券中的一种，既具有有价证券的共同点，也有其自身的特征。

1. 收益性

债券投资者的收益可以来自两个方面：一是固定的债息，这部分的收入是稳定的；二是低买高卖的买卖差价。债券的利率通常介于存款和贷款利率之间，比存款、储蓄、信托贷款等间接利息率要高。因为债券融资是直接融资，中间费用较少，债券发行者直接得到长期稳定的资金。因此债券既受投资者的欢迎，又是债务人最愿意采用的融资工具。

2. 收益的有限性

由于债券的利息是固定的，所以其持有者的利益与企业的业绩无关，即使在二级市场上博取买卖差价，固定的利息决定了其差价不可能很大，再加上不计复利，这使得投资者的收益相当有限。

3. 安全性

与其他证券相比，债券的风险远比股票要小，其安全性略低于银行存款。这主要体现在以下几个方面：一是发债者是各国的中央政府、地方政府等各级政府，一般不存在不能按时还债的风险，如果发债者是企业，各国对发行者的信用、抵押、担保额、减债制度等有严密的资信审查制度，因此发债者一般都有较高的信誉度和偿债能力；二是债券的面额、利息率和支付利息方式都是事先确定好的，并载于票面上，不受市场利率变动的影响，因此，投资者的本金与利息是受法律保护的；三是由于债券是债务的凭证，即使企业出现亏损甚至倒闭，债券的投资者也可优先于股东获得赔偿。

4. 流动性

债券是具有高度流动性的有价证券，其变现能力仅次于银行存款。在二级市场较为发达的情况下，债券持有者若临时需要资金时，可随时在市场上出售债券。

总之，由于债券具有收益性、安全性、流动性等特点，所以它是稳健投资者的最佳选择。

二、债券的种类

债券种类的划分方法很多，下面介绍几种常见的分类方法。

（一）按发行主体分类

债券按发行主体分类，可分为政府债券、公司债券、金融债券。政府债券包括国家债券和地方债券。国家债券是中央政府为维持其财政平衡所发行的债券，而地方债券是地方政府为解决其财政开支所发行的债券。公司债券是由股份公司为筹集资金而发行的债券。金融债券是由金融机构为筹集资金而发行的债券。

（二）按是否记名分类

债券按是否记名分类，可将其分为记名债券和无记名债券。记名债券是指在债券上标有投资者姓名，转让时需办理过户手续的债券。无记名债券是指在债券上没有投资者的印鉴，转让时也无须办理过户手续的债券。

（三）按是否有抵押或担保分类

债券按是否有抵押或担保分类，又分为抵押债券、无抵押债券、收入债券、普通债务债券。抵押债券是债券的发行者以其所有的不动产和动产为抵押而发行

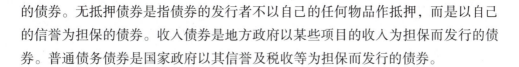

的债券。无抵押债券是指债券的发行者不以自己的任何物品作抵押，而是以自己的信誉为担保的债券。收入债券是地方政府以某些项目的收入为担保而发行的债券。普通债务债券是国家政府以其信誉及税收等为担保而发行的债券。

（四）按形态分类

按其形态，债券可分为剪息债券及贴现债券。剪息债券指的是券面上附有息票，定期到指定的地点凭息票取息的债券。贴现债券是指以低于债券面额发行，到期按券面额偿还，其差额也为投资者利息的债券。

（五）按偿还期限分类

按债券的偿还期限分类，可分为短期债券、中期债券、长期债券。短期债券一般是指偿还期限在 1 年以内的债券。中期债券一般是指偿还期限在 2～5 年的债券。长期债券一般是指偿还期限在 5 年以上的债券。

（六）按募集方式分类

按债券募集方式分类，可分为公募债券和私募债券。公募债券是公开向社会募集的债券。私募债券是指向少数特定人募集的债券。

（七）按发行的地域分类

按债券发行的地域分类，可分为国内债券和国际债券。国内债券是由本国政府、银行、企业等机构在国内发行并以本国货币计价的债券。国际债券是指由一国政府、金融机构、企业在国外发行并以某种货币计价的债券。

三、国际债券的种类与类型

国际债券是由一国政府、金融机构、企业或国际组织为筹措资金而在外国证券市场上发行的以某种货币为面值的债券。随着世界各国对外国投资者限制的放松和国际证券市场的迅速发展，国际债券的发行量在 20 世纪 80 年代初超过了银团贷款的数量，从而出现了国际借贷证券化的趋势。

（一）国际债券的种类

国际债券大致可分为三大类：第一类是外国债券，第二类是欧洲债券，第三类是全球债券。

1. 外国债券

外国债券是借款国在外国证券市场上发行的以市场所在国货币为面值的债券。如某国在美国证券市场上发行的美元债券，在英国证券市场发行的英镑债券等。习惯上人们把外国人在美国发行的美元债券称为"扬基债券"，在英国发行的英镑债券叫"哈巴狗债券"，在日本发行的日元债券叫"武士债券"。外国债券的发行一般均有市场所在国的金融机构承保。中国曾在日本、美国、欧洲等地的证券市场上发行过外国债券。外国债券实际上是一种传统的国际债券。

2. 欧洲债券

欧洲债券是指以某一种或某几种货币为面额，由国际辛迪加承销，同时在面额货币以外的若干个国家发行的债券。如美国在法国证券市场发行的英镑债券就叫欧洲债券。按习惯，面值为美元的欧洲债券一般被称为欧洲美元债券，面值为日元的欧洲债券被称为欧洲日元债券，面值为德国马克的欧洲债券被叫作欧洲德国马克债券，其他面值的欧洲债券可以以此类推。在日本东京发行的外币债券，通常称为将军债券。总之，欧洲债券的发行者、面值货币和发行地点分属于不同的国家。

欧洲债券既有期限为 1～2 年的短期债券，也有 5～10 年的中长期债券，还有无偿还期的永久性债券。欧洲债券往往采取无担保的不记名形式发行，投资欧洲债券的收益免缴收入所得税。除瑞士法郎市场以外，欧洲债券不受各国法规的约束，可以自由流通。欧洲债券往往通过国际辛迪加发行，并可在一个或几个国家的证券交易所同时挂牌。欧洲债券具有发行成本低、发行自由、投资安全、市场容量大等特点。

欧洲债券的发行者主要是公司和国际组织，近些年来，一些国家的政府也开始涉足这一市场，而欧洲债券的投资者主要是公司和个人。欧洲债券的币种以美元、日元、德国马克、瑞士法郎居多。欧洲债券于 1961 年 2 月 1 日首先在卢森堡发行，卢森堡和伦敦是目前欧洲债券市场的中心。

3. 全球债券

全球债券是指在国际金融市场上同时发行，并可在世界各国众多的证券交易所同时上市，24 小时均可进行交易的债券。全球债券最初的发行者是世界银行，后来被欧美及一些发展中国家所效仿。全球债券先后采用过美元、加元、澳元、日元等货币发行。全球债券采取记名形式发行，在美国证券所登记。全球债券具有发行成本低、发行规模大、流动性强等特点。全球债券是一种新兴的债券，它的发行规则和程序还有待完善。

（二）国际债券的类型

国际债券有以下五种类型。

1. 一般欧洲债券

一般欧洲债券是一种期限和利率均固定不变的债券。它属于传统的欧洲债券，目前这种债券的发行量在不断减少。

2. 浮动利率债券

浮动利率债券是一种根据银行间的拆借利率为基准，再加一定的加息率，每3个月或6个月调整一次利率的债券。这种债券始于20世纪70年代初期。

3. 锁定利率债券

锁定利率债券是一种可由浮动利率转为固定利率的债券，即债券发行时，只确定一个基础利率，待债券发行之后，如果市场利率降到预先确定的水平时，则将债券利率锁在一定的利率水平上，成为固定利率，直到债券到期时止。锁定利率债券于20世纪70年代中期才开始发行。

4. 授权债券

授权债券是指在债券发行时附有授权证，债券的持有人可按确定的价格在未来某一时间内购买指定的债券或股票。

5. 复合欧洲债券

复合欧洲债券是指以一揽子货币为面值发行的债券。到目前为止，发行这种债券已采用过的货币单位有欧洲记账单位、欧洲货币单位、特别提款权、欧洲货币合成单位。复合欧洲债券的利率固定而且水平较高。

四、国际债券的发行

（一）国际债券市场对发行者的要求

国际债券市场一般有严格的管理制度，但也有一些国家债券市场相当自由。管理较严的国家一般对发行者均有如下要求：（1）必须经过正式申请和登记，并由专门的评审机构对发行者进行审查；（2）发行者必须公布其财政收支状况和资产负债情况；（3）在发行期间，每年应向投资人报告资产负债及盈亏情况；（4）债券发行获得批准后，必须根据市场容量，统一安排发行的先后次序；（5）债券的发行与销售一般只许证券公司或投资银行经营，一般银行只能办理登记及还本、付息、转让等业务；（6）一般须由发行者国家政府或中央银行进行担保，担保必须是无条件的和不可撤销的。

（二）国际债券的发行程序

国际债券的发行分公募发行和私募发行。公募发行是通过中介机构的承包包销，公开向社会募集资金；私募发行则是在中介机构的协助下，向有限的特定投资者募集资金。公募发行的具体发行程序大致可分为以下几个步骤。

第一，发行企业任选一家金融公司作为此债券发行的组织者，即主干事银行或主干事证券公司。双方就此债券的形式、发行市场、发行数量、币种、利率、价格、期限以及发行的报酬和费用等进行磋商。

第二，向当地外汇管理部门提出发行债券申请，经该部门审查并提出意见后，报经该国政府有关管理部门批准。

第三，向国外有关资信评审机构申请评级。申请评级以前，需先向国内的审查管理机构提出书面申请，并提供评级机构名称和用于评级的资料等。发行者应在得到评级结果的三日内向审批管理部门报告评级结果。

第四，向拟发行证券的市场所在国政府提出申请，征得市场所在国政府的许可。

第五，发行者在得到发行许可后，委托主干事银行组织承销团，由其负责债券的发行与包销。

五、国际债券清算机构与清算程序

（一）国际债券清算机构

目前，国际上有两大债券清算机构，即欧洲清算系统和塞德尔国际清算机构。欧洲清算系统成立于1968年，总部设在布鲁塞尔，它是一个股份制的机构，现有股东125个，主要从事债券的清算、保管、出租、借用等业务，并提供清算场所，该系统还在世界上16个国家和地区设立了分支机构。塞德尔国际清算机构也是一个股份制机构，它成立于1970年，总部设在卢森堡，它与欧洲很多国家的银行建立了清算代理关系，其业务范围与欧洲清算系统大致相同。上述两家清算机构均有现代化的各种设施，国际债券交易的清算绝大部分是通过这两个机构进行的，它们已发展成为当今世界两个最大的清算机构。

（二）国际债券清算程序

国际债券的清算大致经过以下几个程序。

（1）开立债券清算账户和货币清算账户。申请加入清算系统的银行或证券公司必须开立债券清算账户和货币清算账户。债券清算账户是用于债券面额的转账，而货币清算账户是用于买卖债券时，按市场价格和生息后计算出的总额转账。因为国际债券交易既转移所有权，还要按市场价格计算出的等值货币进行支付。

（2）发送债券清算指示。债券买卖成交以后，买卖双方分别向清算机构发送清算指示。清算指示主要包括清算机构名称，买入或卖出债券的种类，买入或卖出对象，成交日期，结算日期，债券的面额和币种，成交价格，生息与否，货币总额，结算路线，清算指示的发送者名称和发送日期等。

（3）核对清算机构发回的有关交易细节的报告，以便及时纠正。

（4）在结算日进行内部账务处理。

（5）核对清算机构的对账单，如有不符，可立即向对方和清算机构查询，如无异议，便应制作对账平衡表。

六、国际债券投资收益

债券投资收益是指投资者在一定的时期所获取的利润。债券投资收益通常是用收益率来表示的，而收益率指的是债券投资的收益占最初投资额的比例。针对每位债券投资者的不同情况，可选用以下几种收益率作为衡量投资者收益的标准。

（一）名义收益率

名义收益率是指根据债券每年的固定利息与债券面额之比，计算出来的投资者每年的收益率，其计算公式为：

$$名义收益率 = \frac{债券年利息}{债券面额} \times 100\% \tag{7-1}$$

例如，一张面额为 100 元、年利率为 15% 的债券，其持有者的名义收益率为：

$$\frac{100 \times 15\%}{100} \times 100\% = 15\% \tag{7-2}$$

（二）本期收益率

本期收益率是债券每年的固定利息与债券本期市场价格之比。投资者可以通过对市场上各证券本期收益率的计算和比较，来做出投资哪种证券的决定。本期收益率的计算公式为：

$$本期收益率 = \frac{债券年利息}{本期市场价格} \times 100\% \tag{7-3}$$

例如，一张面额为 100 元，利率为 15%、期限为 5 年债券，该债券发行时最初的认购者在购买后的第 3 年初以 90 元卖出，那么，该债券新的购买者的本期收益率为：

$$\frac{100 \times 15\%}{90} \times 100\% \approx 16.67\% \qquad (7-4)$$

（三）持有期收益率

债券的持有期收益率是指投资者从买入债券到卖出债券期间所得的实际收入。其计算公式为：

$$持有期收益率 = \frac{卖出价 - 买入价}{买入价} \times \frac{360}{持有期限} \times 100\% \qquad (7-5)$$

例如，某投资者在债券市场上以 1000 元的价格买入一张刚发行的债券，持有两年后以 1200 元的价格卖出，则其持有期收益率就是：

$$\frac{1200 - 1000}{1000} \times \frac{360}{720} \times 100\% = 10\% \qquad (7-6)$$

（四）到期收益率

债券的到期收益率是指投资者从买入债券到债券到期时止的收益率，其计算公式为：

$$到期收益率 = \frac{债券到期时的本息总额 - 买入价}{买入价 \times 待偿还年限} \times 100\% \qquad (7-7)$$

例如，某债券的发行面值为 1000 美元，债券的年利率为 10%，还本期限为 5 年，某消费者在发行 3 年后以 900 美元价格购入，则该消费者的到期收益率为：

$$\frac{1000 \times (1 + 10\% \times 5) - 900}{900 \times 2} \times 100\% = 33.3\% \qquad (7-8)$$

第三节　国际股票投资

一、股票投资的概念

股票是有价证券的一种，它是股份公司发行的，用以证明股票持有人对公司拥有所有权，并可以分享公司股息或红利，参与公司经营管理等方面权益的凭证。股票属于要式证券，必须依据法定格式制成。股票的票面应载有公司的名称，公司的成立时间，发行股份总数及每股金额，本次发行的股份总数，股票的发行时间，股息或红利的发放时间与地点，股票的种类及其他差别的规定，公司认为应当说明的其他事项和股票的编号等。此外，股票还必须有 3 名以上董事的签名盖章，并经主管机构或其核定的发行登记机构的认证。

股票投资是企业、个人等购买股票的一种行为。股票投资者一般享有以下 3 项基本权利：（1）公司盈利时的分红要求权，红利也是股票投资者的收益；（2）剩余财产的分配权，剩余财产的分配权限于公司解散或倒闭时才会出现；（3）股东大会的参加和表决权，股东的表决权也意味着股东对公司的间接经营管理权。股东的上述权益说明，股票投资属于间接投资，它具有收益性、风险性、变现性、决策的参与性、价格的波动性等特征。

二、股票的性质

（一）股票是一种证权证券

股票只是一种表明已发生股权转移的证券，股票只起一个权利证书的作用。股票的发行是以股份的存在为前提条件。股票的作用不过是证明股东的权利，而不是创造股东的权利。所以股票不像一般的票据是证权证券，同时也不是债权证券。

（二）股票是要式证券

股票必须按法律的要求记载一定事项，股票须由三名以上董事签名盖章并经由主管机关或其核定的发行登记机构批准后才能发行。其内容一般包括公司的名称和地址，公司设立登记和新股发行的批准文号，公司的股份总额、每股金额、本次发行的份数、发行时间等。

（三）股票是有价证券

股票与其代表的股东权利有不可分离的关系，也就是说，股票代表着对公司资产的权利，这种资产是有一定价值的，否则其权利也就失去了意义。此外，股东权利的转让应与股票占有的转移同时进行，二者缺一不可。这点与有价证券在法理上的性质是一致的。

（四）股票不是物权及债权证券

股东虽然是企业部分财产的所有人，享有种种权利，但对于公司的财产不能直接支配处理，对财产的直接支配处理是物权证券的特征，但股东可以通过其红利权，出席股东大会并行使表决权、转让权和公司解散时的剩余财产的分配权来达到获利的目的。同时股东也不是公司的债权人，但对企业的债务承担有限的债务责任，当投资者购买股票时，他随即变成公司部分财产的所有人，是公司内部的股东。因此，股票也不是债券证券。

（五）股票是一种可转让的证券

股票是一种能带来收益的转让证书，其价格的基础是其资产的价值，作为金融资产的股票和其他有价证券一样既可以在金融市场上买卖，也可用于赠与、抵押和继承。

（六）股票是一种虚拟资本

股票的运作与真实资本的运行是既互相联系又相对独立的，说其独立是因为股票在证券市场上进行各种形式的交易都不会引起公司资本的增减，说其相互联系是因为公司的业绩直接影响着股票在二级市场上的走势。实际上，公司的运营好坏是二级市场股价的基础。

三、股票的种类

企业往往根据不同的需要发行不同种类的股票，而股票种类的不同也决定了投资者享有的权利和义务的不同。因此，股票的投资者根据股市行情的变化，选择不同种类的股票对获取投资的最佳收益是十分有益的。股票的种类和分类方法很多，按股东承担的风险和享有的权益来分，可分为普通股和优先股；按股票是否记名来分，可分为记名股票和无记名股票；按股票有无面额来分，可分为面额股票和无面额股票。

（一）普通股和优先股

1. 普通股

普通股是股份公司必须发行的一种基本股票，是股份公司资本构成中最重要、最基本的股份。购买了普通股就等于购买了企业的资产，购买得越多，占有公司资产的比重就越大。普通股是股票中最普遍的形式。普通股的股东一般享有以下几项权利。

（1）收益的分享权。在公司有盈利的时候，普通股的股东有权分享公司的盈利，但赢利的分享必须是在满足了优先股股东的股息之后。普通股股东的红利是不固定的，它取决于公司的赢利多寡，赢利多则多分，赢利少则少分，没有赢利则不分。

（2）剩余资产的分配权。在公司破产的时候，普通股股东有分得公司剩余资产的权利，但剩余资产的分配必须在清偿了公司的债务及优先股股东收回最初投资并分得股利之后进行。

（3）决策权。股东有权参加或委托代理人参加一年一度的股东大会，并行使其表决权，从而间接参与公司的经营管理。

（4）新股认购权。股东有优先认购公司所发新股的权利，以维持股东在公司原有的权益比例。股东在认购新股时，可以以低于市价购买一定比例的新股，因此，新股认购权也是有价值的，如股东不想认购新股，可将其新股认购权按一定的价格进行转让。新股认购权一般被称为认股特权，认股特权价格的计算公式为：

$$P = \frac{P_0 \times R}{1 + R} \qquad (7-9)$$

式（7-9）中，P 代表认股特权价格，P_0 代表股票市价与面值的差额，R 代表新股与旧股的认购比例。

例如，某公司发行的旧股面值为 20 元，其市价每股 30 元，每拥有 8 股旧股可认购 1 股新股，其每股的认股特权价格为：

$$\frac{(30-20) \times \frac{1}{8}}{1 + \frac{1}{8}} = 1.11 \text{（元）} \qquad (7-10)$$

（5）股份的转让权。除公司发起人的股份必须在达到规定的期限以后才能转让以外，其他股东的股份可以随意转让。

2. 优先股

优先股是指股东在公司盈利或在公司破产清算时，享有优先于普通股股东分配股利或资产权利的股份。优先股是相对普通股而言的，具体地讲，优先股股东的优先权主要表现在两个方面：（1）公司赢利分配的优先权：在公司赢利时，在优先股股东的股息得到满足之后，普通股股东才能得到红利；（2）索债优先权：在公司破产时，在优先股的股东按面值得以清偿之后，如有剩余，普通股股东才能得到清偿。

优先股与普通股相比，还具有以下三个特点：（1）表决权受到限制：优先股股东一般没有表决权，只有在涉及直接关系到优先股股东利益的问题时，才能行使表决权。实际上，优先股股东没有参与公司经营管理的权利。（2）股息固定：优先股股息是事先规定的，一般按面值的一定比例计算，不能随公司盈利的多寡而增减。（3）具有可赎回性：近些年来，许多公司发行的优先股均订有偿还条款，发行优先股的公司一般在发行一年后可以以高于面值赎回或购回已发行的优先股。鉴于优先股股息固定，而且股东又没有表决权，所以人们常常将优先股称为介于债券和股票之间的混合证券。

优先股本身的种类也很多，常见的主要有以下几种。

（1）积累优先股。是指在公司某一时期内的盈利不足以分派给股东固定的股息的情况下，股东有权在公司赢利丰厚时，要求公司补足以前所欠股息积累起来的数额。

（2）非积累优先股。是指由于公司盈利较少，当年未能向股东发放或未如数发放固定的股息，在日后公司盈利后，股东不具有要求公司补发以前所欠股息的权利。但非积累优先股的股息一般高于积累优先股。

（3）可调换优先股。是指股东在一定时期内，可以以一定的比例将优先股换成该公司的普通股，否则属于不可调换的优先股。在公司经营状况好而且普通股股价较高时，投资者愿意将优先股调换成普通股。

（4）积累可调换优先股。是一种兼积累优先股和可调换优先股性质的优先股。

（5）股息率可调整优先股。是指股息率不固定，而是随着其他证券或利率变化而调整的优先股。这种优先股股息率的变化与公司的盈利状况无关。

（6）参与分红优先股。是指股东除收取固定的股息以外，还可与普通股一起分红利的股票。

（二）记名股票和无记名股票

1. 记名股票

记名股票是指在股票上载有股东的姓名，并将该股股东的姓名和地址记载在公司股东名册上的一种可以挂失的股票。记名股票必须经卖方背书和盖章才可转让。转让时需要办理过户手续。发放股息或红利，需由公司书面通知股东。

2. 无记名股票

无记名股票是指在股票上不载有股东的姓名并不能挂失的股票。无记名股票可以在证券市场上随意转让，不需要办理过户手续。公司在发放股利时，也不必向股东发出书面通知，而是凭票取息。这种股票发行手续简便，转让方便，但公司不易掌握。很多国家将无记名股票发行的数额占股票发行总额的比例限制在一定的比例之内。

（三）面额股票和无面额股票

1. 面额股票

面额股票是指在股票上标明一定金额的股票。股票面额能使股东了解每一股所代表股权的比例，以确定对公司所有权的大小。面额股票既可以使公司在出售股票时取得公正的价格，也可以防止公司内部人员以低价获得新股，并为股票的交易价格提供了参考依据。股票的面额并不代表公司资产的全部价值，面额股票一般不能低于面额发行。

2. 无面额股票

无面额股票是指股票上不标金额，只标有总股数的股票。无面额股票可以促使投资者在购买股票时，注意计算股票的实际价值，而不至于被面额所迷惑，而且其发行价格也不受限制。

四、股票的价值与收益

（一）股票的价值

1. 面额股票

面额股票是指股票上标明一定金额的股票。股票面额能使股东了解每一股所代表股权的比例。随着企业的发展和市场各种因素的变化，股票的市场价格往往背离股票面值。

2. 股票的账面价值

股票的账面价值也称股票净值，是根据公司的财务报表计算得出的，表明每股代表公司实际资产价值的价值。账面价值是公司的真正资产，也是公司债权债务相抵后所剩的余额。其计算公式为：

$$账面价值 = \frac{公司净资产 - 优先股}{普通股总股数} \qquad (7-11)$$

3. 股票的市值

股票的市值就是股票的市场价格，即股票市场上的买卖价格。股票市场价格是随着股市行情的变化经常波动的，影响股票市值变化的因素很多，其中利率和股息是最主要的因素，股票市值与股息成正比，与利率成反比。其计算公式为：

$$股票市值 = \frac{股票面额 \times 预期股利收益率}{市场利率} \qquad (7-12)$$

4. 股票内值

股票内值是经济学家对企业的财务状况、未来收益和其他影响企业收入的因素分析之后，得出的股票所代表的真正价值。实际上，股票内值的高低，取决于股票未来预期的收入。股票未来预期收入高，股票的内值就高；否则，其内值就低。投资者都在寻求购买内值高于市值的股票。计算股票内值一般都把未来的收入折成现值进行计算，其计算公式为：

$$未来收入的现值 = \frac{未来预期收入}{(1+贴现率)^{未来年数}} \tag{7-13}$$

（二）股票投资收益

股票投资收益是指投资者购买股票所获取的利润。股票投资收益主要来源于股息、红利和股票的溢价，收益的大小一般用收益率来表示。

1. 股息、红利和溢价

股息是优先股股东定期得到的固定收益。由于优先股股东的股息是固定的，一般按年计算，所以它不与公司经营状况的好坏相联系。

红利是普通股股东获取的投资收益。普通股股东的红利是不固定的，红利的多少取决于公司的盈利情况，盈利多则红利多、盈利少则红利少，无盈利或亏损则无红利。

股票溢价是指股东以高于买进股票的价格卖出股票所赚取的买卖差价。在证券市场上，一般把为赚取买卖差价而买入股票的行为叫作投机，而把以获取股息或红利为目的买入股票的行为称为投资。

2. 股票投资的收益率

投资收益率指的是购买股票所得的收入占购买股票所用金额的比例。一般来说，优先股股东的收益率是相对稳定的，而普通股股东的收益率是不稳定的。股票投资收益率有两种计算方法，即本期股票收益率和持有期股票收益率。

（1）本期股票收益率。本期股票收益率就是本期（年）股利占本期股票价格的比例，其计算公式为：

$$本期股票收益率 = \frac{本期股利}{本期股票价格} \times 100\% \tag{7-14}$$

例如，某公司 2020 年 1 月 1 日发行股票，股票的购买者以 50 元一股购入，2021 年 1 月 1 日购买者每股分得红利 10 元，本期股票收益率为：

$$\frac{10}{50} \times 100\% = 20\% \tag{7-15}$$

（2）持有期股票收益率。持有期股票收益率指的是投资者从购买股票开始到卖出股票时止的收益率。其计算公式为：

$$持有期股票收益率 = \frac{出售价格 - 购买价格 + 现金股利}{购买价格} \times 100\% \tag{7-16}$$

例如，某人购买了 100 元股票，一年后以 104 元卖出，一年中所得红利为 8 元，其持有期收益率为：

$$\frac{104 - 100 + 8}{100} \times 100\% = 12\% \tag{7-17}$$

五、股票的交易方式

（一）现货交易

股票的现货交易亦称现金交易，它是指股票的买卖双方达成交易以后，在短期内完成交割的一种买卖方式。现货交易的交割时间一般为成交的当天，但也可以是当地股票交易市场的习惯日，如美国纽约股票交易所现货交易的交割时间为成交后的第五个营业日，东京股票交易所是成交后的第四个营业日。股票的现货交易是属于一手交钱、一手交货的实物交易，即买方付出价款，卖方交付股票。

（二）期货交易

股票的期货交易是指股票的买卖双方成交以后，交割和清算可以按契约所规定的价格在未来某一时间进行，即股票期货交易的双方在签订交易合同之后，买方不用立即付款，卖方也不需要即时交出股票，而是在双方约定的未来某一时间进行。这样可以使买方在手中资金不足时购买股票，卖方也可以在没有股票的情况下出售股票，买卖双方便可以利用这一机会，按照预期的价格变动买卖远期股票，以从中谋取买卖差价。在实际操作中，股票的买卖双方往往都以相反的合同进行冲抵，只清算买卖价差。买入期货合同，以图在交割前股价上涨，这种行为一般被称为多头；卖出期货合同，以图在交割前股价下跌，这种行为一般被称为空头。此外，投资者进行期货交易的另一个目的是为了套期保值，以避免价格变动的风险。

（三）保证金交易

保证金交易又称信用交易或垫头交易。它是指客户买卖股票时，向经纪人支付一定数量的现款或股票，即保证金，其差额由经纪人或银行贷款进行交易的一种方式。如果经纪人为交易者垫付的是部分款项应成为融资；如果经纪人借给交易者的是股票则叫作融券。保证金交易也是从事证券投资活动的一种手段，从事该种交易的交易者是想利用股票价格在短期内的变动牟取暴利，即投资者在预测某种股价将要上涨时，便以保证金的形式购买股票，以待股价上涨后再卖出。保证金交易属于多头或买空交易，它要求交易者必须有足够的信誉和实力，以凭此开设保证金账户。在交易的过程中，投资者用保证金购买的股票全部用于抵押，客户还要向经纪人支付垫款信息。

（四）期权交易

股票期权交易实际上是一种股票权利的买卖，即某种股票期权的购买者和出售者可以在规定期内的任何时候，不管股票市价的升降程度如何，分别向其股票的出售者和购买者以期权合同规定好的价格购买和出售一定数量的某种股票。期权一般有两种：一种是看涨期权，即投资者按协议价格购买一定数量的某种股票的权利；另一种是看跌期权，即投资者可以协议价格卖出一定数量的某种股票的权利。在股价看涨时，投资者愿意购买看涨期权；当股价趋跌时，投资者往往愿意购买看跌期权。在期权的买者认为行使期权对自己不利时，可以放弃期权，但期权的购买费不予退还。期权合同一般随着有效期的结束而失效。期权交易一般对买卖双方均有好处，买方可以利用期权保值或赚取股票的买卖差价，而卖方则可以赚得期权的出售费。

（五）股票价格指数期货交易

股票价格指数期货交易是投资者以股票价格指数为依据进行的期货交易。在股价指数期货交易中，买进和卖出均为股票期货合同。股票指数期货价格是由点数来表示的，股价的升降以点数计算，点数代表一定数量的标准金额。

在股票交易中，投资者的风险很大，尤其是对股票发行者的经营状况和股市的急剧变化难以预测和把握，而股价指数期货交易为投资者减少了一些风险。投资者在了解了国民经济的发展状况、金融市场利率和某些主要行业的发展前景后，就可以预测股价指数的走势，股价指数的变动代表了股价总水平的变动。因此，在对股价指数的升降进行准确的预测之后，投资者就可买进或卖出期货合同。

第四节　国际投资基金

一、投资基金的概念

世界各国对投资基金（investment fund）的称谓有所不同，美国叫共同基金（mutual fund）或互惠基金，英国叫单位信托基金（unit trust）。按国务院批准颁布的《证券投资基金管理暂行办法》的解释，投资基金是指一种利益共享，风险共担的集合证券投资方式即通过发行基金单位，集中投资者的资金，由基金托管人托管，基金管理人管理和运用资金，从事股票、债券等金融工具投资。投资基金属于间接投资，而且也是证券投资的一种形式。它实际是证券投资基金的募集人受投资者的委托，以向投资者发行基金凭证的方式，把分散的投资者的资金汇集起来，由具有专业知识和投资经验的专家按投资组合的原理分别投资于各种金融工具，以使投资者在承担较小风险的前提下获取最大的投资收益。

投资基金是一种大众化的信托投资工具，而像股票、债券、期货、黄金等金融工具又是投资基金的主要投资对象。投资基金源于100年前的英国，它是在西方国家证券投资盛行、市场操纵和市场欺诈严重、股灾遍布的背景下产生的，迎合了投资者的安全心理和对海外金融投资的普遍要求。后来，随着美国的迅速崛起，投资基金在美国得到不断地发展和完善。

投资基金是建立在金融市场充分发展和日益完善的基础之上的，金融市场充分发展的一个重要表现是融资方式多样化，而投资基金的出现与发展正是金融市场深入发展的重要体现。金融业的充分发展扩大了投资基金的投资领域，投资基金的发展也无疑是对金融市场进一步发展的一种推动。现代投资基金代表了一种新的投资方式，它已从最初的债券和股票投资逐步发展成为各种货币市场投资工具。进入20世纪80年代以后，随着投资基金制度的日益完善、投资基金品种的不断增多及投资基金运作技术的创新，货币市场基金每年都以成倍的速度增长，从而带动了整个投资基金业的发展。据统计，全球投资经理人掌握了大约30万亿美元的基金资产，其中美国共同基金资产达到了4万亿美元，仅次于商业银行4.6万亿美元的资产，尤其是进入20世纪90年代以来，美国共同基金的增长更为神速，1990～1996年共同基金的增长速度为218%，美国大约有37%的家庭拥有共同基金，共同基金占美国所有家庭资产的36%，英国和日本拥有投资基金的家庭也接近10%[①]。在经济发展前景不明、金融市场大幅震荡的21世纪，全球共同基金市场规模增速有所减缓，指数基金的发展保持着很强劲的态势。截至2019年10月底，我国指数型产品规模达到1.17万亿元，比2018年底增加了4200亿元，增幅超过56%；明星产品示范效应不断增强，市场超过百亿的指数产品有23只；机构布局积极踊跃，旗下指数型产品规模超百亿的基金公司有25家，有2家超过千亿规模[②]。

二、投资基金的特点

投资基金是一种证券信托投资方式，也是以金融资产为经营对象，并以金融

---

① 【声音】美国共同基金发展情况简述 ［EB/OL］. 中国证券投资基金业协会，2020 - 08 - 24.
② 陆素源：指数化投资成全球资管领域重要发展趋势 ［EB/OL］. 新浪财经，2019 - 11 - 23.

资产的保值或增值为目的的投资工具。作为投资工具，投资基金与其他投资工具相比具有以下几个特点。

（一）专家理财

投资基金是一种投资工具，投资于投资基金就等于聘请了一位具有专业知识、丰富经验的专家为你进行投资决策和运作。他们的投资决策一般是在根据随时了解到的最新的有关经济形势、国内外市场的发展状态、上市公司的经营状况等信息，经过认真分析和对证券市场总体走势进行预测后作出的，因此能为投资者带来较高的回报。而个人投资者往往缺乏专业知识、投资经验不足、信息不灵，只能跟风炒作，多数投资者难有收益。

（二）风险较小

投资基金的运作人为了减少风险，常常进行组合投资。投资组合一般是指债券与股票等有价证券的组合，它们主要包括上市或未上市公司的股票、股权凭证、新股认购权证、政府债券、地方债券、公司债券、金融债券等，在个别国家也允许利用少部分资金用于房地产业的投资。即使投资股票，也不能将全部基金只用于购买一种股票。理想的投资组合一般是选择 15～25 种证券，购买各种证券的数量也有一个适当的比例，这就大大降低了投资风险，增加了投资的安全系数。

（三）管理和运作法制化

目前，世界各国都颁布了有关投资基金的管理和运作的法规，对投资基金的设立、管理和运作做了严格的限定。按多数国家的规定，投资基金的经营机构由基金公司、基金管理公司和基金信托公司组成；基金必须委托银行作为托管人托管基金资产，委托基金管理公司作为基金管理人管理基金资产并进行投资运作；基金资产独立于基金托管人和基金管理人的资产，基金托管人与基金管理人在行政和财务上相互独立，其高级管理人员不得在对方公司兼任任何职务。此外，还规定了每个基金投资于股票和债券的比例，一个基金持有一家上市公司股票占基金资产净值的最高比例，同一基金管理人管理的全部基金持有一家公司证券占该公司发行证券总数的最高比例，一个基金投资国家债券的最低比例等。管理和运作的法制化有利于保护投资者的利益。

（四）选择性强，适合各类投资者

在发达的西方国家证券市场上，投资基金的种类众多，并涉及一切投资领域。因此，投资者对投资基金有很大的选择性，投资基金的品种也适合各类投资者。对于不愿冒大风险的稳健型投资者来说，可选择购买债券基金、货币基金、优先股基金或蓝筹股基金等。对敢冒风险追求高利的投资者，为实现他们各自的目标，根据国内外经济和市场形势，既可选择国家基金，也可通过本国的基金管理公司购买国际基金和海外基金。此外，由于投资基金是以基金单位为基金的认购单位，认购多少应视投资者的自身实力而定，因而投资基金既适合投资雄厚的大投资者，也适合资金较少的中小投资者。

（五）交易成本低

在当前国际基金市场竞争日趋激烈的情况下，基金公司除了不得不加强管理和服务，还不断降低其所收取的管理费和购买手续费，而且很多国家投资基金的买卖还免交印花税。基金的管理费一般一年缴纳基金净资产的 1% ~ 1.5%，购买费一般一次性交纳 3% ~ 5%，持有基金的第一年交纳 6.5%，从第二年开始每年只需交 1% ~ 1.5%。而如果购买股票，一年之内只要交易 5 ~ 6 次的费用就会达到或超过基金投资者第一年所交纳的 6.5% 的费用，如果交易 2 次就可超过基金投资者第一年之后每年交纳的费用，这样算起来购买投资基金所需的费用要比购买股票所需的费用低得多。①

从投资基金的上述特点来看，投资基金确实是一种风险较小，收益一般会高于储蓄和债券的投资方式。但它也并非十全十美，由于它在实际运作中采用组合投资，这虽然降低了风险，但也限制了投资者的收益。而且，由于一次性交纳购买费，这就使投资基金只适合长线投资，不适合短线炒作，投资者若频繁买卖基金，成本会很高，收益会低于其他投资方式。此外，投资基金也并非没有风险，它采用的组合投资虽然将风险降低到最小，但也要面对风云变幻的市场风险及情报与预测是否准确和管理是否严谨等经营风险。投资基金也与其他投资方式一样，是一种收益与风险并存的投资方式。

三、投资基金的分类

世界各国发行的投资基金种类繁多，形式多样，这也正是投资基金在当今世界得以迅速发展的主要因素之一。但是国际上众多的投资基金也给对其进行统一分类带来一定的难度，从目前的投资基金分类情况看，已被国际上认可的分类方法有以下几种。

---

① 投资基金类型和管理费用 ［EB/OL］. 解锁金融思路，2023 - 04 - 15.

（一）公司型投资基金与契约型投资基金

1. 公司型投资基金

公司型投资基金就是美国所称的共同基金，它是以盈利为目的，并依据公司法而非信托契约设立，受基金投资者委托，通过发行股票来筹集资金并从事各种有价证券投资的股份有限公司。公司型基金涉及五个当事人，即投资者、基金公司、管理公司、托管公司和承销商。基金的投资者是基金的股东，是基金资产的实际持有人，其以其所持有的公司股份的份额分享投资收益和承担风险，并通过股东大会及其所拥有的股票权来选举董事会；基金公司是基金本身，也是基金资产的名义持有人，其主要职责是根据章程作出投资决策；基金的管理公司是一个独立于基金公司并由专家组成的执行基金公司决策的机构，即负责进行投资组合和进行投资运作，基金管理公司根据与基金公司签署的管理协议行使权力，履行义务并收取管理费；托管公司也是一个独立的机构，它主要是负责保管基金资产，进行资产核算，配发股息及办理过户手续，监督基金管理公司的投资运作，托管公司一般由银行和信托机构承担，它也是根据与基金公司签署的保管协议行使权力，履行义务并收取托管费；承销商是管理公司的代理机构，主要负责基金受益凭证的销售，股息的发放及基金的赎回等。公司型投资基金的设立必须在工商管理部门和证券交易委员会注册，并同时在股票发行和交易所在地登记。公司型投资基金已被世界各国广泛采用。

2. 契约型投资基金

契约型投资基金又称信托投资基金，是指通过发行受益凭证筹资，由基金管理公司、托管公司、投资者以签订信托契约的形式组建的一种投资基金。契约型投资基金不仅涉及基金的管理公司和托管公司，也涉及投资者。基金管理公司作为受托者是基金的发起人，负责设定基金的类型，发行受益凭证，依据信托契约进行投资运作，并指定基金的托管机构；托管公司作为基金的受托人主要负责基金的有价证券和现金的管理及其他有关代理业务和会计核算业务，托管公司一般是银行或信托公司；基金的投资者也是受益人，他们购买受益凭证的方式是成为信托契约的当事人，并以此享有基金收益的分配权。契约型投资基金是历史最为悠久并被广泛采用的一种投资基金，英国、日本、韩国、新加坡、中国香港和台湾地区设立的投资基金多属于这一类。

（二）开放型投资基金和封闭型投资基金

1. 开放型投资基金

开放型投资基金是指投资基金发行的资本总额和份数不固定，根据基金自身需要及金融市场的供求状况，随时增发新的基金份额，或发行已被投资者赎回的投资基金。开放型投资基金的资本总额不封顶，基金公司可以根据其经营策略和金融市场的变化发行新的基金份额，因此也被称为追加型投资基金。开放型投资基金的投资者不仅可以随时购买基金份额，还可以根据市场行情的变化在基金首次发行一段时间以后，将所购买的投资基金的全部或部分，在基金管理公司设定的内部交易日，通过内部交易柜台再卖给基金管理公司，赎回现金。若被赎回的基金数额过大，并超过基金正常的现金储备时，基金公司还可以重新发售已赎回的受益凭证。开放型投资基金的买卖价格是基金的净资产价值加上手续费。当然，开放型投资基金的买卖价格也反映了投资基金所投资的股票、债券等有价证券的价值及基金的收益情况。

2. 封闭型投资基金

封闭型投资基金指的是基金在设立时规定发行的固定数额，并在规定的时间内不再追加发行，投资者也不能赎回现金的基金。封闭型投资基金由于基金的资本总额固定，在基金资本数额达到计划要求时，便进行封闭，基金公司在规定的时间内不能增发基金，投资者也不能赎回现金。封闭型投资基金虽然不能赎回，但却可以像普通股一样在二级市场上通过经纪人进行买卖。封闭型投资基金的交易价格虽然也以基金的净资产为基础，但却更能反映经济形势和金融市场的状况。

（三）固定型投资基金与管理型投资基金

固定型投资基金是指基金的经营者只能投资于预先确定的证券，在整个信托期间，原则上既不允许变更投资方向，也不允许转卖证券。管理型投资基金又称自由型或融通型基金，这是英国的一种传统的投资基金，它允许经营者根据证券市场状况，对已购进的证券进行自由买卖并不断调整投资组合；半固定型投资基金是介于固定型和管理型之间的一种投资基金，这种基金在日本非常流行，它是在一定的条件和范围内，可以变更投资方向和内容。

（四）单位型投资基金与追加型投资基金

单位型投资基金是契约型基金的一种，是以某一特定的货币总额单位为限筹集设立的一种基金，每次新募集的基金组成一个单独的基金管理公司，分别作为单独的信托财产运用和管理，单位型基金往往规定一定的期限，在规定的信托期限届满之前不得追加新的资金。信托期限有 3 年、5 年、7 年、10 年、15 年、20年等数种，信托契约终止后，退回本金和收益，中途既不能退回本金，也不得追加投资。在一般情况下，单位型基金多属于封闭型和半封闭型基金，或属于固定型与半固定型基金。此外，也有少数单位型基金在信托期间可以解约，即相当于单位开放型，有些基金规定经过一段时间后允许解约，这类基金也称单位半封闭型基金。

与单位型相对的是追加型。追加型的投资基金是指在投资基金设立后，经营者可以视基金单位的售出情况或市场状况，随时以当时的市场价格追加发行新的基金单位的一种基金。追加型投资基金大多没有期限，中途可以解约，即可以要求发行机构赎回，所以追加型投资基金多数是属于开放型的，也有极少数是封闭型的，即中途是不可以解约的。

（五）股权式投资基金与有价证券式投资基金

股权式投资基金就是基金的经营者以股权的方式投向某一产业或某类企业公开发行或上市的股份或股票，或以参股或以合资的方式进行投资。这种方式的主要目的是以获得投资收益为主，可以参与企业经营，但不以控制企业为目的。有价证券式投资基金是以投资于公开发行和公开上市的股票及债券为主的基金，它主要参与二级市场中的证券买卖。

（六）综合型投资基金与单项型投资基金

综合型投资基金是指基金投资的业务种类多样，既可以进行直接投资，也可以进行贷款、租赁、证券买卖、拆借融资等业务。在一般情况下，这类基金在很多国家受到严格限制或被禁止，因为这类基金从事的业务，不能体现金融分工的要求，在某种程度上等同于综合型金融公司，既有银行业务，又有信托业务，不能体现基金的特色与独特功能。与此相对应的是单向型投资基金，单向型投资基金从事的业务是单一的，要么仅从事股权式投资，要么只从事有价证券式的投资业务。

（七）本币投资基金与外币投资基金

本币投资基金是指投资基金公司向本国的投资者发行并以本国货币为面值的基金。本币投资基金的管理者仅在本国从事股权式或有价证券式投资活动。外币投资基金有三个含义：一是指以向国外投资者发行，以募集国际上可自由兑换的任意一种外币为目的而设立的投资基金，这种基金主要是用于国内投资，并在对象国或国际上某一交易场所交易流通，分红也以外币进行；二是指向国内投资者募集外币资金的一种投资基金，这种基金投资于国内可以进行外币投资的企业股权、股票和债券，分红或转让也用外币进行；三是指用任一种形式向国内投资者募集外币资金，并用于在海外进行股权收购或买卖外国有价证券的一种投资基金。

（八）货币型投资基金、债券型投资基金和股票型投资基金

货币型投资基金是指基金的投资组合由货币存款构成，它一般可以分成两类：一类是管理货币基金，投资在以各种货币发行的短期金融商品上的基金；另一类是货币市场基金，它是投资在以一种货币发行的金融商品上的基金。货币基金的主要业务是在金融市场上进行一系列的长期和短期的存款和贷款。货币基金的基金单位一般是固定的，经营无限期延续，投资成本也较低。

债券型投资基金可以分为很多种，第一种是政府公债型基金，这种基金只能投资于政府发行的公债，或由政府担保的基金，这种基金主要存在利率风险，期限越长风险越大；第二种是公用债券基金，也叫市政公债基金，这类基金主要投资于地方政府发行的基金，利息可以免税；第三种是公司债券基金，它是一种特殊的收入基金，该基金的管理者将其基金的60%以上用于公司债券。投资于公司型债券基金虽然风险比前两种基金大，但获利也较前两种基金高。

股票型投资基金是经营者以股票为主要投资对象的一种投资基金。从理论上说，股票型投资基金投资的对象为股票，债券型投资基金的投资对象为债券。但这样的划分不是绝对的，在欧美国家，只要投资对象以债券为主，即使投资一些股票，也属于债券型投资基金；而以股票为主要投资对象的基金，投资适当比例的债券，也分属股票型投资基金。

（九）资本市场投资基金与货币市场投资基金

资本市场投资基金是将所发行基金投向资本市场或流动性较好的证券市场、衍生产品市场等中长期投资，以发挥资金作为资本的作用。这类基金主要包括股票基金、国债基金、公司债基金、创业基金、认沽权证基金、期货基金等。货币市场投资基金是由小额存款集合成为大额存款的投资基金，主要投资指向为短期金融市场。它最初产生于美国，是由于大额存款和大量债券购买具有优惠条件而引发的。这种基金主要是购买大额可转让存单、各类商业票据、银行票据，进行证券回购、短期融资等。在基金市场上，货币市场基金属于低风险的安全基金。这类基金又可分为两类，一类是投资在以各种货币发行的短期金融商品上的管理货币基金；另一类是投资在以一种货币发行的短期金融商品上的单一货币基金。

（十）成长型基金、收入型基金、成长收入型基金、积极成长型基金、平衡型基金和新兴成长型基金

成长型基金是以追求长期的资本利得为主要目的而设立的投资基金。该基金

多投资于企业信誉好，长期保持盈利，有良好的发展前景，股价长期稳定增值的绩优蓝筹股。这种基金的投资一般属于长期投资。

收入型投资基金主要投资于可以带来当期收入的有价证券，该种基金一般有两种，一种是主要投资于股票和债券的固定收入的投资基金，另一种是以投资股票为主要收入的股票收入型基金，股票收入型基金一般成长潜力大，但风险也大。

成长收入型投资基金是一种通过投资于能带来收入的证券及有成长潜力的股票，达到既有收入又能成长的目的的基金，该种类型的基金比成长型基金保守。

积极成长型基金亦称高成长型基金、资本增值型基金或最大成长基金。该类型基金主要以赚取股票在二级市场上的买卖差价为主要目的的收入来源，目的是追求最大的利润。该类基金主要投资于具有高成长潜能的股票或其他有价证券。

平衡型基金既要追求资金的长期成长，又要赚取当期的收入，它既投资于股票，也投资于证券，该基金除被限定一定的比例投资于债券和绩优股之外，其余一般投资于普通股。

新兴成长型基金与积极成长型基金一样，追求的是成长而不是收入，投资的重点对象是新兴行业中有成长潜力或高成长潜力的小公司或新公司，只将极少数资金投资于信誉好的大公司。

（十一）国内基金、国际基金、海外基金和国家基金

1. 国内基金

国内基金是指面向国内投资者发行并用于在国内金融市场上进行投资活动的投资基金。国内基金虽然在大多数国家仍占主导地位，但其筹资范围的局限性、投资机会选择的有限性和收益的有限性已表现得非常明显。

2. 国际基金

国际基金是指面向国内投资者发行，用于在国际金融市场上进行投资运作的投资基金。国际基金由于是到境外金融市场上进行投资运作，不仅为本国的投资者带来了更多的投资机会，增加了投资收益并分散了投资风险，还可使本国的投资者及有关投资和金融机构了解、认识和熟悉国际金融市场，它开辟了投资国际金融市场的手段。

3. 海外基金

海外基金又称离岸基金，它是指面向基金公司所在国以外的投资者发行，并投资于境外金融市场的投资基金。海外基金的发行范围广，投资的地域宽，投资组合的选择性强。发行海外基金对一国的国内投资机构或金融机构来说，是一种熟悉国际金融市场，了解国际金融市场法规，成为跨国经营企业的一个

重要途径。

4. 国家基金

国家基金是指面向境外投资者发行，用于在国内金融市场投资运作，并在基金发行完毕后，受益凭证在境外证券市场上交易的一种投资基金。国家基金是一种基金公司所在国没有还本付息的债务压力，操作简便，成本较低、风险较小的投资基金。国家基金是一个国家利用外资，解决本国发展资金不足的重要手段。

四、投资基金的设立与运作

投资基金的设立与运作指的是从发起设立基金、提交基金设立申请、发表基金招募说明书、发行基金证券到基金上市的全部过程。

（一）基金发起人发起设立基金

基金发起人是投资基金的发起者及最终设立者。基金发起人是一个法律的概念，它一般指具有法人地位的机构。在金融体制非常完善的国家，基金发起人必须符合规定的条件，如对发起人资本的要求、财务状况的要求、组织机构的要求、业绩的要求、营业场所的要求、认购基金股份或认购基金单位的要求等。基金发起人一般为经国家有关部门批准设立的证券公司、信托投资公司和基金管理公司等。基金发起人的主要职责是制定有关设立基金的具体工作方案，确立拟设立基金的类型，起草申请基金设立报告和信托凭证，募集设立基金所需的费用，并对由于自身的过失给投资者造成的任何损失承担连带赔偿责任。如果发起人是两个或两个以上，还应签订发起人协议书，明确各发起人之间的权利和义务。

（二）向投资基金的主管部门提交设立投资基金的申请

基金的发起人在完成了设立基金所需的各项准备工作之后，便可向国家有关投资基金的主管机构提出设立基金的申请。在向主管机构提出设立基金的申请时，除了提交能说明设立基金必要性和可行性的基金设立申请报告以外，还应同时提交能体现发起人权利和义务的发起人协议及能反映基金性质和管理等情况的招募说明书，并附带有委托管理协议，委托保管协议，基金公司章程，信托契约，每个基金发起人最近 3 年的财务报告以及会计师、律师、经纪人、投资顾问接受委托的信件等文件。

（三）发布基金招募说明书

基金招募说明书是向所有基金投资者发布的，用以说明基金性质，基金当事人权利和义务以及基金从发起、运作到终止全过程的法律性文件。其主要内容包括基金的设立背景、种类、规模、发行价格、发行原则、发行对象、投资者应支付的费用、交易的方式和条件、投资的策略和范围、派息和纳税的时间与方式、财会和报告制度以及当事人权利与义务等。基金招募说明书的编写应以"公开、公正、公平"为原则，力求简洁和通俗易懂，并保持相对稳定，以确保广大投资者的利益。基金招募说明书一般发布在规定的报刊上。

（四）发行基金证券

基金证券亦称基金券或受益凭证，它既是基金管理公司或信托投资机构签发给投资者的一种确认其投资份额的证书，也是投资者参与分红及出让份额的凭证。基金证券的发行是在设立基金的申请获得国家有关主管部门批准后进行，基金证券的发行方法与股票、债券的发行方法类似，大致有两种发行方式，即定向发行和公开发行。在一般情况下，如果基金的发行数额较大，一般采用公开发行，如果数额较小，一般采用定向发行。基金证券既可以由基金管理公司或信托投资机构自行发行，也可通过承销机构代为发行。基金的发行价格可以采用以面值为准的平价、高于面值的溢价或低于面值的折价。基金的个人和机构投资者按照规定的程序并凭规定的证件，通过购买基金证券来实现其投资。投资者的多寡及其购买基金单位数量的大小则是基金发行能否成功的关键。

（五）基金的上市

基金发行成功后，基金管理公司依法向有关证券交易所或证券交易中心提出上市申请，经审查并符合交易所或证券交易中心规定的上市条件后，便可获准在交易所挂牌交易。从不同性质基金的特点来看，封闭型投资基金可以上市进行交易，而开放型投资基金只是通过内部的交易柜台购回或赎回，但在目前发达国家的证券市场上，开放型投资基金也可上市流通。上市基金的交易规则与股票和债券的交易规则大致相同。基金的上市，不仅满足了基金投资者的变现要求，还加强了基金的透明度和市场监督，同时也扩大了基金的影响。

五、投资基金的管理

（一）投资基金管理的主要依据

投资基金管理的主要依据包括投资基金章程、信托契约、委托管理协议、委托保管协议和招募说明书等。

1. 投资基金章程

投资基金章程是基金的发起人在设立基金时所制定的纲领性文件。其主要内容包括：总则（基金的名称、地址、法人代表、类型、宗旨、管理人、托管人及制定该章程的依据），基金证券的有关规定，基金的发行与转让（发行对象、规模、方式、最低申购额、期限及存续期），基金持有人的权利与义务，投资目标，投资政策，投资范围，投资限制，有关当事人的职责，资产评估与经营情况的报告时间和方式，基金运作所需的各项费用及其计算，会计与税收，终止与清算，公司董事会的产生办法和权限以及附则等。投资基金章程是对基金管理的主要法律依据，也是投资者或债权人了解基金的重要文件。

2. 信托契约

信托契约是基金管理人与托管人在设立基金时，为明确双方的权利和义务而制定的一种核心文件。它的主要内容包括当事人的名称和地址，基金的名称和期限，基金的规模（发行总额、单位面额、受益凭证单位总数），基金设立的目标，投资政策，投资限制，派息政策，基金资产净值的计算和报告方法，基金的发行与认购方法，基金所有当事人（包括管理人、托管人、投资顾问、投资者、律师等）的权利与义务，信托费用种类与标准，信托契约的修改与终止等。信托契约与基金章程一样，也是投资基金的根本大法，投资基金的所有文件如招募说明书、设立基金的申请报告、基金募集与发行计划、受益证书等都是以信托契约为依据的。

3. 委托管理协议

委托管理协议是公司型投资基金与基金管理公司就委托管理公司对基金资产进行投资管理问题达成的协议。委托管理协议的作用在于从法律上确立基金公司和基金管理公司的权利和义务。选择合格的基金管理人是使基金增值及投资者权益得以保护的重要保障。作为基金的管理人，不仅应具有法律所规定的资产，固定的经营场所和必备的设施，一定数量的专业技术人员，还应具有优良的业绩和良好的信誉。基金管理公司应该是经国家有关管理部门批准的信托投资公司、证券公司或专门从事基金管理工作的基金管理公司。

4. 委托保管协议

委托保管协议是基金公司或基金管理公司与基金托管人就保管基金资产问题达成的协议。委托保管协议的作用在于明确委托人即基金公司或基金管理公司与受托人即基金托管公司的权利与义务，其中主要是明确受托人的责任和义务。一般来说，委托保管协议一般都要求受托人承担以下几方面的义务：一是按委托人的指示保管基金的资产；二是对投资项目进行清算；三是负责基金证券买卖的交割、清算和过户；四是负责向投资者派息及新增基金份额的认购；五是对管理公司进行监督。委托保管协议应在基金设立之前签署，也是提出设立基金申请时所应必须附带的材料。

5. 招募说明书

招募说明书在前面已经做了介绍，它是经国家有关部门认可的一个法律性文件。招募说明书实际上是一种自我介绍性文件，在该文件中基金公司向投资者介绍了基金本身以及基金的管理人、托管人、法律顾问、投资顾问、审计师、律师等有关当事人的详细情况。其目的是让投资者了解本基金，以使投资者作出是否投资本基金的决策。实际上，招募说明书是基金对投资者的许诺，投资者也以此监督基金公司的运作。当投资者的权益受到侵犯时，他们便可依此行使权利，维护自身利益。招募说明书已经成为基金经营与管理的纲领性文件。

（二）投资基金运作与管理的法律规范

政府为了规范证券市场，建立和维护证券市场正常的运行机制，保护基金投资者的利益，对投资基金的运作与管理进行了不同程度的监督和限制，具体体现在以下三个方面。

1. 基金投资对象的限制

投资基金作为一种信托投资工具，应具有一定的投资范围，按多数国家的法律规定，投资基金主要用于投资上市或未上市公司的股票、股权凭证、新股认购权证、政府债券、可转换公司债、金融债券等有价证券以及一些变现性较强的商业票据。有些国家不许投资未上市的公司股票，只有极个别国家允许基金对诸如房地产等一些业务进行直接投资。

2. 基金投资数量的限制

投资基金在投资股票时，各国都规定了每个基金投资股票和债券的最低比例，购买同一公司证券的数量占该公司已发行证券的最高比例，以及购买同一公司的股票占该基金资产净值的最高比例等。各国规定的具体比例不一致，多数国家一般把每个基金投资股票和债券的最低比例限定在80%左右，而将购买同一公司证券的数量占该公司已发行证券的最高比例，以及购买同一公司的股票占该基金资产净值的最高比例限定在5%～10%。有些国家对不同类别的投资基金采取不同的比例限定，也有些国家对各类投资基金采用相同的比例限定。

3. 基金投资方法的限定

为了防止出现欺诈行为或使投资者受到伤害，各国都严格规定禁止利用基金购买本基金或基金的董事、主要股东、主要承销商所持有的证券，或将基金资产出售或借给上述与基金本身有关的人员；禁止经营多种投资基金的基金管理公司对其所经营的投资基金进行相互间的交易；禁止从事信用交易，即利用拆借资金或贷款买入证券以及卖出借来的证券。

（三）投资基金的投资政策与投资组合

1. 投资基金政策

投资基金政策是基金公司为实现投资基金设立的宗旨和目标而制定的原则性的指导方针。在制定投资政策时，应从以下五个方面入手：一是投资组合，不同的投资政策将会影响基金运作时所采用的投资组合，制定的投资政策一定要符合基金的性质，收入型或平衡型基金往往制定保守的投资政策，积极成长型或成长型基金应制定较激进的投资政策，而成长及收入型投资基金则应制定较适中的投资政策。二是购买证券的分散程度，即基金持有股票所属公司的数量和购买各种不同公司证券的比例，较保守的投资基金制定的政策应有利于证券的分散化，追求高利润基金的投资政策，往往对投资证券分散化的限制较宽。三是各种证券质量的搭配，保守型基金为了取得稳定的收益，其投资政策对证券发行者的业绩要求较高，否则不许买进，而追求高利润基金的投资政策给予基金的操作者较大的证券选择自由。四是充分利用基金进行投资的程度，谋求高利润基金的投资政策一般允许把基金的全部用于投资股票和债券等，谋求稳定收益的政策则要求用基金资产在短期票据、债券和股票之间进行转移，并保留一定数量的现金。五是收益的发放方式，追求收入型基金和平衡型基金的投资政策一般把基金的收益定期以现金的形式直接发放给投资者，而追求高利润的积极成长型或成长型基金的投资政策一般不将收益以现金的形式直接分配给投资者，而是将收益滚入本金进行再投资，以追求更高的收益。

投资基金政策是由基金性质决定的，它实际上是投资基金运作的导向，积极成长型、成长型投资基金适合勇于冒险的投资者，平衡型、收入型投资基金则适合较为保守和十分保守的投资者，而成长及收入型投资基金更适合介于两者之间的投资者。投资基金政策应在其招募说明书中体现出来，以使投资者选择适合自己需要的投资基金。

2. 投资基金的投资组合

投资组合就是基金管理公司在利用基金资产进行投资运作时，将基金资产分散投资于国内外各种有价证券和不动产等。投资组合是投资基金运作与管理的一个核心问题，因为投资组合是投资基金的一大特征。投资于投资基金虽然风险较小，但并非没有风险，它也像投资于其他证券一样，存在来自政治、经济、社会等方面的变动所导致损失的风险以及来自金融市场、利率、购买力、基金本身经营不善或欺诈行为造成损失的风险。

投资组合的目标就是降低投资风险，根据金融市场上受益与风险成正比的关系，投资组合分为收入型投资组合、成长型投资组合及两者结合型的投资组合。收入型的投资组合一般将投资风险较大的股票与安全性较高的债券比例定为 1∶9 或 2∶8 之间，而成长型投资组合的比例则为 9∶1 或 8∶2 之间，两者结合型的一般是 5∶5 左右，以降低投资风险为目标的投资组合的具体内容就是分散风险，而分散风险的方法应从以下几方面考虑：（1）证券种类的分散，即投资股票与债券的比例；（2）国别的分散，即购买国外证券和国内证券的比例；（3）行业或部门的分散，即选购工业、农业、交通、通信、金融等部门及电子、化工、汽车、服装等行业的比例；（4）证券发行公司的分散，即投资不同的规模、不同实力、不同前景公司证券的比例；（5）证券到期时间的分散，即选购期限长短不同证券的比例；（6）投资时间的分散，即可以先把基金的一部分存入银行或购买一些短期商业票据，然后逐步分期、适时将这部分资金用于选购目标证券。投资组合是依据投资政策而制定的，它是投资基金性质的具体体现。投资组合往往还会随着基金管理人的变化、投资目标的改变、费用的调整、基金资产的增减和配置的变化而变化。

（四）投资基金的费用、利润的分配、税收和报告制度

1. 投资基金的费用

投资基金的费用主要是指基金在整个运作过程中所需的各种投入，它主要由基金的开办费（设计费、注册费及与此有关的投入费）、固定资产的购置费、操作费（会计师费、律师费、广告费、召开受益人大会的投入费）、受益凭证的销售费、基金利润的分配费以及行政开支费（管理人员的办公、工资、福利、保险等费用）构成。

投资基金的设立与运作所需的费用主要来自投资者和基金本身的收益。投资者交纳的费用有以下几项：（1）首次认购费，它是投资者首次认购基金时一次性支付的费用，该费用一般为买卖基金总额的 3% 左右，用于刊登广告、购买设备和支付中间人的佣金；（2）管理年费，即基金管理人因经营和管理基金而从基金收益中提取的费用，提取的标准各国不一，主要由基金的性质而定，一般为基金资产净值的 0.25%~2.5%；（3）保管年费，即基金的托管人因保管和处分基金资产而从基金收益中提取出的手续费，提取标准一般为基金资产净值的 0.2%；（4）赎回费和投资财务费，即投资者出售或赎回基金时所交的费用，该费用一般为单位基金资产净值的 0.5%~1%；（5）业绩费，即基金管理人根据其业绩从基金收益中提取的费用，一般为年利润的 3%~4%。

2. 收益及其分配

投资基金的收益除了来自债券与股票的利息和股利之外，还有一部分来自利

用基金资产投资于有价证券所得到的买卖差价收益即资本利得，以及基金所持有的证券增值所带来的收益即资本增值。基金净收益的分配比例各国不一，收益的分配既可以现金方式直接发放给投资者，也可将收益滚存入本金，进行再投资。

3. 投资基金的税收

世界各国对投资基金的税收不一致，多数国家对投资基金的经营者免税，因为投资基金的经营者既不是基金资产的所有者，也不是基金的受益者。基金的收益是运用信托资产创造的，投资基金的经营者只不过是一个委托代理机构，纳税人应该是基金的投资者，要交纳所得股息、利息、红利收入的所得税，股票基金和债券基金的交易税及交易单据的印花税等。纳税可采用投资者自缴和基金公司代缴两种方式。有些国家和地区对基金的投资者免征一定的税金，特别是对海外基金的投资者免除一切税收。

4. 投资基金的报告

按各国的法律规定，基金公司应定期或不定期向投资者公布基金的有关信息，这些信息主要通过基金运作过程中发布的报告与公告来披露。这些报告与公告包括：（1）基金的年度报告与中期报告，主要介绍基金一年或半年来的运营状况和基金管理人的经营业绩，其中包括基金的资产负债表和损益表等；（2）基金资产净值公告，每月至少公告一次，介绍基金的资产净值及每基金单位资产净值；（3）基金投资组合公告，至少每季度公告一次，主要介绍基金资产投资于股票、债券及其持有的现金等的比例。上述报告一般由基金管理人编制并向投资者公布。

 复习思考题

一、名词解释

证券投资、国际证券市场、债券、股票、投资基金

二、简答题

1. 证券投资的特征有哪些？

2. 国际证券投资的发展趋势。

3. 国际债券的类型有哪些？

4. 股票的性质是什么？

5. 股票的交易方式。

6. 投资基金的特点有哪些？

7. 投资基金有哪些类型？

第八章

中国利用外商直接投资

第一节　中国利用外商直接投资概况

一、利用外资和外商投资企业

（一）外资的概念

中国利用外资是指利用中国境外的外国资本和中国香港、澳门、台湾地区的资本。

（二）外商投资企业

1. 初级形态："三来一补"和合作开发

（1）来样加工。外商提供产品的款式、花色品种、技术和原材料，中方企业使用自己的机器设备加工生产，产品交由外方销售；外方按合同或协议付给中方企业加工费。

（2）来料加工。外商提供加工产品所需的原材料、辅助材料、包装，甚至包括机器设备；中方企业按协议质量、品种、花色进行加工。外商在境外销售产品，付给中国企业加工费。

（3）来件装配。外商提供零配件、技术及设备，中方企业按要求进行装配，产品由外商销售，外商支付给中国企业加工费。

（4）补偿贸易。外商向中国企业提供机器设备、原材料、技术或劳务，中国企业不必付现款，而是在约定的时间内，用生产出的产品来抵偿。

（5）合作开发。一般是在开采自然资源时采用的一种经济合作方式。例如中国近海和陆地石油合作勘探开发。外方投资者和中方合作，对自然资源进行勘探、开采、生产，按约定的比例分享利润或产品，风险共同承担。

2. 高级形态：即中外合资、中外合作和外商独资企业（三资企业）

二、中国利用外资的发展历程

从 1978 年我国实现对外开放以来，利用外资工作不断取得进展。1991 年以前，我国利用外资以间接投资为主，对外借款是吸收外资的主体，一直占据利用外资 60% ~ 70% 的比重，FDI 较少[①]。1992 年邓小平南方谈话后，我国年度实际使用 FDI 超过间接投资额，占据了主体地位。吸收 FDI 是我国利用外资的核心内容，其发展历程如下。

（一）起步阶段（1979 ~ 1986 年）

1979 年 7 月，全国人大颁布实施了首部我国引进外商直接投资的法规——《中华人民共和国中外合资经营企业法》。这一阶段，吸收 FDI 呈现以下基本特征：FDI 的规模极为有限；地区分布不合理；FDI 主要投向广东、福建两省及其他沿海城市，一些内陆地区引进 FDI 尚未起步；投资来源主要为香港、澳门两个地区，来自西方发达国家的投资极少；外商直接投资主要集中在劳动密集型加工业和酒店服务业。

（二）稳步发展阶段（1987 ~ 1991 年）

在这一阶段，我国初步建立起引进外商直接投资法律和法规体系，对外开放的范围进一步扩大，并加大对交通、能源等基础产业和基础设施的投资力度，投资环境得到了较大的改善。该阶段吸收 FDI 呈现以下基本特征：FDI 的地区分布有所扩大，除沿海地区外，一些内陆地区也开始引进 FDI；投资来源仍主要为中国香港和澳门两个地区，中国台湾厂商开始对大陆进行投资，并逐年增加；生产型项目和出口导向型项目大幅度上升。

（三）高速发展阶段（1992 ~ 1995 年）

1992 年初邓小平南方谈话发表之后，我国的改革开放出现了崭新的局面，

---

① 改革开放 30 年回望（之六）［EB/OL］. 羊城晚报，2008 - 10 - 19.

外商直接投资步入了高速发展轨道。特别是从1993年起，我国连续数年成为仅次于美国的第二大FDI接收国。在这一阶段，投资环境不断完善，其主要特征有以下几方面。

1. 进一步完善引进FDI的法律体系

到1991年底，我国已颁布100多项关于引进外商投资的法律、法规和政策，在此基础上，我国有关部门又颁布投资环境、外资企业注册登记、外汇管理和进出口管理等方面的一系列法律、法规和政策，还与许多国家签订了双边投资保证协定和避免双重征税协定，使引进FDI的法律体系进一步完善。

2. 扩大对外开放领域和地区

从1992年起，曾被禁止外资进入的商业、金融、保险、航空、律师和会计等行业允许进行试点；曾被限制外资进入的土地开发、房地产、宾馆、信息咨询等领域逐步开放。同时，除对沿海地区实行更为开放的政策外，政府还将对外开放的区域进一步扩大。

3. 强化产业政策导向

1995年6月，原国家计委、国家经委和外经贸部联合发布了新的《指导外商投资方向暂行规定》和《外商投资产业指导目录》，重新划分出了对FDI实行鼓励、限制和禁止政策的产业范围，并制定相应的配套措施和政策。

这一阶段FDI呈现的基本特征有：投资规模急剧扩张；以美国、欧盟为代表的一些大型跨国公司纷纷进入我国市场，外商直接投资的产业结构呈现高级化发展趋势；外商直接投资对我国对外贸易增长的贡献日益突出，外资企业自营出口占出口总额的比重提高；投资方式多样化，独资企业在FDI中的比重上升，形成了合资、合作和独资三种方式并存的格局。

（四）调整与提高阶段（1996～2001年）

从1996年起，我国关于FDI的政策做了相应的调整，开始由注重数量扩张转向注重质量、效益和优化结构方向转变，具体表现在以下几个方面。

1. 拓宽外商投资领域

我国进一步扩大对外资开放的领域，允许外国投资者在金融、保险、商业、外贸、运输、医疗、电信以及各类中介机构等领域进行投资。

2. 鼓励外资企业在华设立研究与开发机构

对于外国投资者在我国境内设立的研究与开发中心，给予免征进口环节税，对其转让技术免征营业税。

3. 进一步强化产业政策导向

1997年12月，国家计委、国家经委和外经贸部联合发布经过修订的《外商投资产业指导目录》，重新划分了对 FDI 实行鼓励、限制和禁止政策的产业范围。

4. 减少外资企业特殊待遇

从 1996 年 4 月 1 日起，对新批准设立的外商投资企业投资总额内进口的设备、自用原材料一律按法定税率征收关税和进口环节税。

5. 鼓励外资参与西部大开发

从 2000 年 3 月起，国务院先后颁布了一系列鼓励外资投向西部的优惠政策，主要表现为扩大外资的投资领域和实行税收优惠政策。

这一阶段 FDI 呈现以下基本特征：外资到位率提高；第二产业投资所占比重有所上升，第三产业投资所占比重相对下降；FDI 的技术含量明显增加，世界最大的 500 家跨国公司纷纷在我国设立分支机构，FDI 的质量提高；一些内陆省份城市和西部地区投资环境较好的城市已成为新的投资热点；投资来源地以欧美等发达国家为主。

（五）成熟稳定阶段（2001 年至今）

2001 年，我国加入 WTO。在此前后，对 FDI 的政策和法规作了相应修改和完善。

1. 对外商投资企业法规的修改

为了使我国的外资立法更好地符合国际投资规范，外商投资企业法更加符合 WTO 规则的要求，2000 年 10 月 31 日，全国人大对《中华人民共和国中外合作经营企业法》以及《中华人民共和国外资企业法》进行了有关条款的修正。2001 年 3 月 15 日，全国人大对《中华人民共和国中外合资经营企业法》进行了第二次重大的修改。这三部外商投资企业法律的修改，进一步完善了我国外商投资企业法律制度，更加符合 WTO 相关协议的规则。

2. 取消与 WTO《与贸易有关的投资措施协议》相违背的法规政策

为了适应加入 WTO 的需要，我国取消了有关外商投资法规中与《与贸易有关的投资措施协议》规定不符的内容，包括取消当地成分要求，取消我国外商投资法律中进口用汇限制（外汇平衡规定），取消"以产顶进""替代进口"的规定，取消销售比例限制措施，取消那些国内法或行政命令项下的强制性或可强制执行的措施，或为取得优惠地位所必需的措施，以及有关限制措施，删除外商投资法中存在的其他产品出口及进口限制条件的投资措施、出口产品及数量限制措施以及地方性的法规涉及与《与贸易有关的投资措施协议》列举性规定不符的国民待遇和数量限制措施。

3. 完善 FDI 的产业政策

我国外商投资产业政策内容主要包括以下几方面。

（1）《外商投资产业指导目录》。

为使外商投资更加符合国家的产业发展方向，避免盲目投资现象，我国政府多次制定并颁布了《外商投资产业指导目录》，以法规的形式将吸收外商投资的产业政策公布，提高了政策的透明度。

（2）鼓励外商投资的专案。

该专案主要包括：农业新技术、农业综合开发和能源、交通、重要原材料工业专案；高新技术专案；出口创汇专案；综合利用资源和再生资源、防治环境污染的专案；能够发挥中西部地区优势的专案等；积极引导外资投向传统产业和老工业基地的技术改造，继续发展符合产业政策的劳动密集型专案等。

（3）服务贸易领域逐步扩大。①

对服务贸易领域吸收外资采取先行试点，在试点基础上总结经验，制定法律法规，规范发展，逐步扩大。在加入世界贸易组织谈判中，中国就服务业对外开放做出了广泛而深入的承诺。到 2012 年，中国完全兑现了承诺，开放了 100 个服务部门，其中 54 个允许外商独资，23 个允许外资控股，基本没有设置地域限制、数量限制和歧视性待遇。2012～2021 年间，传统领域、知识密集型领域、其他领域进出口结构由 61∶34∶5 转变为 52∶43∶3，知识密集型服务贸易已成为增强服务出口能力、稳定外贸增长的新引擎。传统领域贸易优势继续保持，运输服务成为我国服务贸易的最大领域。2012～2021 年间，我国传统领域服务贸易总额保持平稳增长态势，进出口额从 2926.4 亿美元增长至 4365 亿美元。自 2020 年起，我国运输服务超越旅行服务成为服务贸易最大领域，2022 年上半年，运输服务贸易总额为 10476.2 亿元，在服务贸易总额中占比为 36.2%，达历史新高。

4. 扩大服务业 FDI 的市场准入

加入世贸组织以后，我国服务业扩大对外资的开放，银行、保险、证券、电信、旅游等行业市场准入机会增加，为外商在华投资提供了更加广阔的空间。

这一阶段 FDI 呈现以下基本特征：跨国公司对华投资大项目迅速增加，外商投资的平均项目规模超过前四个阶段；跨国公司进一步扩大在华投资，并推行本土化战略，许多大型跨国公司在我国设立研究与开发（R&D）机构；外商投资独资化，外商独资经营形式超过合资经营，成为外商对华直接投资的主要形式；投资来源地仍以欧美等发达国家的跨国公司为主。

---

① 白皮书：中国切实履行加入世贸组织承诺［EB/OL］. 国务院新闻办公室网站，2018－06－28.

三、中国利用外商直接投资的特点

（一）FDI 稳步增长，投资规模不断扩大

近几年来，中国吸收 FDI 稳步增长，投资规模不断扩大，开始成为名副其实的引资大国。

2020 年，全国实际使用外资 9999.8 亿元，同比增长 6.2%（折合 1443.7 亿美元，同比增长 4.5%；不含银行、证券、保险领域，下同），规模再创历史新高。服务业实际使用外资 7767.7 亿元，增长 13.9%，占比 77.7%。高技术产业吸收外资增长 11.4%，高技术服务业增长 28.5%，其中研发与设计服务、科技成果转化服务、电子商务服务、信息服务分别增长 78.8%、52.7%、15.1% 和 11.6%。对华投资前 15 位国家和地区，投资增长 6.4%，占比 98%，其中荷兰、英国分别增长 47.6%、30.7%。东盟对华投资增长 0.7%。[①] 在 FDI 总量保持高位的形势下，出现了一些新的趋势，主要表现如下。

1. 外商投资企业研发活动开始向我国扩散

中国商务部资料显示，2016 年外商在华投资的独立研发机构总数已经超过 2400 家。据联合国贸发会议研究报告，我国已经取代美国，成为跨国公司海外研发活动的首选地。

2. 服务业成为外商投资新热点

第一，由于我国切实履行了加入世贸组织的承诺，对外资大幅度开放了服务市场；第二，则是由服务外包的国际新趋势所决定的；第三，并购日益成为外资进入我国重要的新方式；第四，重化工业等资本与技术密集程度较高的行业成为外资进入的新热点；第五，跨国公司地区总部初露端倪，越来越多的跨国公司在我国中心城市设立经济总部。

（二）FDI 发展成为我国吸收外资的主要形式

我国吸收外资的形式主要有两种：外商间接投资和外商直接投资。从改革开放以来我国吸收外资的形式看，早期的外资主要是采取对外借款方式获得。20 世纪 90 年代以来，FDI 成为我国吸收外资的主要形式。

---

① 商务部：2020 年我国利用外资同比增长 6.2% 规模创历史新高 [EB/OL]. 人民网，2021 - 01 - 20.

（三）我国吸收 FDI 占全球的比重不断提高[①]

在不断扩大对外开放的过程中，我国吸收 FDI 的规模越来越大，占全球 FDI 的比重不断提高。1980 年和 1990 年，我国吸收 FDI 占全球国际直接投资的比重分别为 0.01% 和 0.82%；1994～1999 年，该比重已经上升到 7.43%；经历 2000 年和 2001 年的短暂低谷之后，从 2002 年之后该比重又开始逐步攀升。2007 年实际使用 FDI 826.58 亿美元，同比增长 13.8%。这是我国 2005 年以来首次出现增长。到 2010 年，我国利用 FDI 首破千亿美元，实际使用达 1057.4 亿美元，同比增长 17.4%，扭转了 2009 年下降 2.6% 的局面。改革开放以来，我国不断改善投资环境，实际使用外资金额由 1983 年的 9.2 亿美元增长到 2021 年的 1734.8 亿美元，年均增幅接近 15%，中国吸收外资在规模数量上取得了显著突破，已进入高质量发展期。

（四）FDI 高度集中于我国东部沿海地区

东部沿海地区在历史上是我国经济相对较发达的地区，也是我国实行对外开放最早的地区。在吸收 FDI 方面，率先实行招商引资的优惠政策，改善投资环境，成为吸收 FDI 最多的地区。珠江三角洲地带（深圳、珠海、广州、东莞、汕头等地）、闽南厦门、漳州、泉州三角地区、长江三角洲地区（上海、苏州、杭州、昆山等地）、胶东半岛（青岛、烟台等地）和环渤海湾地区（天津、大连等地）都是外商在我国沿海地区投资的集中地。未来随着我国进一步加大西部开发和招商引资的力度，外商对华投资会逐步向西部转移，但在一个较长的时期内，东部沿海地区都仍将占据主导地位。

（五）20 世纪 90 年代以来中西部地区 FDI 明显加快

1997 年，国务院通过制定一系列 FDI 鼓励和引导措施，加大对中西部地区吸收 FDI 的扶持力度，促进外商增加对中西部的直接投资。为配合西部大开发、中部崛起、振兴东北老工业基地等的战略，国家鼓励外商投资中西部地区和东北老工业基地的优势产业和特色产业。尤其是国家发展改革委发布的《中西部地区外商投资优势产业指导目录（2008 年修订）》充分考虑中西部地区和东北老工业基地在资源、产业、劳动力等方面的比较优势，放宽 FDI 限制，对于促进产业转移、有序承接，扩大和提高中西部地区和东北老工业基地利用外资的规模和水平，发挥着越来越重要的作用，中西部 FDI 数量明显增加。

[①] 崔新健. 中国利用外资 30 年：历程、成效与挑战 [J]. 经济与管理研究，2009（1）：35-38.

（六）FDI 主要集中于第二产业的劳动密集型行业

改革开放 40 多年来，我国对外商投资的税收优惠政策主要针对的是工业。在加入 WTO 之前，外商在服务业上的投资壁垒非常高，工业领域吸引了大量的 FDI。从外资存量来看，我国吸收外资主要集中于制造业，约占外资存量的 2/3，劳动密集型工业行业是外商投资企业比较集中的领域。外商投资企业集中于通信设备、计算机及其他电子设备制造业，交通运输设备制造业，电气机械及器材制造业，化学原料及化学制品制造业，专用设备制造业，通用设备制造业等行业。2019 年，上述 6 个行业当年实际使用 FDI 占制造业实际使用 FDI 的 51.9%[①]。

（七）20 世纪 90 年代以来第三产业的 FDI 明显增加[②]

对外开放初期，服务业吸收外商投资数量较少。加入 WTO 后，服务业市场准入放宽，银行业、保险业、证券业、电信业、物流业以及会计、法律、计算机、工程管理和其他咨询服务，成为 FDI 流入的重要部门。1982～2018 年，服务进出口总额从 46.9 亿美元提高到 7919 亿美元，年均增长 15.3%。其中，服务出口从 26.7 亿美元提高到 2668 亿美元，年均增长 13.6%；服务进口从 20.2 亿美元提高到 5250 亿美元，年均增长 16.7%。附属机构服务贸易发展态势良好，2017 年我国附属机构服务贸易规模为 12.6 万亿元，是当年服务进出口总额的 2.7 倍。党的十八大以来，我国不断加快服务业开放步伐，积极推动服务贸易自由化和便利化，服务贸易在对外贸易中的地位明显提高。2018 年，我国服务进出口占货物和服务进出口总额的比重为 14.6%，较 2012 年提高 3.5 个百分点，服务贸易成为对外贸易发展的重要引擎。

（八）外商投资企业开始整合

1. 独资

在外商在华投资不断增长的同时，外商投资方式也由过去的以合资、合作为主向独资或控股的投资方式转变。这种趋势的出现，有其深刻的国际国内背景，也是外商与东道国所拥有的相关要素相整合的结果。从根本上来说，获取利润最大化是外商独资的主要原因。

2. 出售

受国内劳工成本上升、原材料和能源价格居高不下、人民币汇率升值等因素

---

① 谭勇. 我国吸引 FDI 的最新发展趋势研究［J］. 中小企业管理与科技（上旬刊），2020（4）：115 - 116.

② 服务贸易创新发展 重要作用日益凸显［EB/OL］. 同花顺财经，2019 - 08 - 27.

影响，劳动密集型外商投资企业成本上升压力大，投资回报率下降，存量外商投资部分选择撤离的可能性继续增大。加之世界经济持续低迷，世界经济发展不平衡，一些外商投资企业资金链紧张，撤离中国市场的风险上升。

3. 采购

历经半个多世纪的发展，随着中国商品制造能力的增强，世界各大跨国零售商对中国商品的采购需求也在逐步增长。在第 97 届广交会上，"跨国公司采购区"内就首次聚集了 8 家国际采购巨头，成为广交会开始此项服务以来跨国零售企业参加数量最多的一次。在这 8 家采购商中，包括了鼎鼎大名的美国中央采购责任有限公司和美国 QVC 公司、法国家乐福、美国家得宝、美国 HDC 公司、丹麦 AIDAA/S 等。

（九）外商投资企业开始整合跨国公司投资增加

中国已成为世界上对跨国公司投资最具吸引力的国家之一，跨国公司对华投资增长迅速，世界五百强企业中已经有四百余家企业在华投资了两千多个项目。跨国公司投资的特点包括：（1）继续投资制造业，使我国成为生产制造基地和零部件采购中心；（2）加速投资研究与开发，使我国成为地区研发中心或全球研发基地；（3）投资生产服务业，使我国成为地区管理营运中心。

四、中国利用外资的作用

（一）弥补了国内建设资金的不足[①]

长期以来，建设资金短缺一直是制约中国经济发展的一个主要因素。因此，除了充分利用好中国本国的资金以外，还要积极地利用外资，以弥补现代化建设资金不足。1979 ~ 1998 年，中国已实际使用外商直接投资 2673. 15 亿美元，外商直接投资已成为中国经济建设的重要资金来源之一。2007 ~ 2010 年中国利用外资资金额分别是 783. 4 亿美元、952. 5 亿美元、918. 04 亿美元和 1088. 21 亿美元。截至 2021 年底，全年实际使用外资首次突破万亿，达到 1.1 万亿元，增长 14.9%，新设外资企业 4.8 万家，增长 23.5%，实现引资规模和质量"双提升"。

---

① 纪念改革开放 30 周年专稿——改革开放 30 年来中国吸收外商直接投资成就［EB/OL］. 商务部新闻办公室，2008 - 12 - 19.

（二）促进了中国经济增长[①]

1999 年，外商投资企业的工业产值达到 17696 亿元，占全国工业总产值的 27.75%；到了 2002 年和 2003 年分别达到了 33.37% 和 35.87%；2006 年达到了 31.5%。2007 年外商工业增加值占当年全国工业增加值的 28.0%，占当年 GDP 的 10.7%。2008 年，我国规模以上工业总产值的近 30%、进出口总额的 50% 以上是由外资企业创造的。2021 年，我国有进出口实绩企业 56.7 万家，增加 3.6 万家。其中，民营企业进出口 19 万亿元，增长 26.7%，占 48.6%，提升 2 个百分点。同期，外商投资企业进出口 14.03 万亿元，增长 12.7%；国有企业进出口 5.94 万亿元，增长 27.7%。外商投资企业已经成为中国经济的重要组成部分，是促进中国经济持续高速增长的重要动力之一。

（三）引进了先进的技术和管理经验，推动了产业结构的升级

通过创办外商投资企业，既可以达到利用外资的目的，又可以在创办和经营管理中学习和引进先进的技术设备和管理经验。这些先进技术、设备的引进填补了国内的一些技术空白，使大批产品更新换代，使许多行业得到了技术设备改造，推动了中国的技术进步。外商投资促进了中国电子、家电、汽车、通信等重要产业的发展，加快了产业结构的升级和优化。另外，在利用外商直接投资中，还学习引进了国外先进的管理经验，造就了一批新型的企业管理人才，提高了中国企业的经营管理水平。

（四）推动了对外贸易发展[②]

改革开放以来，中国对外贸易取得了迅速的发展，在世界货物贸易中的地位不断上升。2011 年中国货物贸易进出口总额居世界第二位，在对外贸易发展的过程中，外商投资企业做出了积极的贡献，尤其是近几年来，外商投资企业已成为中国对外贸易的一支生力军，其进出口总额占全国进出口总额的比重日趋扩大，外商投资企业出口商品 1997 年为 749 亿美元，占全国出口商品额的 41%；1998 年为 809.6 亿美元，占 44%；1999 年为 886 亿美元，占 45.7%。2006 年外商投资企业高新技术产品出口额为 2478.83 亿美元，同比增长 29.10%，占全国高新技术产品出口总额（2814.86 亿美元）的 88.06%，占外商投资企业出口额（5638.35 亿美元）的 43.96%。2021 年我国进出口总额达到了 39.1 万亿元，折

① 中国为什么还需要积极利用外资？［EB/OL］. 商务部网站，2005 - 04 - 26.
② 一、2006 年中国对外贸易发展状况［EB/OL］. 中华人民共和国商务部，2007 - 05 - 18.
海关总署：2021 年我国进出口规模首次突破 6 万亿美元［EB/OL］. 央广网，2022 - 01 - 14.

合 6.06 万亿美元，以美元计算的话同比增长了 30%。其中出口 21.73 万亿元，折合 3.37 万亿美元，进口 17.37 万亿元，折合 2.69 万亿美元。贸易顺差 0.68 万亿美元。美国进出口总额 4.61 万亿美元，大约是我国的 76.07%。其中出口 1.76 万亿美元，是我国的 52.23%，进口 2.85 万亿美元，是我国的 105.9%。

（五）扩大了社会就业，增加了国家财政收入[①]

外资企业是中国市场主体的重要组成部分，为中国经济社会发展作出了独特且重要的贡献。外资企业以占市场主体 2% 的比重，带动了约 4000 万人的就业，占全国城镇就业人口的 1/10，贡献了我国 1/6 的税收，2/5 的进出口。这充分说明，外资企业是我国全面建成小康社会的重要参与者、见证者和贡献者。外资企业对中国作出了贡献，同时在中国也获得了很好的发展。一些跨国公司，中国市场已经占了他们重要的部分，甚至有些是主要部分，特别是利润来源的主要部分。据外国商会调查报告显示，2020 年虽然受到疫情影响，56% 的美资企业、73% 的欧资企业、89% 的日资企业，仍实现了盈利。外商直接投资的大量引进，还扩大了国家财政收入的来源。2019 年外商投资企业缴纳税金 2.87 万亿元，占全国税收收入的 18.2%。

（六）促进了社会主义市场经济体制的建立和完善

利用外资对中国经济体制的转轨进程有明显的促进作用。外商投资带进了市场机制和竞争机制以及与此相应的观念，有利于打破垄断，推动国内各种要素市场的发育和形成，推动中国宏观经济管理体制的改革和政府职能的转变，对于建立和完善市场经济法律体系起到了积极的促进作用。

（七）提高了中国存量与新增资产的质量

通过与外商合资合作，可以把中国一部分企业原有的低质量的存量资产变成高质量的存量资产。中国的一些亏损企业通过合资合作，经营管理、技术开发和市场营销能力明显改善，企业经营状况有所好转。外商投资设立新企业，还可以形成高质量的新的增量资产。

---

① 外资企业带动约 4000 万人就业 [EB/OL]. 人民日报海外版，2021 – 08 – 24.
商务部部长王文涛：大部分在华外资企业也是双循环的践行者 [EB/OL]. 央广网，2021 – 08 – 23.

第二节 中国利用外商直接投资的主要方式

一、中外合资企业

（一）中外合资企业的特征

1. 合营者资格

外国公司、企业和其他经济组织或个人（外国合营者）同中国的公司、企业或其他经济组织（中国合营者）共同举办。

2. 合资企业的形式

一般为有限责任公司。设立外商投资股份公司另有规定。

3. 利润和风险分担方式

合营各方按注册资本比例分享利润和分担风险。

4. 权力机构

合资企业设立董事会。

（二）中外合资企业的出资

（1）合营各方可以以现金、实物和工业产权等进行投资，出资构成企业注册资本。

（2）注册资本可以用人民币表示，也可用外币表示。汇率折算按缴款当日国家外汇管理局公布的外汇牌价折算。

（3）合营各方不得以合营企业名义取得的贷款作为自己的出资；不得以合营企业的财产和权益为其出资担保。

（4）合营者用建筑物、厂房、设备、工业产权、专有技术、场地使用权作为出资的，其作价按照公平合理的原则协商确定。

（5）作为外国合营者出资的机器设备，必须是合营企业生产所必不可少的，作价不得高于当时的国际市场价格。

（三）中外合资企业的组织机构

（1）合营企业设立董事会，是合营企业的最高权利机构。成员不得少于三人。

（2）董事名额由合营各方参照出资比例确定，各方委派董事。

（3）董事会会议有 2/3 以上的董事出席方能举行。下列事项必须由出席董事会会议的董事一致通过才能做出决议：章程修改；合营企业的中止、解散；注册资本的增加、减少；合营企业的合并、分立等。

（4）董事长是合营企业的法定代表人。

（5）总经理、副总经理由董事会聘任，负责企业日常经营管理活动。

二、中外合作企业

（一）中外合作企业的特点

（1）合作主体资格。

外国公司、企业和其他经济组织或个人（外国合作者）与中国的企业或其他经济组织（中国合作者）共同举办。

（2）中外合作企业是契约式合营企业。

中外合作者在合作合同中约定投资和合作条件、收益和产品的分配、风险和亏损的分担、经营管理方式、合作企业终止时财产的归属等。

（3）中外合作企业可组成或不组成法人。

（4）合作企业可设立董事会或联合管理机构。

（二）中外合作企业的合作条件

中外合作者的投资或合作条件可以是现金、实物、土地使用权、工业产权、专有技术或其他财产权益。合作各方提供的合作条件不必折算成股份。

（三）中外合作企业与合资企业的区别

（1）合资企业称为外国合营者、中国合营者；合作企业称为外国合作者、中国合作者。

（2）合资企业按出资比例分配利润，承担风险；合作企业按约定分配利润，承担风险。

（3）合资企业终止时财产清算，按出资比例分配；合作企业终止时财产分配可以约定，例如中外合作者在合同中约定合作期满时合作企业的全部固定资产归中国合作者所有的，可以约定外国合作者在合作期限内先行收回投资的办法。

（4）合资企业分配利润；合作企业可以分配产品。

三、外商独资企业

全部资本由外国的企业、经济组织或个人（外国投资者）在中国投资的企业，不包括外国企业（或经济组织）在中国的分支机构。

（一）外商独资企业特点

（1）外商独资企业是依中国法律在中国境内设立的。

（2）外商独资企业的全部资本归外国投资者所有，因而与中外合资企业和中外合作企业不同，外商独资企业相当于外国跨国公司在东道国设立的拥有全部股权的子公司。

（3）外商独资企业是一个独立的实体，它由外国投资者独自投资，独立经营，并成为独立核算、独立承担法律责任的经济组织。因此，外商独资企业不同于外国企业的分支机构。

（二）外商独资企业的法律特征

（1）外商独资企业的全部资本由外国投资者投资，没有中国投资者的资金参与。外商独资企业的组织形式为有限责任公司，它的财产全部归外国投资者所有，经营管理权为外国投资者所掌握，外国投资者享有企业全部利润并独自承担经营风险和亏损。

（2）外商独资企业在中国境内的投资，获得的利润和其他合法权益，受中国法律保护。

（3）外商独资企业的经营期限根据不同行业和企业的具体情况，由外国投资者在设立外资企业的申请中拟订，经审批机关批准。

（4）另外，《中华人民共和国外资企业法》及其实施细则对外国投资者的资格、外资企业的设立、出资方式、财务、外汇、税务、劳动管理、企业终止与清算等都做了明确规定。

四、中国国有企业利用外资的方式

（一）中外合资新成立合资企业

中外合资新成立合资企业是指由境外公司、企业和其他经济组织或个人，按照平等互利的原则，经中国政府批准，在中国境内与中国的国有企业共同投资、共同经营、共享收益、共担风险的股权式合资企业。

（二）利用外资对现有企业进行技术改造

以现有国有企业为依托，通过转让股权，以现有企业全部或部分实物、工业产权作价，与外方合资及双方出资等方式，获得资金、设备、技术等的技术改造项目。

（三）利用外资进行资产重组

是指国有企业利用外资兼并国内企业、补充流动资金、偿还企业债务等形式进行资产重组。

第三节　中国利用外商直接投资的主要政策、法律与规定

一、中国利用外资的法律法规体系

（一）中国法律体系

1. 宪法

全国人民代表大会制定，具有最高的效力。

2. 法律

全国人民代表大会及其常委会制定的规范性文件。

3. 行政法规

行政法规是指国务院为领导和管理国家各项行政工作，根据宪法和法律，按照行政法规规定的程序制定的政治、经济、教育、科技、文化、外事等各类法规的总称。一般采用条例、办法、规则、规定、细则等名称。

4. 行政规章

指国务院各部委以及各省、自治区、直辖市的人民政府和省、自治区的人民政府所在地的市以及国务院批准的较大市的人民政府根据宪法、法律和行政法规等制定和发布的规范性文件。国务院各部委制定的称为部门行政规章，其余的称为地方行政规章。规章的名称一般称为"规定""办法"，但不得称为"条例"。

（二）中国外商投资法律体系构成

1. 宪法

宪法第十八条规定："在中国境内的外国企业和其他外国经济组织以及中外合资经营企业，都必须遵守中华人民共和国的法律，他们的合法权利和利益受中华人民共和国法律的保护。"是外商投资企业的最高法律依据。

2. 法律

全国人民代表大会（2001 年 9 届 4 次会议）修订的《中华人民共和国中外合资经营企业法》《中华人民共和国中外合作经营企业法》《中华人民共和国外资企业法》等。

3. 行政法规

为了便于《中华人民共和国中外合资经营企业法》的顺利实施，国务院于 2011 年 1 月 8 日颁布实施了《中外合资经营企业法实施条例》。

4. 行政规章

国家工商局、外经贸部《关于进一步加强外商投资企业审批登记管理的有关问题的通知》、国家经贸委《关于加强外商投资企业管理工作的通知》、国家发展改革委员会、商务部发布的《外商投资产业指导目录（2011 年修订）》。

二、产业政策

国务院批准《外商投资产业指导目录》自 2002 年 4 月 1 日起施行，2004 年和 2007 年修订，2011 年又进一步修订，具体体现了中国政府对于外商投资的产业政策，将外商投资项目分为鼓励、允许、限制和禁止四类。鼓励类、限制类和禁止类的外商投资项目，列入《外商投资产业指导目录》。不属于鼓励类、限制类和禁止类的外商投资项目，为允许类外商投资项目，不列入《外商投资产业指导目录》。2020 年版鼓励目录总条目为 1235 条，与 2019 年版相比增加了 127 条，修改 88 条，其中，全国鼓励外商投资产业目录 480 条，增加了 65 条，修改 51 条；中西部地区外商投资优势产业目录 755 条，增加 62 条，修改 37 条。扩大了外商投资的范围，还出台了多项优惠政策，从总体看，对于我国进一步稳定外资会起到了重要作用。

（一）鼓励类外商投资项目

（1）属于农业新技术、农业综合开发和能源、交通、重要原材料工业建设的。

（2）属于高新技术、先进技术，能够改进产品性能、节约能源和原材料、提高企业技术经济效益或者生产适应市场需求而国内生产能力不足的新设备、新材料的。

（3）属于适应国际市场需求，能够提高产品档次，开拓新市场，扩大产品外销，增加出口的。

（4）属于综合利用资源和再生资源以及防治环境污染的新技术、新设备的。

（5）属于能够发挥中西部地区的人力和资源优势，并符合国家产业政策的。

（6）属于国家法律、行政法规规定鼓励的其他项目。

（二）限制类外商投资项目

（1）属于国内已开发或者已引进技术，生产能力已能满足国内市场需求的。

（2）属于国家吸收外商投资试点或者实行专卖的产业的。

（3）属于从事稀有、贵重矿产资源勘探、开采的。

（4）属于需要国家统筹规划的产业的。

（5）属于国家法律、行政法规规定限制的其他项目。

（三）禁止类外商投资项目

（1）属于危害国家安全或者损害社会公共利益的。

（2）属于对环境造成污染损害，破坏自然资源或者损害人体健康的。

（3）属于占用大量耕地，不利于保护、开发土地资源，或者危害军事设施安全和使用效能的。

（4）属于运用我国特有工艺或者技术生产产品的。

（5）属于国家法律、行政法规规定禁止的其他项目。

三、地区政策

有关外商投资的地区政策是指国家对于设立在特定地区的外商投资企业给予一定的优惠和鼓励政策。中国目前实行特殊经济政策的区域主要有以下几方面。

（一）经济特区

经济特区是在国内划定一定范围，在对外经济活动中采取较国内其他地区更加开放和灵活的特殊政策的特定地区。在我国，是中国政府允许外国企业或个人以及华侨、港澳台同胞进行投资活动并实行特殊政策的地区。在经济特区内，对外国投资者在企业设备、原材料、元器件的进口和产品出口，公司所得税税率和减免，外汇结算和利润的汇出，土地使用，外商及其家属随员的居留和出入境手续等方面提供优惠条件。

目前有深圳、珠海、汕头、厦门、海南及上海浦东新区等 6 个经济特区。

（二）沿海开放城市

沿海开放城市是中国沿海地区对外开放的、并在对外经济活动中实行经济特区的某些特殊政策的一系列港口城市，是经济特区的延伸。开放一些沿海开放城市，是根据邓小平的创议而采取的对外开放的又一战略决策。1984 年，大连、秦皇岛、天津、烟台、青岛、连云港、南通、上海、宁波、温州、福州、广州、湛江、北海 14 个沿海城市，被国务院批准为全国首批对外开放城市。

（三）国家级经济技术开发区

为中国大陆改革开放后所设立的国家级现代化工业园区。1984～1986 年，经国务院批准，首先设立了 14 个国家级经济技术开发区。截至 2021 年末，全国共有国家级经济技术开发区 230 家，其中东部地区 112 家，中部地区 65 家，西部地区 20 家，地区生产总值分别为 8.5 万亿元、3.2 万亿元和 2 万亿元。[①] 中、西部地区国家级经开区数量和比重显著增加，全国国家级经开区区域分布日趋平衡。

（四）国家高新技术产业开发区

中国高新技术产业开发区是以智力密集和开放环境条件为依托，主要依靠国内的科技和经济实力，充分吸收和借鉴国外先进科技资源、资金和管理手段，通过实施高新技术产业的优惠政策和各项改革措施，实现软硬环境的局部优化，最大限度地把科技成果转化为现实生产力而建立起来的集中区域。2021 年中国高新技术产业开发区数量约为 168 个，比 2020 年减少 1 个。

此外，还有国家级保税区 15 个和 14 个保税港区，主要分布在沿海港口附近；国家级出口加工区 60 个，分布在各省、市、自治区；国家级边境经济合作区 14 个，主要分布在沿边省份；国家级旅游度假区 12 个，主要分布在比较著名的旅游风景区；天津滨海新区和福建海峡西岸经济区等。

---

① 依靠改革创新激发国家级经开区潜力［EB/OL］. 经济日报，2019－05－31.
　2021 年中国国家级经济技术开发区数量、生产总值及主要经开区现状及影响［图］［EB/OL］. 华经情报网，2022－07－12.

四、对外商投资企业管理的主要法律、法规等有关规定

（一）经济特区外商投资企业法律、法规分类

1. 规范类

如《中华人民共和国中外合资经营企业法》《中外合资经营企业法实施条例》《中华人民共和国中外合作经营企业法》《中华人民共和国外资企业法》《外商投资商业企业试点办法》等。

2. 程序类

如国家工商局、外经贸部《关于进一步加强外商投资企业审批登记管理的有关问题的通知》、国家计委、国家经贸委《关于扩大地方鼓励类不需要国家综合平衡的外商投资项目审批权限有关问题的通知》等。

（二）注册资本方面

1. 注册资本和投资总额

《关于中外合资经营企业注册资本与投资总额比例的暂行规定》（以下简称《暂行规定》）第三条：中外合资经营企业注册资本与投资总额的比例，应当遵守如下规定。

（1）中外合资经营企业的投资总额在三百万美元以下（含三百万美元）的，其注册资本至少应占投资总额的十分之七；

（2）中外合资经营企业的投资总额在三百万美元以上至一千万美元（含一千万美元）的，其注册资本至少应占投资总额的二分之一，其中投资总额在四百二十万美元以下的，注册资本不得低于二百一十万美元；

（3）中外合资经营企业的投资总额在一千万美元以上至三千万美元（含三千万美元）的，其注册资本至少应占投资总额的五分之二，其中投资总额在一千两百五十万美元以下的，注册资本不得低于五百万美元；

（4）中外合资经营企业的投资总额在三千万美元以上的，其注册资本至少应占投资总额的三分之一，其中投资总额在三千六百万美元以下的，注册资本不得低于一千二百万美元。

中外合资经营企业批准、登记后，增加投资的，计算追加的注册资本应与增加的投资额相比，其比例按《暂行规定》第三条执行。例如：某项目已批准登记投资总额 500 万美元，注册资本 250 万美元，后又批准增加投资 200 万美元，该企业追加的注册资本应是 200 万美元的 7/10 即 140 万美元，该企业变更登记后

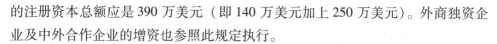

的注册资本总额应是 390 万美元（即 140 万美元加上 250 万美元）。外商独资企业及中外合作企业的增资也参照此规定执行。

2. 中外投资者注册资本的比例

我国外商投资企业法对外国投资者的出资比例作出了明确的规定。如在中外合资经营企业中，外国合营者的投资比例一般不得低于合营企业注册资本的 25%。在中外合作经营企业中，对取得法人资格的合作企业，外国合作者的投资比例一般不得低于注册资本的 25%；对不具备法人资格的合作企业，合作各方的投资比例或合作条件，由国务院对外经济贸易主管部门规定。在外资企业中，外资企业的注册资本全部由外国投资者投入。在中外合资股份有限公司中，外国股东购买并持有的股份应不低于公司注册资本的 25%。

此外，对外国投资者的出资比例低于 25% 的，除法律、行政法规另有规定外，均应按照设立外商投资企业的审批登记程序进行审批和登记。通过审批的，颁发加注"外资比例低于 25%"字样的外商投资企业批准证书；取得登记的，颁发在"企业类型"后加注"外资比例低于 25%"字样的外商投资企业营业执照。

3. 注册资本数额与出资期限方面的规定

国家工商局、外经贸部《关于进一步加强外商投资企业审批和登记管理有关问题的通知》规定：

（1）注册资本在五十万美元以下（含五十万美元）的，自营业执照核发之日起一年内，应将资本全部缴齐；

（2）注册资本在五十万美元以上、一百万美元以下（含一百万美元）的，自营业执照核发之日起一年半内，应将资本全部缴齐；

（3）注册资本在一百万美元以上、三百万美元以下（含三百万美元）的，自营业执照核发之日起二年内，应将资本全部缴齐；

（4）注册资本在三百万美元以上、一千万美元以下（含一千万美元）的，自营业执照核发之日起三年内，应将资本全部缴齐；

（5）注册资本在一千万美元以上的，出资期限由审批机关根据实际情况审定。合同经审批后，如确因特殊情况需要超过合同规定的缴资期限延期缴资的，应报原审批机关批准和登记机关备案，并办理相关手续。

（三）外商投资企业的审批和管理

1. 部门分工

（1）外经贸管理部门：审批合同、章程；批准合资企业成立，发给批准证书；

（2）国家发展改革委员会：审批合资企业的项目建议书、可行性研究报告；

（3）工商行政管理局：登记注册。

2. 管理权限分工

体现为中央和地方的分工。常规性企业审批权限分工如下：

（1）商务部。

投资总额3亿美元（含3亿美元，包括单次增资）以上的鼓励类、允许类；5000万美元以上的限制类项目的审批。

（2）省外经贸厅。

投资总额1亿美元（不含1亿美元，包括单次增资）以下的鼓励类、允许类；5000万美元以下的限制类项目的审批。

（3）设区市外经贸主管部门。

2007年8月1日起，投资总额（包括单次增资）5000万美元以下（不含5000万美元）的国家鼓励类、允许类项目。

复习思考题

一、名词解释

外资、外商独资企业、经济特区、国家高新技术产业开发区

二、简答题

1. 中国利用外商直接投资的特点？

2. 中国利用外资的作用有哪些？

3. 中外合作企业的特点。

4. 中国国有企业利用外资的方式有哪些？

第九章

中国对外直接投资

第一节　中国对外直接投资概况

一、中国对外直接投资的发展历程

（一）以 FDI 流出量看，中国对外直接投资规模的变化

中国对外直接投资始于改革开放之后，对外直接投资大致可分为如下三个阶段。

第一阶段即 1982～1991 年的起步阶段。在这一时期，中国对外直接投资额很小，中国对外直接投资年均流量在 10 亿美元以内[①]。该阶段是中国经济体制市场化改革的探索阶段，企业规模小、资金缺乏、经营自主权有限，基本没有对外投资的积极性和主动性，对外直接投资决策绝大多数属于政府行为。

第二阶段即 1992～2004 年的稳步发展阶段。在这一时期，中国对外直接投资年流量平均规模为 27 亿美元，2001 年达到 68.9 亿美元[②]。

第三阶段即 2005 年至今的稳步、快速发展阶段。2005 年，中国非金融类对外直接投资 69.2 亿美元，较上年同期增长 25.8%；2006 年，中国非金融类对外直接投资为 161.3 亿美元，同比增长 131.1%。2020 年，中国对外直接投资流量

---

①② 郭凌威，卢进勇，郭思文. 改革开放四十年中国对外直接投资回顾与展望 [J]. 亚太经济，2018（4）：111－121，152.

为1537.1亿美元，同比增长12.3%，其中对外金融类直接投资流量196.6亿美元，对外非金融类直接投资流量1340.5亿美元；对外直接投资存量25806.6亿美元，其中对外金融类直接投资存量2700.6亿美元，对外非金融类直接投资存量23106亿美元。[①]

（二）以FDI流出与流入的比率看中国对外直接投资规模的变化

1992年以前，中国对外直接投资流出量很小，但由于同期FDI流入量也较小，因而此期间FDI流出与FDI流入的比率相对较高。但是，1992~2006年，中国对外直接投资年流出量较大，而同期FDI流入流量更大，因此在此期间FDI流出与FDI流入的比率相对较低。综合来看，以流出流入比率来衡量中国的对外直接投资规模，1992年以后小于1992年之前；而从绝对值来看，正好相反。看流量，对外投资继续保持总体活跃，2020年中国对外直接投资1537.1亿美元，同比增长12.3%，流量规模首次位居全球第一；中国在全球外国直接投资中的影响力不断扩大，流量占全球比重连续5年超过10%，2020年占20.2%。看存量，截至2020年末，中国对外直接投资存量达2.58万亿美元，居世界第三位，存量规模占全球比重为6.6%，较上年提升0.2个百分点。[②]总体来看，中国对外直接投资规模略高于吸引外资规模，双向投资基本持平，"引进来、走出去"同步发展。

（三）以FDI流入量与流出量的对比情况看中国对外直接投资规模的变化[③]

1990~2010年，外商在华投资平均数为392.5亿美元，中国对外投资平均数为37.5亿美元，而流入中国的外商直接投资累计为11808.4亿美元，是中国累计对外直接投资638.7亿美元的18倍多，特别是近几年来，FDI流入的规模和速度出现了大幅度上升。1990~2010年对外直接投资流入量与流出量之比为1：0.096，可以看出我国吸收外国投资的规模远远高于对外直接投资，这两者存在严重失衡，远远低于全球平均水平。

---

① 郭凌威，卢进勇，郭思文.改革开放四十年中国对外直接投资回顾与展望［J］.亚太经济，2018（4）：111－121，152.
2020年中国对外直接投资行业发展综述及发展趋势分析［图］［EB/OL］.搜狐新闻，2022－01－25.
②③ 2020年中国对外直接投资行业发展综述及发展趋势分析［图］［EB/OL］.搜狐新闻，2022－01－25.

二、中国对外直接投资的发展现状[①]

从我国近年来对外直接投资的发展情况可以看出，虽然对外直接投资规模不断扩大，但总体规模上我国与部分发达国家或发展中国家还存在一定差距。2020年，全球对外直接投资流量7399亿美元，其中中国对外直接投资流量1537.1亿美元，占全球流量的20.2%，流量位列全球第一位；卢森堡对外直接投资流量1270.9亿美元，位列全球第二位；日本对外直接投资流量1157亿美元，位列全球第三位。

（一）中国企业对外投资总体保持活跃

2020年中国对外直接投资1537.1亿美元，同比增长12.3%，流量规模首次位居全球第一。2020年末，中国对外直接投资存量达2.58万亿美元，仅次于美国（8.13万亿美元）和荷兰（3.8万亿美元）。中国在全球外国直接投资中的影响力不断扩大，流量占全球比重连续5年超过一成，2020年占20.2%；存量占6.6%，较上年提升0.2个百分点。2020年中国双向投资基本持平，"引进来、走出去"同步发展。

（二）对"一带一路"沿线国家投资稳步增长

截至2020年底，中国2.8万家境内投资者在全球189个国家（地区）设立对外直接投资企业4.5万家，全球80%以上国家（地区）都有中国的投资，年末境外企业资产总额7.9万亿美元。在"一带一路"沿线国家设立境外企业超过1.1万家，2020年当年实现直接投资225.4亿美元，同比增长20.6%，占同期流量的14.7%；年末存量2007.9亿美元，占存量总额的7.8%。2013~2020年中国对沿线国家累计直接投资1398.5亿美元。

（三）投资领域日趋广泛，结构不断优化

2020年，中国对外直接投资涵盖国民经济的18个行业大类，近七成投资流向租赁以及商务服务、制造、批发和零售、金融领域，四大行业流量均超过百亿美元。2020年末，中国对外直接投资存量的八成集中在服务业，主要分布在租赁和商务服务、批发和零售、信息传输/软件和信息技术服务、金融、房地产、

---

① 郭凌威，卢进勇，郭思文. 改革开放四十年中国对外直接投资回顾与展望［J］. 亚太经济，2018（4）：111-121，152.

2020年中国对外直接投资行业发展综述及发展趋势分析［图］［EB/OL］. 搜狐新闻，2022-01-25.

交通运输/仓储和邮政等领域。

（四）非公经济与公有经济控股主体的对外投资齐头并进

2020 年中国对外非金融类投资流量中，非公有经济控股的境内投资者对外投资 671.6 亿美元，占 50.1%，同比增长 14.1%；公有经济控股的境内投资者对外投资 668.9 亿美元，占 49.9%，同比增长 15.1%。

（五）互利共赢效果凸显，实现共同发展

2020 年境外中资企业向投资所在国家和地区缴纳各种税金总额合计 445 亿美元，雇用外方员工 218.8 万人，占境外企业员工总数的 60.6%。对外投资带动我国国产货物出口 1737 亿美元，占中国货物出口总值的 6.7%。境外中资企业当年实现销售收入 2.4 万亿美元。

三、中国企业对外投资的原因

根据欧洲最大的管理咨询公司——罗兰·贝格公司对 50 家中国行业领先企业负责人进行的问卷调查和访谈可知，中国企业对外投资的原因主要有以下几个方面。

（一）外部竞争压力

随着国内竞争对手的成长、国外企业的进入和许多行业增长速度放缓，国内市场的竞争压力逐渐显现。

（二）外部宏观环境

外部宏观环境包括：国内鼓励性政策与限制性政策、WTO 带来的全球化趋势、区域或双边贸易壁垒及宏观经济环境。

（三）企业内部因素

例如，拓展市场、确保原材料供应、寻求先进技术等。

四、中国对外直接投资的特点

改革开放 40 年来，为了扩展市场，进一步与国际经济接轨，我国在大量吸收外商直接投资的同时，以联想、华为、奇瑞等为代表的部分实力较强大的国内

企业也开始在摸索中迈出了对外直接投资的步伐，使我国对外直接投资从无到有逐渐发展起来，并显现出鲜明的阶段性特点。

目前我国对外直接投资呈现出如下特点。

（一）投资规模逐步扩大，占全球总额比重稳步提升[①]

改革开放以来，我国对外直接投资长期处于缓慢增长甚至零增长、负增长的阶段。根据联合国世界投资报告数据，从 1978～2004 年长达 26 年的时间里，我国对外直接投资流量一直处于 100 亿美元以下，而这 26 年中除了 2001 年和 2004 年以外，其余 24 年我国对外直接投资金额都在 50 亿美元以下，增长几乎处于停滞状态。进入 21 世纪以来尤其是 2004 年以后，我国对外直接投资呈现加速增长的趋势。根据联合国的相关统计数据，2020 年对外直接投资额达到 1537.1 亿美元，增长速度很快。

（二）投资区域日益广阔，以发展中国家为主[②]

我国对外投资目的地从 20 世纪 80 年代集中于美国、欧洲、港澳地区等少数发达国家和地区，逐渐发展到周边国家和亚洲、非洲、拉丁美洲及东欧、独联体等发展中国家，遍及 168 个国家和地区。其中亚洲是中国最大的海外投资目的地。

2020 年，我国流向亚洲的投资达 1123.4 亿美元，同比增长 1.4%，占当年对外直接投资流量的 73.1%，依旧是我国对外区域投资占比最高的地区。其他地区，除了流向大洋洲的投资同比下降 30.3%，约 14.5 亿美元外，其余地区均呈不同程度的增长，这主要是由于近一年中澳关系紧张所致。2020 年，我国流向拉丁美洲的投资为 166.6 亿美元，同比增长 160.7%，占当年对外直接投资流量的 10.8%；流向欧洲的投资为 126.9 亿美元，同比增长 20.6%，占当年对外直接投资总流量的 8.3%；流向北美洲的投资为 63.4 亿美元，同比增长 45.1%，占当年对外直接投资总流量的 4.1%；流向非洲的投资 42.3 亿美元，同比增长 56.1%，占当年对外直接投资总流量的 2.8%。

（三）投资领域不断拓宽

我国对外投资已由初期的进出口贸易、航运和餐饮等少数领域，拓展到加工制造、资源利用、工程承包、农业合作和研究开发等国家鼓励投资的诸

---

① 2020 年中国对外直接投资行业发展综述及发展趋势分析［图］［EB/OL］. 搜狐新闻，2022 - 01 - 25.
② 去年中国对外直接投资 1537.1 亿美元，同比增长 12.3%［EB/OL］. 新京报，2021 - 09 - 29.

多领域。

从 1996～2009 年的数据分析来看，我国非金融类对外直接投资的产业结构具有明显的偏向性。近年来，我国非金融类对外直接投资集中分布在采矿业和第三产业领域，二者合计约占我国非金融类对外直接投资总额的 70%～90%，而在第三产业内部，对外直接投资主要分布在租赁和商务服务业、批发和零售业，以及交通运输、仓储和邮政业中，三者合计约占第三产业对外直接投资金额的 90%。① 由此可见，我国对外直接投资产业分布偏向十分严重，主要集中分布在采矿业、租赁和商业服务、批发零售、交通运输、仓储等领域，这些领域明显是与对外贸易紧密相关的行业，而对技术、科学研究、文化、教育、水利、环境、公共事业等领域的对外直接投资所占比例极小。

（四）投资主体日趋优化

中国对外投资主体从初期的以国有外贸商业公司和工贸公司为主，转变成目前已有比较优势的各种所有制企业为主体。投资主体多元化，国有企业对外投资占较大比重。从境内投资主体的行业分布看，所属行业以制造业、批发零售业比例最大。我国 31 个省、自治区、直辖市，5 个计划单列市，以及新疆生产建设兵团，在境外均设有对外直接投资企业。

（五）投资形式日趋多样化

我国对外投资从建点、开设窗口等简单方式，发展到投资办厂、资源开发，并开始采用收购兼并、股权置换、境外上市和建立战略合作联盟等国际通行的跨国投资方式。

虽然从纵向比较可以看出，我国自 20 世纪 80 年代以来对外直接投资取得了长足发展，但从横向来看，目前我国的对外直接投资不论是从流量上还是从存量上都远远落后于西方发达国家，即便与某些新兴工业化国家相比也存在一定差距，还属于不成熟的对外投资阶段。虽然我国对外投资事业在改革开放以后取得很大发展，但应该清醒地看到，我国跨国公司的发展与世界整体水平相比，仍处于落后状态。与境内"三资企业"的发展进程相比，还带有滞后性。这种吸收外资与对外投资形成强烈规模反差的经济现象，既是一个发展中国家在国际直接投资发展阶段所必然形成的产物，也给发展中国家如何提高利用外资效率、提高国家经济实力和企业素质指明了前进的方向。

---

① 郭凌威，卢进勇，郭思文. 改革开放四十年中国对外直接投资回顾与展望［J］. 亚太经济，2018（4）：111－121，152.

第二节　中国企业对外直接投资的意义与优势

一、中国企业对外直接投资的意义

（一）有利于与对外贸易形成互补

全球金融危机引发的低迷贸易形势影响到我国对外贸易实体。外部需求萎缩，人民币升值压力及生产过剩，使我国出口贸易面临严峻形势。在这种低迷的经济背景下，应通过对外直接投资带动贸易增长，增加国内资金运用率，盘活国内资金。首先，对外直接投资可在短期内使过剩生产力转移，促进产业及产品结构的调整。其次，具有比较优势的产业和技术会随对外直接投资散布到东道国，对我国相关技术、商品劳务出口具有带动作用。同时，增加了对外市场份额，扩大了外需，对扭转当前不利的出口形势具有现实意义。

（二）有利于海外资源开发

据统计资料显示，我国的主要矿产资源地中不能满足需求的已达到 1/3[1]，并且还在继续上升，因此，我国在 21 世纪的现代化进程中，经济发展的一个严重制约条件是资源短缺。对外直接投资资源的开发可以缓解我国日后资源短缺的压力，保障资源长期、稳定供应。

宝钢集团所用的铁矿石中，有 95% 来自国外。2002 年 6 月，宝钢集团与澳大利亚哈默斯利铁矿有限公司共同组建了海外合资矿山公司，宝钢集团占有 46% 的股份，年产 1000 万吨成品矿，合资年限 20 年。2002 年，宝钢集团与世界铁矿巨头——巴西淡水河谷公司合资成立了宝华瑞矿业公司，年产铁矿石 600 万吨以上，成为中国第一个在国外投资建立矿业公司的钢铁企业。2004 年 2 月 2 日，宝钢集团与巴西 CVRD 公司合资在巴西建设大型钢铁联合企业的项目，双方各出资 3800 万美元，这是当时中国最大的海外直接投资项目。[2]

（三）有利于规避贸易壁垒

近几年来，由于我国出口配额限制及出口产品反倾销等愈演愈烈，所以利用

---

① 岳馨. 对外直接投资的贸易效应分析及现实意义 [J]. 中国商贸，2010（14）：176 – 177.
② 有巨大市场反被利用　看中国需求如何救活澳矿业 [EB/OL]. 新浪财经，2005 – 04 – 18.

对外直接投资在国外生产并在国外销售是应对贸易保护的一种积极解决方式，此举避开了贸易壁垒。

二、中国企业对外直接投资的优势

（一）我国已经拥有一批具有一定实力的大企业

根据美国《财富》杂志公布的"2020 年世界企业 500 强"名单可以清楚地看到，中国国有大企业在经济中的绝对优势地位。2020 年中国（不包括中国台湾地区）共 124 家企业进入世界营业额最大的 500 强企业之列，如表 9.1 所示。表 9.1 中所列企业几乎都是由国家控制或控股的企业，他们在政府的支持下在各自领域内居于绝对垄断地位。这些企业管理科学、经营机制先进、信誉较好，有一定的跨国经营和海外投资办厂经验，比较优势明显。他们可用自有资金进行海外投资，也可以利用在国际金融市场上筹集的资金进行海外投资。另外，中国的大多数企业或企业集团都已制订了国际化经营战略，这也将有力地促进和推动中国海外投资事业的发展。

表 9.1　　　　　　　　世界 500 强中国企业（前 200）一览

排名	公司名称	营业收入（百万美元）	总部
2	中国石油化工集团公司（SINOPEC GROUP）	407008.8	北京
3	国家电网公司（STATE GRID）	383906.0	北京
4	中国石油天然气集团公司（CHINA NATIONAL PETROLEUM）	379130.2	北京
18	中国建筑集团有限公司（CHINA STATE CONSTRUCTION ENGINEERING）	205839.4	北京
21	中国平安保险（集团）股份有限公司（PING AN INSURANCE）	184280.3	深圳
24	中国工商银行（INDUSTRIAL & COMMERCIAL BANK OF CHINA）	177068.8	北京
30	中国建设银行（CHINA CONSTRUCTION BANK）	158884.3	北京

续表

排名	公司名称	营业收入（百万美元）	总部
35	中国农业银行（AGRICULTURAL BANK OF CHINA）	147313.1	北京
43	中国银行（BANK OF CHINA）	135091.4	北京
45	中国人寿保险（集团）公司（CHINA LIFE INSURANCE）	131243.7	北京
49	华为投资控股有限公司（HUAWEI INVESTMENT & HOLDING）	124316.3	深圳
50	中国铁路工程集团有限公司（CHINA RAILWAY ENGINEERING GROUP）	123324.0	北京
52	上海汽车集团股份有限公司（SAIC MOTOR）	122071.4	上海
54	中国铁道建筑集团有限公司（CHINA RAILWAY CONSTRUCTION）	120302.2	北京
64	中国海洋石油总公司（CHINA NATIONAL OFFSHORE OIL）	108686.8	北京
65	中国移动通信集团公司（CHINA MOBILE COMMUNICATIONS）	108527.3	北京
75	太平洋建设集团（PACIFIC CONSTRUCTION GROUP）	97536.4	乌鲁木齐
78	中国交通建设集团有限公司（CHINA COMMUNICATIONS CONSTRUCTION）	95096.2	北京
79	中国华润有限公司（CHINA RESOURCES）	94757.8	香港
89	中国第一汽车集团公司（CHINA FAW GROUP）	89417.1	长春
90	中国邮政集团公司（CHINA POST GROUP）	89346.8	北京
91	正威国际集团（AMER INTERNATIONAL GROUP）	88862.1	深圳
92	中国五矿集团有限公司（CHINA MINMETALS）	88357.4	北京
100	东风汽车公司（DONGFENG MOTOR）	84048.5	武汉

续表

排名	公司名称	营业收入 （百万美元）	总部
102	京东集团 （JD. COM）	83504.8	北京
105	中国南方电网有限责任公司 （CHINA SOUTHERN POWER GRID）	81978.1	广州
107	恒力集团 （HENGLI GROUP）	80588.3	苏州
108	国家能源投资集团 （CHINA ENERGY INVESTMENT）	80498.0	北京
109	中国中化集团公司 （SINOCHEM GROUP）	80376.2	北京
111	中国宝武钢铁集团 （CHINA BAOWU STEEL GROUP）	79932.0	上海
112	中国人民保险集团股份有限公司 （PEOPLE'S INSURANCE CO. OF CHINA）	79788.1	北京
126	中国中信集团有限公司 （CITIC GROUP）	75115.4	北京
132	阿里巴巴集团 （ALIBABA GROUP HOLDING）	73165.9	杭州
134	北京汽车集团 （BEIJING AUTOMOTIVE GROUP）	72553.6	北京
136	中粮集团有限公司 （COFCO）	72148.8	北京
145	中国医药集团 （SINOPHARM）	70689.5	北京
147	碧桂园控股有限公司 （COUNTRY GARDEN HOLDINGS）	70335.3	佛山
152	中国恒大集团 （CHINA EVERGRANDE GROUP）	69127.1	深圳
154	中国兵器工业集团公司 （CHINA NORTH INDUSTRIES GROUP）	68714.4	北京
157	中国电力建设集团有限公司 （POWERCHINA）	67371.2	北京
158	中国电信集团公司 （CHINA TELECOMMUNICATIONS）	67365.3	北京

排名	公司名称	营业收入 （百万美元）	总部
162	交通银行 （BANK OF COMMUNICATIONS）	66564.4	上海
163	中国航空工业集团公司 （AVIATION INDUSTRY CORP. OF CHINA）	65909.0	北京
164	中国化工集团公司 （CHEMCHINA）	65766.7	北京
176	绿地控股集团有限公司 （GREENLAND HOLDING GROUP）	61965.1	上海
187	中国建材集团 （CHINA NATIONAL BUILDING MATERIAL GROUP）	57625.6	北京
189	招商银行 （CHINA MERCHANTS BANK）	57252.1	深圳
191	中国保利集团 （CHINA POLY GROUP）	57147.4	北京
193	中国太平洋保险（集团）公司 （CHINA PACIFIC INSURANCE（GROUP））	55799.6	上海
197	腾讯控股有限公司 （TENCENT HOLDINGS）	54612.7	深圳

资料来源：笔者根据美国《财富》杂志整理得出。

（二）我国已经具有一定的资金实力

我国是世界上第一大外汇储备国：1999 年底为 1564.75 亿美元；2000 年底为 1655.4 亿美元；2001 年底为 2121.65 亿美元；2002 年底为 2864.07 亿美元；2003 年底为 4032.51 亿美元；2004 年底为 6099.32 亿美元。截至 2020 年，中国外贸出口达 2675.156 亿美元，年底外汇储备达 32165 亿美元，当年人均 GDP 约 1.4 万美元。[①] 这些数据说明中国是具备每年拿出一部分资金进行海外投资和创办海外投资企业的条件的。应该说，中国国际资本流动格局中流入大于流出的状况还会存在若干年，但这种格局正在逐渐发生变化，流出与流入之间的差额正在逐步缩小。中国正在由贸易大国向投资大国转变，正在由对外直接投资的潜在大国向现实大国转变。中国已经发展到应适当加快海外投资的新阶段，资金方面的

---

① 中国是世界第一大外汇储备国——中国的外汇储备世界第一［EB/OL］. 当西财经，2023 – 07 – 24.

有来有往是当今国际经济发展的潮流，两者之间是可以相互促进的。

但是巨额的外汇储备也有弊端，如：（1）中央银行被迫投放基础货币来吸纳超额外汇储备；（2）外汇储备资金投放渠道单一、收益较低、风险集中。我国大部分外汇储备用于购买美国债券，考虑通货膨胀和美元贬值的因素，实际年收益率不超过 2%。

（三）我国在技术和设备方面拥有一定的比较优势

进行海外投资在技术和设备方面只需具有比较优势，不一定非要具有绝对优势，只要相对于东道国来说具有比较优势就可以进行投资。中国在一些技术领域是拥有世界先进水平的，而且还具有大量的适用技术、特色技术和传统技术，只要所生产商品的价格相对便宜，这项技术在广大发展中国家就会受到欢迎。同样，在单项设备和成套设备方面中国也具有相对优势。特别是近年来中国国内许多产品变成长线产品，许多企业的生产能力闲置，因此也迫切需要借助海外投资向海外转移具有一定竞争力的设备和技术。

（四）我国在管理和人才方面也具有一定的优势

中国在管理和人才方面也具有一定的优势，尽管中国企业的总体管理水平同发达国家相比还有差距，但是在一些地区和行业及一些企业中的管理水平还是比较先进的。例如，近年来中国青岛海尔集团公司以其卓有成效的管理方式在国际上扬名，其管理经验和案例已经进入国外著名学院的课堂教科书。在改革开放的过程中，中国一些企业已经培养和锻炼了一批熟悉国际惯例和市场环境，有能力在海外从事生产、经营和管理的人才。

总之，无论是从客观条件还是从主观条件来看，中国企业进行海外投资和跨国经营都是有优势的。我们应当以更加积极的态度，推动这项大有希望事业的发展，促进更多的中国企业走出去，使它们在国际经济舞台上扮演更加重要的角色。

第三节　中国企业对外直接投资的管理

我国对外直接投资大致可分为：贸易性企业投资和非贸易性企业投资。

一、设立境外贸易性公司的设立程序

（一）设立条件

若满足以下条件即可申请设立：

（1）具有外经贸部或其授权部门批准的外贸经营权，外贸公司须从事对外贸易业务3年以上；自营生产企业自获得进出口经营权起，须从事对外贸易业务1年以上；

（2）遵纪守法，资信良好；

（3）有相应的人才、资本和国际化经营能力。

（二）审批程序

（1）企业通过所在的市、县外经贸局上报省外贸厅；省外贸厅负责致函驻外使（领）馆经商参处（室）征询意见。

（2）使馆回函同意后，企业到外汇管理部门办理外汇资金来源和投资风险审查（到境外设办事处、代表处，不须办理此项）。

（3）外管部门审核同意后，省外贸厅根据设立境外企业（机构）的国别、地区，区别办理。

在未建交国家和热点、敏感地区设立贸易企业（机构），由省外贸厅报外经贸部审批（热点、敏感地区包括：美国、加拿大、澳大利亚、日本、韩国、东盟成员国、欧盟成员国）。

在其他地区设立贸易企业（机构），由省外贸厅审批，并将有关材料报外经贸部备案。

（4）境外企业（机构）获得批准后，企业持有关材料到外经贸部申领批准证书。企业申领批准证书须提供：外经贸部或省外贸厅同意设立境外企业（机构）的批复；《在境外设立贸易公司及代表处备案表》。

（三）申报材料

（1）申请单位的营业执照、进出口经营权的批准文件（复印件）；

（2）设立公司或代表处的申请（包括：申请单位的基本情况、拟设立机构的目的、中外文名称、拟派出人员编制、机构主要负责人简历、经营范围、经营方式、外汇资金来源、注册资本金、总投资额及其他与项目有关的情况）；

（3）拟设立公司或代表处的可行性研究报告；境外公司章程或代表处工作

条例；

（4）合资、合作企业合作对象的商业登记证、注册证明书、资信证明及合资合作协议；

（5）申报单位上年度进出口总额、出口额及近3年对拟设立或代表处的国家或地区的出口额（须由当地海关出具证明）；

（6）申请单位主管部门的审核意见；

（7）审批部门要求提供的其他有关文件。

二、设立境外非贸易性企业、境外加工企业的程序

设立境外非贸易性企业、境外加工企业的一般程序如图9.1所示。

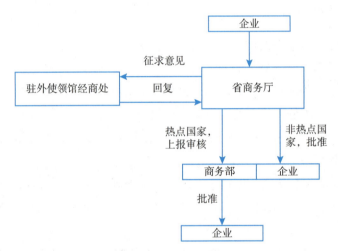

图9.1　境外非贸易性企业、境外加工企业的一般设立程序

（一）申报资格

（1）申请者须是经政府批准、在工商行政管理部门登记、具有独立法人资格的经济实体；

（2）申请者拥有到境外开办企业所需的资金、技术、人才和经营管理能力。

（二）设立程序

1. 境外带料加工装配企业

限额以上项目（3000万美元）须先经国家有关部门批准立项；限额以下项目其建议书和可行性报告合并编报，由市商务局组织相关部门会审后上报省商务

厅，商务部核准并颁发批准证书。

2. 一般境外非贸易性企业

（1）国家规定要申报立项的项目（限上项目）须先提交项目建议书，经市发改委（境外投资额超过 100 万美元的项目）或市商务局（国家规定特殊敏感国家或地区的投资项目）上报省发展改革委或省商务厅转报国家发展改革委或商务部批准立项。

（2）无须向国家申报立项的项目（限下项目），可行性研究报告和项目建议书可合并编报，市商务局组织有关单位会审后，将符合上报要求的文件汇总并上报省商务厅复审，省商务厅复审后将全部材料转报商务部审批并申领批准证书。

（三）申报材料

1. 境外带料加工装配项目申报材料（须向区委、市经贸委同时申报）

（1）境外项目有关材料。

①项目建议书、项目可行性研究报告。

②境外合资企业中、外方合资合同或协议（草签文本）。

③境外企业中方企业间协议。

④境外企业章程（草签文本）。

⑤合资伙伴背景及其资信材料。

⑥外汇管理部门外汇风险审查意见。

（2）项目国内主办单位有关材料。

①项目主办单位营业执照。

②项目主办单位近三年进出口情况及拟在境外生产产品的出口情况。

③股份制企业董事会决议。

④项目主办单位上一年年度报告及注册会计师事务所出具的审计报告。

⑤境外带料加工装配项目主要负责人简历。

（3）审批部门要求的其他材料。

2. 设立境外非贸易性企业申报材料

（1）项目可行性研究报告。

（2）境外企业章程（草签文本）。

（3）境外合资企业合同或协议（草签文本）。

（4）合作伙伴背景及资信证明材料。

（5）主办单位营业执照。

（6）股份制企业董事会决议。

（7）境外机构主要负责人简历。

（8）其他材料。

三、我国对外直接投资的鼓励政策

（一）国务院转发商务部、经贸委、财政部《鼓励企业开展境外带料加工装配业务意见》

1. 工作重点

（1）在行业选择上，以我国在设备、技术上有较强比较优势的轻工、纺织、家用电器等机械电子及服装加工等行业为重点。

（2）在投资主体选择上，以实力强、管理科学、出口产品有信誉的国内生产企业为重点。

（3）在投资方式上，以企业现有设备及成熟技术和原材料、零部件等实物投入为主，从事散件组装及加工生产为重点。

（4）在地区选择上，应以政局稳定、投资环境较好，且与我国关系友好、双方有相当经贸合作基础的国家和地区为重点。

2. 优惠政策

（1）资金鼓励政策。

①凡符合规定贷款条件的企业，有关银行对其到境外建厂提供人民币中长期贷款。

②从中央外贸发展基金中安排专项资金用于扶持境外带料加工装配项目，项目由进出口银行评估、放款和回收。

③到境外开展带料加工装配业务的企业可从援外优惠贷款、合资合作项目基金中得到资金支持。

④为鼓励扩大生产规模，允许境外带料加工装配企业将获利后 5 年内所获利润充实资本金。

⑤银行对境外带料加工装配出口的设备、技术、零配件、原材料所需资金优先提供出口信贷。

⑥从事带料加工装配项目企业申请批准的周转外汇贷款，银行按正常的贷款利率执行，由中央外贸发展基金对出口企业贴息 2 个百分点。

（2）简化外汇管理手续。

①境外带料加工装配项目免交汇回利润保证金。

②境外带料加工装配项目涉及购汇或需汇出外汇的，需事前经外汇管理部门

批准；不涉及购汇或外汇汇出的，可不做外汇风险审查，企业凭外经贸部批准证书到外汇管理部门办理登记备案手续。

③境外带料加工装配项目涉及的外汇收、付及汇兑，应按外汇管理有关规定办理。

（3）享受出口退税政策。

对企业作为实物性投资的出境设备、器材、原材料及散件，海关凭外经贸部批准证书和合同副本验放，实行全国统一的出口退税政策。对其中二手设备按其提取折旧后的余额计算应退税款；对新设备和原材料按增值税专用发票所列明的进项税额计算应退税款。

（4）金融服务和政策性保险鼓励政策。

①国有商业银行要制订具体规划，加快海外营业网点的建设，为境外企业在当地提供流动资金贷款、清算、结算等金融服务。

②发挥出口信用保险的作用，为境外带料加工装配等国家鼓励出口的项目、产品提供政治风险（包括战争、动乱、政府征用）及非商业性风险保障。对境外带料加工装配项下出口的设备、技术、零配件、原材料等，可比照中长期出口信用保险的条件提供保险。适当提高对拉美、非洲等高风险地区的出口信用保险国家限额。尽快研究建立境外投资风险保障机制。

（5）其他鼓励政策。

①对开展境外带料加工装配项目的国内生产企业，优先赋予其自营进出口权。

②境外带料加工装配项下出口设备、技术、零配件、原材料，如涉及出口许可证或配额，给予优先安排。

③简化对境外带料加工装配企业经营管理人员的外派审批手续。

（二）商务部《境外加工贸易企业周转外汇贷款贴息管理办法》

经国家批准从事境外加工贸易的企业，取得商务部颁发的《中华人民共和国境外带料加工装配企业批准证书》之后得到的银行外汇贷款，均可申报外汇贷款贴息。

从事加工贸易的企业申请批准的外汇贷款，银行按正常的贷款利率执行，由中央外贸发展基金对企业外汇贷款年贴息2个百分点。

四、中国对外直接投资的行业导向

考虑目前中国进行海外投资的可能性和世界直接投资发展的新特点，以及中国国内产业结构调整和优化的目标，现阶段中国海外投资的重点行业为以下几方面。

（一）加工装配型制造业

加工装配型的制造业主要涉及机械、电子、轻工、服装、建材、电信设备制造等行业。设立这种类型的企业可以突破东道国所实行的贸易保护主义政策，带动和扩大国内的技术、设备、半成品、零部件及原有的出口产业，实现就地生产就地销售和向第三国销售。与此同时，还可以充分利用中国企业在设备、技术和人力等方面的比较优势，取得比较利益。目前，国家对该行业的海外投资给予重点支持，制定了一系列的鼓励和优惠政策。

（二）资源开发型行业

资源开发型项目一般建设周期长，投资额较大。过去的十几年，资源开发型项目成为中国对外直接投资的一个重点，今后仍应是中国海外投资的重点。这是因为中国人均占有资源不多，在海外对中国短缺资源项目进行投资，对打破资源垄断具有重要意义。

（三）科技开发型行业

科技开发型行业企业分为三类：第一类是通过对中国目前技术上仍属空白或落后的东道国技术密集型企业的投资和参与管理，从中学习和吸取对方的先进技术，将技术带回国内应用；第二类是在国外发达国家组建高科技新产品开发公司，将开发的新产品交给国内企业生产，然后再销往国外；第三类是指鼓励国内的高科技企业走向国际市场，进行海外投资，扩大高科技产品的出口，实现科技产品的国际化。

（四）工程承包与劳务合作业务

中国具有丰富的劳动力资源，中国承包劳务企业在国际市场已具有较强的竞争力。因此，国家支持承包劳务企业在海外创办一些相关企业，以扩大中国的海外工程承包和劳务合作业务。

（五）服务贸易型行业

服务贸易型行业企业包括金融保险、进出口贸易、商业批发、信息咨询、运输通信、医疗卫生、旅游、广告、维修服务等行业的服务性企业。通过创办独资或合资的服务行业企业，可以直接扩大中国的服务出口，并可间接促进中国有形商品的出口。

复习思考题

一、名词解释

对外直接投资、工程承包、劳务合作、贸易壁垒

二、简答题

1. 中国对外直接投资的发展现状。

2. 中国对外直接投资呈现出哪些特点？

3. 中国企业对外直接投资的意义。

4. 境外贸易性公司的设立条件有哪些？

5. 我国为促进对外直接投资制定了哪些优惠政策？

6. 现阶段中国海外投资的重点行业有哪些？

第十章

国际技术转让

第一节　国际技术转让概述

一、国际技术转让的定义

（一）技术的含义

根据联合国世界知识产权组织，所谓技术是制造一种产品、使用一种工艺方法或提供一种服务的系统知识，这种知识可以体现为一项发明、一项外观设计、一项实用新型或者一种植物的新品种，也可体现于专家为设计、安装、建设或维修一个工程，或为管理一个工商企业，或为其他活动而提供的服务或协助。

狭义：应用于改造自然的技术。

广义：解决某些问题的具体方法和手段。

技术属于知识范畴，但它是用于生产或有助于生产活动的知识；技术是生产力，但是是间接的生产力；技术是商品，但是是一种特殊的商品。

技术的特点：无形性、系统性、商业性、可实施性、可传授性。

按技术的公开程度划分可分为公开技术、半公开技术和秘密技术（主要指专有技术）；按技术是否属于工业产权可分为具有工业产权的技术和不具有工业产权的技术；按技术的发展阶段不同可分为开发型技术、成长型技术、成熟型技术和衰退型技术；按技术表现形态可分为软件技术、硬件技术和技能形态技术。

（二）国际技术转让的含义

技术转让是指技术成果由一方转让给另一方的经营方式，包括生产技术、销售技术或管理技术及有关权利。联合国在关于《国际技术转让行动守则草案》中，对技术转让下了一个定义，称技术转让是指关于制造产品、应用生产方法或提供服务的系统知识的转让，但不包括贸易的单纯买卖或租赁。同时，世界知识产权组织（WIPO）在 1977 年出版的《供发展中国家使用的许可贸易手册》一书的第一章中对技术做出了定义，并将"技术"分为三大类：制造产品的系统知识、一项工艺的系统知识和有关服务的系统知识。技术转让是指拥有技术的一方通过某种方式，将其技术转让给另一方所有或使用的行为。

跨越国境的技术转让行为就是国际技术转让。国际技术转让包括商业性技术转让和非商业性技术转让。国际技术转让（international technology transfer）是技术要素在国际间的组合与配置，主要在生产领域及相关服务领域里的合作。

非商业性技术转让是指无偿的技术转让，主要是指国际间的科技交流与合作。包括政府援助、技术情报交换、学术交流和技术考察等形式。

商业性的技术转让指有偿的技术转让，即通常所说的国际技术贸易。采取的方式有：带有技术转让性质的设备硬件，专利、专有技术、商标使用等许可贸易；等等。

二、国际技术转让的特点

国际技术转让主要有以下三个特点。

（一）国际技术转让的标的是无形的知识

国际技术转让首先是一种技术转让，其交易的标的不同于货物买卖交易中的标的——货物。一般地，货物属有形财产范畴，而技术则属无形财产范畴。正是由于国际技术转让的这一特点，才将其与国际货物买卖交易区分开来。

（二）交易具有国际性

国际技术转让是依照国内法律或国际法律文件而具有国际性的交易。正是因为其具有国际性，才将其与国内技术转让交易区分开来。

（三）国际技术转让所涉及的问题较复杂、难度大

国际技术转让的复杂性主要表现在以下诸多方面：

一是形式多样，既有单纯的技术转让，又有与其他交易结合在一起的技术转让；二是内容较多，在一个国际技术转让交易中，除技术资料的交付外，常常还有诸如技术的改进和发展、保密、考核验收和技术培训等内容；三是涉及的法律较多，国际技术转让通常所涉及的法律不仅有民法、商法，还有诸如专利法、商标法和版权法等知识产权法，以及反不正当竞争法和国际技术交易管制法等。

当然，国际技术转让也有其他特点。例如，国际技术转让一般只限于技术使用权的转让，国际技术转让的当事人是合作与竞争的关系，国际技术转让的作价难，国际技术转让的国家管制较为严格，等等。

三、国际技术贸易与国际货物贸易的比较

根据联合国经济合作和发展组织（OECD）的定义：技术是指在整个生产过程中所应有的知识。由于技术经常以其物化形态（工具、机器等）出现，有时容易混淆国际技术贸易与国际贸易。在技术贸易中，机器设备被称为技术贸易的"硬件"，技术贸易中的技术，被称为技术贸易的"软件"。就技术而言，国际技术贸易和国际货物贸易既有联系又有区别。

（一）国际技术贸易与国际货物贸易的联系

（1）大量的国际货物贸易的基础是国际间的技术差异。除原材料及其他自然资源外，多数国际间货物贸易是由于地区间存在技术差异，技术的差异使产品的质量不同、企业的生产效率不同，生产效率的差异决定了生产成本不同，因此，质优价廉的商品在国际市场上具有较强的竞争力。一方面，技术进步促进国际间的货物贸易的发展；另一方面，由于世界各国认识到技术的重要性，为了提高本国商品的竞争力，积极投入人力、财力、物力研究开发技术，巩固和提高本国产品的市场占有率，或通过引进国际先进技术来改造"相对劣势"产业。

（2）国际技术贸易是促进国际货物贸易结构变化的动力。技术落后的发展中国家为参与国际贸易，一般以出口初级产品、进口发达国家技术密集型产品为主，这种贸易阻碍了发展中国家的经济发展。为了改变这种局面，发展中国家纷纷引进国外先进技术，改造传统产业，从而改变本国进出口结构，增加外汇收入，增强本国的经济实力和产品竞争力。

（3）国际技术贸易成为疏通国际货物贸易的手段。主要表现在三个方面：一是一些发达国家以技术的交换为条件获得发展中国家可靠的、稳定的原材料供给；二是拥有先进技术者为了与对手竞争，迅速占领某一市场或扩大市场份额，

有时以合作的方式向当地企业提供技术；三是跨国企业为了利用当地资源优势，绕过贸易壁垒，通过提供技术与当地企业合资生产产品。

（二）国际技术贸易与国际货物贸易的区别

1. 贸易标的在形态上不同

国际技术贸易的标的是没有固定形状、也不可用标尺度量加以规范的知识。国际货物贸易的标的是有形的、可用具体标准衡量其质量好坏的物品。

2. 贸易标的在所有权上存在差异

技术作为商品出售，其所有权可以不随之转移，供方可以只出售技术的使用权，保留技术的所有权，技术一经开发，可以多次出售而不必重复开发。货物在出售转让后，卖方即失去对货物的所有权，也无法继续支配和使用该货物，更无法对同一货物多次出售或转让。

3. 贸易双方当事人的权利与义务关系不同

（1）国际技术贸易当事人之间的权利与义务关系不因付款或交货的结束而中止，由于存在技术的传授和其他技术交流，双方关系会持续一段时间，而国际货物贸易双方的债权与债务关系一般随着付款交货而结束。

（2）技术贸易的供方作为技术的开发者，其开发技术的目的不一定为了转让，可以是自用，而国际货物贸易的卖方作为货物的生产者，其生产的目的主要是销售货物。

（3）技术贸易双方大多数情况下是同行，技术受方对技术了解，能够使用技术生产商品。技术供方在转让技术的同时，也担心受方会在技术和产品上与自己竞争，因此，双方既存在合作，也存在竞争。

4. 国际技术贸易所涉及的问题较国际货物贸易复杂

（1）国际技术贸易涉及工业产权保护，技术风险，报酬的确定，支付方式的选择，贸易双方的责任、权利和义务，贸易的限制等特殊而复杂的问题，这些问题在合作存续期间始终存在。

（2）国际技术贸易所涉及的法律较多，包括专利法、商标法、合同法、个人所得税法、外国企业所得税法等。

（3）政府技术贸易的干预较多。大多数国家对技术的转让都规定，重要的、尖端的、保密的技术转让项目要经过审查、批准。技术的引进不仅关系到相关企业的利益，而且与国家宏观调控有密切联系，因此，技术供方通常采用立法和行政手段加强对国际技术贸易的管理和干预，以维护本国的经济发展和政治稳定。

第二节　国际技术转让的主要内容

国际技术转让的对象是无形的技术知识，内容一般包括受法律保护的专利技术、商标、专有技术和商业秘密等。

一、专利

（一）专利的含义

专利（patent）通常是指专利权，最早起源于中世纪的英国，它是一种工业产权，是指有关当局根据发明人的申请，经核查认定其发明符合法律规定的条件，而在一定期限内授予发明人的一种法定权益。

取得专利的人称为专利权人。专利权人在专利有效期内有独立使用其专利发明、制造或销售专利产品的权利。其他人如果想利用该项专利发明，都必须事先取得专利权人的许可。专利权许可：专利人通过签订许可证合同，在一定条件下允许其他人使用其专利，由被许可人给付专利权人一定报酬的行为。如果未经专利权人许可而擅自使用专利发明，就构成侵犯专利权的行为。法律对专利权的保护有一定期限，一般为 10～20 年，专利期限届满后，专利即从个人或者组织占有变为公有，成为社会公共财富。

一项技术发明要获得专利权必须符合专利的新颖性、创新性及实用性三个特点。

（二）专利的种类

专利一般可以分为发明专利、实用新型专利和外观设计专利三种形式。

1. 发明专利

专利法所称的发明是指对产品、方法或者其改进所提出的新的技术方案。

发明不同于发现。发现是指揭示自然界和人类社会已存在的但尚未被人们所认识的事物，主要是揭示未知事物的存在及其属性。而发明主要是创造出过去没有的事物。发明是新颖的技术成果，不是单纯仿制已有的器物或重复前人已提出的方案和措施。一项技术成果，如果在已有技术体系中能找到在原理、结构和功能上有相同的东西，则不能叫作发明。

发明不仅要提供前所未有的东西，而且要提供比以往技术更为先进的东西，即在原理、结构特别是功能效益上优于现有技术。发明总是既有继承又有创造，在一般情况下还具有先进性。

发明必须是有应用价值的创新，它有明确的目的性、新颖性和先进的实用性。发明方案既要反映外部事物的属性、结构和规律，又要体现自身的需要。发明者创造出新产品、新工艺前，已在观念中按功能要求预构出所设计的对象，并在发明过程中不断按优化的功能目标来完善其方案。

发明又区别于实际生产和工程中的现实技术或现场技术。发明要有应用前景和可能应用的技术方案和措施，一项发明能否被应用于生产过程或工程活动，还取决于它是否能纳入已有的技术系统或引起已有技术系统的革新，以及资金、设备、人力、材料、管理和市场诸多方面的条件。有了发明，未必就一定有相应的产品或工艺，未必就能解决生产和工程中的实际问题。只有把发明转化为产品研制、工艺试验，转化为技术革新、试生产、批量生产和推广应用，才能成为现实技术。

发明一般具有三个特征：（1）发明必须是一种技术方案；（2）发明是对自然规律的利用；（3）发明是具有最高水平的创造性技术方案。

发明的表现形态也有三种：（1）产品发明，指经过人们智力劳动创造出的新产品，产品发明可以是一个独立的新产品，也可以是一个产品中的某一部件。（2）方法发明，即制造某种物品或解决某一问题的方法是前所未有的。（3）改进发明，指发明人对已有产品发明和方法发明所提出的具有实质性改革及创新的技术方案。

2. 实用新型专利

实用新型专利又称小发明或小专利，是专利权的客体，是专利法保护的对象，是指依法应授予专利权的实用新型专利。实用新型通常是指对产品的形状、构造或者其结合所提出的适于实用的新的技术方案。实用新型虽然也是一种发明，但与发明专利相比其只限于具有一定形状的产品，不能是一种方法，也不能是没有固定形状的产品。我们对实用新型的创造性要求不高，而实用性要求较强，就经济效益来说不一定低于发明。

实用新型的特点：（1）必须是一种产品，如仪器、设备、日用品等；（2）是一种具有形状的物品；（3）必须实用。

3. 外观设计专利

外观设计专利是指对产品的形状、图案、色彩或者其结合所做出的富有美感并适于工业上应用的新设计。外观设计是指工业品的外观设计，也就是工业品的式样。外观设计不涉及产品的制造和设计技术。

外观设计应具备以下几个条件：（1）必须与物品有关；（2）必须是有关物品外形、形状、图案等方面的设计；（3）能够产生美感；（4）必须适于工业上的应用。

（三）专利的特点

专利属于知识产权的一部分，是一种无形财产，具有与其他财产不同的特点。

1. 独占性

专利的独占性是指同一发明在一定的区域范围内，其他任何人未经许可都不能对其进行制造、使用和销售等，否则属于侵权行为。专利实际上并不具有严格的独占性。

2. 区域性

专利的区域性是指专利权是一种有区域范围限制的权利，它只有在法律管辖区域内有效。除了在有些情况下，依据保护知识产权的国际公约，以及个别国家承认另一国批准的专利权有效以外，技术发明在哪个国家申请专利，就由哪个国家授予专利权，而且只在专利授予国的范围内有效，而对其他国家则不具有法律的约束力，其他国家不承担任何保护义务。但是，同一发明可以同时在两个或两个以上的国家申请专利，获得批准后其发明便可在所有申请国获得法律保护。

3. 时间性

时间性是指专利只有在法律规定的期限内才有效。专利权的有效保护期限结束以后，专利权人所享有的专利权便自动丧失，一般不能续展。发明便随着保护期限的结束而成为社会公有的财富，其他人便可以自由地使用该发明来创造产品。专利受法律保护的期限的长短由有关国家的专利法或有关国际公约规定。目前世界各国的专利法对专利的保护期限规定不一（《中华人民共和国知识产权协定》第三十三条中规定专利"保护的有效期应不少于自提交申请之日起的第二十年年终"）。

4. 实施性

除美国等少数几个国家外，绝大多数国家都要求专利权人必须在一定期限内、在给予保护的国家内实施其专利权，即利用专利技术制造产品或转让其专利。

专利实际上就是个人或企业与国家签订的一份特殊的合同，个人和企业的代价是公开技术，国家的代价是允许一定时间的垄断经营权利。

二、商标

（一）商标的含义

商标（trade mark）是企业为了将自己制造或销售的商品与他人制造或销售的商品区别开来，而为商品加上的文字、名称、图案、记号或综合标志。商标象征着商品的信誉，是品牌的重要组成部分。商标依其知名度的高低和获利的大小具有不同的价值，它是企业一项重要的无形资产，其产权和使用权可以进行买卖。

商标可以区别商品的生产者、经营者、服务者、进货来源及档次，代表商品质量和服务质量，有助于商品和服务的广告宣传。商标通过确保商标注册人享有用以标明商品或服务，或者许可他人使用以获取报酬的专用权，而使商标注册人受到保护。保护期限自商标注册公告之日起 10 年，但期满之后，需要另外缴付费用，即可对商标予以续展，次数不限。续展的费用一般为 2000 元，续展要在规定的续展期内办理。商标保护一般由当地工商局配合调查，协商不成再由法院实施。在大多数制度中，法院有权制止商标侵权行为。从广义上讲，商标通过对商标注册人加以奖励，使其获得承认和经济效益，而对全世界的积极和进取精神起到促进作用。商标保护还可阻止诸如假冒之类的不正当竞争者用相似的区别性标记来推销低劣或不同产品或服务的行为。这一制度能使有技能、有进取心的人们在尽可能公平的条件下进行商品和服务的生产与销售，从而促进国际贸易的发展。

（二）商标的分类

随着科学技术的发展，也随着产品品种的不断丰富和商标制造技术的日益进步，商标的种类也在增多。商标从不同的角度可划分为不同的类别。

（1）按商标结构可以分为文字商标、图形商标、字母商标、数字商标、三维标志商标、颜色组合商标、音响商标、气味商标等。

（2）按商标的使用者不同可以分为商品商标、服务商标、集体商标及无主商标。

（3）按商标用途可以分为营业商标、证明商标、等级商标、组集商标、亲族商标、备用商标、防御商标、联合商标及广告商标。

（4）按商标享誉程度分为普通商标、著名商标和驰名商标。

（5）按商标注册与否可以分为注册商标和未注册商标。

（6）按商标是否有寓意可以分为有含义商标和无含义商标。

（三）商标权及其特点

商标权是商标专用权的简称，是指商标使用人依法对所使用的商标享有的专用权利。是商标注册人依法支配其注册商标并禁止他人侵害的权利，包括商标注册人对其注册商标的排他使用权、禁止权、转让权和许可使用权。

商标权具有以下三个特点。

1. 专有性

商标权的专有性又称为独占性或垄断性。用商标的目的就是为了区别于他人的商品或服务，便于消费者识别。所以，注册商标所有人对其商标具有专用权，可受到法律的保护。未经商标权所有人的许可，任何人不得擅自使用与该注册商标相同或相类似的商标，否则即构成侵犯注册商标权所有人的商标专用权，将承担相应的法律责任。

2. 时间性

商标权的时间性也称法定时间性，是指商标权为一种有期限的权利，在有效期限内才受法律保护，超过有效期限，商标权即终止，不再受法律保护。商标的保护时限一般为 10～15 年（中国为 10 年）。与专利权有所不同的是，在商标保护期届满时，商标的所有者可以申请续展，而且对续展的次数不加限制。商标权的所有者只要按期办理续展手续，就可以继续保持商标的所有权。

3. 区域性

商标权具有严格的地域性，这是由商标权的国内法性质所决定的。商标权的所有者只有在授予该商标权的国家境内才能受到法律保护。如果商标的所有者在其他国家得到同样的保护，则必须依法在其他国家申请注册。

（四）商标的注册

商标注册是商标使用人取得商标专用权的前提和条件，只有经核准注册的商标，才受法律保护。商标注册原则是确定商标专用权的基本准则，不同的注册原则的选择是各国立法者在这一问题中对法律的确定性和法律的公正性二者间关系进行权衡的结果。

商标注册申请主要遵循以下三个原则。

1. 自愿注册原则

自愿注册是相对强制注册而言的，即商标使用人是否将其使用的商标申请注册随其自愿，可以申请注册，也可以不注册就使用。强制注册是指使用的商标必须注册，否则不得使用。自愿注册符合商品经济发展的要求，但绝不是鼓励使用未注册商标。未注册商标不但不受法律保护，而且还有侵权的危险。《中华人民共和国商标法》第五条规定，国家规定必须使用注册商标的商品，必须申请商标注册。现在国家规定必须使用注册商标的商品有人用的药品和烟草制品两种。

2. 申请在先原则

申请在先原则是一个时间概念。《中华人民共和国商标法》规定：两个或者两个以上的申请人，在同一种商品或者类似商品上以相同或者近似的商标申请注册，初步审定并公告申请在先的商标，驳回申请在后的商标。如同一天在相同或类似商品上申请的两个或两个以上相同或近似的商标，由国家商标主管机关通知申请人在三十天内提交该商标实际使用日期的有效证明，初步审定使用在先的商标。若申请商标系同日使用或均未使用的，商标局通知申请人自行协商。协商一致后，三十天内将协商结果书面报送商标局，超过三十天达不成协议的，在商标局主持下，由申请人抽签决定，或者由商标局裁定。

3. 商标注册保护原则

《中华人民共和国商标法》规定商标受法律保护的法定方式为申请注册，之后享有商标专用权，未申请注册的商标原则上不享有商标专用权。

三、专有技术

（一）专有技术的含义

专有技术又称"非专利技术""技术诀窍""专门技能"，来自英文"know-how"。指那些未经公开、未申请专利、可以传授和转让的、从事生产或经营管理所必需的技术知识、技能和经验等。内容包括：产品或工程设计，工艺流程，原材料配方成分，操作和测试方法，与技术有关的经营管理专门知识技巧与经验。

从法律角度讲，专有技术没有经过法律的认可，不是法定权利。但是，专有技术持有人对这种技术拥有所有权，这种所有权是一种非法定权利，仅为技术持有者所独有。即专有技术虽然得不到专利法、商标法的保护，但它应当得到财产法的保护，作为一种财产，专有技术也可以许可合同的方式进行转让。

在法律意义上，专有技术必须具备三个条件：

（1）其整体或其确切结构和内容组合是秘密的、非通常从事该信息领域工作的人们所普遍了解或容易获得的；

（2）是秘密的，因而具有商业价值；

（3）其合法拥有者已按照实际情况采取合理措施对其予以保密。

（二）专有技术的特点

专有技术具有六个特征：（1）是一种技术知识；（2）是具有实用性的动态技术；（3）具有可传授性和可转让性；（4）是一种以保密性为条件的事实上的独占权；（5）具有经济性；（6）是没有取得专利权的技术知识。

（三）专有技术与专利的区别

专有技术和专利虽然都含有技术知识，都是人类智慧的结晶，但两者存在着很大区别，专有技术和专利技术的比较如表10.1所示。

表10.1　　　　　　　　专有技术和专利技术的比较

比较内容	专有技术	专利技术
存在条件	保密	法律保护
时效性	无时间限制	有时间限制
保密性	技术内容保密	技术内容公开
技术要求	不一定是发明创造，但必须是成熟的、行之有效的	必须有新颖性、创造性和实用性
技术形态	是动态的，其内容可以发展改进，是可变的	是静态的，其内容是固定不变的
存在方式	以书面表示或存在于人们的头脑中	以书面表示

四、商业秘密

（一）商业秘密的含义

商业秘密（business secret）是指不为公众所知悉、能为权利人带来经济利益，具有实用性并经权利人采取保密措施的技术信息和经营信息。

商业秘密包括两部分：经营信息和非专利技术。如管理方法、产销策略、客户名单、货源情报等经营信息，还有生产配方、工艺流程、技术诀窍、设计图纸等技术信息。商业秘密关乎企业的竞争力，对企业的发展至关重要，有的甚至直接影响到企业的生存。

（二）商业秘密的特点

1. 秘密性

秘密性是指商业秘密所处的状态应当是秘密的，没有被公开过，这也是商业秘密最本质的特征。确定商业秘密的私密性最客观的标准是"不为公众所知悉"。

2. 价值性

商业秘密正是"因其属于秘密而具有商业价值",所以价值性是商业秘密必须具备的特征,主要能够给权利人带来现实的或潜在的经济价值。

3. 管理性

管理性是指权利人应对商业秘密进行管理,要采取合理的保密措施,即权利人仅有主观意识还不够,还必须实施客观的保密措施。如签订保密合同、订立保密协议、建立保密制度、加强保密教育、加强门卫保卫措施等。

4. 合法性

商业秘密只能通过合法途径取得,如研究、分析等,不能通过非法途径取得。

(三)　商业秘密的保护

对商业秘密的侵害行为通常包括以下四种:(1)以不正当手段获得商业秘密;(2)不正当获取商业秘密后的继续侵害行为;(3)来源正当但违背诚实义务的行为;(4)第三人的侵权行为。

商业秘密的国际保护现状与传统的知识产权,如专利权、商标权、版权相比,商业秘密的法律保护在绝大多数国家中受保护的程度要差得多。从各国的司法实践来看,大多数国家尚未制定保护商业秘密的专门性法律,对商业秘密的保护还很不充分、很不完善。目前各国主要通过合同法、侵权法、反不正当竞争法及刑法中的有关规定对商业秘密实施间接保护,但主要以民事保护为主,刑事只是作为一种补充性保护手段。也有的国家采用专门立法的形式保护商业秘密。尽管各国对商业秘密的保护方式不尽相同,但大体可分为两种类型:通过民法、刑法或其他法律保护商业秘密和通过专门立法保护商业秘密。

目前《中华人民共和国民法通则》、《中华人民共和国反不正当竞争法》、《中华人民共和国民事诉讼法》、《中华人民共和国保守国家秘密法》、2022年新《中华人民共和国刑法》及最高人民检察院、国家科委联合颁布的《关于办理科技活动中经济犯罪案件意见》(已废止)等法律、法规,对侵害商业秘密权利人权益的有关行为做出了明确的处罚规定。对违反国家保密法规、泄露国家秘密及非法窃取技术秘密情节严重的,将追究刑事责任。

第三节　国际技术转让交易方式

国际技术转让的交易方式包括单纯的国际技术转让，如所有权转让、许可贸易和技术服务、与国际货物贸易或经济合作相结合的国际技术转让，包括与货物贸易相结合、与合作生产相结合、与补偿贸易相结合、与工程承包相结合、与合作研究开发相结合和与直接投资相结合的国际技术转让。最常见的国际技术转让有许可贸易、国际合作生产、国际技术咨询服务、国际工程承包、BOT 投资方式等。

一、许可贸易

（一）许可贸易的含义

许可贸易（licensing trade）也称许可证贸易，是指一国的技术拥有方通过签订书面的许可协议允许另一国的技术需求方在规定的范围内使用其技术，进行产品生产和销售的一种商业性交易。许可贸易的双方分别被称为许可方（licensor）和被许可方（licensee）。被许可方拥有技术的使用权以及产品的制造权和销售权。

许可贸易是一项专业性、法律性很强的贸易活动，目前它已经成为国际技术贸易中最主要的方式。

（二）许可贸易的特点

许可贸易与其他的贸易方式相比，具有以下几个特征：

（1）许可贸易中所转让的技术通常比普通商品耗费大量资金、人力、物力和时间，许可方不仅想通过出让技术使用权收回其投资并获得一定利润，同时也希望在出让技术使用权后，最大限度地使自己仍处于技术上的垄断地位，以防被许可方获得技术使用权后获得竞争优势，从而威胁到许可方的经济利益。

（2）许可贸易涉及的法律较广。

（3）技术贸易不仅是交易标的的买卖，还包括了技术的传授、吸收和实践并转化为生产力的整个过程。

（4）许可贸易比一般的有形商品贸易复杂。

（三）许可贸易的分类

1. 根据许可方授予被许可方的权力范围划分

（1）独占许可。

独占许可是指在合同规定的期限和地域内，被许可方对转让的技术享有独占的使用权，即许可方自己和任何第三方都不得使用该项技术和销售该技术项下的产品。所以这种许可的技术使用费是最高的。

（2）排他许可。

排他许可又称独家许可，是指在合同规定的期限和地域内，被许可方和许可方自己都可使用该许可项下的技术和销售该技术项下的产品，但许可方不得再将该项技术转让给第三方。排他许可是仅排除第三方不排除许可方。

（3）普通许可。

普通许可是指在合同规定的期限和地域内，除被许可方允许使用转让的技术和许可方仍保留对该项技术的使用权之外，许可方还有权再向第三方转让该项技术。普通许可是许可方授予被许可方权限最小的一种授权，其技术使用费也是最低的。

（4）可转让许可。

可转让许可又称分许可，是指被许可方经许可方允许，在合同规定的地域内，将其被许可所获得的技术使用权全部或部分地转售给第三方。通常只有独占许可或排他许可的被许可方才能获得这种可转让许可的授权。

（5）交叉许可。

交叉许可又称互换许可，是指交易双方或各方以其所拥有的知识产权或专有技术，按各方都同意的条件互惠交换技术的使用权，供对方使用。这种许可多适用于原发明的专利权人与派生发明的专利权人之间。交叉许可双方权利对等，一般不需要支付使用费。

在以上许可证中，一般而言，提供同一项技术的独占许可证的费用是最高的，排他许可证次之，普通许可证最低。究竟选择哪一种，主要看在同一地域可能应用同一技术生产相同产品的竞争者的情况而定。

2. 根据贸易标的划分

许可贸易按其标的内容可分为专利许可、商标许可、计算机软件许可、专有技术许可和"一揽子"许可等形式。

（1）专利许可（patent license）。专利许可是指专利所有人或其授权的法人及自然人在一定范围内允许他人使用其受专利保护的技术权利。

（2）商标许可（trade mark license）。商标许可是指拥有商标专用权的所有人通过与其他人签订许可合同，允许他人在指定的商品上及规定的地域内使用其注册的商标。

（3）计算机软件许可（software license）。计算机软件许可是指计算机软件的使用者应与软件所有者签订软件许可合同，并向其支付专利许可费用。

（4）专有技术许可（know-how license）。专有技术是指生产秘密、技术知识、经验、制造方法等。专有技术许可证不同于专利许可证，它是靠合同中的保密条款来保护的，专有技术的有效期比专利更富有伸缩性。

（5）"一揽子"许可（package license）。"一揽子"许可也称综合许可证贸易，指技术的许可证把专利、商标和专有技术的使用权转让往往结合在一起转让给受许可方使用。在现实的经济活动中，许可证贸易大多属于综合许可。

（四）许可贸易合同

1. 许可贸易合同的含义

在国际技术贸易中，实际应用的技术贸易合同有很多种，其中许可贸易合同是最为普遍、最为典型的一种。许可证合同是指出让方将其技术使用权在一定条件下让渡给受让方，而由受让方支付使用费的合同。国际许可证合同又称"国际许可证协议"，就是指位于不同国家境内的当事人之间以让渡技术使用权为目的签订的合同。"许可证合同"一词中的"许可证"不同于政府行政机关出于管理目的而颁发的商品进出口许可证等证照。

许可证合同的客体主要是技术使用权，具体地说，即专利使用权、商标使用权和专用技术使用权。

2. 国际许可合同的内容

国际许可合同与其他国际贸易合同一样，其结构形式也分为首部条款、主体条款和尾部条款。

（1）国际许可合同首部条款。①合同名称条款。合同的名称条款主要是要表明该合同的名称、类型和特征。②双方当事人名称和地址条款。双方当事人的名称应写清楚，其意义在于不同的公司承担的债务责任不同，如股份有限公司只能就其注册资本对外承担债务，无限责任公司对债务承担无限责任。双方当事人的法定地址也非常重要，它不仅是寄交技术资料和文件的地址，而且是在发生合同争议时仲裁或诉讼地点的确定根据。③签订合同的日期和地点条款。明确签订合同日期和地点有重要意义。如果合同规定，从合同签订之日起若干时间内交付技术资料，那么合同签订日期的明确就具有不可忽视的意义。签订合同的地点在确定法律适用上也具有重要作用。④鉴于条款。鉴于条款是指双方当事人在合同开头表明订约意图、目的和签约原则的条款。因在写法上通常用"鉴于"开头，所以称为鉴于条款。鉴于条款对如何解释合同中具体条款精神有指导作用。虽然具体合同条款的解释应根据法律和国际惯例，但合同规定原则的指导作用，也是不能忽视的。⑤定义条款。定义条款是指对合同中反复使用、容易混淆或关键性的名词、术语的含义做出明确、具体规定的条款。由于在国际技术贸易中，双方当事人分处在不同的国家和地区，彼此间不仅存在语言上的障碍，也存在法律制度上的差异，各国对一些技术上和法律上的用语往往没有统一的解释。为了减少分歧，定义条款是很有必要的。一般在定义条款中需要定义的词语有：a. 与合同标的有关的重要名词和术语，如专利、专有技术、商标等；b. 各国法律或惯例有不同理解或容易产生歧义的重要名词和术语，如净销售价、滑动公式、提成率等；c. 重要的专业性技术术语；d. 合同中多次出现、需要加以简化的名词和术语。

（2）国际许可合同主体条款。

①合同项目条款。合同项目条款包括合同对象、权利范围、区域及其性质等。合同对象即国际许可合同的标的。如果该标的是某项专利技术，则应写明该项专利技术取得的依据，并提供必要的资料。如果是某项专有技术许可，则应写明该项专有技术的有关文件和资料。如果是某一商标许可，则应附有商标的缩样。

权利范围是国际许可合同技术使用权的范围。一项技术可能有多种使用范围，包括技术使用权、制造权、销售权三方面内容以及使用这些权限的时间范围和地域范围。使用权是指转让方授予受让方为某一特定目的利用其所转让技术的权利，它是一项最基本的授权。制造权是指转让方授予受让方利用其技术制造某种技术产品的权利，它是受让方所要求的最主要的一项权利。销售权是指转让方授予受让方在特定范围内销售其所生产的技术产品的权利。

地域范围是指转让方允许受让方利用其技术的特定区域范围。使用权的地域范围一般较窄，通常只限于合同工厂。使用权要解决的一个重要问题是技术使用的范围。一种技术有时可以有几种不同用途或可以生产一系列产品。如果限制其技术使用的范围，就会限制受让方充分利用该技术的使用价值，所以一些发展中国家将这种对生产品种进行限制的条款视为限制性商业行为，不允许订入合同条款。制造权的地域范围通常也仅限于合同工厂。一般允许在受让方所在国引进技术的工厂制造合同产品。销售权的地域范围较宽，涉及产品的内销和外销。一般受让方有权在其所在国地域范围内进行销售。销售权地域范围关键的问题是合同产品的出口权和出口地区问题。同时，在合同中应明确规定利用该项技术制造和生产何种技术产品条款。

时间范围是指转让方允许受让方在多长时间内利用其技术或权利。一般专利和商标授权的时间范围与合同的有效期一致，但不能超过其权利的有效期。

授权的性质，即转让的性质，是指转让方授予受让方的权利是独占的还是排他的，是可转让的还是不可转让的，国际许可合同对此应做出明确规定。

②合同价格和支付条款。价格与支付条款是国际许可合同的重要内容。该条款主要包括计价方法、合同金额、使用货币币种及支付方式等内容。

国际许可合同的计价方法通常有三种：统包价格、提成价格、入门费与提成费相结合的计价方式。统包价格是一种固定的计价方式，是转让方与受让方对技术转让的价格在签订合同时协商确定一笔总的金额，然后由受让方一次付清或分期付清。这种总算支付方式主要适用于质量确有保证的国际技术许可合同。该支付方式对受让方是不利的，因为要向银行借贷大笔款项，支付大笔利息。但是，如果技术确实先进，价格合理，能早日投入生产，利润也是相当丰厚的。

提成价格是指在项目建成投产后，按合同产品的生产数量、销售价或利润提取一定百分比的费用，作为技术转让的酬金，按期连续支付给转让方。这是一种滑动的计价方式，是国际技术转让中使用较多的一种方式。

按产量提成是指按照合同项下技术制造出来的产品，以每一单位产量的成本价计算提成额，而不管该产品的成本和销售情况。这种计算方法对受让方显然是不利的。

按产品销售价提成通常有两种计算标准：一是按毛销售价计算提成费；二是按净销售价计算提成费。前者是按发票计算，后者是按毛销售价减去与该项技术无关的因素所增加的价值计算提成费。

按销售利润计算提成费是按受让方从合同项下技术产品的销售中所获利润的一定百分比来计算提成费。如果受让方从技术产品中未获得高额利润，那么转让方就得不到提成费。这种计算方法对转让方来说，是没有保证的。

入门费与提成费相结合的计价方式是指受让方在订约后或收到第一批技术资料后一定时间内向转让方支付一笔约定的金额，然后再按规定支付提成费。先行支付的费用称为入门费或初付费。入门费通常只是技术使用费的很小一部分，主要用来补偿转让方为技术转让支出的直接费用。

关于上述使用费的支付方式主要有三种：a. 技术资料交付后付款。该方式是将合同价格分为预付、技术资料交付后付款和合同产品质量保证期结束后付款三次进行；b. 按项目进度付款。它是将合同的履行分为若干阶段，根据各阶段实际完成工作量付款；c. 分期付款。该付款方式又称里程碑付款，它将合同总价分为若干等份，从合同生效开始，每隔一段时间定期支付一次，每次支付比例相同。

③技术改进与技术服务条款。由于国际许可合同的履行期限较长，而科学技术又是不断向前发展的，在国际许可合同有效期间，不论转让方还是受让方对技

术都有可能改进或发展。对于新的改进和发展的技术必须在合同中予以规定。在国际许可合同中，对技术的改进和发展主要明确以下两方面内容：一方面是改进和发展技术的所有权归属；另一方面应明确转让方和受让方交流改进或发展技术的条件。根据国际惯例，关于改进或发展技术所有权归属，一般按照"谁改进，归属谁"的原则，即改进或发展技术归属于改进或发展技术的一方。在交流和使用改进或发展技术的条件上，一般应遵循"对等互惠"原则，相互交换或有偿交付使用。

另外，在国际许可合同中，还可以规定各种技术服务的内容，如技术培训、设计和工程服务、销售和商业服务、管理服务、研究与发展服务等。这些服务可以是有偿的，也可以是无偿的，应视需要在合同中做出明确、详细的规定。

④保证与担保条款。保证与担保有两方面的内容：一是对技术的保证与担保；二是对权利的保证与担保。对技术的保证与担保，包括对技术资料的保证与担保和对技术效益的保证与担保。转让方应按合同规定及时将有关的技术资料提供给受让方，并保证所提供的资料是完整的、可靠的和正确的，并且是转让方正在使用的最新资料；担保其所提供的技术经过正确使用能达到合同规定的技术指标和经济效益。为了适应受让方的生产条件，转让方有义务协助受让方对技术资料进行必要的修订和改进，并保证制造的技术产品具有与转让方提供的样品相同的质量。

对权利的保证与担保也包括两方面内容：一是转让方应保证所提供的专利技术是在专利权的有效期内，而不是过期的，且所提供的专有技术是没有公开的、是一般公众所不易掌握的。二是转让方应担保对其所提供的技术有完整的所有权，不受任何第三人的指控；如果第三人指控使用该技术为侵权行为，转让方应承担全部法律责任。

⑤违约救济条款。违约救济条款一般包括转让方的违约救济与受让方的违约救济两个方面。关于受让方救济方法。对于转让方拒不提供合同所规定的技术资料、技术服务或技术培训的根本违约行为，受让方有权解除合同，要求转让方退还已付的技术转让费，并按合同规定支付违约金或赔偿实际损失。如果转让方未能按照合同规定的时间提供技术资料，受让方可要求转让方支付一定比例的迟交罚款。如果转让方违反技术保证义务，提供的技术未能达到合同规定的技术标准，则根据所转让技术或合同产品的具体情况，确定不同的赔偿办法。如果转让方违反权利担保责任，使受让方遭到第三方的侵权指控或受到第三方侵权行为的干扰，转让方有义务采取措施，排除干扰。如果侵权指控成立，转让方应承担由此而产生的法律责任，受让方有权解除合同。

关于转让方救济方法。受让方不付款，转让方有权停止履行其义务或终止许可合同。受让方迟延付款，转让方可主张一定比例的迟付罚金，并可要求推迟转让方履行义务的期限。受让方违反授权条款、扩大技术的使用范围，转让方有权要求受让方停止侵害行为，并支付一定的赔偿金，直到解除合同。违反合同的保密义务，致使转让方的技术秘密泄露，转让方有权要求受让方立即停止违约行为，并依合同赔偿转让方的实际损失。

（3）国际许可合同尾部条款。

①仲裁条款。国际许可合同一般要求，合同双方在履行合同过程中如果发生争议，应首先通过友好协商解决。在友好协商仍不能解决时，可以通过仲裁解决。因此，在合同中应载有仲裁条款，将仲裁机构、仲裁地点、仲裁规则以及仲裁裁决的效力做出明确规定，并就法律适用问题亦在仲裁条款中做出规定。

②不可抗力条款。合同双方当事人在履行合同过程中可能发生不可抗力事件，使合同不能履行或不能按时全部履行，因此在合同中应载有不可抗力条款。该条款应就不可抗力事件的范围以及发生不可抗力事件时，当事人应采取的重要措施，做出明确规定。

③合同的生效、期限和终止条款。合同的生效日期应做出明确规定。合同的期限也需要由双方当事人协商确定。有些国家的法律对合同的期限有所限制，但多数国家的法律没有期限限制，在合同期限届满前，经合同双方的申请，可以延长合同的期限。

有关合同终止情况应在合同中予以明确，即在合同中应对合同终止的原因、条件做出明确规定。

3. 国际许可证合同的分类

（1）按照具体合同客体划分，国际许可证合同分为专利许可证合同、商标许可证合同和专有技术许可证合同。

（2）根据被许可方对许可方的技术使用权所享有的专有程度和范围，可将许可证分为独占许可协议、排他许可协议、普通许可协议和交换许可证。

二、国际合作生产

（一）国际合作生产的含义

国际合作生产（co-production）是国际合作经营中的一种重要方式，其概念有广义和狭义之分。

1. 广义的国际合作生产

广义的国际合作生产是指两个以上的当事人（自然人、法人及其他经济主体）共同提供生产条件（资金、设备、机器、原材料、技术等），在经营和生产中共同合作，共同制造产品或共同完成工程项目，共同享受盈利的合作方式。按照广义的概念，加工装配、补偿贸易、许可证贸易、举办合资经营企业、承包工程及共同研制等国际经济合作方式，都属于国际合作生产。

2. 狭义的国际合作生产

狭义的国际合作生产是指两个或两个以上的当事人在制造某一项产品或完成某工程项目的过程中，各自承担生产的某些部分、工程项目的部分内容来共同完成全部项目的一种合作方式。通常所说的国际合作生产，属于狭义的概念。

（二）国际合作生产的特点

（1）合作生产所涉及的当事人是多方的。

（2）合作生产当事人的权利义务关系主要表现在交换技术、提供劳务和生产成果上。

（3）合作生产是将双方生产或多方生产分别核算。

（三）国际合作生产的方式

1. 专业化协作形式

双方通过签订长期的合作生产合同，由一方提供生产技术或生产设备，按各自的专业分工制造某种零件或部件，或生产某种产品。

2. 零件—成品形式

零件—成品形式即一方提供零部件和技术，在另一方组装成品的形式。这种形式是指从国外购入某种产品的关键零件或者部件，引进制造关键零部件的先进技术。对于引进技术的一方来说，不仅可以掌握生产和组装某种产品的技术和工艺，还可以获得生产和制造关键零部件的先进技术。

3. 合作承包方式

合作承包方式指与外国企业长期共同合作，由某一企业在技术上总负责，双方分工生产产品。

三、国际技术咨询服务

（一）国际技术咨询服务含义

国际技术咨询服务（consulting service）是指被委托方（咨询方或服务方）根据委托方的需求，利用自己的技术、人力、仪器和设备等，就有关的技术项目、技术任务或某种服务所提供的技术咨询服务。它包括的内容很多，其中有技术培训、技术咨询、工程服务、共同研究与开发和产品设计等；它进行的方式也比较灵活，如技术培训和服务可以采取"派出去"和"请进来"的办法，"派出去"即委托方或技术受方派出自己的技术人员和工人到技术供方有关的工厂去学习、培训、实习，"请进来"即请技术供方的专家或技术人员到技术受方来安装调试设备、指导生产、传授技术。

（二）国际技术咨询服务合同

国际技术咨询服务合同是指一方当事人用自己的技术和劳务，跨越国界为另一方当事人完成一定的工作任务，或者跨越国界派遣专家或以书面方式向另一方当事人提供咨询意见，并收取报酬；另一方当事人接受工作成果或者取得咨询意见并付给报酬的书面协议。

国际技术咨询服务合同的内容和主要条款有以下几个方面。

1. 服务清单

服务清单包括技术咨询服务的项目、目的、范围、内容、履行技术咨询服务的条件等。

2. 人员派遣

如果国际技术咨询服务合同涉及工程师、专家、专门技术人员的派遣，在合同中应具体规定派遣工程师、专家、专门技术人员的级别、人数、具体的专业、工作量、应完成的工作任务、验收标准、工作地点、工作期限、日工资标准及其他待遇等，不能留下任何缺口。同时还应规定，如果供方派遣的人员不符合合同的要求，不能胜任工作，受方有权要求供方调换、改派合适的人员。

3. 人员培训

在合同中，应该把培训人员的目的、内容（如专业、工种）、应达到的目标、培训的方法、培训的地点、时间、期限，接受培训人员的入境、待遇及在指导人员或受培训人员丧失能力以及发生意外事故时的处理办法等规定清楚。

4. 担保和保证

担保和保证此处主要指供方对完成技术咨询服务项目的担保和保证。例如，供方应保证按照合同规定派遣合格的、有经验的、有能力的、身体健康的专门技术人员向受方提供技术服务，保证其专门技术人员在技术服务过程中能认真地传授技术，耐心地、准确地回答受方受训人员提出的技术问题，保证向受方的受训人员提供合同规定的培训内容和培训过程所需要的有关资料、说明。又如，供方必须保证实现受方的生产能力、产品质量和生产率等技术目标，对于在生产规模缩小、原材料和产品组合发生变化的过程中可能遇到的困难，必须做出恰当的估计并提出解决的方案。如果供方所提供的生产设备有瑕疵，则必须负责修理或更换设备，如果供方所担保的技术指导资料、检验标准、图纸有问题，则必须更换。以上所需的费用应由供方承担。

5. 报酬的计算和支付

国际技术咨询服务的内容和方式是多种多样的，所以国际技术咨询服务的报酬也是多种多样的，其中包括咨询费、服务费、技术资料费、培训费、专家费、安装费、试车费和维修费等。

6. 与其他合同的关系

如供方提供的技术咨询服务是对独立的第三方所承包的工程建设的监督管理，则合同就应规定监理合同与承包合同的关系。

7. 验收条款

对于国际技术咨询服务合同来说，验收条款是十分重要的，是保证供方提供的技术咨询服务是否符合合同规定的关键。可以规定由受方单独验收，或由供方和受方共同验收；或者委托第三方验收。

8. 其他条款

其他条款如违约补救和索赔条款、争议解决条款、法律适用条款等。

四、国际工程承包

国际工程承包（international contracting for construction）是指一个承包商以自己的资金、技术、劳务、设备、原材料和许可权等，通过国际间的投标、议标或其他协商途径，承揽外国政府、国际组织或私人企业的工程项目，并按承包商与业主签订的承包合同所规定的条件、价格、支付方式等收取各项成本费及应得利润的一种国际经济合作方式。国际工程承包是一种重要的国际技术转让方式，在一项承包工程建设中不仅涉及土木建筑，还涉及大量的融资、技术、劳务、管理、保险等经济活动。关于国际工程承包的具体内容，本书将在下一章详细介绍。

五、BOT 投资方式

BOT 投资方式是指一国财团或投资人作为项目的发起人从一个国家的政府获得某项基础设施的建设特许权，然后由其独立或联合其他方组建项目公司，负责项目的融资、设计、建造和运营。整个特许期内项目公司通过项目的运营获得利润，并用此利润偿还债务。在特许期满之时，整个项目由项目公司无偿或以极少的名义价格移交给东道国政府。BOT 投资方式的期限一般为 15～20 年，这是一种集资、建设、经营于一体的投资方式，包含了大量的技术转让内容。详细内容见本书第十五章。

第四节　国际技术转让交易程序

国际技术转让所涉及的问题比较复杂，周期也较长。从国际技术转让的实践来看，国际技术转让交易程序一般要经过交易前的准备、商签合同阶段和合同履行阶段。

一、交易前准备阶段

该阶段的任务主要是对要转让的技术项目进行可行性研究，报有关政府主管部门审批，具体步骤如下。

（一）项目建议书的编制与报批

进出口企业编制进出口项目建议书，报有关政府主管部门审查批准，项目建议书批准后，技术进出口企业编制可行性研究报告，报有关部门审查批准。

（二）项目可行性研究报告的编制与报批

交易前准备阶段的可行性研究主要包括机会可行性研究、初步可行性研究和项目可行性研究。机会可行性研究主要是对引进项目进行初步筛选；初步可行性研究是对项目进行进一步的研究，选择最合理的项目引进方案，并在此基础上编制项目建议书，为进行更详细的可行性研究打下基础；项目可行性研究是确定建设项目前具有决定性意义的工作，是在投资决策之前，对拟建项目进行全面技术经济分析的科学论证，为项目决策提供可靠的依据和建议。

可行性研究报告批准后，企业便可以进入正式的技术交易谈判。

二、商签合同阶段

商签合同阶段主要是与对方进行谈判、商定合同条款，然后签订合同。

（一）技术转让谈判

国际技术引进项目的谈判包括技术谈判和商务谈判。

技术谈判的主要任务是确定所交易的技术范围、内容、交付的方式和途径，技术的规格、质量、标准以及技术的交付时间和专用权条款等。

商务谈判的中心环节是价格谈判。其内容主要涉及价格、支付方式、适用法律、仲裁、索赔、侵权与保密、不可抗力、合同生效以及硬件的包装、运输和保险等。

在国际商务谈判中应灵活使用各种谈判策略。

（二）商定合同条款

国际技术转让合同条款包括合同的一般条款和合同的特殊条款。

1. 合同的一般条款

合同的一般条款包括序言、关键词语的定义、技术转让的范围和内容、价格与支付、保证与索赔、不可抗力、税费、使用法律与争端解决、合同的生效、期限、续展及终止等。

2. 合同的特殊条款

不同内容的技术转让合同都有其特殊条款。如专利许可合同的特殊条款体现在专利条款、专利有效保护条款和侵权处理条款等方面；商标使用权转让合同的特殊条款体现在商标的内容和特征、商标的合法性和有效性、受许可方使用商标的方式、商标许可的备案与注册和关于产品的质量监督方面；专有技术转让合同的特殊条款体现在技术传授条款、保密条款、关于改进技术的交换和专有技术内容方面等。

3. 合同中的限制性条款

国际技术转让中的技术供方通常比技术受方有着更高的议价地位，形成技术供方市场，技术受方为了引进技术常常不得不接受供方提出的各种各样不合理的限制条件，这就使得国际技术转让成为经常出现限制性商业惯例的领域，也成为各国管制限制性商业惯例的重要方面。从各国的立法和司法实践来看，经常被认定的国际技术转让中的限制性商业惯例包括以下几方面。

（1）搭售。即技术供应方利用市场优势地位强迫技术受方购买不需要的其他技术、设备、产品、原材料或者接受方不需要的服务。

（2）回授条款。回授指技术供方要求技术受方将技术改进成果无偿转让给供方或其指定的其他人，而供方不承担同等的义务，这种单方面的回授条款也属于限制性条款。

（3）限制技术受方对引进技术的改进和发展。在国际技术转让过程中，有时技术供方为了防止技术受方在受让技术的基础上进一步发展改进技术，对供方的技术构成竞争，使供方的技术失去独占性，因此在转让合同中就偏爱如限制受方改进技术的条款。

（4）权利不争。即技术受方不得对转让技术的有效性、技术供方的其他权利提出异议或指控。

（三）签订合同

技术交易合同是技术交易双方就技术引进或出口的有关事项达成的书面协议。另外，有许多国家的法律规定，技术贸易合同必须经政府主管部门批准，合同才能生效。

三、合同履行阶段

（一）国际技术转让合同履行的特点

国际技术转让合同的履行不同于一般商品贸易合同的履行。它的主要特点有以下几方面。

1. 内容的复杂性、综合性

大多数国际技术转让合同是混合协议或综合协议，不但包括技术内容、范围，有时还包括设备转让、产品返销、技术培训等，不但合同条款多，而且往往附有大量附件。这就使得国际技术转让合同所涉及的内容更加广泛，除具有技术转让交易的特点，又含有一般货物买卖的一些特点。

2. 期限的长期性

大多数情况下，技术转让人不但要交付必要的技术资料，而且还要提供必要的技术指导和服务，保证受让人能够生产出符合合同规定的产品。此外，技术转让合同一般采用从利用技术产生的利润中提成的方式计价，合同的期限直接与受让人掌握的技术水平、生产进度和规模、转让人的收益有关。因此，国际技术转让合同的期限较长，一般在 5～20 年之间。

3. 特定的地域性

特定的地域性即限定受让人在特定的地域范围内享有使用权、制造权和产品的销售权。这种地域限制首先是法律上的要求。国际技术转让合同的客体是专利、商标和专有技术，有关这方面的法律都有严格的地域性，技术转让方只能在法律保护地域内与受让人签订合同。

4. 双务性、有偿性

国际技术转让合同是当事人之间的双务合同，即双方当事人依合同的规定相互承担合同义务并相应地相互享受合同权利。国际技术转让合同是当事人之间的有偿合同，即作为技术供方向技术受方转让技术的回报，技术受方必须向技术供方依合同的规定支付价金。

5. 很强的法律性

国际技术合同涉及许多法律领域。因此，必须接受《专利法》《商标法》《技术转让法》《海关法》《税法》《保密法》《反不正当竞争法》《反垄断法》等法律、法规调整。首先，由于这些法律大多由强制性法律规范构成，当事人必须严格遵守，不得随意协商排除。其次，由于国际技术转让属跨国界技术让渡，当事人不但要遵守本国的法律，还必须遵守有关国家的法律。另外，因为国际技术转让合同在法律适用上更为复杂，目前不仅国际上无统一的国际公约可供适用，而且各国的法律规定也比较简单，所以当事人一般都在合同中商定合同适用的法律、国际惯例或采取其他方式解决争议。

（二）国际技术转让合同履行的内容

国际技术转让合同经有关部门审批生效后即开始正式进入合同的履行阶段，其履行的内容主要包括以下几方面：

（1）供方交付技术资料，受方支付入门费；

（2）受方派技术人员赴供方培训；

（3）供方交付机器设备、生产线；货到后，受方提货及报检；

（4）供方派技术人员，协助受方安装技术设备，帮助受方掌握技术；

（5）投料试生产，供方和受方按照合同规定的技术标准验收，并签署验收报告；

（6）受方支付合同价款；

（7）争议的解决、索赔等。

第五节　国际技术转让价格与支付

一、技术价格的含义及影响因素

（一）技术价格的含义

技术的价格是指技术受方为取得技术使用权所愿支付的、供方可以接受的使用费的货币表现。也可以从供、受双方所处的不同立场和所提供的技术内容出发，把技术的价格称为：补偿、酬金、收入、收益、提成费、使用费、服务费等。技术价格并不是技术的价值，也不是技术实际价值的货币表现，而是被许可方为使用技术而需要支出的费用，所以也称为"技术使用费"。

（二）技术价格的特点

1. 构成技术价格的生产成本可以得到多次补偿

大多数技术商品可以多次出售，即使技术出让方未利用该技术自行生产并出售产品，未从出售产品所获得的利润中回收技术研制费，该笔费用也可以在多次许可中得到补偿。

2. 技术研究与其研究成本不呈正比关系

对于技术商品而言，技术商品具有技术研究成果不确定性特点，所以，即使某类技术商品投入巨大，其价格也可能很低，关键在于社会对该技术的承认程度。

3. 技术价格是不确定的

在很多情况下，技术转让费是根据该技术使用后所创造的经济效益来计算的，而创造的经济效益通常为一个变化区域很大的变量，人们事先很难做出准确的估计。

4. 具有垄断性

技术商品的独创性、新颖性和单件性及占有的独家性，加上专利法和技术合同法等法律制度的保护。在交易时，技术商品一般属卖方市场，具有很高的垄断性，因此技术的价格具有垄断价格的特点。

（三）决定技术价格的因素

影响技术使用费高低的因素是多种多样的，就一项具体技术转让交易而言，影响使用费高低的因素主要有以下几方面。

（1）直接费用。即供方为达成技术转让交易和完成技术转让过程所实际支出的费用。其内容包括：合同签订之前进行准备工作的费用、派遣谈判人员费用、资料费、接待技术考察费用。

（2）技术供方的预期利润。一般来说，预期利润越大技术的价格就越高。

（3）技术生命周期和技术所处生命周期阶段。对生命周期短的技术，技术供方索取的使用费高，反之索取的使用费低。在技术的生命周期内，技术经过三个不同的发展阶段，即发展阶段、成熟阶段和衰老阶段。发展阶段和衰老阶段的技术，其技术价值低，索取使用费也低。转让成熟阶段的技术，其技术价值高，索取使用费也高。

（4）需要技术供方提供技术协助数量。技术转让方将技术转让给技术受让方之后，还需向其提供大量与该技术有关的知识和技能的协助。转让方提供此类技术协助越多，技术转让的价格也就越高。

（5）技术用于何种目的及范围。技术供方对仅将技术用于某一种特定目的，或拟将技术用于一切目的的两种不同要求，索取不同的使用费。一般来说，后者的技术使用费将高于前者。

（6）技术受方对使用技术独占性的要求程度。如要求独占使用，即排除第三者及技术供方本身对该技术使用和销售产品的权利，技术供方要求的使用费高；如仅排除第三者，仍允许技术供方利用该技术制造和销售产品，使用费亦相应低些；如允许技术供方把该技术同时转让给第三者，且其自身仍保留制造和销售的权利，使用费最低。

（7）技术供方承担的担保责任与技术受方对技术的吸收能力影响技术使用费。

（8）技术的市场需求及技术供求之间的竞争。

（9）利用技术带来的经济效益决定着技术受方愿支付使用费的多少。

（10）技术受方国家的政治情况和法律保护是技术转让顺利进行的前提，也是技术供方所担心的主要问题之一。

总之，影响技术价格的因素多种多样，但可以肯定地说，技术供方因技术转让的直接费用及最低预期利润，以及技术受方因引进技术可能获取的最低经济收益是两个最重要的因素，也是技术使用费数额的上下限，最终技术使用费将处于两者之间，并且双方都认为是合理的。

二、技术价格的估定

技术价格（使用费）应是"技术受方收入或利润的一部分"，应从受方的总收入中支付。国际上通称为"LSLP"（Licensor's Share on Licensee's Profit），即技术供方占技术受方利润的份额。

通过提成率的计算，分技术单元核算及各项差价分析，就可以比较准确地估计出某项技术使用费的大致合理水平。

技术供方占技术受方利润的份额通常以一个固定的百分比表示，该百分数通称为提成率（Royalty Rate）。提成率的计算公式如下：

$$提成率 = 供方在受方利润中的数额 / 受方的销售利润$$

或

$$提成率 = （支付给技术供方的使用费 / 产品的净销售额）\times 100\%$$

一般来说，基础工业提成率应为 2% ~ 3%；工业中间产品应为 3% ~ 4%；耐用消费品应为 4% ~ 5%；非耐用消费品应为 4% ~ 5%；高级技术产品应为 5% ~ 6%①。

三、支付方式

技术转让交易的支付方式基本分为两类：对具有工业产权或不具有工业产权的专有技术，通常使用总付或提成费支付或入门费与提成费结合方式；对于技术专家的服务或技术协助，通常按提供服务的每人或每一单元时间支付固定的金额。各种支付方式可以单独使用，也可以适当结合使用。

（一）一次总付

总付指技术供方与技术受方谈妥一笔固定的金额，由技术受方一次或分期付清。总付金额是双方达成协议时商妥的，不随技术受方收益多寡而变动，不论其利用引进技术的效果如何，规定的金额都得照付。因此，技术受方承担了引进技术是否适用的全部风险。而技术供方收益有较确定的保证。鉴于此，国际上认为使用总付方式应考虑以下情况：

（1）当技术可以立即全部转移，而且技术受方能够立即全部予以吸收；

（2）用在较不尖端的技术或专有技术的转让方面，技术受方不需要技术供方不断提供有关技术进步或产品推销方面的技术情报，也不需要不断提供技术服务与协助；

（3）技术受方有较充足的资金，并打算尽快摆脱对技术供方的依赖。

（二）提成费支付

提成费支付方式是指技术受方利用引进技术开始生产之后，以经济上的使用或效果（产量、销售额，利润等）作为函数、予以确定，按期连续支付。这种支付方式的特点是：双方在签订技术转让合同时，只规定提成的比例和提成的基础，不固定合同期间技术受方应支付的技术使用费总额，只有当技术受方利用技术供方技术取得实际经济效果时，才根据合同规定计算提成费，按期支付给技术供方。

（三）入门费与提成费结合方式

入门费与提成费结合方式指订约后若干天内或收到第一批资料后若干天内

---

① 卢进勇. 国际经济合作（第三版）[M]. 北京：对外经贸大学出版社，2020.

先支付一笔约定的金额，这笔金额称为入门费或初付费，以后再按规定的办法支付提成费。入门费与总付是根本不同的概念，总付是支付技术使用费的全部金额，而入门费仅为技术使用费的一小部分，技术供方要求支付入门费的原因主要如下：

（1）尽快收回为技术转让交易所支出的直接费用；

（2）补偿因技术受方要求提供的某些特殊或专门技术协助所垫支的费用；

（3）"披露费"或称"技术公开费"，技术受方决定引进技术之前，需要技术供方对技术的有关情况进行介绍，或到技术供方工厂进行考察，这样会在一定程度上泄露技术秘密，技术供方为弥补可能的损失，要求技术受方给予一定的经济补偿；

（4）技术受方吸收消化技术的能力较差，估计在协议初期收益没有确实保证的情况下，技术供方一般要求较高的入门费。

国际技术转让相关合同

范本1
国际专利技术许可合同范本

合同目录

专利技术许可合同

签约时间：

签约地点：

合同号：

____国、____市，_____公司（以下简称"受让方"）为一方，____国____市_____公司（以下简称"出让方"）为另一方；

鉴于出让方是_____技术的专利权持有者；

鉴于出让方有权，并且也同意将_____专利技术的使用权、制造权和产品的销售权授予受让方；

鉴于受让方希望利用出让方的专利技术制造和销售产品；

双方授权代表通过友好协商，同意就以下条款签订本合同。

第一条　定义

1. "专利技术"是指本合同附件一中所列的技术，该技术已于____年____月____日经中国专利局批准，获得了专利权，其专利编号为_____。

2. "出让方"是指____国____市_____公司，或者该公司的法人代表、代理和财产继承者。

3. "受让方"是指____国____公司，或者该公司的法人代表、代理和财产继承者。

4. "合同产品"是指合同附件二中所列的产品。

5. "合同工厂"是指生产合同产品的工厂，该工厂在____省____市，名称_____工厂。

6. "净销售价"是指合同产品的销售发票价格扣除包装费、运输费、保险费、佣金、商业折扣、税费、外购件等费用后的余额。

7. "专利资料"是指本合同附件一中所列的有关资料。

8. "合同生效日"是指本合同双方有关当局的最后一方的批准日期。

第二条　合同范围

1. 受让方同意从出让方取得，出让方同意向受让方授予合同产品的设计、制造和销售的权利。合同产品的名称、型号、规格和技术参数详见本合同附件二。

2. 出让方授予受让方在____国设计制造合同产品、使用、销售和出口合同产品的许可权，这种权利是非独占性的，是不可转让的权利。

3. 出让方负责向受让方提供合同产品的专利资料，包括专利的名称、内容、申请情况和专利编号等，具体的资料详见本合同附件一。

4. 在合同的执行中，如果受让方需要出让方提供技术服务或一部分生产所需的零部件或原材料时，出让方有义务以最优惠的价格向受让方提供，届时双方另行协商签订合同。

5. 出让方同意受让方使用其商标的权利，在合同产品上可以采用双方的联合商标或者标明"根据出让方的许可制造"的字样。

第三条　合同价格

1. 按照第二条规定的内容和范围，本合同采用提成方式计算价格，计价的货币为美元。

2. 本合同提成费的计算时间从合同生效之日后的第____个月开始，按日历年度计算，每年的 12 月 31 日为提成费的结算日。

3. 提成费按当年度合同产品的销售后的净销售价格计算，提成率为____%，合同产品未销售出去的不应计算提成费。

4. 在提成费结算日后 10 天之内受让方应以书面通知的形式向出让方提交上一年度合同产品的销售数量、净销售额和应支付的提成费，净销售额和提成费的具体计算方法详见本合同附件三。

5. 出让方如需查核受让方的账目时，应在接到受让方根据第 3、第 4 款规定开出的书面通知后 10 天之内通知受让方。

第四条　支付条件

1. 本合同第三条中规定的提成费，受让方将通过_____银行（此处为受让方的业务银行）和_____银行（此处为出让方的业务银行）支付给出让方，支付中使用的货币为美元。

2. 出让方在收到受让方按第三条第 3、第 4 款的规定发出的书面通知后应立即开具有关的单据，受让方在收到出让方出具的下列单据后 30 天内，经审核无误，即支付提成费给出让方：

a. 提成费计算单一式四份；

b. 商业发票一式四份；

c. 即期汇票一式二份。

3. 按本合同规定，如出让方需要向受让方支付罚款或赔偿时，受让方有权从上述支付中直接扣除。

第五条　资料的交付和改进

1. 出让方应按本合同附件二的规定向受让方提供专利资料的名称、内容，以及出让方向_____专利局申请专利的有关情况。

2. 出让方应在签订合同的同时，将第五条第 1 项中规定的专利资料交付给受让方（注：由于专利资料都是现成的，因此要求出让方要签约时提交）。

3. 在合同有效期内，双方对合同产品涉及的技术如有改进和发展，应相互免费将改进和发展的技术资料提供给对方使用。

4. 改进和发展技术，其所有权属于改进和发展一方，另一方不得利用这些技术资料去申请专利和转让给第三方。

第六条　侵权和保证

1. 出让方保证是本合同一切专利技术和专利资料的合法持有者，并且有权向受让方转让，如果在合同执行过程中一旦发生第三方指控侵权时，则由出让方负责与第三方交涉，并承担由此引起的一切法律和经济上的责任。

2. 出让方保证本合同中涉及的专利在合同执行期间是有效的和合法的。如果由于出让方的原因导致专利提前失效时，出让方应将专利失效后受让方支付的费用偿付给受让方，并按＿＿＿%的年息加计利息，与本金一起偿付给受让方。

3. 在合同有效期间，出让方应按照受让方所在国专利局的有关规定按时缴纳专利维持费，以保持专利的有效性。

4. 在合同执行期间，如果本合同涉及的专利的法律性质发生了变化，出让方应立即将此情况以书面形式告之受让方，然后双方再协商本合同的执行问题。

第七条　税费

1. ＿＿＿＿＿国政府根据其现行税法征收受让方有关执行本合同的一切税费由受让方负担。

2. ＿＿＿＿＿国政府根据其现行税法征收出让方与执行本合同有关的一切税费由出让方负担。

第八条　争议的解决

1. 因执行本合同所发生的或与本合同有关的一切争议，双方应通过友好协商解决。

2. 如双方通过协商不能达成协议时，则应提交＿＿＿＿＿国的仲裁机构或＿＿＿＿＿国的有关法院解决。如果是诉诸仲裁，则由＿＿＿＿＿国＿＿＿＿＿仲裁委员会按该会的仲裁程序暂行规则进行仲裁；如果是通过诉讼，则由受让方所在地的法院根据该国的有关法律进行审理。

3. 仲裁裁决或法院的判决是终局决定，对双方均有约束力。

4. 仲裁费或诉讼费由败诉方负担。

5. 在争议的处理过程中，除正在进行仲裁或诉讼的部分外，合同的其他部分将继续执行。

第九条　合同生效和其他

1. 本合同由双方授权代表＿＿＿年＿＿＿月＿＿＿日在＿＿＿签字。各方应分别向其有关当局申请批准，以最后一方的批准日期为本合同的生效日期。双方应尽最大努力争取在 90 天内获得合同的批准，然后用电传通知对方，并用信件确认。

2. 本合同自签字之日起 6 个月如仍不能生效，双方均有权取消合同，一旦本合同被取消，受让方应将第五条中规定的专利资料退还给出让方。

3. 本合同的有效期从合同生效日算起共____年，有效期满后本合同自动失效。

4. 本合同失效后，如果合同中涉及的专利仍然有效时，受让方不得继续使用此专利，如需继续使用，则应与出让方续签合同；本合同失效后，如果合同中涉及的专利也随之失效时，受让方可以继续使用此专利而不需要向出让方支付任何费用。

5. 本合同期满时，双方发出的未了债权和债务不受合同期满的影响，应继续履行各自的责任。

6. 在合同执行中，对其条款的任何变更、修改和增减，都须经双方协商同意并签署书面文件，作为合同的组成部分，与合同具有同等效力。

7. 本合同由第一条至第九条和附件一至附件四组成，合同的正文和附件是不可分割的部分，具有同等法律效力。

8. 本合同用英文书就，双方各持两份。在合同有效期内，双方通过以英文进行，正式通知应以书面形式，航空挂号邮寄，一式两份。合同双方的法定地址如下：

a. 受让方：_____公司

地址：_____邮码：_____电话：_____

电传：_____

代表（签字）：_____

____年____月____日

b. 出让方：_____公司

地址：_____邮码：_____电话：_____

电传：_____

代表（签字）：_____

____年____月____日

范本 2

国际技术咨询服务合同

合 同 号：_____

签订日期：_____

签订地点：_____

中国_____公司（以下简称委托方）为一方，____国_____公司（以下简称为咨询方）为另一方，双方就_____的技术咨询服务，授权双方代表按下列条款签订本合同。

第一章　合　同　内　容

1.1　委托方希望获得咨询方就_____提供的技术咨询服务，而咨询方愿意提供此项服务。

1.2　技术咨询服务范围详见本合同附件一。

1.3　技术咨询服务的进度安排详见本合同附件二。

1.4　技术咨询服务的人员安排见本合同附件三。

1.5　技术咨询服务自合同生效之日起____个月内完成，将在____个月内提交最终技术咨询报告，包括图纸、设计资料、各类规范和图片等。咨询方应免费通报委托方类似工程的最近发展和任何进展，以便委托方能改进该工程的设计。

第二章　双方的责任和义务

2.1　委托方应向咨询方提供有关的资料、技术咨询报告、图纸和可能得到的信息并给予咨询方开展工作提供力所能及的协助，特别是委托方应在适当时候指定一名总代表以便能随时予以联系。

2.2　委托方应协助咨询方向有关机构取得护照签证、工作许可和咨询方要求的其他文件以使咨询方能进入委托方国家和本工程的现场，但费用由咨询方负担。

2.3　除了合同附件三所列的技术人员外，咨询方还应提供足够数量称职的技术人员来履行本合同规定的义务。咨询方应对其所雇的履行合同的技术人员负完全责任并使委托方免受其技术人员因执行合同任务所引起的一切损害。

2.4　咨询方应根据咨询服务的内容和进度安排，按时提交所咨询技术的咨询报告及有关图纸资料。

2.5　咨询方应协助委托方的技术人员获得进入咨询方国家的签证并负责安排食宿，食宿费用由委托方负担。咨询方应为委托方的技术人员提供办公室、必要的设施和交通便利。

2.6　咨询方对因执行其提供的咨询服务而给委托方和委托方工作人员造成的人身损害和财产损失承担责任并予以赔偿，但这种损害或损失是由于咨询方人员在履行本合同的活动中的疏忽所造成的。咨询方仅对本合同项下的工作负责。

2.7　咨询方对本合同的任何和所有责任都限定在咨询方因付出专业服务而收到的合同总价之内，并将在本合同第7.3条规定的保证期满后解除。

第三章　价　格　与　支　付

3.1　本合同总价为_____（币种）_____（大写：_____）。

各分项的价格如下：

分项一的合同价为_____（币种）_____（大写：_____）；

分项二的合同价为_____（币种）_____（大写：_____）；

分项三的合同价为_____（币种）_____（大写：_____）；

分项四的合同价为_____（币种）_____（大写：_____）。

3.2 本合同总价包括咨询方所提供的所有服务和技术费用，为固定不变价格，且不随通货膨胀的影响而波动。合同总价包括咨询方在其本国和委托方国家因履行本合同义务所发生的一切费用与支出和以各种方式寄送技术资料到委托方办公室所发生的费用。如发生本合同规定的不可抗力，合同总价可经双方友好协商予以调整。如果委托方所要求的服务超出了本合同附件一规定的范围，双方应协商修改本合同总价，任何修改均需双方书面签署，并构成本合同不可分割的部分。

3.3 委托方向咨询方的所有付款均通过委托方所在地的_____银行以电汇方式支付到_____银行咨询方的账户上。

3.4 对咨询方提供的服务，委托方将以下列方式或比例予以付款：

3.4.1 合同总价的____%，即_____（大写：_____），在委托方收到咨询方提交的下列单据并经审核无误后____天内支付给咨询方：

a. 咨询方国家有关当局出具的批准证书或不需批准的证明文件，正本一份，副本二份；

b. 咨询方银行出具的金额为_____元（大写：_____），以委托方为受益人的对预付款的不可撤销保函正本一份，副本一份，保函格式见合同附件。

c. 金额为合同总价的形式发票一式五份；

d. 签发的标明支付金额的商业发票一式五份；

e. 即期汇票一式二份。上述单据应在本合同生效之日起不迟于_____天内交付。

3.4.2 分项一合同价____%，即_____（大写：_____），在委托方收到咨询方提交的下列单据并经审核无误后____天内支付给咨询方：

a. 分项一的技术咨询报告一式十份；

b. 签发的标明支付金额的商业发票一式五份；

c. 即期汇票一式二份。

3.4.3 分项二合同价的____%，即_____（大写：_____），在委托方收到咨询方提交的下列单据并经审核无误后____天内支付给委托方：

a. 分项二的技术咨询报告一式十份；

b. 签发的标明支付金额的商业发票一式五份；

c. 即期汇票一式二份。

3.4.4 分项三合同价____%，即_____（大写：_____），在委托

方收到咨询方提交的下列单据并经审核无误后____天内支付给咨询方：

a. 分项三的技术咨询报告一式十份；

b. 签发的标明支付金额的商业发票一式五份；

c. 即期汇票一式二份。

3.4.5　分项四合同价____%，即_____（大写：_____），在委托方收到咨询方提交的下列单据并经审核无误后____天内支付给咨询方：

a. 分项四的技术咨询报告一式十份；

b. 签发的标明支付金额的商业发票一式五份；

c. 即期汇票一式二份。

3.4.6　分项四合同价____%，即_____（大写：_____），在委托方收到咨询方提交的下列单据并经审核无误后____天内支付给咨询方：

a. 签发的标明支付金额的商业发票一式五份；

b. 即期汇票一式二份。

3.5　如果依据合同规定咨询方应支付预提税和应向委托方支付违约金，委托方有权从上述款项中扣除。

3.6　为执行合同在中国境内发生的银行费用由委托方承担，中国之外的发生的费用由咨询方承担。

第四章　交　付

4.1　前述技术咨询报告以 CIF _____价格条件交付的最后期限为：

a. 分项一的技术咨询报告：合同生效后____月内；

b. 分项二的技术咨询报告：合同生效后____月内；

c. 分项三的技术咨询报告：合同生效后____月内；

d. 分项四的技术咨询报告：合同生效后____月内。

4.2　咨询方在航空邮寄上述资料时应以传真方式将邮寄日期和航空提单号等通知委托方。委托方收到上述技术咨询报告后应及时通知咨询方。

4.3　如果在邮寄过程中上述资料发生丢失、损坏，咨询方应在接到通知后两周内免费予以替换。

第五章　保　密

5.1　由委托方收集的、开发的、整理的、复制的、研究的和准备的与本合同项下工作有关的所有资料在提供给咨询方时，均被视为保密，不得泄露给除委托方或其指定的代表之外的任何人、企业或公司，不管本合同因何种原因终止，本条款一直约束咨询方。

5.2　合同有效期内，双方应采取适当措施对本合同项下的任何资料或信息予以严格保密，未经一方的书面同意，另一方不得泄露给任何第三方。

5.3 一方和其技术人员在履行合同过程中所获得或接触到的任何保密信息，另一方有义务予以保密，未经其书面同意，任何一方不得使用或泄露从他方获得的上述保密信息。

第六章 税 费

6.1 中华人民共和国政府根据其税法对委托方征收的与执行本合同或与本合同有关的一切税费均由委托方负担。

6.2 中华人民共和国政府根据中国税法和中华人民共和国政府与咨询方国家政府签订的避免双重征税和防止偷逃所得税的协定而向咨询方课征的各项税费均由咨询方支付。委托方依据本国的税法有义务对根据本合同而应得的收入按比例代扣一定的税费并代向税务机关缴纳，在收到税务机关出具的关于上述税款税收单据后，委托方应毫不迟延地转交给咨询方。

6.3 中华人民共和国以外所发生的与本合同有关和履行本合同的各项税费均由咨询方承担。

第七章 保 证

7.1 咨询方保证其经验和能力能以令人满意的方式，富有效率且迅速地开展咨询服务，其合同项下的咨询服务由胜任的技术人员依据双方接受的标准完成。

7.2 如果咨询方在其控制的范围内在任何时候、以任何原因向委托方提供的本合同附件一中工作范围内的服务不能令人满意，委托方可将不满意之处通知咨询方，并给咨询方____天的期限改正或弥补，如咨询方未能在委托方所给的期限内改正或弥补，所有费用立即停止支付直到咨询方能按照本合同附件一的规定提供令人满意的服务为止。

7.3 咨询方的保证义务在本咨询服务经委托方最后验收后或最后一批款项支付后的____月到期。

第八章 技术咨询报告的归属

8.1 所有提交给委托方的技术咨询报告及相关资料的最后文本，包括为履行技术咨询服务范围所编制的图纸、计划和证明资料等，都属于委托方的财产，咨询方在提交给委托方之前应将上述资料进行整理归类和编制索引。

8.2 咨询方可保存上述资料的复印件，包括本合同第五条所指的委托方提供的资料，但未经委托方的书面同意，咨询方不得将上述资料用于与本咨询项目之外的任何项目。

第九章 转 让

9.1 未经另一方事先书面同意，无论是委托方或是咨询方均不得将其合同权利或义务转让或转包给他人。

第十章　违约和合同的解除

10.1　如果由于咨询方的责任，技术咨询报告不能在本合同第4条规定的交付期内交付，咨询方应按下列比例向委托方支付迟延罚金：

a. 第一～第四周，每周支付合同总价的百分之____；

b. 第五～第八周，每周支付合同总价的百分之____；

c. 从迟延的第九周起，每周支付合同总价的百分之____；在计算违约金时，不足一周按一周计。

10.2　迟延交付的违约金总额不得超过合同总价的百分之____。迟延交付违约金的支付并不免除咨询方交付技术咨询报告的义务。

10.3　对咨询方的下列违约行为，委托方可以书面通知的方式全部或部分解除合同，并不影响其采取其他补救措施：

a. 在本合同第四条规定的交付任何一项技术咨询报告期限后____天内仍不能交付部分或全部技术资料；

b. 无法使技术咨询报告达到合同附件一规定的最低验收标准。对上述解除合同，咨询方应退还委托方已支付的所有金额，并按年利率百分之_____加付利息。

10.4　如果一方有下列行为，任何一方可书面通知对方全部或部分解除合同，并不影响其采取其他补救措施：

a. 没有履行合同规定的保密义务；

b. 没有履行合同规定的其他义务，轻微的违约除外，并在收到对方书面的通知后____天内或双方商定的时间内对其违约予以弥补；

c. 破产或无力偿还债务；

d. 受不可抗力事件影响超过____天。

第十一章　不可抗力

11.1　任何一方由于战争及严重的火灾、台风、地震、水灾和其他不能预见、不可避免和不能克服的事件而影响其履行合同所规定的义务的，受事故影响的一方将发生的不可抗力事故的情况以传真通知另一方，并在事故发生后14天内以航空挂号信件将有权证明的机构出具的证明文件提交另一方证实。

11.2　受影响的一方对因不可抗力而不能履行或延迟履行合同义务不承担责任。然而，受影响的一方应在不可抗力事故消除后尽快以传真通知另一方。

11.3　双方在不可抗力事故停止后或影响消除后立即继续履行合同义务，合同有效期和/或有关履行合同的预定期限相应延长。

第十二章　仲　裁

12.1　凡因本合同引起的或与本合同有关的任何争议，均应提交中国国际经济贸易仲裁委员会_____分会，按照申请仲裁时该会实施的仲裁规则进行仲裁。仲裁裁决是终局的，对双方均有约束力。

12.2 除非另有规定，仲裁不得影响合同双方继续履行合同所规定的义务。

第十三章 语言和标准

13.1 除本合同及附件外，委托方和咨询方之间的所有往来函件，咨询方给委托方的资料、文件和技术咨询报告、图纸等均采用英文。

13.2 尺寸均采用公制。

第十四章 适用的法律

14.1 本合同的法律含义、效力、履行等均受中华人民共和国法律管辖。

第十五章 合同的生效及其他

15.1 本合同在双方授权代表签字后，如果需要，由各方分别向本国政府当局申请批准。双方应尽一切努力使合同在签字后30天内获得各自国家当局的批准，各方应立即将批准日期书面通知对方。最后一方的批准日期为本合同生效日期。

15.2 本合同有效期自合同生效之日起为____年。

15.3 本合同期满时，合同项下的任何未了的债权债务不受合同期满的影响。

15.4 本合同的附件为本合同不可分割的组成部分，与合同正文具有同等法律效力。如合同正文与附件有矛盾之处，合同正文内容优先。

15.5 所有对本合同的修订、补充、删减或变更等均以书面完成并经双方授权代表签字后生效。生效的修订、补充、删减或变更构成本合同不可分割的组成部分，与合同正文具有同等法律效力。

15.6 双方之间的联系应以书面形式进行，涉及重要事项的传真应随后立即以挂号信件或特快专递确认。

15.7 本合同用中英文两种文字写成，两种文字具有同等效力。本合同正本一式四份，双方各二份。

委托方：_____

地　址：_____

邮　编：_____

电　话：_____传　真：_____

授权代表签字：_____

签字日期：_____

咨询方：＿＿＿＿＿＿＿＿＿＿＿

地　址：＿＿＿＿＿＿＿＿＿＿＿

邮　编：＿＿＿＿＿＿＿＿＿

电　话：＿＿＿＿＿＿传　真：＿＿＿＿＿＿

授权代表签字：＿＿＿＿＿＿＿＿＿＿＿

签字日期：＿＿＿＿＿＿＿＿＿＿＿

 复习思考题

一、名词解释

国际技术转让、专利、商标、许可贸易、国际合作生产、国际技术咨询、BOT

二、简答题

1. 国际技术贸易与国际货物贸易的区别与联系。

2. 简述专利的特点。

3. 简述许可贸易的特征。

4. 国际技术转让的交易前准备工作有哪些？

5. 技术价格的特点有哪些？

6. 技术价格有哪些支付方式？

第十一章

国际工程承包

第一节　国际工程承包的含义与特点

一、国际工程承包的含义

（一）国际工程

国际工程通常是指工程参与主体来自不同国家，并且按照国际惯例进行管理的工程项目，即面向国际进行招标的工程。从我国角度看主要包括：我国工程单位在海外参与的工程，也包括国内涉外工程。

（二）国际工程承包（international contracting for construction）

国际工程承包是指一国的承包商，以自己的资金、技术、劳务、设备、原材料，承揽外国政府、国际组织和私人企业的工程项目，并按承包商和业主所签订的承包合同所规定的价格、支付方式收取各种成本费和利润的一种国际经济合作方式。

二、国际工程承包市场及其特点

（一）国际工程承包市场的现状

随着全球经济的快速增长和经济全球化的不断发展，国际工程承包市场在经历了 20 世纪 90 年代前期的快速增长、中期的基本稳定和末期的动荡之后，在 21 世纪初期进入了高速增长的阶段。目前，国际工程承包市场潜力巨大，仍然有很大的发展空间。

1. 亚洲市场

亚洲地区一直是全球最大的国际建筑工程承包市场之一，在未来较长时间内，由于亚洲持续高速发展的经济和这种高速发展对基础设施的迫切需求，会使亚洲地区仍是世界上首屈一指的最大承包市场。

2. 中东市场

中东市场是 2004 年全球增长最为迅猛的市场，ENR 的统计数据显示，中东市场的国际承包商营业收入增长达 54.8%。显然这很大程度上受石油价格一路飙升的影响，使得国际大承包商纷纷涌入，投资商对海湾国家房地产和建筑行业的投资都呈增长态势。2011 年，全球最大的 225 家国际承包商在该地区的营业额占它们在国际市场营业总额的 18.9%[①]。2021 年度美国《工程新闻纪录（ENR）》"全球最大 250 家国际承包商"榜单发布，250 家上榜企业 2020 年的国际新签合同总额为 5204 亿美元，较 2019 年下降 17%；国际营业总额为 4204 亿美元，较 2019 年下降 11.1%。其中，在 2020 年度与 2021 年度连续两年上榜的 229 家企业中，36.7% 的上榜企业国际营业额有所提升，63.3% 的企业业绩出现下滑。[②]

3. 欧洲市场

欧洲历来都是世界上最大的承包劳务市场之一，其最大的特点是市场的东移。欧盟成员国带动了东欧和中欧的投资活动，从而也带动了建筑市场的兴旺昌盛，2004 年，ENR225 强国际承包商在欧洲市场的营业额增长了 29.2%，2011 年营业额占它们在国际市场营业总额的 24.5%，虽然比例下降，但营业额比重依然占首位。2020 年欧洲市场超过亚洲市场占据首位，250 家上榜企业在该地区的

---

① 金锐. 释放市场需求　力求发展突破——2011 年全球最大 225 家国际工程承包商业绩述评［J］. 国际经济合作，2012（10）：4-13.
② 最新｜ENR2021 榜单公布！这些中国企业上榜［EB/OL］. 中国一带一路网，2021-08-21.

营业额合计 1059.79 亿美元，占营业总额的 25.2%。[①]

4. 非洲市场

近年来非洲国家加大经济建设力度，调整经济结构，渴望引进外资，发展非洲经济。非洲大陆除沿海以及大城市的交通和通信等基础设施比较发达外，其内陆地区的基础设施非常落后，各国政府致力于城市建设、能源及其他公共设施的建设，非洲市场的行业特点已不局限于建筑和交通设施领域，对水资源和能源的利用是非洲市场的新变化。2011 年，ENR225 强国际承包商在非洲市场营业额占它们在国际市场营业总额的 22.5%[②]。2020 年在非洲市场，中国企业业务依旧领先，中国交建、中国电建、中国中铁、中国铁建、中国建筑、江西国际 6 家企业入围前 10 强。

5. 北美市场

北美工程承包市场规模巨大，尽管国内经济衰退等因素对美国和加拿大建筑市场造成一定影响，但北美市场一直是国际工程承包市场的重地。就准入程度而言，美国被视为最开放和公平的市场，吸引着世界各地的承包商，但要进入美国建筑市场却极其困难。

6. 拉丁美洲市场

经过对经济发展战略、经济政策和经济结构调整，拉美经济开始复苏，许多国际承包公司对拉丁美洲持乐观态度，拉美经济的恢复性增长无疑带动了该地区建筑业的复苏。

（二）国际工程承包市场的特点

1. 合同主体的多国性

国际工程承包涉及多方合同主体，这些合同主体通常属于不同的国家。例如，业主、承包商、监理、设计、贷款银行和劳务等可能来自不同的国家，有多个不同的法律合同来规定他们之间的法律关系。

2. 影响因素多，风险增大

当前，国际工程受到政治、经济影响因素明显增多，风险相对增大，诸如：国际政治经济关系变化可能引起的制裁和禁运；某些来源于国外的项目资金减少或中断；某些国家对承包商实行地区和国别限制或歧视政策；工程所在国与邻国

---

① 杜强，陈一秀，卫婧. 2014 年度国际市场最大 250 家承包商市场分析［J］. 建筑经济，2015，36（11）：19－24.
2021 年度 ENR"全球最大 250 家国际承包商"榜单发布［EB/OL］. 中国对外承包工程会，2021－08－19.
② 张宇，孙开锋. 解读 2011 年度 ENR 国际承包商 225 强［J］. 工程管理学报，2011，025（5）：584－590.

发生边境冲突等，都有使工程中断或造成损失的可能。

3. 必须按照严格的合同文件和国际惯例来进行管理，技术标准、规范和规程庞杂。

4. 工程项目的不可移动性

建设成果和建设过程固定在某一地点，即工程项目一般不可能发生空间位置的移动。

5. 建设周期长，环境错综复杂

国际工程涉及的领域广泛、关系众多，加之合同期限长，常使承包商面临诸多难题。

（三）国际工程承包市场的新特点[①]

1. 中国对外承包工程业务规模稳步扩大

根据美国《工程新闻纪录》杂志在 2019 年 8 月出具的 2018 年全球最大 250 家国际工程承包商榜单显示，国际营业总额为 4872.9 亿美元，较 2017 年仅增长 1%，且加拿大、中东、拉丁美洲、非洲等国家和地区的国际营业额均出现幅度不一的减少。但是，从中国对外承包工程的业务拓展与营业总额角度来看，在国际工程承包市场总体发展低迷的背景下，由于我国提出"一带一路"倡议、坚定维护多边贸易体制、加大对外开放力度等战略号召，我国的国际工程承包商数量、企业榜单排名、国际营业总额均得到明显提升，并在未来一定年份还将保持强劲的发展势头。例如，在《工程新闻记录》杂志所统计 2018 年榜单中，较 2017 年，我国内地国际工程承包商企业数量由 69 家增加至 76 家，上榜企业总体国际营业额高达 1193.3 亿美元，涨幅高达 4.6%。中国建筑、中国交通建设、中国电力建设三家公司位于榜单前十名，其中，中国交通建设从 2010 年度榜单第 13 位跃升至第 3 位。根据我国商务部统计的 2018 年中国对外承包工程业务数据显示，已完成营业额与新签合同额分别为 1690.4 亿美元与 2418 亿美元。

2. 通过多方合作来整合资源

为规避与分担国际工程承包项目风险，提高项目承包中标率，从激烈的国际工程承包市场竞争中脱颖而出，近年来，多数国际工程承包企业均选择与其他企业开展多方深度合作，实现优势互补，并借此来控制项目成本。例如，在 2018 年 3 月，德国霍克蒂夫公司与法国万喜公司开展深度合作，二者以联营体形式参与丹麦哥本哈根地铁 4 号线工程的招投标，最终获取该项目的设计与施工合同，合同总金额高达 4.6 亿欧元。与此同时，国内的工程承包企业也在积极开展与欧

美国家、国内其他企业之间的项目合作，并取得显著成果，如美国通用电气公司与我国哈尔滨电气国际工程公司以联合体形式竞标阿联酋哈翔清洁燃煤电站项目。此外，部分国内工程承包企业在经营发展期间涉及全新领域、自身缺乏核心技术、市场开拓效果较差时，选择采取收购其他企业的方式来弥补自身发展短板。例如，中国电建企业为完善地铁、铁路领域产业链，提高工程设计水准，出资收购意大利一家著名设计企业 Geodata 公司，获取了丰富的设计资源。

3. 企业融资困难

根据国际工程承包市场发展情况来看，多数工程项目有着工程量大、工期长、造价成本高昂的特征，要求企业在项目建设期间垫付建造资金，但部分企业的现金流不充沛，实际融资难度较大，并在出现停工、返工、窝工等突发状况时易出现资金链断裂与工程烂尾问题，这也是各家国际工程承包企业在经营发展期间面临的一项主要难题。

从企业融资角度来看，一方面，部分地区国家的当地金融机构与多家多级金融机构在国际工程承包市场总体发展低迷的背景下，普遍将发展战略调整为收缩贷款，提高了政策性贷款担保要求与商业贷款融资利率，企业很难从国际金融机构与项目所属国金融机构中获取充足融资。另一方面，随着我国"一带一路"倡议的推进，虽然陆续建立起中拉合作基金、中欧"一带一路"产业基金等金融机构，但却存在融资方式单一问题，仅可满足我国工程承包企业的部分资金需求，尚未实现产融结合目标。

4. 区域市场基础建设需求和风险并存

考虑不同区域和国家的经济发展水平、政治稳定性、基础设施建设需求、政府财政收入情况等方面存在差异性，加之受各种因素影响，国际工程承包市场当下正处于市场基础建设需求和风险并存的发展阶段，且不同地区工程承包项目存在的实际风险隐患不一致，需要做到对这一问题的全面了解。例如，在亚太地区，随着我国提出发展"一带一路"倡议，将亚太地区作为我国对外承包工程业务的主要开拓方向，在孟加拉国、越南、巴基斯坦等国市场承建多个大型基础建设项目，如巴基斯坦卡拉高速公路项目。根据商务部统计数据显示，我国在 2019年全年于新加坡、老挝、印度尼西亚、越南等"一带一路"沿线国家的直接投资金额高达 150.4 亿美元。

在拉丁美洲地区，在项目承建期间，工程承包企业主要面临着当地国家政局剧烈变化、政府债务比重超过警戒线、融资困难的风险，包括因当地政府经济增速过低与债务占比过高，并未在约定时间向工程承包企业支付工程款。根据相关调查结果显示，拉丁美洲地区的巴西、墨西哥、危地马拉、哥伦比亚等国均存在上述一部分或是全部问题。

在中东地区，沙特阿拉伯、科威特等经济发展水平较高国家近年来推出一系列基础建设计划，旨在提高国民生活质量与刺激经济复苏，包括"沙特阿拉伯2030愿景"计划。这类国家的工程承包市场有着主权信用等级高、项目供给充足与体量大、建设项目多元化的特征，在一定程度上改善了国际工程承包市场环境。但是，也存在着诸多问题风险有待解决。以科威特为例，存在着推行强制性代理制度、科威特本国不具备大批量生产工程机械设备能力、建筑市场受到地方主义保护、合同条件过于严苛等问题。其中，科威特政府所制定工程合同的格式条款与通用 FIDIC 合同不一致，在合同中存在突出业主方权利的免责条款，使全部风险由国际工程承包商来承担，承包方不具备对业主方进行索赔、增加附加内容条件的权利，且业主方自身有着在图纸设计、现场施工检验等方面的过错豁免权。

三、我国对外工程承包状况[①]

（一）我国对外承包工程发展概括

2020 年，我国对外承包工程业务完成营业额 10756.1 亿元，较上年减少1171.4 亿元，同比下降 9.8%（折合 1559.4 亿美元，同比下降 9.8%）；2021年，我国对外承包工程业务完成营业额 9996.2 亿元，较上年减少 759.9 亿元，同比下降 7.1%（折合 1549.4 亿美元，同比下降 0.6%）。2020 年，中国企业在"一带一路"沿线的 61 个国家新签对外承包工程项目合同 5611 份；2021 年，我国企业在"一带一路"沿线的 60 个国家新签对外承包工程项目合同 6257 份。2020 年，中国企业在"一带一路"沿线的 61 个国家新签对外承包工程新签合同额 1414.6 亿美元，占同期中国对外承包工程新签合同总额的 55.4%，同比下降8.7%；2021 年，我国企业在"一带一路"沿线的 60 个国家新签对外承包工程新签合同额 1340.4 亿美元，同比下降 5.2%，占同期我国对外承包工程新签合同额的 51.9%。2020 年，中国企业在"一带一路"沿线的 61 个国家新签对外承包工程完成营业额 911.2 亿美元，占同期总额的 58.4%，同比下降 7%；2021 年，中国企业在"一带一路"沿线的 61 个国家新签对外承包工程完成营业额 896.8亿美元，同比下降 1.6%，占同期总额的 57.9%。

[①] 2021 年中国对外承包工程发展概况及发展趋势分析［图］［EB/OL］. 网易新闻，2022 - 06 - 01.
商务部发布《2020 年度中国对外承包工程统计公报》［EB/OL］. 中华人民共和国商务部，2021 - 09 - 09.
国际工程承包行业市场概况［EB/OL］. 思涵产业规划研究院，2022 - 10 - 18.

（二）我国国际工程承包特点

2020 年，面对新冠疫情对世界经济的严重冲击，商务部等有关部门坚决贯彻落实党中央、国务院决策部署，紧密围绕构建新发展格局，统筹推进境外企业项目人员新冠疫情防控和对外投资合作改革发展，对外承包工程业务保持了平稳发展，全年共在全球 184 个国家和地区新签合同额 2555.4 亿美元，完成营业额 1559.4 亿美元，主要有以下特点。

一是市场相对集中，亚洲和非洲地区业务占八成以上，新签合同额占比分别为 56% 和 26.6%，完成营业额占比分别达 57.2% 和 24.6%。

二是在"一带一路"国家业务占比过半，当年中国企业在"一带一路"沿线 61 个国家对外承包工程新签合同额 1414.6 亿美元，完成营业额 911.2 亿美元，分别占同期总额的 55.4% 和 58.4%。

三是中国对外承包工程业务行业分布广泛，交通运输建设、一般建筑、电力工程、石油化工等领域仍为主要领域，新签合同额、完成营业额占比均在 75%以上。

四是新签合同额在 5000 万美元以上的大项目 904 个，较上年增加 10 个，合同额合计 2158.5 亿美元，占当年新签合同总额的 84.5%。其中上亿美元项目 514 个，较上年增加 8 个。

（三）我国国际工程承包市场概括

改革开放以来，随着国家"走出去""一带一路"倡议的实施，我国对外承包工程持续高速发展，取得了令人瞩目的成就。在国际市场上，近年来我国对外工程承包完成营业额及新签合同额持续快速增长，中国逐步成为世界重要的工程服务提供商。

随着业务规模的不断扩大，我国对外承包工程业务的增长方式进一步转变，越来越多的企业开始重视向规划、勘探、设计咨询等领域发展，通过带资承包和投资获得工程项目等方式，积极探索采用投资与工程相结合，通过与境外合作进行房地产开发、资源合作开发等方式，推动公司业务向高端业务发展。

另外，我国对外承包工程的专业领域也不断扩大，除了房屋建筑、道路交通等领域外，已经发展到了石油化工、工业生产、电力工程、矿山建设、电子通信、环境保护、航空航天、核能和平利用及工程咨询服务等诸多领域。

再者，我国对外承包工程市场向多元化深入发展，业务已经遍及世界 180 多个国家和地区。除了亚洲、非洲传统市场外，在拉丁美洲市场、欧洲市场和北美市场呈现较快的增长势头，市场结构得到进一步优化。中国公司承揽的项目数量逐年增长，规模和档次不断提升，队伍日益壮大。中国在国际工程承包市场的地位明显提高。当前国际工程承包领域的竞争也日趋激烈。欧洲、美国、日本等国家和地区的大型承包商已在技术和资本密集型项目上形成垄断，中国企业在对外工程承包过程中多处于价值链的低端，且相互之间还存在着低价竞争的情形。此外，受到所在国政治、种族冲突、恐怖活动等因素的影响，中国对外承包工程企业面临的安全问题也日趋严峻。

而在今后一段长时间内，欧美工程市场仍将是全球最大的区域性市场。我国工程承包企业在继续关注东南亚、中东、拉丁美洲、非洲市场的同时，应该加快进入欧美市场的步伐，特别是应加快开拓北美建筑市场的步伐。我国特大型建筑企业应考虑适时制定、实施由传统的东南亚、非洲、中东市场逐步进入北美市场的战略转移。

四、国际工程承包的业务范围和承包方式

（一）国际工程承包的业务内容

1. 工程设计

工程设计是指对工程项目的建设提供有技术依据的设计文件和图纸的整个活动过程，是建设项目生命期中的重要环节，是建设项目进行整体规划、体现具体实施意图的重要过程。工程设计包括初步设计和详细设计。初步设计是对工程项目所要达到的规格、标准、生产能力等进行设计；详细设计包括机械设计、电器设计、建筑物设计及配套工程设计等；详细设计后是施工图设计。

2. 技术转让

在国际工程承包中往往涉及工程所需专利和专有技术的转让。

3. 机械设备的供应和安装

国际工程承包项目需要采购的设备数量大、种类多、规格复杂、时间跨度长和地域跨度大，并且设备相互配套、互为影响，涉及大量的设备供应商。另外，设备供应工作流程较为复杂，涉及计划、采购、监制、出运、保管、安装调试和移交等各个方面。

4. 原材料和能源的供应

在国际工程承包中，原材料和能源的供应也是一项重要的业务内容，涉及多方供应商。

5. 施工

施工主要包括工程建造及施工人员的派遣、机器设备、材料物资、资金等

方面。

6. 资金

资金应由业主提供，但业主往往要求承包商提供信贷。

7. 验收

验收主要包括验收方法、验收时间及验收标准等。

8. 人员培训

承包商对业主派出的人员进行技术培训，使他们在项目投入运营后，能够掌握保证项目正常运营和使用的基本技能。

9. 技术指导

在工程建成投入运营后，承包商对项目进行技术指导，以保证项目的运营。

10. 经营管理

一些合同，如 BOT，承包商要负责对项目进行经营管理，并获得收益。

（二）国际工程承包方式

1. 总包

总包是指从投标报价、谈判、签订合同、施工等全部过程均由承包商负责，承包商负责对内、外转包和分包。采用这种承包方式的合同称为总包合同。是目前国际工程承包市场使用最多的一种承包方式。

2. 单独承包

单独承包是指一家承包商独揽一项工程项目。适用于规模较小、技术要求较低的工程项目。

3. 分包

分包是指业主将工程项目分成若干子项或几个部分，分别分包给几个承包商。每个承包商都对业主负责。

4. 二包

二包是指总包商或分包商将自己承包的工程的一部分，转包给其他承包商。二包商不对业主负责，只对总包商或分包商负责。总包商选择二包商时，要征得业主同意。一般情况下，总包商将自己有专长、利润较大部分留下来，将不适合自己专长、风险大、利润少的分包出去。

5. 联合承包

联合承包是指几个承包商共同承揽一个工程项目，各承包商分别负责工程项目的一部分，共同对业主负责。

6. 合作承包

合作承包是指由两个或两个以上的承包商，事先达成合作承包的协议，各自参加某项工程项目的承包，不论哪家公司中标，都按协议共同完成工程项目的建设，对外则由中标公司与业主签订合同，进行协调。

五、国际工程承包中的主要当事人

（一）业主

业主是指工程项目的所有权人。业主可以是自然人、法人和其他组织。

（二）承包商

承包商即项目承包人，是指在协议书中约定，被项目发包人接受的具有项目施工承包主体资格的当事人，或取得该当事人资格的合法继承人。

（三）分包商

分包商是指承包商（尤其是总承包商）将承包的一个合同项目中的一个部分所给予的人。

（四）（监理）工程师

监理工程师是代表业主监控工程质量，是业主和承包商之间的桥梁。

第二节　国际工程承包招标

一、国际工程承包招标概述

（一）招标（invitation to tender）的含义

招标是指由业主（发包人、招标公司）就拟建工程项目的内容、要求和预选投标人的资格等提出条件，通过公开或不公开的方式，邀请投标人按照上述条件提出报价、施工方案和施工进度等，再由发包人比较、选择确定承包商的过程。

（二）招标的方式

1. 公开招标（国际竞争性招标）

公开招标是指招标人在报刊、电子网络或其他媒体上刊登招标公告，吸引众多企业单位参加投标竞争，招标人从中择优选择中标单位的招标方式。

2. 国际限制性招标（邀请招标）

国际限制性招标也称为有限竞争招标，是指招标者不公开刊登招标公告，而是选择若干供应商或承包商，向其发出投标邀请，由被邀请的供应商、承包商投标竞争，从中选定中标者的招标方式。邀请招标的特点是：（1）邀请招标不使用公开的公告形式；（2）接受邀请的单位才是合格投标人；（3）投标人的数量有限。

邀请招标适用于：（1）符合投标资格的承包商仅有有限几家，且招标者掌握承包商的基本情况；（2）保护本国承包商；（3）仅提供贷款的国际金融组织或国家，要求在成员国、提供贷款国家的承包商参加投标。

3. 两段招标

把招标过程分为两个阶段：第一阶段采用公开招标，从投标的承包商中选择3~5家作为候选人；第二阶段让他们重新报价，并确定最终的中标者。

两段招标是把一项工程招标分为两个阶段，与中标者签订一个承包合同。

4. 谈判招标（议标）

谈判招标指招标人根据自己的需要和了解到的承包商的资信、技术状况，将符合要求的承包商列出顺序，先与最符合要求的承包商进行谈判，达成协议，则与之签订合同。若达不成协议，则继续与下一个进行谈判，直至达成协议为止。

（三）国际工程招标的程序和步骤

按照世界银行《标准招标文件》（Standard Bidding Documents）用户手册，国际竞争性招标过程分为六个步骤：（1）发布招标公告；（2）编写招标文件并发售；（3）投标准备和递交投标文件；（4）开标和评标；（5）定标前的谈判和定标；（6）签订合同。

二、招标前期工作

（一）成立招标机构

原则上业主可以自行组织招标。但是世界银行规定，世行贷款项目必须委托有资格的专业招标公司组织招标。招标公司组织招标时，整个招标过程和招标文件的编写由招标公司负责。

（二）发布招标公告

发布招标公告是把招标信息通知潜在的投标人。

1. 招标信息发布

招标公司利用网络、报纸、电视、期刊等媒体向国内外所有合格的承包商发布招标信息，即邀请所有合格的承包商前来参加投标。投标人越多，竞争会越激烈，就越能找到最有竞争力的投标人（价格、质量、施工周期）。招标公告的内容主要包括：招标单位的名称、招标项目的名称、项目内容、工程的施工时间、资金情况、对投标人的资格要求、报名的条件、招标文件发布时间、地点及价格、评标方法等。

2. 招标邀请书

招标邀请书是用来邀请符合条件的投标人按照规定的条件、时间和地点前来投标的书面文件。招标邀请书是邀约邀请。招标邀请书的主要内容：（1）业主单位、招标性质；（2）资金来源；（3）工程简况，分标情况，主要工程量，工期要求；（4）承包商为完成本工程所需提供的服务内容，如施工、设备与材料采购及劳务等；（5）发售招标文件的时间、地点及售价；（6）投标文件投送的地点、份数和截止时间；（7）投标保证金的数额、形式（银行保函）、时间；（8）开标的日期、地点；（9）现场考察、标前会议的时间地点。

（三）资格预审

资格预审是指对于大型或复杂的土建工程或成套设备，在正式组织招标以前，对供应商的资格和能力进行的预先审查。通常公开招标采用资格预审，只有资格预审合格的施工单位才准许参加投标；不采用资格预审的公开招标应进行资格后审，即在开标后进行资格审查。一个项目参与投标的公司有十几家甚至几十家，业主从中选择 7~8 家公司参与竞争。资格预审是投标工作的第一轮竞争。

1. 资格预审的主要内容

（1）公司的一般状况：如公司的名称、性质、国别，注册的地点、时间、金额及等级。

（2）公司的财务状况：近三年或近几年的资产负债表、损益表，主要的业务银行、担保银行等。

（3）施工经验（公司的业绩）：近五年或十年完成的类似（同类）工程的情况、名称、规模、合同额、完工期，业主的国别、名称等。

（4）施工设备能力：公司现有的主要设备状况，包括名称、规格、数量、所在地区等。

（5）公司的管理能力：主要领导、技术、管理人员的资历，有关证书的复印件，技术工人的水平和数量。

（6）质量体系认证的情况：有的国家的项目明确提出一定要通过 ISO9000 质量体系认证的公司（企业）才能参加投标。

2. 资格预审的主要目的

（1）了解投标人的财务状况、技术力量和类似工程的施工经验，为选择优秀的投标人打下基础。

（2）事先淘汰不合格的投标人，排除将合同授予不合格投标人的风险。

（3）减少评标工作时间和评标费用。

（4）使不合格的投标人节约购买招标文件、现场考察和投标的费用。

3. 资格后审

对于一些开工期要求比较早、工程不算复杂的工程项目，为了争取早日开工，有时不预先进行资格预审，而是进行资格后审。资格后审是在招标文件中加入资格审查的内容。投标人在填报投标文件的同时，按要求填写资格审查资料，评标委员会在正式评标前先对投标人进行资格审查，对资格审查合格的投标人进行评标，对不合格的投标人不进行评标。

资格后审的内容与资格预审的内容大致相同，主要包括：投标人的组织机构、财务状况、人员与设备情况、施工经验等方面。

三、招标文件

（一）招标文件的重要性和作用

招标不同于商务谈判。编写招标文件是招标过程中一项非常重要的工作。

1. 招标文件详细提出了业主的要求

招标、投标、评标等都要按照招标文件的要求进行，招标文件将工程项目的技术、商务条件都做出了明确规定。投标人只能按照招标文件的要求提出报价，不能对招标文件中的技术、商务条款做实质性的修改。

2. 招标文件构成合同的主要内容

招标文件是签订合同所遵循的依据，招标文件的大部分内容要列入合同之中。

（二）招标文件的编写原则

招标文件的编写一般应遵循的主要原则有：（1）遵守国家法律、法规；（2）符合贷款组织的各项规定和要求；（3）公正处理业主和承包商的利益和风险；（4）招标文件准确、详细、全面地反映工程项目的情况。

（三）招标文件的组成

发售的招标文件应包括以下组成部分：（1）招标邀请书；（2）投标人须知；（3）合同通用条款；（4）合同专用条款；（5）技术规范；（6）投标书、投标书附录和投标保函的格式；（7）工程量清单；（8）协议书格式、履约保函格式和预付款保函格式；（9）图纸；（10）评标标准和方法；（11）投标辅助材料。

（四）投标人须知的主要内容

"投标人须知"是指导、规范招标过程、投标人编写标书、评标等整个工程的一个指导性文件。内容包括以下方面。

1. 总则

（1）投标范围。投标人在规定的时间内完成招标工程的基本情况，包括项目名称、建设地点、工程规模、招标内容、质量要求及工期要求等。

（2）资金来源。说明业主招标项目的资金来源、落实情况，其中世界银行项目应注明资金全部或部分来源于世界银行贷款。

（3）投标资质与合格条件的要求。合格的投标人应该满足的主要条件有：①投标人不得与为该项目准备阶段提供咨询服务的公司有关系；②不得与业主所雇用的本项目工程师有关系；③已通过资格预审；④应能提供使业主满意的资格证明。

（4）合格的材料、工程设备、供货和服务。合格的材料、工程设备、供货和服务应在《世界银行采购指南》规定的合格货源国内进行采购。

（5）投标人资格。独立投标、合作投标、联合投标应提供相应的授权证明。

（6）一标一投。投标人只能自己或作为联合体投一个标，不能一个投标人多次投同一标。

（7）投标费用。投标人应承担其编制及递交投标文件过程中所涉及的一切费用，不管投标结果如何，招标人及招标代理机构对上述费用不负任何责任。

（8）现场勘查及答疑。业主或招标代理机构将组织现场勘察及答疑，规定了具体时间与方式，投标人必须在规定的时间进行考察，同时承担相关费用。

2. 招标文件

对招标文件的组成、解释、修改及澄清的规定。

（1）招标文件内容。招标文件主要包括：①商务部分：招标公告、投标人须知、招标资料表、合同通用条款、合同专用条款等；②技术规范；③投标文件：投标书、投标保函格式、工程量清单、履约保函格式等；④图纸。

（2）招标文件的澄清。投标人对于招标文件中问题要求业主澄清的，在投标截止前规定的时间内所提出的问题，业主将给予澄清，并通知所有投标人。

（3）招标文件的修改。在投标文件递交截止时间前，业主或招标代理机构可以对招标文件进行修改，对招标文件的修改构成招标文件的一部分。

3. 投标文件的编制

投标文件是对如何编写投标文件的规定和解释。主要包括：（1）投标文件的语言：应给出详细规定，一般选择英语或东道国的官方语言；（2）投标文件的组成：投标书的格式、投标保函、报价的工程量清单等；（3）投标价格：整个工程的总价、单价；（4）投标货币和支付货币；（5）投标文件的有效期：在投标有效期内，投标人不得要求撤销或修改其投标文件；（6）投标保证金；（7）标前会议；（8）投标文件的签署及规定。

4. 投标文件的递交

（1）投标文件的密封和标志。投标人应将投标文件的正本和副本密封，并注明"正本""副本"字样，还应在投标文件封皮上写明招标编号、招标项目名称、投标人名称，并注明"开标时启封"字样，封口处应有投标人单位公章和法定代表人（或授权委托人）的签字（或盖章）。

（2）投标截止日期。投标文件必须在投标截止日期前派人送达到指定的投标地点。业主或招标代理机构推迟投标截止日期时，应以书面（或传真）的形式，通知所有投标人。在这种情况下，招标和投标人的权利和义务将受到新的截止日期的约束。

（3）迟到的投标书。迟到的投标书将退还给投标人，视同废标、无效。

（4）投标文件的修改、替代和撤回。投标以后，如果投标人提出书面修改和撤标要求，在投标截止日期前，招标代理机构可以予以接受，但不退还投标文件。投标人修改投标文件的书面材料，须密封送达招标代理机构，同时应在封套上标明"修改投标文件（并注明招标编号）"和"开标时启封"等字样。撤回投标应以书面（或传真）的形式通知招标代理机构。如采取传真形式撤回投标，随后必须补充有法定代表人或授权委托人签署的要求撤回投标的正式文件。撤回投标的时间以书面通知送达招标代理机构为准。开标后投标人不得撤回投标，否则投标保证金将被没收。

5. 开标和评标

（1）开标。应规定开标方式。业主按照规定的时间、地点公开（或不公开）开标。

（2）过程保密。开标后，直到宣布确定中标单位前，凡属于审查、澄清、评价和比较投标的所有资料，都不应向投标单位和与评标无关的其他人泄露。在投标文件的审查、澄清、评价和比较过程中投标单位对招标单位和评标委员会评标小组成员施加影响的任何行为，都将导致取消其投标资格。

（3）投标文件的澄清。为了有助于投标文件的审查、评价和比较，评标委员会可以个别地要求投标单位澄清其投标文件，有关澄清的要求与答复，应以书面形式进行。但不得对价格或其他实质性内容进行更改，只能更改计算错误等。

（4）评标时货币的换算。对于允许不同货币报价的项目，评标时为了便于比较，需要将不同货币换算为同一种货币，因此，应事先给出换算为哪种货币，换算时的汇率如何确定（哪个金融机构、什么时间的汇率）等。

（5）投标文件的评价和比较。投标文件的评价和比较应坚持公平、公正、科学、择优的原则，按照招标文件规定的标准进行。

（6）国内优惠。世界银行允许国内投标人有7.5%的优惠，前提是多数股份为国内所有。

6. 合同授予

（1）授标。合同授予满足招标条件要求，最低评标价的投标人。

（2）业主接受或拒绝任何投标的权力。业主在授予合同前，有权接受或拒绝任何投标，拒绝所有投标，宣布投标程序无效的权力。对投标人的影响不负责任。

（3）中标通知书。向投标人确认其投标被接受。

（4）合同协议书的签署。

（5）履约保证金。要求投标人按规定的金额提供履约保证金，一般为银行保函。

（6）争端审议。规定争端解决的办法。

四、开标及评标过程

（一）开标方式与内容

开标是指招标人在规定的时间、地点，按一定的方式和程序将所有投标书启封揭晓。

1. 开标方式

开标方式分为公开开标和不公开开标，常用公开开标（有投标人代表参加）。公开开标是指在规定的日期、时间、地点由招标机构当众一一唱读所有投标人的投标文件中的投标人名称和投标价。

2. 开标内容

开标公开宣布投标单位名称、投标报价、工期、质量及其他主要技术条件等主要内容，但不是全部内容。需要注意的是，投标者的报价等主要条款，在开标后不得修改；对投标书中存在的问题，可要求投标代表进行答疑。

（二）评标内容与方法

评标是由招标机构组织技术、经济、法律等各方面专家，对所收到的合格投标书，按照一定的程序和标准进行综合评价、比较，并选出中标候选人的过程。

1. 评标内容

评标主要从行政性、技术和商务三个方面进行评审。

（1）行政性评审。行政性评审的目的是从所有投标文件中选择出满足符合最低要求标准的合格投标文件，淘汰不合格的投标文件，避免浪费时间进行技术评审和商务评审。行政性评审的主要内容如下：①投标人资格合格性。②投标文件的有效性。主要包括已通过资格预审、投标保证金符合要求的数额、投标文件有法定代表人签字盖章、投标代理人有授书等。③投标文件的完整性。须包括招标文件要求的全部文件。④投标书的实质性响应。实质性响应是指投标文件与招标文件的要求无重大偏差。重大偏差包括：固定价投标时提出价格调整、未能响应技术规范、拒绝承担招标文件中要求承担的重大责任和义务（如履约保证）、在投标人须知中列明可能导致废标的条款。

（2）技术评审。技术评审的目的是确认备选的投标人完成本工程的能力。技术评审"可行"的进入商务评审，"不可行"的不得进入商务标评审。技术评审的内容主要包括以下几个主要方面：①技术资料的完备性。审查是否按照招标文件提交一切必要的技术文件，主要包括施工方案、施工进度计划、技术质量控制和管理、施工设备清单、施工材料供应渠道和计划等。②施工方案的可行性。主要包括对各类工程（土石方工程、混凝土工程、钢筋工程）施工方法的审查以及施工设备选择、施工现场安排、施工顺序及其衔接等方面的审查。③施工进度计划的可靠性。主要审查施工进度计划能否满足业主对工程完工时间的要求。④施工质量的保证。审查投标文件中提出的质量控制和管理措施（质量管理人员配备、仪器设备质量检查和质量管理制度）等方面是否健全。⑤工程材料和机器设备技术性能。⑥分包商的技术能力和技术经验。

（3）商务评审。商务评审的目的是从成本、财务等方面评审投标报价的合理性、经济效益和风险。主要包括：①总报价评审。评标机构对低于所有保留的投标报价算术平均值5%的投标文件进行详细评审，并进行询标，投标人不能说明理由或评标机构认定其理由不成立的，其投标将被拒绝。②分部分项工程量清单报价的评审。评标机构抽取一定数量的分部分项工程综合单价报价进行分析，并以保证工程所必须的实体消耗和工程质量为目标进行评审，报价有明显错误的其投标将被拒绝。评审结束后写出书面评审意见。③措施项目报价的评审。评标机构根据招标文件和工程实际对投标文件中的措施项目报价和相对应的施工组织设计进行评审。如果措施项目报价不能满足工程要求或与其投标文件中施工方案不符的，其投标将被拒绝。④主要材料报价评审。主要材料是指钢材、木材、水泥（商品混凝土）及招标人在招标文件中明确的特殊材料。如果主要材料报价出现低于同期造价部门定期发布的市场指导价格10%，且投标人在投标文件中没有提交相关说明资料和证明材料，或虽提供了相关材料但评标机构确定其低价理由并不成立的。其投标将被拒绝。

一般来说，评标机构经过上述评审后在保留的投标报价中按由低到高的顺序向招标机构推荐中标候选人。

2. 评标方法

（1）最低价中标法。国际上以美国采用最低价中标法历史最长、最有实践经验。他们在使用这种方法时：一是发布招标消息；二是审核投标者的资格，重点检查工程担保保函是否齐备，米勒法规定参加政府工程的投标者必须购买投标函、履约保函和付款保函，以及其他一些业主根据工程特点提出的条件；三是合乎资格的投标者采取密封报价、公开唱标、价格竞争、当场确定最低价者中标。由此，最后评标时，报价最低的投标文件应被评为"财务报价最有利者"。只要技术、合同与行政管理方面也同样令人满意，一般来说此标书就会被业主所认可。

（2）综合评标法。综合评标法，是对价格、施工组织设计（或施工方案）、项目经理的资历和业绩、质量、工期、信誉和业绩等因素进行综合评价从而确定中标人的评标定标方法。它是适用最广泛的评标定标方法。

（3）无标底评标方法。无标底评标是指招标机构不组织编制标底。开标前，评标机构根据工程具体特点制定评标原则，依据投标报价的综合水平确定工程合理造价（评标基准价相当于标底），并以此作为评判各投标报价的依据。评标基准价可以采用各投标报价的算术平均值；也可以在开标后按照开标前既定的计算方法分析投标报价，进而计算评标基准价。

（三）预中标

如果对投标书的真实性、准确性需要进一步了解，或难以判断是否具有完成工程项目的能力，可先评出预中标者。然后，对预中标者进行考察或进一步提供有关材料。

五、定标和签订合同

（一）定标

通过对投标书的评价、比较，招标机构最终选定一个中标者，即决定中标人。在投标有效期内，招标机构以书面形式通知所选定的中标人。通知也可以电话、传真的形式，但需要随后以书面确认。对未中标的，也要及时发出落标通知。

一般情况下，招标人有权拒绝全部投标：（1）投标人过少（不足3家），缺乏竞争；（2）最低报价大大超过标底（超过20%）；（3）所有投标书均未按招标文件的要求编写。

（二）签订合同

中标人在收到"中标通知书"后，应按通知书中规定的时间、地点与招标机构签订中标施工合同，否则按开标后撤回投标处理。招标文件、中标人的投标文件及评标过程中有关澄清文件均为合同组成部分。合同经双方签字，并经有关部门批准，招标过程即结束，转入工程施工阶段。

第三节　国际工程承包投标

一、投标的概念和特点

（一）概念

投标是指投标人（承包商）根据招标文件的要求，在规定的时间并以规定的方式，投报拟承包工程的实施方案和报价，并争取中标的过程。

（二）特点

（1）投标的前提是必须接受招标条件，包括招标文件中的各项要求和规定，否则投标将不被接受。

（2）投标属于一次性报价，报价及投标文件的主要条款在某一规定时间后不得更改。有时允许投标后、开标前更改，但开标后不允许改变报价和主要条款。

（3）投标在法律上属于要约，招标人选定为中标，则合同成立。

二、投标过程

投标人的投标过程主要包括以下几个步骤。

（一）投标决策

1. 可行性研究

对投标项目进行可行性研究的主要目的是决定是否投标。应充分研究本企业进行项目实施的可能性，考虑一次投标要支出的可观费用，以及是否有足够的技术力量可以投入。因此，应充分考虑自身技术水平、竞争对手情况、目前承担的工程项目、能否按时完成及预期利润等因素。一旦决定投标，则应对招标信息进行筛选，选择合适的项目进行投标。

2. 投标方式

决策是独立投标，还是合作或联合投标，是否分包等问题。

（二）投标前准备工作

投标前要做好以下几项工作。

1. 收集有关信息

投标涉及多方面的技术经济问题，必须重视资料的收集和分析。

（1）有关招标项目信息和项目所在国的情况。其主要包括政治（政治稳定性，与我国关系）、经济（近年来经济发展情况，过去对工程款支付信誉等方面）、当地的民俗风情、宗教信仰、生活习惯、文化水平、基础设施、金融保险、货币的稳定情况、外汇管理制度、原材料供应、劳动力市场等信息。

（2）业主和竞争对手的情况。①对业主的调研。重点了解业主的资金状况：若是政府项目，应当了解该项目是否已列入国家批准的预算计划；若是贷款项目，应了解贷款的比例及国内配套资金的落实情况；若是私营或合营、集资项目，更要仔细调查业主的资信情况、资金来源、支付能力及业主的偏好等方面。

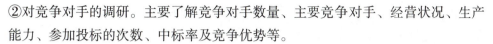

②对竞争对手的调研。主要了解竞争对手数量、主要竞争对手、经营状况、生产能力、参加投标的次数、中标率及竞争优势等。

（3）投标报价的有关信息。从当地政府公布的数字和我国驻当地使领馆、经商处了解或亲自调查近年来当地的物价上涨指数及未来几年可能的趋势估计。掌握当地同类建筑物的一般造价信息，主要包括当地建筑材料价格，当地水、电、油价格，当地劳务价格，各类人员的工资水平、劳动效率，当地主要生活物资的价格水平，进口物资到达港口的各项费用，清关、报关、运输等费用，办理各种保函、保险的手续及所需费用，工程所要交纳的税种及其税率等。

2. 研究招标法规

东道国涉及承包工程、招标、投标的有关法规，主要包括合同法、采购法、公司法、税法、劳动法、海关法、外汇管制法、保险法等。

3. 组成投标小组

一般应从本企业挑选包括领导、技术、经济、法律等方面的专业人才组成投标小组。

4. 认真考察现场和参加标前会议

投标前应认真考察现场和参加标前会议，其中现场考察的内容主要包括：（1）现场的地理位置、交通情况，施工用道路、供水、供电及通信情况；（2）现场的地形、地貌、地质情况；（3）现场的气象资料、水文资料；（4）地方材料（如砂、石等）、大宗材料（如水泥、钢材、木材）的来源与供应情况；（5）现场周围的情况，如设置临建、生活营地的可能性；（6）附近现有的建筑工程情况，施工方法和水平；（7）租赁设备及当地劳务来源情况；（8）附近的生活物资供应情况，医疗设施水平；（9）在阅读标书过程中发现的问题及到现场临时发现的其他重要问题等方面。

（三）询价

询价是投标前的一项重要工作，通过了解完成工程项目所需原材料、设备等的价格和供应商，从而获得准确的价格信息，以便在报价过程中对工程材料（设备）及时、正确地定价，从而保证准确控制投资额、节省投资、降低成本。询查材料设备价格的方法主要有：造价信息（当地造价管理及相关部门发行的刊物）、电话询价、网上查询、市场调查及厂家报价等。

（四）编制投标文件

投标文件的主要组成部分：（1）投标书：是投标者对主要投标内容的承诺，在招标文件中规定了格式和内容；（2）报价表：包括报价的金额、货币、报价包括的内容等；（3）技术文件：设计方案、施工安排及进度等；（4）投标保证金保函：一般由承包商的开户银行或招标人指定的银行开具。

编写投标文件应严格按照招标文件中规定的内容、格式编写投标文件，包括语言、签署等。

（五）投递标书

投递标书是将投标文件在规定的时间和地点送交招标机构。注意事项主要有：（1）应详细检查投标书内容是否完备；（2）重视印刷和装帧质量，从投标书的外观上表现出投标人工作认真；（3）投标文件装订密封，一般情况需派人送达，也可以通过邮寄。邮寄投标书时，一定要留出足够的时间。对于迟到的标书，招标方将原封不动退回投标人；（4）投递标书不宜过早或过晚，以投标截止前一天或当天为宜。这样，投标人可以根据情况，改变投标报价，掌握报价的主动权。

（六）参加开标

参加公开开标，准备答复评标过程中需要解释的问题。

（七）准备预中标考察

定标前对预中标人进行现场考察很有必要，如果不对其进行现场考察，就可能出现伪造证书之类的情况，那时，很可能会出现两种状况：一是被其他参加投标的企业发现并投诉，延长招投标的时间；二是招标中没发现但中标，会影响工程的质量，拖延工期，增加费用等。

（八）签订合同

如果发包人在规定时间内发出中标通知，则按要求签订合同。

三、国际工程承包报价

（一）报价的依据

1. 招标文件

对招标工程量、经济责任、风险等给出了详细规定，需要认真研究。

2. 承包商自身的技术水平和经济管理水平

承包商自身的技术水平和经济管理水平主要反映在承包商的定额、施工工艺、施工方法及管理水平等，这些决定最终成本。企业定额先进则成本低，施工技术和工艺先进则可提高工效、降低费用以及缩短工期。

3. 客观环境因素

投标报价还受到东道国的市场供应、运输条件及价格水平等客观环境因素的影响。

（二）投标报价的构成

1. 直接费

直接费是指用于工程施工，并且能够直接计入各项工程造价的生产费用，包括人工费（包括国内派工、雇用当地工人、雇用第三国人员的费用）、材料及设备费（包括国内采购、当地国采购、第三国采购的材料及设备费）和施工机械使用费。

2. 间接费

间接费是指为组织和管理工程施工而发生的，但不能直接计入各项工程造价中的综合费用。包括投标开支费、保函手续费、保险费、税金、业务代理费、临时设施费、贷款利息以及施工管理费等。

3. 上级管理费

上级管理费按照合同总价的一定百分比（一般4%左右）计取。

4. 盈余（风险和利润）

盈余按照合同总价的一定百分比（一般5%～9%）计取。

5. 工程费用

$$工程费用 = 直接费 + 间接费 + 上级管理费 + 盈余$$

6. 勘察设计费

一般国际工程项目的设计费约为工程费用的8%，勘测费约为工程费用的0.5%～0.7%。

7. 物价上涨调整费用

根据承包地区历年的价格指数或政府公布指数，结合国际市场动态及工期长短，分类作出预测估算。

8. 工程总报价

$$工程总报价 = 工程费用 + 勘察设计费 + 物价上涨调整费用$$

（三）工程报价的步骤

一般来说，国际承包工程的报价主要包括以下步骤。

1. 计算（复核）工程量

报价时要对招标文件中的工程量表进行核对，查看与图纸是否相符。

2. 制定施工规划

施工规划的内容包括：施工方案、施工方法、施工进度计划、施工机械、设备材料及劳动力计划、生活设施等。施工规划的主要依据是设计图纸和核算后的工程量表。

3. 确定工程定额

工程定额是指人工、设备、材料、机械台班合理消耗的数量标准。

4. 计算基础单价

基础单价是指各项直接费用单价，包括人工、设备、材料、机械单价。

5. 计算分部、分项工程直接费单价

上述基础单价乘以各自的定额，汇总得出。

6. 计算间接费

间接费不能直接计入工程造价中，需按一定方法分摊进去。

7. 计算盈余

8. 计算工程费用

9. 计算勘察设计费

10. 计算物价上涨调整费用

11. 汇总形成工程总报价

（四）工程报价注意事项

1. 严格按招标文件要求，不能想当然

【案例一】

中建新加坡南洋公司总包的海南文华酒店是新加坡全资项目，完全使用新加坡规范、合同文本和新加坡法律。南洋公司与国内某公司联合报价，中标后该公司分包此项目。工程量清单中有子项木质活动隔墙约 200 平方米，招标文件已经指定"HUPPE"品牌并明确阻音参数大于 46 分贝，而该公司的报价人员认为木质活动隔墙很简单，自己能制作，于是就报了一个自认为很高的价，约每平方米 100 美元。然而在实施阶段出现了问题，按照标书规范的要求，指定的"HUPPE"木质活动隔墙产地是德国，供货加安装价每平方米约 1100 美元。仅此一项该公司就损失了 20 万美元，而且还影响了工期。

可见，在指定产品上做文章是引火烧身。因此，标书已经明确指定的材料设备不要做任何更改——必须照单抓药，应把主要精力集中在非指定产品上，在非指定产品上下功夫，挖潜力。习惯做法是：认真仔细阅读标书，首先摘除指定产品和指定分包进行询价，其次选择较熟悉的材料、设备及工程量较大的子项进行重点研究。

资料来原：国际工程承包投标报价分析［EB/OL］. 土木工程网，2021 –07 –16.

2. 掌握工程项目实施的标准

【案例二】

阿尔及利亚松树俱乐部喜来登超豪华五星级酒店项目是"三边工程"。投标阶段仅有 18 张建筑方案图和简单的招标文件，采用固定总价合同。标书要求执行欧洲规范或当地规范，这便对承包商提出了很高的要求，不但要熟悉欧洲规范还要按欧洲工程量标准测算方法，准确计算工程量。

中建总公司派出施工技术人员对当地进行了实地考察，但由于没有施工图只能凭经验估算工程量。在计算工程量的讨论会上，设计和预算员提出每平方米建筑面积按 1 立方米混凝土考虑，钢筋按每立方米混凝土 80 千克考虑。有援外项目经验的同志提出钢筋按每立方米混凝土 100 千克考虑，有国外监理估价师经验的同志建议钢筋按每立方米混凝土 250 千克考虑。最终设计人员拍板每平方米建筑面积按 1 立方米混凝土计算，钢筋按每立方米混凝土 130 千克考虑。实际结果是，混凝土量与估算量基本吻合，钢筋每立方米混凝土 243 千克。造成直接费缺口上百万美元，尽管多方索赔、挖掘潜力，但仍造成了少部分经济损失。

钢筋混凝土的钢筋含量是经验数据，是估价师必须掌握的参数，在匡算工程量、变更索赔中经常使用。如果没有这方面的经验积累，在国外项目的投标报价中就容易造成匡算失误而酿成一定的经济损失。按欧洲规范设计的钢筋混凝土柱、梁、板的钢筋含量分别为 250 千克、300 千克、200 千克左右，约是国内规范下柱、梁、板含量的二倍。

资料来源：国际工程承包投标报价分析［EB/OL］. 土木工程网，2021 –07 –16.

3. 注意对小语种标书的翻译

【案例三】

国内某公司在法语国家承担了数千万美元的项目，谈判阶段业主已经明确项目是免税的，招标文件也有同样的描述。而事实上原文所指为免除进口材料设备的海关税和增值税，中方的翻译人员则理解为：全部免除一切税收。在该项目实施过程当中，扣除进口材料设备费后，剩余部分合同额全部征收增值税，税率为 8%。仅此一项就损失近百万美元。

对英文标书，国内工程技术人员一般不需要全部翻译便可自行编标，但是其他语种标书没有翻译的介入几乎是不可能完成的。其他语种的建筑专业词典很少，甚至没有，这给翻译工作带来了很大困难。因此，小语种招标文件的翻译一定是承包工程的专业人员和翻译人员协同工作的产物。同时，加强翻译人员的商务培训也很有必要，否则，很可能酿成大错。

资料来源：国际工程承包投标报价分析 [EB/OL]. 土木工程网，2021-07-16.

（五）投标报价策略

1. 灵活报价法

灵活报价法是指根据招标工程的不同特点采用不同的报价。投标时既要考虑自身的优势和劣势，也要分析项目的特点。按照不同的特点、类别、施工条件等来选择报价策略。例如，工程报价可适当提高的项目：（1）遇到工程施工条件差的工程；（2）专业要求高的技术密集型工程而本单位有专长；（3）总价低的小工程，以及自己不愿意做、又不方便不投标的工程；（4）特殊工程；（5）工期要求急的工程；（6）投标对手少的工程；（7）支付条件不理想的工程等。

反之，工程报价可适当降低的项目：（1）施工条件好的工程；（2）工作简单、工程量大、一般单位都能施工的工程；（3）本企业在新地区开发市场或该地区其他工程面临结束，机械设备无工地转移时；（4）本企业在该地区有在建工程，该招标项目能利用其他工程现有的设备、劳动力资源，或短期内能突击完成的工程；（5）投标对手多，竞争激烈的工程；（6）非急需工程；（7）支付条件好的工程。

2. 不平衡报价法

不平衡报价法是指一个工程项目的投标报价在总价基本确定后，调整内部各个项目的报价，以既不提高总价，不影响中标，又能在结算时获得更理想经济效益的报价方法。

【案例四】

某公司在乌干达输变电线路工程的招标书中，业主规定的其中一项付款条件是：在业主收到所有发票和装运资料后45天内即支付80%的货款。这样，连同10%的预付款，业主能将该分项总费用的90%支付给我方。而工程款则是按施工进度和完成工作量分期支付。为此，我方在总标价确定后，将设备采购价这一块适度抬高，同时将机械、人力等施工费用相应压低，从而在一定程度上减少了企业在海外投资及施工的风险。

此外，还有几项也需要不平衡报价，如图纸显示量小而预计工程量将会有所增加的子项目，可将单价适当提高；而工程项目内容搞不清楚的，则可适当降低其单价。如项目业主要求投标报价一次报定不予调整时，则宜适度抬高标价，因为其中风险难以预料。总之，不平衡报价是建立在对业主招标书内具体条款的分析之上的一种合理价目配置。但使用时必须掌握好尺度，以免引起业主反感，导致废标。

资料来源：国际工程承包投标报价分析 ［EB/OL］. 土木工程网，2021 –07 –16.

3. 可选方案报价法

对原标书中有可选方案或无明确规定方案时，可因地制宜作出不同方案和不同报价。在帕劳电站工程项目的投标中，业主要求投标商根据五个州的不同生态环境自行选择线路架设方案，可架空也可地埋。乌干达线路标中也有规定，如投标商有另外可选方案，可另行报价。这样，可以在原方案外另做一套方案，其总价可在一定程度上低于原方案报价，以吸引业主，争取有利的评标因素。

4. 突然降价法

在竞争激烈的商战时代，报价是一项极为保密的工作。竞争对手往往相互探听，打听对方标价。所以，在开始编标作价时，可适当做高一些。在投标截止日前临送达时，可突然将总价降低若干个百分点，令竞争对手猝不及防，以提高评标时的有利地位。

5. 保本从长计议法

【案例五】

东南亚经济复苏后，基建市场潜力很大。如柬埔寨，战后重建，百废待兴。在这种情况下，只要能进入该国市场，预计将会有源源不断的工程项目。因此，在编制柬埔寨泰文隆水泥厂及自备电厂的标书时，我方将总价一降再降，从一个多亿降到六千万、七千万，简直就是跳楼价。但超低报价的目的在于挤垮竞争对手，打入该国市场，从而进军东南亚市场，以期建立长期合作关系，从今后的合作中逐步弥补首次投标的损失。

资料来源：国际工程承包投标报价分析 ［EB/OL］. 土木工程网，2021 –07 –16.

四、辅助中标手段

国内企业参加国际投标时，主要应该在先进合理的技术方案和较低的投标价格上下功夫，以争取中标。但还有其他一些手段对中标有辅助作用。

（一）技术交流

通过技术交流，一方面了解业主对招标的总体设想、工程范围或供货范围、技术规格及性能要求，另一方面将投标方的生产规模、技术水平、产品规格和技术性能、财务能力、商业信誉等加以介绍和宣传，造成声势和良好影响。特别是在业主尚未确定招标文件的技术部分和具体规格、性能的情况下，技术交流就显得尤为重要。技术交流做得好，可以影响业主对招标文件中的技术规格、技术方案、工程范围或供货范围等有关部分的编制，使得业主考虑或倾向于投标方的特点，将投标方的某些优势列入招标文件之中，这对于投标方十分有利，为投标取胜打下一个良好基础。

（二）许诺优惠条件

投标报价附带优惠条件是行之有效的一种手段。业主评标时，除了主要考虑报价和技术方案外，还要分析别的条件。所以在投标时主动提出提前竣工、低息借款、赠给施工设备，免费转让新技术或某种技术专利、免费技术协作、代为培训人员等均是吸引业主、利于中标的辅助手段。

（三）选择合适的投标代理人

投标代理人就像酵母、催化剂，往往发挥着非常重要的作用，他们可以给投标方提供多方位的服务，例如，提供可靠的招标、投标信息，并协助投标等。通过他们的积极活动，能广泛收集有关国家的项目建设计划和招标信息，而后进行有重点的项目跟踪，因此，选择当地信誉好、有影响力、社会地位较高的公司作为投标代理人较为有利。

（四）与当地公司联合投标

在参与国际投标时，借助当地公司力量也是争取中标的一种有效手段，有利于超越"地区保护主义"，并可分享当地公司的优惠待遇，一般当地公司与官方及其他本国经济集团关系密切，与之联合可为中标疏通渠道。

（五）外交活动

一些大型工程招标活动，尤其是国际招标，政府要员往往也来"参战"，利用其地位、关系的影响，为本国公司中标而活动，凡重大项目招标无不伴随着外交活动。

第四节　国际工程承包合同

一、国际工程承包合同的地位

在招标文件和与承包商签订的合同中，合同条件是最核心、最重要的内容。合同条件既是投标人报价的基础，也是合同签订后双方履行合同最重要的依据。

二、国际工程承包合同的类型

（一）按计价方式不同

国际工程承包合同分为总价合同、单价合同和成本加酬金合同。

1. 总价合同

总价合同是指支付给承包商的款项在合同中是一个总价。在招投标时，要求投标人按照招标文件报出总价，并完成招标文件规定的全部工作。总价合同可分为以下几种。

（1）固定总价合同。固定总价合同适用于：①工程量小、工期短、估计在施工过程中环境因素变化小，工程条件稳定并合理；②工程设计详细，图纸完整、清楚，工程任务和范围明确；③工程结构和技术简单，风险小；④投标期相对宽裕，承包商可以有充足的时间详细考察现场、复核工程量，分析招标文件，拟定施工计划。

固定总价合同为一个固定合同价格，一般情况下不能改变，只有在设计或工程范围改变时，才能更改合同总价。因此，承包商承担风险较大。

（2）可调总价合同。可调总价合同的价格仍然是以图纸及规定、规范为基础，按照时价进行计算，得到包括全部工程任务和内容的暂定合同价格。它是一种相对固定的价格，在合同执行过程中，由于通货膨胀等原因而使所使用的工、料、机成本增加时，可以按照合同约定对合同总价进行相应的调整。当然，一般由于设计变更、工程量变化和其他工程条件变化所引起的费用变化也可以进行调整。因此，通货膨胀等不可预见因素的风险由业主承担，对承包商而言，其风险相对较小，但对业主而言，不利于其进行投资控制，突破投资的风险就增大了。

一般来说，总价合同的优点是：①承包商会努力降低成本；②选择承包商的程序比较简单；③选择承包商通常采用最低报价法；④投标时可确定最终价格。

2. 单价合同

单价合同是承包商在投标时，按招标文件就分部分项工程所列出的工程量表确定各分部分项工程费用的合同类型。这类合同的适用范围比较宽，其风险可以得到合理的分摊，并且能鼓励承包商通过提高工效等手段节约成本，提高利润。这类合同能够成立的关键在于双方对单价和工程量计算方法的确认。在合同履行中需要注意的问题则是双方对实际工程量计量的确认。单价合同也可以分为固定单价合同和可调单价合同。

（1）固定单价合同。这也是经常采用的合同形式，特别是在设计或其他建设条件（如地质条件）还不太落实的情况下（计算条件应明确），而以后又需增加工程内容或工程量时，可以按单价适当追加合同内容。在每月（或每阶段）工程结算时，根据实际完成的工程量结算，在工程全部完成时以竣工图的工程量最终结算工程总价款。

（2）可调单价合同。合同单价可调，一般是在工程招标文件中规定。在合同中签订的单价，根据合同约定的条款，如在工程实施过程中物价发生变化等，可作调整。有的工程在招标或签约时，因某些不确定因素而在合同中暂定某些分部分项工程的单价，在工程结算时，再根据实际情况和合同约定对合同单价进行调整，确定实际结算单价。

3. 成本加酬金合同

成本加酬金合同是一种根据工程的实际成本加上支付给承包商的酬金作为工程报价的合同方式。可分为：（1）成本加百分比酬金合同：承包商得到以实际成本百分比计取的酬金；（2）成本加固定酬金合同：按工程成本加上双方事先商定的固定不变的数额为报酬的合同；（3）成本加浮动酬金合同：当实际成本等于预期成本时，支付预期酬金；当实际成本低于预期成本时，增加酬金；当实际成本高于预期成本时，减少酬金。

（二）按承包方式不同

1. 工程总承包合同

工程总承包合同是指就某一项工程项目的建设、完成和维修等全部工作，经招标、投标、评价、谈判等一系列过程，由该项目的业主和承建该项目的承包商之间所签订的合同。它是国际工程承包业务中最重要的合同形式，交钥匙工程合同是最为典型的表现方式。工程总承包合同的特点是责任重、风险大、利润高。因此，只有资金、技术、信誉俱佳的承包商才有能力成为总承包商。

2. 工程分包合同

工程分包合同是在承包商与业主签订了工程承包合同之后，承包商与分包商之间订立的合同。订立分包合同的主要目的是承包商将其从业主那里所承包工程项目的一部分或其中的某一单项工程分包给分包商，这样既可转嫁风险，又可赚取管理费和高额利润。在分包合同中分包商须对其分包的工程部分提供材料、设备和劳务，为该项分包工程的完成承担一切责任。分包商并不直接和业主发生合同关系，但要承担承包商对业主承担的有关义务。

3. 合伙承包合同

合伙承包合同是指两个或两个以上合伙人之间，以承包人的名义，为共同承担某一项工程的建设、完成和维修等全部工作而签订的合同。其特点是由合伙人共同投标、中标后共同承建和完成该项目的建设，并共同负责维修，共同承担义务和风险，共享利润。

三、国际工程承包合同条款

国际工程承包合同的内容应该明确而详细，就某一具体的工程项目来说，业主很难在短期内将工程承包合同约定得十分详细而合理。为解决这一问题，许多国际机构都撰写了工程承包的合同条件，影响较大的有：国际咨询工程师联合会、美国建筑师协会、英国土木工程师协会、世界银行等编写的标准合同条款。

（一）FIDIC 和 FIDIC 合同条件

1. FIDIC 的含义

FIDIC 是国际咨询工程师联合会（Fédération lnternationale Des lngénieurs Conseils）的法文缩写。1913 年由欧洲三个国家独立的咨询工程师协会创立，1948 年英国咨询工程师协会加入，1958 年美国、加拿大、澳大利亚等国加入，1996 年我国正式加入。现 FIDIC 拥有 80 多个国家和地区的团体会员，代表了世界上大多数独立咨询工程师，是最有权威的咨询工程师组织。由国际咨询工程师联合会编写的国际工程承包合同条款被称为 FIDIC 合同条件。

2. FIDIC 合同条件

1957 年，FIDIC 与国际房屋建筑和公共工程联合会［现在的欧洲国际建筑联合会（FIEC）］在英国咨询工程师联合会（ACE）颁布的《土木建筑工程一般合同条件》的基础上出版了《土木工程施工合同条件》（第 1 版）（俗称"红皮书"），常称为 FIDIC 条件。

1963 年，首次出版了适用于机械与设备供应和安装的《电气与机械工程合同条件》即黄皮书。1969 年，《土木工程施工合同条件》红皮书出版了第二版。1977 年，FIDIC 和欧洲国际建筑联合会联合编写《土木工程施工合同条件》第三版。1980 年，《电气与机械工程合同条件》（黄皮书）出版了第二版。1987 年 9 月《土木工程施工合同条件》红皮书出版了第四版。同时出版的还有黄皮书第三版《电气与机械工程合同条件》。1995 年，出版了橘皮书《设计 – 建造和交钥匙合同条件》。

以上的红皮书（1987）、黄皮书（1987）、橘皮书（1995）和《土木工程施工合同 – 分合同条件》、蓝皮书（《招标程序》)、白皮书（《顾客/咨询工程师模式服务协议》)、《联合承包协议》、《咨询服务分包协议》共同构成 FIDIC 彩虹族系列合同文件。

1999 年 9 月，FIDIC 出版了一套 4 本全新的标准合同条件：新红皮书：《施工合同条件》的全称是：由业主设计的房屋和工程施工合同条件；新黄皮书：《生产设备和设计 – 施工合同条件》的名称是：由承包商设计的电气和机械设备安装与民用和工程合同条件；银皮书：《设计采购施工（EPC）/交钥匙工程合同条件》；绿皮书：《简明合同格式》适合于小规模的项目。

3. FIDIC 合同条件的适用范围

（1）施工合同条件。适用于由业主（或委托工程师）进行设计，承包商只负责施工的工程项目。施工合同条件不仅适用于土木工程项目，也适用于机械、电气等多类工程的施工。使用这种合同，业主（依靠雇用的咨询工程师）对项目进行细致的监督和控制。

（2）生产设备和设计 – 施工合同条件。适用于由承包商设计并进行施工的总承包项目。如果采用这种合同条件，业主只需在"业主的要求"中说明工程的目的、范围和设计的技术标准，由承包商按要求进行设计、提供设备并进行施工。这种合同业主对项目进行过程中工作参与较少，主要是项目完工后的检验，目前主要用于电力和机械工程项目。

（3）设计采购施工（EPC)/交钥匙工程合同条件。承包商负责实施项目的设计、采购、施工，在"交钥匙"时，要提供一个可以投产运行的项目。该合同条件适用于工厂和电厂项目。

（4）简明合同条件。适用于投资较低，不需分包的建筑和工程项目。此合同条件较为灵活，可由业主设计，也可由承包商设计。

4. 合同的管理方式

（1）施工合同条件、生产设备和设计 – 施工合同条件。均由工程师负责合同管理工作。其中工程师的地位一般相对独立，其权利和职责在合同条件中有明确规定，并且工程师做出的决定要公正合理，符合合同条件的一般规定。

（2）设计采购施工（EPC）/交钥匙工程合同条件。采用该合同条件没有独立工程师，将由业主代表管理合同。业主代表业主的利益，其权利、职责由业主委派。

（3）简明合同条件。该合同条件，可由业主指派、委托一人（公司）进行合同管理，也可请独立工程师进行项目管理。

5. FIDIC 合同条件的采用

（1）直接采用。世界银行、亚洲开发银行、非洲开发银行贷款项目和一些国家工程项目招标文件中，都全文采用 FIDIC 合同条件。例如，我国亚洲开发银行贷款施工项目采用 FIDIC 施工合同条件，一些世界银行贷款项目也采用 FIDIC 合同条件。

（2）对比分析采用。许多国家自己编制合同条件，但这些合同条件与 FIDIC 合同条件大同小异。

（3）局部选择采用。选择 FIDIC 合同条件中某些条款、思路或程序。

（二）其他合同条件

1. 美国 AIA 系列合同条件

AIA 是美国建筑师学会（The American Institute of Architects）的简称。该学会作为建筑师的专业社团已经有近 140 年的历史，成员总数达 56000 名，遍布美国及全世界。AIA 出版的系列合同文件在美国建筑业界及国际工程承包界，特别是在美洲地区具有较高的权威性，应用广泛。

AIA 系列合同文件分为 A、B、C、D、G 等系列，其中 A 系列是用于业主与承包商的标准合同文件，不仅包括合同条件，还包括承包商资格申报表，保证标准格式；B 系列主要用于业主与建筑师之间的标准合同文件，其中包括专门用于建筑设计、室内装修工程等特定情况的标准合同文件；C 系列主要用于建筑师与专业咨询机构之间的标准合同文件；D 系列是建筑师行业内部使用的文件；G 系列是建筑师企业及项目管理中使用的文件。

1987 年版的 AIA 文件 A201《施工合同通用条件》共计 14 条 68 款，主要内容包括：业主、承包商的权利与义务；建筑师与建筑师的合同管理；索赔与争议的解决；工程变更；工期；工程款的支付；保险与保函；工程检查与更正条款。

2. 英国 ICE 合同条件

ICE 是英国土木工程师学会（The Institution of Civil Engineer）的简称。该学会是设于英国的国际性组织，拥有会员 8 万多名，其中 1/5 在英国以外的 140 多个国家和地区。该学会已有 180 年的历史，已成为世界公认的学术中心、资质评定组织及专业代表机构。ICE 在土木工程建设合同方面具有高度的权威性，它编制的土木工程合同条件在土木工程中具有广泛的应用。

1991 年 1 月第六版的《ICE 合同条件（土木工程施工）》共计 71 条 109 款，主要内容包括：工程师及工程师代表；转让与分包；合同文件；承包商的一般义务；保险；工艺与材料质量的检查；开工，延期与暂停；变更、增加与删除；材料及承包商设备的所有权；计量；证书与支付；争端的解决；特殊用途条款；投标书格式。此外 IEC 合同条件的最后也附有投标书格式、投标书格式附件、协议书格式、履约保证等文件。

3. 世界银行《标准招标文件》

世界银行在 1995 年对其项目的《国际复兴开发银行贷款和国际开发协会信贷采购指南》进行了修改，编写了《标准招标文件》（Standard Bidding Document，SBD）（2011 年 1 月修改），要求借款国在世界银行贷款项目中必须使用 SBD。

4. 土建工程国际竞争性招标文件

财政部世界银行司经世行同意，根据 SBD 编写了《土建工程国际竞争性招标文件》，在我国的世界银行项目招标中，必须使用此范本。范本与世界银行 SBD 基本相同，其中"合同通用条款"是国际咨询工程师联合会制定的《土木工程施工合同的通用条款（FIDIC 条款)》。

四、FIDIC 条款

FIDIC 合同条款适用于工民建、水电工程、路桥工程、港口工程等工程建设项目。FIDIC 合同条款可分为通用部分和专用部分，其中通用合同条件可以大致分为：（1）涉及权利和义务的条款；（2）涉及费用管理的条款；（3）涉及工程进度控制的条款；（4）涉及质量控制的条款；（5）涉及法规性的条款。这种划分只是大致的，有些条款难于划入某一部分。

（一）涉及权利和义务的条款

1. 业主的权利和义务

（1）权利。①业主有权批准或否决承包商将合同转让给他人；②有权将工程的部分项目或内容发包给指定的分包商；③承包商违约时有权采取补救措施；④承包商违约时，有权终止合同。

（2）义务。①向承包商提供施工场地；②提供图纸；③向承包商付款。

（3）承担的风险。①战争、革命、暴乱等不可抗力造成的风险；②业主提供的工程设计不当造成的损失；③其他不可预见风险。

2. （监理）工程师的权力与职责

（1）权力。①有权监督承包商施工，对施工现场有检查和控制的权力，对完工工程有确认或拒收的权力；②有权确定变更价格，有权批准向承包商付款；③有权批准工程延期，有权决定工程变更，有权解释合同中的文件，有权对争端做出决定。

（2）职责。①认真执行合同：合同实施过程中向承包商发布指示和信息；②评价承包商的工作建议；③协调施工有关事宜。

3. 承包商的权利和义务

（1）权利。①有权得到工程付款；②有权提出索赔；③有权拒绝指定的分包商；④业主违约，有权终止合同。

（2）义务。①按合同规定的期限、质量完成各项工程；②对现场的安全负责，对现场负责清理；③提供履约担保；④执行工程师发出的指令；⑤工程和设备保险。

（二）涉及费用管理的条款

1. 有关工程计量的规定

招标文件中应列出工程量清单，分列出每一分项工程的名称、估计数量和单位。此工程量是对该工程的估计量，不能作为实际完成的工程量。实际工程量是施工过程中实际完成的工程量。

2. 合同履行过程中结算和支付的规定

（1）承包商提供现金流量的估算。每月承包商将结算报表交工程师，工程师审核后，向业主报送，付给承包商应结算金额。

（2）保留金。每次对应支付给承包商的付款中，按投标书中规定的比率（7% ~ 10%）扣除作为保留金，一直扣除到满工程合同价的5%。

（3）竣工报表和支付。在颁发移交证书后，承包商向工程师呈交一份竣工报表，说明完成的工程总量、应该支付的款项；工程师审理后，确定应该支付的金额，报业主批准。

3. 有关工程变更和价格调整时结算与支付的规定

（1）工程变更使用工程量表中的费率和价格。

（2）合同中未包括该变更的费率和价格，以合同中的费率和价格为估价的基础，经业主、工程师与承包商商定一个合适的费率和价格；意见不一致时，由工程师确定。

（3）在工程完工颁发移交证书时，变更超过合同总价的15%，经业主、工程师和承包商协商，可另外增加或减少一定的另外款额。

4. 有关索赔的规定

当发生索赔事件后，承包商应发出索赔通知，做好索赔事件记录，提供索赔证明，经工程师审批后，报业主向承包商支付。

（三）涉及工程进度控制条款

1. 有关工程进度计划管理的规定

（1）承包商应提交工程进度计划，并严格按进度计划组织施工。

（2）工程师对进度计划的管理。①工程师根据合同规定和业主、承包商准备情况，下达开工通知书，竣工时间从开工时期起算；②工程师审查承包商提交的工程进度计划；③工程师认为进度慢，可下达赶工指示。

（3）承包商如在合同规定的时间提前完工，根据工程师签发的竣工移交证书日期，业主向承包商支付奖金。

2. 有关工期延期的规定

由于承包商以外的原因造成施工期的延长，称为工程延期。经工程师批准，作为合同工期的一部分，承包商可以免除延长工期向业主支付误期损失赔偿费的责任。

3. 有关移交证书和解除缺陷责任证书的规定

（1）移交证书。当全部工程基本完工并通过合同规定的价格验收后，承包商通知工程师，工程师审理后，发给承包商一份移交证书，说明工程已基本完工的日期。

（2）解除缺陷责任证书。移交证书不是工程的最终批准。缺陷责任期从颁发移交证书时开始计算，缺陷责任期满后，经工程师检查，工程质量达到工程师满意的程度，由工程师颁发解除缺陷责任证书。

（四）涉及质量控制的条款

1. 合同的转让

没有业主的同意，承包商不得将合同、合同的任何部分、合同的收益（但银行、保险除外）转让给他人。

2. 分包

承包商不得将全部工程承包出去。但经工程师同意，承包商可以把工程、服务或材料的供应分包出去，分包出去的项目承包商要负全部责任。

3. 有关施工现场的材料、工程设备和工艺的规定

施工中使用的材料、工程设备和工艺必须符合合同规定的品级。工程师要严格进行检验，检验不合格，工程师有拒收这些材料、工程设备的权力。

4. 有关施工过程中质量验收的条款

承包商要严格按照合同施工，严格遵守和执行工程师的指示。没有工程师的批准，工程的任何部分不得覆盖或使之无法查看；工程师有权指令暂时停工。

5. 工程师在颁发移交证书时对工程的检查

工程师在颁发移交证书前，应对工程进行全面检查，移交证书确认工程已基本竣工。

6. 缺陷责任的质量控制

承包商对缺陷责任期满前任何缺陷或不合格之处负责，工程师可向承包商下达指示。

（五）涉及法规性的条款

1. 有关争端处理的规定

（1）争端发生后，除非合同被终止，承包商应继续进行工程施工。

（2）业主和承包商发生争端，可以通过友好协商解决。

（3）如果不能协商解决，业主和承包商将争端提交给工程师，由工程师做出决定。

（4）如果双方或单方对工程师的决定不满意，可以在收到工程师通知后70天内，将争端提交仲裁。

2. 有关劳务方面的规定

（1）承包商对雇用劳务人员的工资标准和工作条件，应不低于从事工作地区同类工作现行的标准和条件。

（2）承包商应对所雇用劳务人员提供必需的膳宿条件和工作环境。

（3）对于为完成合同项目所雇用的所有人员，承包商应在解除雇佣关系后负责将他们送回招收地或原籍。

（4）在人员返回之前，承包商应给予供养。

（5）承包商应采取各种措施，防止事故的发生。

（6）发生事故后，要尽快报告工程师。

第五节 国际工程承包的银行保函

一、银行保函的含义与开具方式

银行保函是银行应申请人的要求向保函的受益人开具的书面保证文件，是有条件承担经济责任的契约性文件，若申请人未按规定履行自己的义务，给受益人造成了经济上的损失，则银行承担向受益人进行经济赔偿的责任。在国际工程承包中，当事人一方为避免因对方违约而造成损失，往往要求对方通过银行提供经济担保。因为银行保函属于银行信用，一般来说比企业的商业信用来得可靠。

银行保函既有承包商通过银行开具的，也有业主通过银行出具的。因为国际招投标中，业主一方往往有主动地位，所以多由承包商通过银行开具保函。银行保函的主要内容一般在招标文件中有具体规定，承包商可以申请银行规定的格式出具保函；若招标文件中没有具体规定，承包商可通过银行按照国际惯例或征得业主的同意出具保函。

二、银行保函的主要内容

银行保函一般包括以下几个方面的内容。

（一）基本栏目

基本栏目包括保函的编号，开立日期，各当事人的名称、地址，有关交易或项目的名称，有关合同或标书的编号和订约或签发日期等。

（二）责任条款

责任条款即开立保函的银行或其他金融机构在保函中承诺的责任条款，这是构成银行保函的主体。

（三）保证金额

保证金额是开立保函的银行或其他金融机构所承担责任的最高金额，可以是一个具体的金额，也可以是合同有关金额的某个百分率。如果担保人可以按委托人履行合同的程度减免责任，则必须作出具体说明。

（四）有效期

有效期即最迟的索赔日期，或称到期日（Expiry Date），它既可以是一个具体的日期，也可以是在某一行为或某一事件发生后的一个时间到期。

（五）索赔方式

索赔方式即索赔条件，是指受益人在任何情况下可向开立保函的银行提出索赔。对此，国际上有两种不同的处理方法：一种是无条件的或称"见索赔偿"保函（first demand guarantee）；另一种是有条件的保函（accessory guarantee）。

三、银行保函的种类

（一）投标保函（bid bond/guarantee）

投标人在提交标书时，应通过银行向业主开具一份经济担保书，即投标保函，它表明投标人有信用和诚意履行投标义务。其担保责任为：

（1）投标人在投标截止日以前投递的标书，有效期内不得撤回；

（2）投标人中标后，必须在收到中标通知后的规定时间内去签订合同；

（3）在签约时，提供一份履约保函。

若投标人不能履行以上责任，则业主有权没收投标保证金（一般为标价的3%～5%）作为损害赔偿。投标保函的有效期限一般是从投标截止日起到确定中标人止。若由于评标时间过长而使保函到期，业主要通知承包商延长保函有效期。

投标保函在议标结束之后应退还给承包商，一般有两种情况：（1）未中标的投标者可向业主索回投标保函，以便向银行办理注销或使押金解冻；（2）中标的承包商在签订合同时，向业主提交履约保函，业主即可退回投标保函。

投标人在准备投标文件的同时，应寻找一家金融机构或保险机构，信誉度越高越好，作为投标担保单位。目前，我国采用国际竞争性投标方式的大型土建项目中，对担保单位的要求是投标保函只能由以下银行开具：（1）中国银行；（2）中国银行海外分行；（3）在中国营业的中国或外国银行；（4）由招标公司和业主认可的任何一家外国银行；（5）外国银行通过中国银行转开。

（二）履约保函（performance bond/guarantee）

履约保函是承包商通过银行向业主开具的保证，在合同执行期间按合同规定履行其义务的经济担保书。保函金额一般为合同总额的 5%～10%。履约保证金随工程进度按比例退还，这是为防止中标人不履行合同义务而采取的安全措施，是承包合同不可分割的附件。履约保函的担保责任，主要是担保投标人中标后，将按照合同规定，在工程全过程中按时按质量履行其义务。若发生下列情况，业主有权凭履约保函向银行索取保证金作为赔偿：（1）施工过程中承包商中途毁约，或任意中断工程，或不按规定施工；（2）承包商破产，倒闭。

履约保函的有效期限从提交履约保函起到项目竣工并验收合格止。如果工程拖期，不论何种原因，承包商都应与业主协商，并通知银行延长保函有效期，防止业主借故提款。当工程监理认为达到竣工条件，并向业主移交工程，由业主发给竣工证书，才算正式竣工。承包商必须抓紧工程款最终结算，主动索回预付款保函和履约保函，尽早索回保留金并及时开出维修保函。

（三）预付款保函（advanced payment guarantee）

预付款保函又称定金保函，是承包商通过银行向业主开具的担保承包商按合同规定偿还业主预付工程款的经济担保书。担保人向业主开具预付款保函后，业主才能根据合同规定，按合同总价的 10%～15% 预付给承包人，以便中标人购买有关设备材料等。其责任主要是承包商应在规定的期限内偿还预付款。预付款保函的期限由双方共同商定。预付款一般逐月按工程进度从工程支付款中扣还，而预付款保函的金额将逐月地相应减少，开具保函时应注意写明。当承包商在规定的时间内还清预付款项后，业主就需退还预付款保函。

（四）工程维修保函（maintenance guarantee）

工程维修保函也叫作质量保函，是工程竣工后由承包商通过银行向业主开具的担保承包商对完工后的工程缺陷负责维修的经济担保书。其金额一般为合同总额的 2%～10%。维修保函的担保责任，主要是承包商在竣工后一定时间内对工程缺陷进行修复，若在规定时间内业主发现工程质量问题，而承包商不履行修复责任时，或承包商无力维修时，业主可凭保函提款，自行修复。当维修期满，所需维修事项全部完成，业主最终接受了工程，才算最终竣工。维修保函退还的条件是：（1）承包商在规定的维修期内完成了维修任务；（2）该工程没有发生需要维修的缺陷，业主的工程师签发维修合格证书。

（五）进口物资免税保函

承包商通过银行向工程所在国海关税收部门开具的担保承包商，在工程竣工后将临时进口物资运出工程所在国，或照常纳税后永久留下使用的经济担保书。

这种保函的金额一般为应交税款的全部金额，适用于免税工程或施工机具可临时免税进口工程。其提供担保责任是承包商不能将进口物资用于其他工程或出租，只能用于免税项目。

保函退还的条件是：（1）保函有效期满前，承包商将临时进口的施工机具设备运出项目所在国，或经有关部门批准，转移到另一免税工程，但须通过银行将保函有效期顺延，或在交纳关税后在当地出租、出售或永久使用；（2）保函有效期满时，若承包商从业主那里得到了进口物资已全部用于该免税工程的证明文件，则可退回保函。如有剩余材料，则需对剩余材料交纳关税后，才可在当地出售。由于银行保函涉及国际工程承包的整个过程，而且牵涉一笔巨大的资金，因此，在开具保函时一定要注意保函金额和保函期限是否合理，同时要熟悉有关的国际法律。

第六节 国际工程承包的施工索赔与保险

在国际工程承包中，由于业主或其他方面的原因，承包商在施工中付出了额外的费用，承包商根据有关规定，通过合法途径和程序，要求业主或有关方面赔偿费用损失，称为施工索赔。国际工程承包是一项高风险的事业。索赔经常发生，施工索赔是工程管理不可分割的一部分。在一项工程中，有经验的承包商从施工索赔得到的款项，有时达工程造价的10%～15%，甚至高达30%以上[1]。

一、施工索赔的分类

可根据不同标准进行分类。

（一）按索赔的合同依据分类

1. 合同中明示的索赔

合同中明示的索赔是指承包人所提出的索赔要求，在该工程项目的合同文件中有文字依据，承包人可以据此提出索赔要求，并取得经济补偿。这些在合同文件中有文字规定的合同条款，称为明示条款。

2. 合同中默示的索赔

合同中默示的索赔，即承包人的该项索赔要求，虽然在工程项目的合同条款

---

[1] 正确认识工程施工中的索赔 [EB/OL]. 建筑网，2018 – 04 – 12.

中没有专门的文字叙述，但可以根据该合同的某些条款的含义，推论出承包人有索赔权。这种索赔要求同样有法律效力，并有权得到相应的经济补偿。这种有经济补偿含义的条款，在合同管理工作中被称为"默示条款"或"隐含条款"。

默示条款是一个广泛的合同概念，它包含合同明示条款中没有写入、但符合双方签订合同时设想的愿望和当时环境条件的一切条款。这些默示条款，或者从明示条款所表述的设想愿望中引申出来，或者从合同双方在法律上的合同关系中引申出来，经合同双方协商一致，或被法律和法规所指明，都成为合同文件的有效条款，要求合同双方遵照执行。

（二）按索赔目的分类

1. 工期索赔

由于非承包人责任的原因而导致施工进程延误，要求批准顺延合同工期的索赔，称之为工期索赔。工期索赔形式上是对权利的要求，以避免在原定合同竣工日不能完工时，被发包人追究拖期违约责任。一旦获得批准合同工期顺延后，承包人不仅免除了承担拖期违约赔偿费的严重风险，而且可能提前工期得到奖励，最终仍反映在经济收益上。

2. 费用索赔

费用索赔的目的是要求经济补偿。当施工的客观条件改变导致承包人增加开支，要求对超出计划成本的附加开支给予补偿，以挽回不应由他承担的经济损失。

（三）按索赔事件的性质分类

1. 工程延误索赔

因发包人未按合同要求提供施工条件，如未及时交付设计图纸、施工现场、道路等，或因发包人指令工程暂停或不可抗力事件等原因造成工期拖延的，承包人对此提出索赔。这是工程中常见的一类索赔。

2. 工程变更索赔

由于发包人或监理工程师指令增加或减少工程量或增加附加工程、修改设计、变更工程顺序等，造成工期延长和费用增加，承包人对此提出索赔。

3. 合同被迫终止的索赔

由于发包人或承包人违约及不可抗力事件等原因造成合同非正常终止，无责任的受害方因其蒙受经济损失而向对方提出索赔。

4. 工程加速索赔

由于发包人或工程师指令承包人加快施工速度，缩短工期，引起承包人增加额外开支而提出的索赔。

5. 意外风险和不可预见因素索赔

在工程实施过程中，因人力不可抗拒的自然灾害、特殊风险以及一个有经验的承包人通常不能合理预见的不利施工条件或外界障碍，如地下水、地质断层、溶洞、地下障碍物等引起的索赔。

6. 其他索赔

如因货币贬值、汇率变化、物价、工资上涨、政策法令变化等原因引起的索赔。

二、施工索赔的依据

索赔是承包商的一种正当权益要求，能否通过索赔取得补偿，关键取决于索赔的合理性和提供的索赔依据是否准确。索赔依据包括以下几个方面。

（一）施工期间的工程项目材料

（1）定期与业主雇聘人员的谈话资料：做好建筑师和工程师的口头指示记录，及时以书面形式报告建筑师、工程师予以确认。将他们的书面指示按年月日顺序编号存档。

（2）监理工程师填写的施工记录表。

（3）各种施工进度表：包括业主代表和分包编制的进度表。

（4）工程检查和验收报告。

（5）工程照片：需有专人管理，照片都应标明拍摄的日期，最好购买带有日期的相机。将照片按工程进度整理编排。

（6）工地日志、施工备忘录：收集记录每天的气象报告和实际气候情况。在施工中发生影响工期和索赔有关的事项，都要及时做好记录，按年月日顺序存档，以便查找。

（7）与业主、监理工程师的来往信件：都必须全部保存妥当，直到合同全部履行完毕、所有索赔项目获得解决为止。

（二）施工期间财务资料

（1）有关人工部分：包括工卡，人工分配表、注销工资薪金支票等，要及时整理保存工人和雇员的工资与薪金单据，按年月日编号归档。

（2）有关设备、材料部分：包括设备、材料购买订货单、收讫发票、收款票据等。

（3）有关财务部分：包括各种往来账目、各项费用付款凭证、会计日、月报表、账本等。

（4）有关预、决算，成本部分。

三、施工索赔的原因

导致索赔的原因多种多样，主要有以下几种情况。

（一）业主的行为引起的索赔

（1）因业主提供的招标文件中的错误、漏项或与实际不符，造成中标施工后突破原标价或合同包价造成的经济损失。

（2）业主未按合同规定交付施工场地。

（3）业主未在合同规定的期限内办理土地征用、青苗树木补偿、房屋拆迁、清除地面、架空和地下障碍等工作。导致施工场地不具备或不完全具备施工条件。

（4）业主未按合同规定将施工所需水、电、电讯线路从施工场地外部接至约定地点，或虽接至约定地点但没有保证施工期间的需要。

（5）业主没有按合同规定开通施工场地与城乡公共道路的通道或施工场地内的主要交通干道、没有满足施工运输的需要、没有保证施工期间的畅通。

（6）业主没有按合同的约定及时向承包商提供施工场地的工程地质和地下管网线路资料，或者提供的数据不符合真实准确的要求。

（7）业主未及时办理施工所需各种证件、批文和临时用地、占道及铁路专用线的申报批准手续而影响施工。

（8）业主未及时将水准点与坐标控制点以书面形式交给承包商。

（9）业主未及时组织有关单位和承包商进行图纸会审，未及时向承包商进行设计交谈。

（10）业主没有妥善协调处理好施工现场周围地下管线和邻接建筑物、构筑物的保护而影响施工顺利进行。

（11）业主没有按照合同的规定提供应由业主提供的建筑材料、机械设备。

（12）业主拖延承担合同规定的责任，如拖延图纸的批准、拖延隐蔽工程的验收、拖延对承包商所提问题进行答复等，造成施工延误。

（13）业主未按合同规定的时间和数量支付工程款。

（14）业主要求赶工。

（15）业主提前占用部分永久工程。

（16）因业主中途变更建设计划，如工程停建、缓建造成施工力量大运迁、构件物质积压倒运、人员机械窝工、合同工期延长、工程维护保管和现场值勤警卫工作增加、临建设施和用料摊销量加大等造成的经济损失。

（17）因业主供料无质量证明，委托承包商代为检验，或按业主要求对已有合格证明的材料构件、已检查合格的隐蔽工程进行复验所发生的费用。

（18）因业主所供材料亏方、亏吨、亏量或设计模数不符合定点厂家定型产品的几何尺寸，导致施工超耗而增加的量差损失。

（19）因业主供应的材料、设备未按合约规定地点堆放的倒运费用或业主供货到现场、由承包商代为卸车堆放所发生的人工和机械台班费。

（二）业主代表的不当行为引起的索赔

（1）业主代表委派的具体管理人员没有按合同规定提前通知承包商，对施工造成影响。

（2）业主代表发出的指令、通知有误。

（3）业主代表未按合同规定及时向承包商提供指令、批准、图纸或未履行其他义务。

（4）业主代表对承包商的施工组织进行不合理干预。

（5）业主代表对工程苛刻检查、对同一部位的反复检查、使用与合同规定不符的检查标准进行检查、过分频繁的检查、故意不及时检查。

（三）设计变更或设计缺陷引起的索赔

（1）因设计漏项或变更而造成人力、物资、资金的损失和停工待图、工期延误、返修加固、构件物资积压、改换代用以及连带发生的其他损失。

（2）因设计提供的工程地质勘探报与实际不符而影响施工所造成的损失。

（3）按图施工后发现设计错误或缺陷，经业主同意采取补救措施进行技术处理所增加的额外费用。

（4）设计驻工地代表在现场临时决定，但无正式书面手续的某些材料代用、局部修改或其他有关工程的随机处理事宜所增加的额外费用。

（5）新型、特种材料和新型特种结构的试制、试验所增加的费用。

（四）合同文件的缺陷引起的索赔

（1）合同条款规定用语含糊、不够准确。

（2）合同条款存在着漏洞，对实际可能发生的情况未做预料和规定，缺少某些必不可少的条款。

（3）合同条款之间存在矛盾。

（4）双方的某些条款中隐含着较大风险，对单方面要求过于苛刻，约束不平衡，甚至发现某些条文是一种圈套。

（五）施工条件与施工方法的变化引起的索赔

（1）加速施工引起劳动力资源、周转材料、机械设备的增加及各工种交叉干扰增大工作量等额外增加的费用。

（2）因场地狭窄以致场内运输运距增加所发生的超运距费用。

（3）因在特殊环境中或恶劣条件下施工发生的降效损失、增加的安全防护、劳动保健等费用。

（4）在执行经甲方批准的施工组织设计和进度计划时，因实际情况发生变化而引起施工方法的变化所增加的费用。

（六）政策法规的变更引起的索赔

（1）工程造价管理部门发布的建筑工程材料预算价格的变化。

（2）关于在工程中停止使用某种设备、材料的通知。

（3）关于在工程中推广某些设备、施工技术的规定。

（4）对某种设备、建筑材料限制进口、提高关税的规定。

（七）不可抗力事件引起的索赔

（1）因自然灾害引起的损失。

（2）因社会动乱、暴乱引起的损失。

（3）因物价大幅度上涨，造成材料价格、工人工资大幅度上涨而增加的费用。

（八）不可预见因素的发生引起的索赔

（1）因施工中发现文物、古董、古建筑基础和结构、化石、钱币等有考古、地质研究价值的物品所发生的保护等费用。

（2）异常恶劣气候条件造成已完工程损坏或质量达不到合格标准时的处置费、重新施工费。

（九）分包商违约引起的索赔

（1）甲方指定的分包商出现工程质量不合格、工程进度延误等违约情况。

（2）平行分包商在同一施工现场交叉干扰引起工效降低所发生的额外支出。

四、施工索赔的程序

FIDIC 合同条件下的索赔程序通常按以下四个步骤进行。

（一）提出索赔要求

索赔要求的提出，强调"及时"二字。FIDIC 条款 53.1 条规定：承包商"应在引起索赔的事件第一次发生之后的 28 天内，将他的索赔意向通知工程师，同时将一份副本呈交业主。"逾期不报，视为承包商放弃索赔权利，索赔将被拒绝。索赔意向通知应简明扼要，仅说明索赔事项的名称，引用与此有关的合同条款，提出自己的索赔要求即可。至于索赔的款额，要求延长工期的天数以及有关的证据，应在以后的索赔报告中提出。

（二）报送索赔报告

索赔报告应在索赔意向通知发出后的 28 天以内报送工程师和业主。索赔报告应包括三方面内容。

1. 索赔事实叙述

对索赔事项的发生及处理过程，造成的影响和损失等事实进行简明扼要的叙述。其重点是申述索赔的原因。

2. 合同根据和索赔证据

没有证据，或证据不充分，索赔是难以成功的。

3. 索赔数额的计算

应附详细的计算依据。索赔报告要一事一议，不宜把几个问题写在一个报告中。

（三）索赔谈判（协商）

索赔谈判的最佳时间是工程施工到 1/4 至 3/4 这段时间。过早，容易引起业主、工程师反感，或者促使其采取反索赔措施。过晚，承包商处于不利的地位，难以完全争取到自己的合法利益。索赔谈判还要讲究技巧，态度上要彬彬有礼，不急不躁。在实质问题上要抓住对方短处，以理批驳，据理力争。

（四）调解或仲裁

索赔争议应尽力协商解决，不能轻易走入法庭或仲裁机关，那样做很可能两败俱伤。当然，这并不意味着不能采取仲裁和诉讼方式。当索赔争端关系到重大的经济利益或企业信誉，而且经过多次友好协商均告失败时，法律裁决可能是唯一有效途径，一般也能得到公正的解决。

五、国际工程承包的保险

（一）国际工程承包的主要风险

1. 风险及分类

（1）风险的含义。风险是指在特定时间和情况下，实际发生的结果与主观预料之间的差异，并且这种差异伴随某种损失发生。

（2）风险的分类。可按不同角度进行分类：①按风险结果的不确定性，分为纯风险（只会带来损失，如自然灾害）和投机风险（可能带来损失，也可带来收益的风险，如投资股票）。②按风险来源，分为政治风险、经济风险、工程技术风险和管理风险。③按风险的性质，分为可管理的风险和不可管理的风险。④按风险受损失的对象，分为财产风险、人身风险、责任风险和信誉风险。

2. 工程风险因素

在国际工程承包市场中，常见的风险因素主要有以下几种：

（1）政治风险：如政局不稳、国际关系紧张、拒付债务等；

（2）经济风险：如通货膨胀、外汇风险、业主延期付款及分包风险等（包括承包商选择分包商时出现的风险、分包商被总包商雇佣时的风险）；

（3）工程技术风险：包括自然条件、工程变更，以及新工艺、新技术所带来的挑战等方面产生的风险；

（4）管理风险：如公共关系、合同管理等过程中所产生的风险。

（二）工程风险管理

风险管理是研究风险发生的规律，控制风险频率和风险幅度的策略、程序、技术和方法。通过对风险的识别、估计和分析，应用对各种风险管理方法，对风险实施有效的控制，妥善处理风险所导致损失的后果，实现最小经济成本获得最大安全保障的目标。

1. 风险管理的基本程序

（1）风险识别。识别风险存在、发生的概率，衡量其严重程度。辨别是可管理风险还是不可管理风险。风险识别的步骤和方法：①确认不确定性：风险具有不确定性，如果没有不确定性则没有风险；②确定风险潜在损失一览表；③分析财务报表：通过财务报表分析可能遭受的损失；④勘查现场，环境分析。

（2）风险分析。应用安全检查表法、预先危险性分析法、专家打分法、故障树分析法等各种分析技术和方法，对风险的不确定性和可能造成的影响进行分析和评估。

2. 风险管理的方法

（1）风险回避。风险回避是指拒绝承担某种特定的风险：某国政局不稳放弃进入该国工程市场；中途放弃已承担的风险以避免更大的损失。

（2）损失控制。损失控制包括损失预防（如采取预防措施，减少风险发生的机会，健全质量保证体系，安装防火装置等）和损失抑制（设法降低风险的损失）。

（3）风险转移。分成两种情况：①控制型风险转移：通过工程的转包和分包，承包商减轻风险压力。②非保险风险转移：业主要求承包商开具银行保函。

（三）国际工程承包的保险

1. 强制性保险

强制性保险是指工程业主或发包国要求承包商在当地指定的保险公司投保（建筑工程一切险、十年责任险、安装工程一切险、社会保险、机动车辆险）。

2. 非强制性保险

非强制性保险主要包括工程材料设备运输险、工程保证期责任险、施工机械设备险（有些国家的一切险不包括此类险）、人身保险（有些国家的一切险不包括此类险）。

3. 建筑工程一切险

建筑工程一切险是对各种建筑工程项目提供全面保障，既对在施工期间工程本身，施工机具或工程设备所遭受到的损失予以赔偿，又对因施工而给第三者造成的物质损失或伤亡承担赔偿责任。

（1）承保范围。①工程本身：预备工程、临时工程、工地上存放的材料；②施工设备、设施及机具；③场地清理费；④第三者责任：包括伤亡、伤残、疾病和财产；⑤被保险人存放工地的物资。

（2）工程一切险承保的损失范围。①自然灾害损失；②意外事故及救助费用损失；③一般性抢劫和盗窃；④工作人员的过失或疏忽。

（3）建筑工程一切险保额的确定。①合同标的的工程保险金额；②施工机具和设备及临时设施（不包括在工程承包合同中，需另外投保）；③安装工程项目；④场地清理费。

（4）建筑工程一切险的免赔率。保险公司一般要求投保人自己承担一部分损失，免赔率一般为0.5%~2%，但是第三者责任险中的人身伤害没有免赔率。建筑工程一切险的保费费率，视各个具体工程而定，第三者责任险的保费费率通常由国家统一规定。

4. 十年责任险

十年责任险是指建筑师和承包商对其设计或承建的建筑物自最后验收之日起10年之内因建筑缺陷而造成损失承担责任，这种责任由承保的保险公司来承担。该保险的被保险人是业主和第三者，而不是承包商或工程师。保费必须在工程最后验收之前一次性付清。

5. 社会保险

这种保险是以国民为保险对象，故称为社会保险，还包括对劳动的保险和资本的保险。其特点是：必须以社会上大多数人为对象，费用由国家、企业和个人共同承担，大多为强制性质，并不以盈利为目的，而以实施社会政策为宗旨、以国营或公营为原则。

6. 伤害保险

伤害保险通常指职业伤害而言，即因履行职务而受伤害。一般会遵循两种原则：（1）过失赔偿原则：如果因雇主责任造成雇佣员工的伤害，由雇主承担责任，否则由员工自己承担损失；（2）危险负担原则：无论伤害的发生是由谁造成的，只要基于职业原因而遭受的损失，雇主均得承担赔偿责任。

7. 机动车辆险

机动车保险的标的包括机动车本身和第三者责任。各国都要求办理机动车保险。

 复习思考题

一、名词解释

国际工程承包、二包、招标、两段招标、投标、不平衡报价法、施工索赔、风险管理

二、简答题

1. 招标的方式主要有哪几种？
2. 国际竞争性招标的主要步骤。
3. 简述 FIDIC 合同条件的采用方式。
4. FIDIC 合同条款中承包商的权利和义务。
5. 常用的几种报价方法是什么？
6. 施工索赔的主要程序。

第十二章

国际劳务合作

第一节　国际劳务合作概述

一、国际劳务合作的概念

国际劳务合作也称为劳务贸易、无形贸易和劳动力输出，它是指一国的各类技术和普通劳务，到另一国为其政府机构、企业或个人提供各种生产性劳动服务并获取应得报酬的活动。国际劳务合作实际上是一种劳动力要素在国际间的重新组合配置。随着国际分工的进一步深化，国际劳务合作引起的外汇收支成为各国国际收支中重要的组成部分。

国际劳务合作与国际服务贸易还有一定的区别，因为劳务合作讲的是作为生产要素之一的劳动力要素在国际间的移动。在传统意义上，国际劳务合作仅指国际经济技术合作中的工程承包和劳务输出，它只不过是内含广泛的国际服务贸易的一部分。国际劳务合作概念已大大扩展，涵盖了服务贸易的许多部分。发生在物质生产领域的劳务合作的内容，并不属于国际服务贸易的范畴。国际劳务合作与国际服务贸易是既相互独立又相互联系的两个概念。

二、国际劳务合作的成本和报价

不管是协议成交，还是招标方式成交，向外输出劳务也需要对外报价，劳务报价同工程报价的原则是一致的。若报价过高，就会失去合作机会；若报价偏低，就会无利可图甚至亏本。因此，要根据具有情况，采取灵活的方式进行报价。

（一）劳务成本的构成

为准确报价，必须在报价前精确计算劳务成本。以中国派出劳务人员为例，其成本主要包括国内开支和国外开支两部分，劳务方对劳务成本的核算一般是保密的。

国内开支一般包括国内工资，国家给劳务人员的各种补贴（如社会保险、医疗费、各种福利、带薪休假等），出国前、回国后和休假的国内旅费，出国前、回国后的工资（未工作期间），国内管理费（出国人员体检、打针、照相、护照费等），劳务人员的出国置装费等。

国外开支包括国外服装零用费、膳食费、住宿费、国际旅费、保险费、应纳税款、劳保用品、医药费、餐饮费及公司国外管理费（交通费、办公费等）。

上述各项费用标准国家均有具体规定。

在计算成本时还要考虑其他因素，如货币贬值与物价上涨、合同期限、利润与风险情况等。这些方面一般不低于劳务成本的25%，在报价时应根据市场情况适当地加入成本。

（二）劳务成本的计算

劳务成本的计算，一般以合同期一年为基础，先计算出每月开支标准，再计算出年度开支标准。对于中方派出的劳务人员，其费用一般是中方公司负担一部分，外方负担另一部分。在计算劳务成本时，应将外方提供的部分扣除。

（三）对外报价

劳务成本确定后，还需要确定合理的利润。劳务成本与合理利润之和是对外报价的基础。对外报价时，注意成本和利润的确定应随行就市，灵活掌握，计算成本和利润时，要综合考虑通货膨胀、货币贬值、合同期限、风险等因素；对外报价应留有余地，既不能偏高，也不能过低，要根据业主对工种、数量的要求，计算出劳务的平均价格，不同工种的价格应有所差异；要根据不同国别（地区）、不同业主、不同项目，确定出具体的价格。

第二节　国际劳务合同

一、国际劳务合同概述

在国际劳务合作中，雇主（劳务输入方）同提供劳务的劳务输出方经过协商，在平等互利的原则下，签订劳务合同。劳务合同是明确雇主和劳务人员之间权利义务和法律关系的重要文件，是国际劳务合作项目的核心。在合同洽谈和签订时涉及内容很多，当事人要在合同中具体详细订明，以便双方有所遵循，避免在执行中产生不必要的纠纷。

劳务合同的形式与一般国际经济贸易合同一样，由序文、合同条款和结尾三部分组成。

序文中写明签约双方的名称和法定地址等。合同中输入劳务的雇主一方通常称为甲方，输出劳务的一方则称为乙方。

劳务合同的条款经双方谈判磋商后签订。各国对外签订的劳务合同内容基本上相同，主要内容有对劳务人员的聘用期限、工资标准、生活待遇、劳动保护、医疗保健、工作日和休假日、劳务要求、意外事故等做出明确详细的规定，分清双方的责任和义务，其他的细则可以作合同的附件。

合同的结尾一般写明签订合同的日期和地点，如果用两种以上的文字写成，应说明每种文体的法律效力。

二、国际劳务合同的主要内容

目前各国所签署的国际劳务合同多以欧洲金属工业联络组织拟定的"向国外提供技术人员的条件"为蓝本。下面简单地做进一步介绍。

（一）劳务要求（聘用双方的责任和义务）

甲方（雇主）有责任接受对方派遣的劳务人员，在未征得受聘代表同意的情况下，不得自行解雇所聘人员。雇主应对所派遣的工作人员提供基本的生活设施和工作条件，还有责任对他们进行技术培训或指导，并尊重他们的人格。除应向劳务人员支付工资外，还应支付从募集外籍劳务人员到外籍劳务人员抵达本国所产生的动员费、征募费、旅费、食宿费及办理出入境手续所需的各种费用。在工作现场免费提供合格的翻译人员，不得干预受聘人员工作时间以外的政策活动。雇主对其自身的过失或违法或指挥错误而使派遣人员蒙受损失（包括人身伤亡）承担责任。

乙方（受聘方）有责任按雇主的要求按时派出符合双方商定的工种、条件、身体健康、能胜任本职工作的劳务人员，并保证他们遵守当地的法律、尊重当地的宗教信仰和风俗习惯、遵守聘请单位的规章制度，不准参加所在国各种政治活动。受聘人员须爱护对方提供的设备、机具、住宿及有关财物。在履行合同期间，受聘方可派出授权代表常驻施工现场，负责对其派出人员的管理，并与聘请方的现场代表保持密切关系，共同研究解决日常工作中发生的问题。

（二）工资标准和工资支付

目前，国际上劳务人员的工资差别较大。除了所说的基本工资外，在合同中尚需说明各种津贴标准、工作时间、加班加点计酬等有关问题。

劳务人员的工资标准是按其技术职称和工种而定的，可按小时、日或月来计算，而且不得低于当地的最低工资标准。劳务工资的计价货币一般采用国际上通用的可兑换货币计算，也可用工程项目所在国和地区的货币计算，或可兑换货币与当地货币按一定比例同时使用。两种货币的比例如何，均应由双方协商一致后在合同中订明。考虑当地物价的涨落或有关货币的升值和贬值而带来的风险，有的劳务合同还增加保值条款。

当合同期内派出国家的行业工资指数变化时，基本工资也应相应调整。受聘人员所在国法定假日，聘请方例行公休日及所在国法定假日属于休息日，均应该照发工资，雇主不得强迫工作人员进行工作。按国际惯例，派遣人员每工作满11个月，可享受1个月或若干天的回国带薪休假，其往返旅费和假期工资由聘请方负担。每年病假累计天数，由双方商定，一般不超过1个月。工伤治疗休养期以治愈为止。病假与工伤假期限内的工资，应由雇主照付。如果发生非派遣方责任的窝工，雇主应按正常工作的时间计酬。在上述规定工作时间以外的任何工作，均按加班费用另计。加班计酬标准按正常小时金额的150%～200%不等。

聘请方除了对派遣人员支付工资外，还必须承担劳务人员自离开本国国境之日起，直到回抵本国国境之日止，每日的膳食、住宿、零用费等津贴，并按当地物价指数的变化进行调整。雇主还应承担劳务人员往返机票、正常旅费及往返工作现场的交通费用等。

工资的计算应从派遣人员离开本国之日或抵达工程项目所在国之日起至离开工程项目所在国之日为止。在此期间，如遇停水、停电、停工待料及其他原因等非派遣人员造成的停工，雇主应照发工资。

派遣人员的工资，原则上按月根据实际出工人数，由雇主在规定期限内通过银行汇付。如果雇主不按时汇付工资，劳务输出方有权享有逾期付款的利息，为避免发生纠纷，劳务输出方可要求在合同中增加防止拖延付款的制约性条款。

（三）劳务人员的生活待遇

劳动人员的伙食、住宿和交通应在合同中做出明确的规定。在一般情况下，雇主根据劳务人员的级别与职务来安排他们的食宿，按国际惯例，领队和工程师等一般每人一间宿舍，其面积不小于 10 平方米；医生、翻译、会计、厨师以及各类技术和管理人员两人一间，每人平均面积不小于 8 平方米；普通工人人数不定，但每人不得低于 4 平方米。而劳务人员的伙食既可由雇主直接提供，也可提供伙食费，由劳务人员自行解决。

（四）劳动与社会保障

雇主应提供为保证劳务人员在工作中的安全所需的一切劳保用品，还应为劳务人员办理人身和医疗等保险。按照国际惯例，雇主应以 1∶150 的比例为劳务人员配备医生，如果劳务人员需要住院治疗，其住院费和各种治疗费由雇主负担。雇主不得使劳务人员在有害身体健康或危险的环境中工作，如果确实有必要让劳务人员在有害身体健康或危险的环境中工作，应该事先说明，并明确相关责任、预防措施、特殊补贴费用等。

（五）仲裁条款

劳务合同应订有仲裁条款，其目的在于使所发生的不能通过友好协商解决的争议得到及时解决。仲裁机构是由双方选定的，但一般应选择东道国的仲裁机构作为劳务合同的仲裁机构，仲裁机构在收到争议双方签署的申请之后，根据国际惯例和当地的法律来进行裁决，裁决的结果对双方都有法律约束力。

此外，劳务输出合同中尚有违约赔偿、履约担保及解决争议的适用法律等条文规定。有关规定因为与其他业务相似，不再详细赘述。

目前，国际上尚未专门制定劳务合作的国际标准合同范本。以下只是一个合同样本。

国际劳务合同样本

甲方：＿＿＿＿＿＿＿＿＿＿＿＿＿

地址：＿＿＿＿＿＿电话：＿＿＿＿＿＿电传：＿＿＿＿＿＿

法定代表人：＿＿＿＿＿职务：＿＿＿＿＿国籍：＿＿＿＿＿

乙方：_____

地址：_____电话：_____电传：_____

法定代表人：_____职务：_____国籍：_____

第一条　合同目的

本合同的目的：乙方根据本合同条款向甲方提供技术工人、工程技术人员和其他人员（以下称为派遣人员），甲方向乙方支付报酬。

为保证甲方工程的顺利完成，双方应互相协作，认真执行合同。

第二条　人员派遣

1. 乙方应按双方商定的计划派遣人员。甲方所需派遣的人员应提前2个月用书面正式通知乙方。乙方同意在派出前一个月向甲方提交派遣人员一览表，包括姓名、出生年月日、工种、护照号码及_____国申请入境所需要的资料。

2. 乙方负责办理乙方人员（从其居住国）的出境手续，并承担与此有关的各项费用。在_____国的入境和居住手续由甲方办理，并负担与此有关的各项费用。

3. 根据工程计划的需要，派遣人员可随时增加或减少。

4. 如需要增加派遣人员时，甲方同意提前2个月向乙方总部提出派遣人员计划。增加人员的工资，按本协议附件1所列工资标准支付。增加如系新工种，其工资标准应由双方驻工地的代表商定。

5. 根据工程进度，如现场需要减少人员，则应由双方现场代表商定后实施。

第三条　准备金

甲方同意付乙方派遣人员的准备费每人_____美元。准备费应在向乙方提交派遣计划的同时电汇乙方_____银行_____账号。

第四条　工资

1. 派遣人员的工资应按附件中所商定的工资表支付。工资的计算应从派遣人员离开乙方所在国_____机场之日起到离开_____国_____机场之日止。乙方同意尽可能安排最短路线，以缩短路途时间。

2. 派遣人员的基本工资详见附件1。

3. 基本工资以月计算，凡不满一个月的按日计算，日工资为月工资的1/25。

4. 根据_____国目前的经济情况，派遣人员基本工资每年增长____%。

第五条　工作时间及加班

1. 乙方人员的工作时间为每月_____天，每周_____天，每天8小时。

2. 每周休假_____天，具体休假日期可由双方在现场安排。

3. 由于材料短缺、气候条件等影响不能正常施工时，经双方协商可以临时调整工作内容。如因上述及其他因甲方原因造成停工时，甲方同意支付乙方人员的工资。

4. 如工作需要并经双方同意，乙方人员可以加班。甲方按下列标准支付加班工资。

（1）平时加班工资为基本工资的 125%；

（2）平时夜间加班（22 点至次日晨 5 点）以及休假日加班，工资为基本工资的 150%；

（3）节日加班工资为基本工资的 200%；

（4）加班工资计算方法如下：

（月基本工资/200 小时）×加班小时数×加班工资的百分率

（5）上述加班工资和基本工资同时支付。

第六条 伙食

1. 甲方同意向乙方提供厨房全套炊餐具及冷藏设备，由乙方自选办理伙食。

2. 甲方同意付给乙方每人每天_____美元的伙食费，包干使用。

3. 食堂用水、用电和燃料以及生活物资采购用车由甲方提供并支付费用。

第七条 节日和休假

1. 所有乙方人员有权享有_____国政府的法定节日。

2. 所有乙方人员在工作满 11 个月零_____天后，应享受_____天的回国探亲假，由_____国_____机场至_____机场的往返机票由甲方支付，应尽可能安排最短的航线。

3. 如果现场施工需要乙方人员推迟回国休假时，乙方同意说服其人员延期休假，甲方同意为了补偿乙方人员的损失，应给予适当的报酬。

4. 关于补偿上述损失的报酬，可根据当时的情况由双方现场代表商定。但这项补偿不应少于_____国_____机场至_____机场之间的单程机票价金额。

5. 乙方人员由于家属不幸等原因，工作满半年以上时，经双方现场代表协商同意，可以提前享用探亲假。如有关人员已享受回国休假，其往返旅费应由乙方负担，对这一类事假甲方不支付工资。

第八条 旅费及交通

1. 甲方负担乙方人员从_____机场至工程现场之间的往返旅费和航空公司招待之外的必需的食宿费。但乙方应努力减少这项额外费用的开支，甲方同意支付乙方人员进入_____国的入境费用（例如机场税等）。

2. 甲方负责提供乙方人员上下班的交通工具，同时也提供现场代表、工程师及其他管理人员的工作用车。

3. 乙方应凭机票或收据（按购票当日银行公布的外汇牌价）向甲方结算。

第九条　税金

乙方人员应在_____（其原居住国）缴纳的一切税金由乙方负担；乙方人员在_____国缴纳的一切税金由甲方负担。

第十条　社会保险

1. 乙方人员在合同有效期内的人身保险，由乙方自选办理，甲方同意支付乙方派遣人员每人每月_____美元的人身保险费。

2. 乙方人员在工地发生工伤，甲方只承担其医疗费用，如发生死亡事故，乙方应负担所有的费用，包括善后安葬和抚恤。

3. 如乙方人员因工作事故或疾病死亡时，遗体运回其原居住国或就地埋葬，遗物运回其原居住国，一切有关费用由甲方负担。

4. 派遣人员经医生证明因疾病或工伤而缺勤 30 天以内者，发给基本工资；在 30 天和 90 天之间者发给基本工资 60%；超过 90 天者则不发工资。

第十一条　医疗

1. 乙方所有人员在_____国发生工伤或疾病时，其医疗及住院费由甲方支付。

2. 现场医务室需用的常用药品和器具，由乙方向甲方提出购置计划，经甲方同意后，由乙方在其本国或其他地方采购，费用由甲方支付。

3. 乙方人员在 200 人之内，配备医生一名，男护士一名，超过 200 人时，是否增加医务人员，由双方现场代表研究确定。

第十二条　劳保用品

甲方同意支付乙方派遣人员所有的劳动保护用品，包括每人每年两套工作服、工作鞋、手套、眼镜、安全帽、安全带等。

第十三条　支付办法

1. 除机票费和准备费全部支付美元外，甲方应支付乙方的其他各项费用，均按 80% 美元与 20% 的_____国货币的比例支付，如需要改变这一比例，须经双方代表同意。

2. 休假工资和应付乙方的机票费应于休假当月之初支付。

3. 乙方现场会计每月末编制派遣人员工资及其他各项费用表，包括基本工资、加班费、伙食费等项，经甲方审查和批准后于次月 10 日前支付。其中 80% 美元部分，由甲方电汇_____银行_____账号，银行汇费由甲方承担。20% 的_____国货币在现场支付。

4. 美元与_____国货币的兑换率，按支付日当天_____国政府银行公布的买卖中间价折算。

5. 乙方派遣人员到达现场后，甲方同意预支每人 1 个月的伙食费，如需预支其他费用，由双方现场代表协商解决。

第十四条　住房和办公用房

1. 甲方将按下列标准免费提供乙方人员的住房：

（1）代表、工程师、总监工每人一间；

（2）助理工程师、技术员、医生、会计师、翻译及其他管理人员2人1间；

（3）其他工人每人约4平方米，但每间不超过12人。

2. 住房内包括空调、卫生设备、家具和卧具等备品。

3. 甲方同意提供乙方行政人员所使用的办公设备（如打字机、计算器、复印机等）、洗涤设备和用品。

第十五条　人员转换

1. 乙方负责派遣身体健康、技术熟练的合格人员到＿＿＿＿＿国现场工作，如甲方认为派遣的人员不能胜任工作，经双方现场代表同意后，由乙方负责替换，由此而发生的费用应由乙方负责。

2. 乙方人员必须遵守＿＿＿＿＿国政府的法令和尊重当地的风俗习惯。如违反当地法令和风俗习惯而必须送回国的，经双方协商后，由乙方负责送回，机票由乙方负担。如需另派人员替代时，则乙方应负责＿＿＿＿＿机场至现场的旅费。

3. 乙方人员因疾病和工伤，经甲方指定的医生证明确实不能继续工作者，应送回其原居住国的，其旅费由甲方负担，如身体状况不合格者，经双方医生检查证实，是因乙方体检疏忽，必须送回其本国的，其旅费由乙方负担。

第十六条　不可抗力

1. 由于天灾、战争、政治事件等人力不可抗拒的事故而使工作不能继续进行，甲方应负责将乙方人员送回其原居住国。

2. 如遇上述情况时，甲方人员不撤退，乙方人员亦不撤退，但甲方应支付乙方派遣人员的工资。

第十七条　争议及仲裁

1. 在执行合同中，如双方发生争议时，双方同意通过友好协商解决。如协商无效，可按（＿＿＿＿＿）项仲裁：

（1）中国国际经济贸易仲裁委员会按照该会仲裁程序规则进行仲裁。

（2）在被诉方所在国的仲裁机构按照其仲裁程序规则进行仲裁。

2. 争议一经裁决，双方必须忠实履行，所发生的费用由败诉方负担。

第十八条　合同有效期及其他

1. 本合同于＿＿＿年＿＿＿月＿＿＿日在＿＿＿＿＿签订。

本合同自双方签字之日起生效至本工程结束，所派遣人员返回其原居住国，以及双方账目清后终止。

2. 本合同与附件及工程内容，不经另一方允许，任何一方不得向第三方泄露。

3. 本合同用_____文、_____文书就；两种文本具有同等效力，双方各持2份。

甲方代表：_____　　乙方代表：_____

见证人：_____　　律师事务所见证人：_____律师事务所

_____律师　　　　　　　　律师

____年____月____日　　　　　____年____月____日

附件：（略）。

第三节　中国对外工程承包与劳务合作

一、中国对外工程承包概述

（一）我国对外工程承包现状

我国对外承包工程是在20世纪50年代对外提供经济援助的基础上发展起来的，几十年来大体从70年代的起步阶段，到1985年前的巩固充实，再到如今的发展扩大。根据商务部统计，2020年，我国对外承包工程业务新签合同额17626.1亿元，较上年减少327.2亿元，同比下降1.8%（折合2555.4亿美元，同比下降1.8%）；2021年，我国对外承包工程业务新签合同额16676.8亿元，较上年减少949.3亿元，同比下降5.4%（折合2584.9亿美元，同比增长1.2%）[1]。

（二）我国对外工程承包的特点

1. 业务领域广

中国对外承包工程的业务领域分布在国民经济的各个领域，主要集中在普通房建、交通运输、电力和石油化工业等基础建设方面，而制造加工、环保、电子通信、供排水等行业则相对薄弱；对外劳务合作主要分布在制造业、农业、交通运输业和建筑业，而高技术行业劳务较少。

---

① 2020年我国对外承包工程业务简明统计［EB/OL］.中华人民共和国商务部，2021－01－22.

2. 实施能力强

中国对外承包工程的承揽能力，尤其是在项目的施工能力和配套能力上明显增强。近年来，我国大型企业对外承包工程经营方式从最初单纯的劳务分包、土建分包、施工总承包，发展到 EPC 总承包（设计、采购、施工总承包）、带资总承包，进而到以 BOT（建造、运营、转让）及其衍生方式承揽项目。最近国际上比较流行的 PPP（公共部门与私人企业合作模式）、PMC（项目管理总承包）等形式，我国的企业都已涉足。

3. 市场范围广

目前我国对外承包工程业务的发展已经遍布全球将近两百个国家和地区。几乎遍布世界上的每一个角落，即使在一些未建交的国家也开展了一些业务。除了亚洲、非洲这些传统市场依然保持着稳固的主导地位之外（亚洲、非洲占新签合同额的80%[①]），在拉丁美洲市场、欧洲市场、北美市场，我国对外承包工程的业务也呈现了较快的增长态势，市场向更加多元化的方向发展，市场结构也得到了进一步优化。

（三）我国对外工程承包存在的主要问题

1. 业务发展的整体质量不高

目前我国对外承包工程行业的增长方式仍然比较粗放，营业额的增长主要是依靠项目数量的增加，业务质量的提高还不明显，部分企业管理水平比较低，盈利能力比较差，存在着盲目追求项目数量的提高，忽视项目效益。企业综合服务能力、融资能力不强，管理金融产品能力也不强。

从 2007 年投标统计数据来看，企业主要是传统的资金落实的现汇项目为主。根据统计，我国企业在投标国际金融机构的项目占了12.4%，业主和地方政府自筹资金的项目占了65.9%，两者加起来，占了全部投标项目的78.3%，带资承包所占的比例比较低，这种状况与国际工程65%是采取带资承包的趋势还有很大的差距[②]。

2. 企业经营秩序尚待规范

目前我国国际承包商之间的分工合作体系、诚信自律体系还没有完全形成。中国公司随着整体实力的增强，各类企业走出去的速度在明显加快，几乎在世界的每一个市场、每一个领域都有中国企业之间的竞争，同质竞争、过度竞争甚至恶性低价竞争现象还比较突出，相应的工期、质量等问题已经开始显现出来，由

---

① 中国对外承包工程发展现状及前景展望［EB/OL］. 建筑网，2008 - 09 - 28.
② 刁春和. 中国对外承包工程发展现状及展望［J］. 中国建筑金属结构，2009（6）：10 - 12.

于不正当的竞争，导致国家利益、行业利益和公司利益受到严重损失，市场经营秩序尚待进一步规范。

3. 安全问题不容忽视

随着走出国门的企业越来越多，涉及的领域越来越广，境外人员和机构面临的新情况也就越来越多，总体安全形势不容乐观。目前安全形势错综复杂，安全隐患因素非常多，如恐怖分子的袭击，社会治安问题及与当地利益集团发生矛盾的问题。除了我们自己采取安全措施以外，恐怕更深层次的问题是我国企业要处理好方方面面的关系，切实履行社会责任。

（四）我国对外工程承包应采取的对策

（1）抓住发展机遇，进一步扩大业务规模。
（2）找准自身定位，实现差异化发展。
（3）推动增长方式转变，实现业务升级。
（4）加强属地化的运作，提高企业的社会责任意识。

二、中国对外劳务合作

我国是一个劳动力资源丰富的大国，面对当前严峻的就业形势、繁重的就业任务，积极开展对外劳务合作，对于缓解国内就业压力、改善人民生活水平具有十分积极的意义。

（一）中国对外劳务合作的现状[①]

1. 概况

中国的对外劳务合作事业从20世纪70年代正式起步，至2009年底，累计完成营业额648亿美元，签订合同额674亿美元。2010年，中国对外劳务合作平稳增长，全年完成营业额87.2亿美元。近年来，每年完成营业额和新签合同额基本上保持了稳步增长，对外劳务合作新签合同额、完成额增大率都超过10%，业务情况发展较好。随着中国对外劳务合作管理的进一步加强，对劳务人员合法权益保障机制的进一步完善，以及在其他方面的逐步成熟，中国对外劳务合作事业必将保持良好的发展势头。2021年我国派出各类劳务人员32.27万人，同比增长7.2%。其中，对外劳务合作当年共派出劳务人员18.98万人，同比增长16.9%。外派海员对带动对外劳务合作业务的增长发挥了显著的作用。全年外派

---

① 中国对外劳务合作现状［EB/OL］. 文秘帮，2022 – 09 – 24.

海员 8.85 万人，同比增加 1.25 万人，占对外劳务合作业务增量的 45.7%；对外承包工程项下当年派出劳务人员为 13.29 万人，同比减少 4.2%。外派海员对带动对外劳务合作业务的增长发挥了显著作用。期末在外各类劳务人员 59.23 万人，同比减少 5.0%。其中，对外劳务合作和对外承包工程期末在外劳务人员分别为 33.39 万人和 25.84 万人，同比分别减少了 4.5% 和 5.5%。截至 2021 年末，我国已累计派出各类劳务人员 1062.6 万人次。

2. 合作的范围

在巩固传统市场的基础上，中国分别与塞班、俄罗斯、巴林、马来西亚、毛里求斯、英国、约旦签署了双边劳务合作协定，市场分布日趋多元化。一些劳务人员成功进入德国、奥地利、挪威、瑞典、荷兰、澳大利亚等国市场。目前，中国对外劳务合作的范围已扩展到全球 160 多个国家和地区。

3. 合作的领域

中国对外劳务合作的行业领域主要分布在制造业、建筑业、农林牧渔业、交通运输业和饮食服务业。其中，建筑、纺织、渔工类劳务人员仍占外派劳务总数的一半以上。此外，也有一些设计咨询管理、科教文卫体、计算机技术服务等高级技术领域的劳务人员。中国已成为国际建筑、纺织劳务和海员的重要来源地，行业领域不断拓宽。

4. 合作的效益

据国内专家测算，目前中国外派劳务每年汇回和带回的外汇收入为 3 亿美元，社会效益日益明显。300 多万名外派劳务人员的家庭经济状况得到改善，并带领身边的人一起创业发家致富。2007 年末，中国在外劳务人数占全国城镇就业人数比重达 6%。

（二）我国对外劳务合作所存在的问题

尽管我国对外劳务合作取得了令人瞩目的成绩，但是在国际劳务市场仅占 15%[①]，与我国劳动力的潜力相比远远不相适应，与传统的劳务输出大国数以百万计的规模差距很大。现存的问题和障碍如下。

1. 法律保障不足，相关制度法规未完善

目前我国至今尚未制定一部关于对外劳务的专门法律法规，并且没有专门的管理机构，对外劳务合作市场混乱。这种严重滞后导致政府主管部门管理和调整对外劳务合作关系法律依据不足，处理外派劳务法律纠纷时适用法律困难。对外

[①] 2021 年上半年中国对外劳务合作市场现状及加强对外劳务合作的对策分析 ［图］［EB/OL］. 搜狐新闻，2021 – 09 – 05.

劳务合作法律的缺位还导致了政府各部门依据部门规章管理外派劳务业务，使多头管理问题日趋严重。这种格局造成了部门之间的矛盾，妨碍了贯彻政策的一致性和对海外劳务市场的统一管理，不利于我国对外劳务合作统筹规划，影响了我国"走出去"战略的有序推进。

2. 市场竞争激烈，市场进入存在障碍

许多劳务进口国家出于保护国民就业、维护社会秩序和担心非法移民等多方面的考虑，对引进外籍劳务人员设置了种种限制，特别是对作为人口大国的中国心存警惕，在数量或行业领域对普通劳务人员引进施加了严格限制，而我国劳务人员输出中的70%为一般劳务人员。目前，除日本、俄罗斯、以色列等少数国家对我国有限度地开放劳务市场外，欧洲、北美和澳大利亚等大多数发达国家劳务市场对我国基本上是关闭的。一些国家还专门施加许多歧视性待遇，如资格承认方面，在申请欧美发达国家的工作许可过程中，东道国普遍不承认我国的教育学历和职业资格，导致我国公民往往不能获得市场准入机会。

3. 劳务人员总体素质低，竞争力不强

近年来，国际劳务市场的一个显著趋势是，普通劳务占比逐步降低，中高级技术工人的比重不断攀升。据经济合作与发展组织（以下简称"经合组织"，OECD）发布的报告称OECD国家引入的受过高等教育的外籍工人比例已超过60%，而受过初级教育的外籍工人仅10%左右。我国潜在外派劳务人员主要是农村剩余劳动力和城镇下岗工人，受教育程度低，从事制造业、建筑业和农林牧渔业等非技术性工作的外派人员占70%以上，这导致我国在日益增长的国际高级劳务需求面前，屡屡错失良机。[①]

4. 政府服务不足，信息渠道不畅

我国劳务信息来源主要靠驻外使馆经商参处、各公司驻外公司和机构、出访的临时团组和个人关系及部分新闻媒介等。信息途径较少，同时没有统一的信息处理网络，导致大量信息重复处理与信息浪费现象并存。

5. 合作方式单一，成本较高

近年来，我国海外工程承包劳务项目占我国对外劳务合作项目的80%，而国际上除了工程承包方式以外，还有与雇主签约输出劳务、在国外兴办合资经营企业向海外派遣劳务人员等，由于派人的渠道比较单一，主要依靠国内或国外的中介，这就产生了一系列的中介费、管理费等，使劳务的成本相对较高，企业开拓国际市场能力不足，市场份额少。截至2011年底，中国合法境外流动就业人口总量还不足国际市场份额的1%。因3/4集中在东亚和东南亚，累计的劳务收

① 王雨. 中国对外劳务输出现状与前景浅析 [J]. 河北企业，2019（7）：44-45.

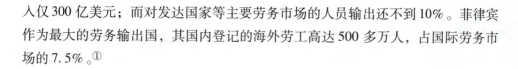

入仅 300 亿美元；而对发达国家等主要劳务市场的人员输出还不到 10%。菲律宾作为最大的劳务输出国，其国内登记的海外劳工高达 500 多万人，占国际劳务市场的 7.5%。[①]

（三）我国对外劳务合作应采取的对策

（1）尽快制定发展战略，根据市场情况制定导向政策。

（2）不断完善相关法律法规。

（3）建立对外劳务供求信息网络，促进信息共享。推进电子政务，加强网络信息建设，提高服务水平。

（4）对劳务人员进行培训，提高人员素质，改善劳务输出结构。

（5）加大扶持力度，通过各种途径保护劳务人员的利益：①加大财政支持，完善社会服务支持体系；②加强劳务输出的国际多边磋商，为劳务输出创造一个公平竞争的外部环境；③为劳务人员提供法律服务。我国大部分外派劳务人员对外派劳务业务常识了解不够，是需要管理部门大力扶持的"弱势群体"。

（6）调动企业积极性，鼓励全方位开拓劳务输出渠道，扩大劳务输出规模。

 复习思考题

一、名词解释

国际劳务合作、国际劳务合同

二、简答题

1. 劳务成本的构成。

2. 国际工程承包合同的类型有哪些？

3. 我国对外工程承包存在的主要问题及应采取的对策。

4. 我国对外劳务合作存在的问题及应采取的对策。

---

① 中国海外务工人员艰辛历程："外国"不都是天堂［EB/OL］. 中国新闻网，2012 – 06 – 16.

第十三章

国际发展援助

第一节　国际发展援助概述

一、国际发展援助的概念

国际发展援助（international development assistance）是指发达国家或高收入的发展中国家及其所属机构、有关国际组织、社会团体以提高资金、物资、设备、技术或资料等方式，帮助发展中国家发展经济和提高社会福利的具体活动，是国际经济合作的重要方式之一。它属于资本运动的范畴，以资本运动为主导，并伴随着资源、技术和生产力等要素国际间的移动，它所采用的各种方式和方法均为资本运动的派生形式。国际发展援助的目标是促进发展中国家经济发展和社会福利的提高，缩小发达国家与发展中国家之间的贫富差距。

二、国际发展援助的方式

国际发展援助方式可以从不同角度划分，按援助款的流通渠道可分为双边援助和多边援助；按援助的方式可分为财政援助和技术援助；按援助的使用方向可分为项目援助和方案援助。

（一）双边援助

1. 概念

双边援助是指两个国家或地区之间通过签订发展援助协议或经济技术合作协定，由一国（援助国）以直接提供无偿或有偿款项、技术、设备、物资等方式，帮助另一国（受援国）发展经济或渡过暂时的困难而进行的援助活动。

2. 分类

（1）根据援助提供的形式分为财政援助和技术援助。（2）根据援助的有偿和无偿性分为双边赠予和双边直接贷款。

双边赠予是指援助国向受援国提供不要求受援国承担还款义务的赠款。赠款可以采取技术援助、粮食援助、债务减免和紧急援助等形式进行。

双边直接贷款是指援助国政府向受援国提供的优惠性贷款，一般多用于开发建设、粮食援助、债务调整等方面。

3. 使用限制

（1）经济援助与政治要求紧密相关。双边援助的流向与受授助双方的政治和经济利益有着密切的关系，发达国家往往以受授的发展中国家实行"民主、多党制、市场经济"等作为提供援助的政治条件。

（2）援助经常附带其他限制性甚至不平等要求。多数发达国家在提供双边援助的同时，还附带有限制性采购条件。目前，西方国家提供的双边援助带采购限制或部分采购限制的占其双边援助提供总额的50%以上①。

（二）多边援助

1. 概念

多边援助是指多边国际机构利用成员国捐款、认缴股本、优惠贷款及在国际资本市场借款或业务收益等，按照他们制定的援助计划向发展中国家或地区提供的援助。

2. 特点

多边机构援助资金由多边国际机构统一管理和分配，不受资金提供国的限制和约束，所以多边援助的附加条件较少。

---

① 当前国际援助体系的特点及发展趋势［EB/OL］. 文秘帮，2022－09－23.

（三）财政援助

1. 概念

财政援助是指援助国或多边国际机构为满足受援国经济和社会发展的需要，以及为解决其财政困难，而向受援国提供的资金或物资援助。

2. 分类

（1）按偿还性分为赠款和贷款。

贷款又分为无息贷款和有息贷款，有息贷款的利率一般低于市场利率，贷款的期限也较长，一般在 10 年以上，而且还有宽限期。

（2）按资金来源分为官方发展援助、其他官方资金和民间资金。①官方发展援助。官方发展援助是发达国家或高收入发展中国家官方机构提供的赠款或赠与成分不低于 25% 的优惠贷款。衡量援助是否属于官方发展援助一般有三个标准：a. 援助由援助国政府机构组织实施；b. 援助以促进发展中国家的经济发展为宗旨；c. 援助的条件宽松，每笔贷款的条件都带有减让性质，其中的赠与成分必须在 25% 以上。②其他官方资金。其他官方资金是指由援助国政府指定的专门银行或基金会向受援国银行、进口商或本国的出口商提供的，以促进援助国的商品和劳务出口为目的的资金援助；其援助主要通过出口信贷来实施。它也可以说是变相的或匿名的官方资金。③民间资金。民间资金是指由非营利团体、教会组织、学术机构等提供的援助，主要是以出口信贷和直接投资的形式组织实施。

（四）技术援助

1. 概念

技术援助是指技术先进的国家或多边机构向技术落后的国家在智力、技能、咨询、资料、工艺和培训等方面提供资助的各项活动。

2. 种类

（1）有偿技术援助。有偿技术援助是指技术提供方以优惠贷款的形式向技术引进方提供各种技术服务。

（2）无偿技术援助。无偿技术援助是指技术提供方免费向受援国提供各种技术服务。

3. 主要形式

（1）援助国派遣专家或技术人员到受援国进行技术服务；（2）培训受援国的技术人员，接受留学生和研究生，并为他们提供奖学金；（3）承担考察、勘探、可行性研究、设计等投资前活动；（4）提供技术资料和文献，提供物资和设备；（5）帮助受援国建立科研机构、学校、医院、职业培训中心和技术推广站；

（6）兴建厂矿企业、水利工程、港口、码头等各种示范性项目。

（五）项目援助

1. 概念

项目援助是指援助国政府或多边机构将援助资金直接用于受援国某一具体建设目标的援助。由于每一个具体的援助目标都是一个具体的建设项目，故称项目援助。项目援助的资金主要用于资助受援国开发动力资源和矿藏，建设工业、农业、水利、道路、港口、电信工程以及文化、教育、卫生设施等。

2. 资金来源

项目援助的资金主要来源于各发达国家或高收入发展中国家的官方援助及世界银行等多边机构在国际资本市场上的借款。

3. 优缺点

（1）项目援助有助于提高受援国的技术水平；（2）项目援助有助于援助国扩大出口和保证短缺物资供应；（3）项目援助的周期一般较长，而且见效较慢。

（六）方案援助

1. 概念

方案援助又称非项目援助，指援助国政府或多边机构根据一定的计划，而不是按照某个具体的工程项目向受援国提供的援助。方案援助一般用于进口拨款、预算补贴、国际收支津贴、偿还债务、区域发展和规划等方面。

2. 特点

（1）援助方案规模巨大，但援助方案本身一般不与具体项目相联系。
（2）援助方案的资金运营条件和检查严格。

三、国际发展援助的特点

（一）政治色彩日益浓重，附加条件日益增多

目前在发达国家经合组织中，发展援助委员会承担着发达国家对外援助协调、监督的作用。它在运作中，逐渐形成了一些援助标准与规则，如多边援助的作用优于双边援助；援助应该少有政治性质；不应将援助与援助国的商品、服务输出捆绑在一起；赠与低息优惠贷款是更好的援助方式；援助应直接满足接受国人民需求等。大多数的援助国认为技术的进步与经济发展改革的思想是内生的动力，而良好的国家治理、人权、民主则是长期持续发展的基石，因此，要想根除

贫穷，必须向发展中国家输出改革、发展经济的思想、先进的技术，培养他们的民主意识。受"本国利益优先"原则影响，多个发达援助国调整了援助战略，美国国际开发署的《2018 – 2022 年联合战略规划》将保护美国的国家安全、促进其经济比较优势及维护美国的全球领导力作为援助的主要目标。英国于 2020 年将英国国际发展部（DFID）并入外交和英联邦办公室（FCO），也是便于英国援助更多地体现自身外交、经济和安全利益；澳大利亚亦将援助集中在印度尼西亚、东帝汶、巴布亚新几内亚等太平洋国家，以突出其地缘安全和经济利益。随着国际关系向地缘政治的回归和地缘冲突的增加，国际援助中的地缘战略性质和成分明显增加，并开始挤压国际发展的资源和空间。对外援助成为西方国家将本国价值观与社会力量投射到海外的过程。

（二）经合组织成员国，特别是主要发达国家为主要的援助国

首先看双边援助。双边援助占官方发展援助（ODA）的 70%[1]，而 ODA 体系中的双边援助大部分都是经合组织发展委员会的成员国（DAC）提供的。其中最主要的是美国、日本、法国、英国、德国等发达国家。2005 年最大的援助国是美国，其后依次是日本、英国、法国和德国。近年来，超过联合国规定的 ODA 占总国民收入 0.7% 目标的国家有丹麦、卢森堡、荷兰、挪威、瑞典等[2]。

其次看多边援助。多边援助组织 ODA 的资金来源基本上是由 DAC 成员国所捐助。当前最主要的多边援助组织为联合国系统（主要为联合国所属的各专门机构，包括联合国开发计划署、联合国儿童基金会、世界粮食规划署、联合国人口基金、联合国环境规划署、联合国人类住区规划署等）、欧盟、世界银行及区域开发银行（如非洲开发银行、美洲开发银行和亚洲开发银行）、国际开发协会等。多边援助以优惠贷款和赠款的形式为主，其中，区域开发银行、欧盟和 IDA 注重经济基础结构和生产部门，而联合国则在提供食物和其他救助品援助中占支配性地位。就最大的几个多边援助组织而言，近年来 DAC 捐助者逐渐将其资金由国际开发协会和区域开发银行转向联合国和欧盟委员会。

（三）国际援助的总体规模有所上升

20 世纪 90 年代后期，由于一些经济因素而导致国际援助的份额不断下挫，21 世纪以来科索沃战争和阿富汗战争重新唤起了人们对外援助的关注，新千年[3]通过的一系列相关的国际援助会议和协定使国际援助又恢复了活力，各主要的援助国都相应增加了国际援助的力度。

---

①②③ 当前国际援助体系的特点及发展趋势［EB/OL］. 国史网，2009 – 09 – 16.

（四）国际援助的结构和方式发生变化

首先，ODA 在对象和地区上呈现出侧重于贫困国家和地区的趋势。

从受援国的收入类型来看，ODA 主要流向低收入和中低收入国家。ODA 在最不发达国家的援助比重基本保持不变，流向其他低收入国家和中低收入国家的援助比重则有所增加。1984～1985 年，流向其他低收入国家的 ODA 占全部 ODA 的 14.9%，2004～2005 年这一比例增长至 19.7%[①]。同时，流向中高收入国家、高收入国家的比例相应下降。

从受援国所处的地区看，ODA 的援助重点集中于撒哈拉以南的非洲和中东地区。1984～1985 年，撒哈拉以南的非洲接受的 ODA 占 28.7%，到 2004～2005 年该比例上升至 32.9%，是全球接受 ODA 最多的地区[②]。同时，对中东地区的 ODA 也有很大的增加。

其次，在 ODA 的部门分布中，社会公共基础设施已经成为国际援助的重要领域。具体表现为社会公共基础设施、人道主义援助占全部双边官方援助的比例不断增加，生产部门如农业、工业和其他产业的援助以及物质和项目援助的比例相对下降。1984～1985 年社会公共基础设施的 ODA 占全部双边援助的 26.5%，到了 2004～2005 年这一比例已经上升至 33.4%。人道主义援助的比例也由 1.9% 上升至 10.0%。同时，经济基础设施、农业、工业和其他产业的援助，以及物质和项目援助的比例都有较大幅度的下降。1984～1985 年，整个产业的援助比例为 17.4%，到了 2004～2005 年则下降为 5.7%。物质和项目援助的比例也从 1984～1985 年的 18.4% 下降至 2.8%。[③]

最后，ODA 的援助形式方面，人道援助和债务减免的比重有所上升，而项目援助的比重相对下降。国际援助主要通过人道援助、债务减免和发展项目形式进行，这三种形式在 2000～2005 年都有所发展。2005 年 DAC 成员国向伊拉克提供了 139 亿美元债务补助，向 2004 年遭受海啸灾难的国家提供了 22 亿美元的人道援助，而核心的发展项目主要是向伊拉克和阿富汗提供的[④]。援助形式的变化主要体现在方案援助和债务减免的比重有所上升，而项目援助的比重相对下降。

（五）"特殊目的组织"出现并快速发展

除了传统的国际援助组织，近年来，一些关于援助的特殊目的组织也发展得

---

①②③④　当前国际援助体系的特点及发展趋势［EB/OL］. 国史网，2009 - 09 - 16.

很快。像全球抗艾滋病、肺结核及疟疾基金会和全球环境基金都是这种类型的组织。尽管目前这些组织在整个国际援助中所占的份额还很少，而且许多特殊目的组织在法律上仍未完全脱离它们的创办成员，往往没有独立的法律地位，只是担当 ODA 的资金中转点，并且它们的策略不容易被纳入受援国的国家战略和预算框架中。但是他们确实是国际援助的一条重要的资金输送管道，它们对于许多全球性关注的问题发挥了越来越重要的作用，而且在可以预见的将来其作用仍然不可忽视。

（六）发达国家往往是受益最多者

发达国家每年拿出数千亿美元的援款或物质，但这种援助最大的受益者却是发达国家自己。美国国际开发署的网页直言不讳地说："美国对外援助计划的受益者始终是美国，美国国际开发署近 80% 的合同和赠款直接落进了美国公司的腰包，从而为美国产品创造了市场，为美国人创造了成千上万个就业机会。"①

（七）安全援助正受到各援助国的普遍重视

"9·11"后，以美国为首的西方发达国家从政治上的军事援助扩大到跨国犯罪和反对恐怖主义，甚至一度将打击恐怖主义作为援助的首要目标。

（八）减债正在成为援助的主要方式

债务历来是发展中国家最沉重的负担，尤其是非洲，全世界 48 个最贫困的国家中非洲占了 34 个，非洲人口占世界人口的 11%，但经济却仅占世界经济总量的 1%②。根据联合国的统计，非洲的债务以每年 23% 的速度递增，远远高于 3%~5% 的平均增长率③。中国在 2020 年 6 月就宣布参与"暂缓最贫困国家债务偿付倡议"，对 77 个发展中国家和地区债务进行减免④。此外，中国还曾表示过，会在两年内提供 20 亿美元的国际援助以帮助这些贫困国家渡过新冠疫情难关。减免债务正在成为发展援助的重要方式。

---

① 王建生. 美国的对外援助大部分给了美国自己［J］. 真理的追求，2001（4）：1.
②③ 非洲债务问题的三大真相［EB/OL］. 海外网，2023-02-14.
④ 外交部：向 77 个发展中国家和地区暂停债务偿还［EB/OL］. 中国经济网，2020-06-08.

第二节　国际发展援助的主要机构

一、国际发展援助机构的概念和分类

国际发展援助机构是指专门从事向发展中国家提供发展援助的各类国际组织及世界各国或地区政府的有关机构，可分为多边援助机构和双边援助机构。

（一）多边援助机构

多边援助机构是由若干个成员国组成的，利用成员国认缴股本、捐款、优惠贷款和其他来源资金向发展中国家提供各种形式援助的机构，主要包括联合国发展系统的机构、国际金融机构、区域性援助机构。

（二）双边援助机构

双边援助机构是指世界各国或地区政府指定的专门负责利用官方资金向发展中国家提供发展援助的机构。

二、联合国发展系统的机构

（一）联合国发展系统的概念

联合国发展系统亦称联合国援助系统，是联合国向发展中国家提供发展援助的机构体系。

（二）联合国发展系统的主要机构

联合国发展系统是一个庞大而复杂的体系，拥有 30 多个组织和机构①。其直属组织和机构主要有经济及社会理事会、开发计划署、人口活动基金会、儿童基金会、技术合作促进发展部、贸易与发展会议、环境规划署、粮食计划署等。其中以下三种是最主要的筹资机构。

---

① "改变理论"：联合国发展系统"作为一个系统"运作的重要性、战略定位和结果［EB/OL］. 联合国可持续发展集团，2016.

1. 联合国开发计划署

（1）概述。联合国开发计划署是联合国发展系统从事多边经济技术合作的主要协调机构和最大的筹资机构。总部设在美国纽约。

（2）资金来源。联合国开发计划署的资金主要来源于会员国的自愿捐款，发达国家是主要的捐款国。

（3）援助方式与范围。援助方式主要是无偿技术援助，其援助的范围主要包括：①发展战略、政策和计划的研究与开发；②自然资源、农业、林业、渔业、工业、运输、通信、贸易和金融等方面的考察与开发；③人口、住房、卫生、就业、文化和科技等方面的培训及现代技术的应用等。

2. 联合国人口活动基金会

（1）概述。联合国人口活动基金会旨在提高世界各国人口活动的能力和知识水平，促进国际社会了解人口问题对经济、社会和环境方面的影响，促使各国根据各自的情况寻求解决这些问题的有效途径，对有关人口计划问题给予协调和援助的联合国机构。总部设在美国纽约。

（2）资金来源。资金主要来自各国政府和各民间机构的捐赠。该基金的援救主要用于人口较为稠密的亚洲和太平洋地区国家。

（3）援助方式与范围。援助方式是无偿技术援助，援助的项目范围主要包括：①学校内外人口教育；②计划生育宣传教育、规划管理和节育手术；③人口普查、统计手册、调查研究和人口方面基本数据的收集；④关于人口发展和社会经济因素的相关分析和政策方案评价；⑤实施人口政策和方案；为妇女、儿童、青年、老年、赤贫者、残疾者提供特别援助方案。

3. 联合国儿童基金会

（1）概述。联合国儿童基金会是联合国国际儿童应急基金会的简称，是帮助各国政府实现保护儿童利益和改善儿童境遇的计划，使全世界的儿童不受任何歧视地得到应享受的权益的联合国机构。总部设在美国纽约。

（2）资金来源和用途。援助资金主要来自各成员国政府、国际组织和私人的自愿捐赠；有时也通过出售贺年卡等方式进行筹资活动。

该基金会将资金的2/3用于对儿童的营养、卫生和教育提供援助，1/3用于对受援国或地区从事有关儿童工作的人员进行职业培训。

（3）援助方式。儿童基金会在与发展中国家的合作中，主要采用三种形式：①对儿童服务项目的规划和设计提供技术援助；②为儿童服务项目提供用品和设备；③为援助项目中培训从事儿童工作的有关人员提供资金。

（4）援助发放的原则和范围。儿童基金会的援款发放采取无歧视原则，不论儿童的种族、信仰、性别或其父母政见如何，一律公平对待。接受儿童基金会援助的国家大致可分为三类：第一类是需要特别援助的国家，主要包括人均国民生产总值在 410 美元以下的最不发达国家，儿童不足 50 万人而又确实需要特别照顾的小国和暂时需要额外援助的国家等；第二类是人均收入在 410 美元以上的发展中国家；第三类是已经达到较高经济发展水平，但由于缺乏专门人才，仍然需要特殊援助的国家。

4. 联合国发展系统中的国际专业性组织/机构

（1）概述。联合国发展系统中的国际专业性组织/机构是指各国政府通过协议成立的，具有自己预算和各种机构的独立的专业性国际组织。这些专业性组织由于通过联合国经济及社会理事会的协调与联合国发展系统合作，并以执行机构的身份参加联合国的发展援助活动，故称联合国发展系统的专门机构。

（2）构成。国际劳工组织、联合国粮农组织、联合国教科文组织、世界卫生组织、国际货币基金组织、国际复兴开发银行、国际开发协会、国际金融公司、国际民用航空组织、万国邮政联盟、国际电信联盟、世界气象组织、国际海事组织、世界知识产权组织、国际农发基金、联合国工发组织。各专门机构根据自己的专业范围，承担相应部门发展援助项目的执行任务。

三、提供发展援助的国际金融机构

国际上向发展中国家提供发展援助的金融机构主要有国际复兴开发银行、国际开发协会和国际金融公司。他们向发展中国家提供援助的主要形式是给予优惠性贷款，并以将发达国家的资金输送到发展中国家去，帮助发展中国家提高生活水平作为他们共同的目标。

（一）国际复兴开发银行

国际复兴开发银行亦称世界银行，是通过对成员国进行生产性投资和为成员国经济结构调整提供贷款，促进外国私人投资、促进国际贸易均衡发展，来促进成员国生产力的发展及居民劳动条件的改善的联合国组织。总部设在美国华盛顿。

1. 资金来源和贷款期限

世界银行的资金主要来自会员国认缴股金、国际资本市场借款和业务运作净收益。世界银行贷款的期限较长，最长可达 30 年，宽限期为 5～10 年。

2. 组织和权力机构

世界银行是一个政府间机构，以会员国认股方式组成。任何国家不受其政治和经济体制的限制，只要是国际货币基金组织的成员国，并按规定程序提出申请，经世界银行理事会批准即可加入。世界银行的最高权力机构是理事会，由每一成员国派一名理事（一般是成员国的财长或央行行长）组成。日常业务由执行董事会负责，董事会执行主席一般由世界银行行长兼任。

3. 贷款对象

（1）会员国政府；（2）由会员国政府、会员国中央银行担保的公私机构；（3）贷款只能用于世界银行批准的特定项目；（4）只贷给那些确实不能以合理的条件从其他途径得到资金并有偿还能力的国家；（5）世界银行提供的贷款主要用于农业和农村发展、教育、能源、工业、运输、人口与卫生保健和城市发展等项目。

（二）国际开发协会

国际开发协会是通过较为优惠和灵活的贷款方式，促进低收入发展中国家的经济发展和人民生活水平提高的世界银行附属机构。它以独立国际金融机构的身份成为联合国的一个专门机构，凡是世界银行的成员国均可加入该协会。总部设在美国华盛顿。

国际开发协会的资金主要来自会员国认缴的股金、补充资金和业务运作收益。

1. 组织机构

国际开发协会的最高权力机构是理事会。理事会成员和负责日常事务的执行董事会成员分别由世界银行理事会成员和执行董事会成员兼任，该协会的正副经理也分别由世界银行的正副行长兼任。

2. 贷款期限和方式

国际开发协会的贷款期限最长可达 50 年，其中含 10 年的宽限期，第二个 10 年每年只需还本 1%，其余 30 年每年还本 3%。贷款偿还可部分或全部用借款国货币偿还，贷款除每年只收 0.75% 的手续费外，免收利息①。

3. 贷款的发放范围

贷款发放的项目与世界银行基本一样，主要集中于农业、能源、交通、工业、城市建设、教育、卫生等部门。国际开发协会提供援助的主要对象是年人均国民生产总值低于 580 美元（按 1989 年美元计算）的贫困国家政府。

（三）国际金融公司

国际金融公司通过向成员国，特别是通过向欠发达地区国家私人生产性企业

---

① 走近国际组织|国际开发协会（the International Development Association）[EB/OL]. 搜狐新闻，2023 - 06 - 18.

提供无须政府担保的贷款或投资，鼓励国际私人资本流向发展中国家，支持当地资本市场的发展，推动发展中国家私人企业成长的世界银行的附属机构。只有世界银行的会员国才有资格加入该公司，总部设在美国华盛顿。

该公司的资金主要来自会员国认缴股本和国际资本市场上的借款。

1. 组织机构

国际金融公司的正副经理、内部各机构和工作人员也分别由世界银行相应的人员和机构兼任或代理，但它也以一个独立实体的身份成为联合国的一个专门机构。

2. 向发展中国家提供援助的主要形式

国际金融公司向发展中国家提供援助的主要形式是对私人企业提供贷款或进行投资，其具体做法有三种：

（1）向私人企业提供贷款，期限为 7 ~ 15 年，利率略高于世界银行的贷款利率；

（2）以入股的形式向企业投资，并参与企业的经营和利润分享；

（3）将上述两种方式结合起来进行投资。

该公司贷款或投资的主要部门是水泥与建筑材料、钢铁、纺织与纤维、采矿、造纸、化学、食品加工、有色金属、公用事业、货币与金融等。

第三节　国际发展援助协议

一、国际发展援助协议的概念

国际发展援助协议是指国家政府及其指定的机构、国际组织或社会团体之间，就有关优惠性贷款、无偿的技术援助、各种形式的赠与及援助的执行等问题所签署的一种外交文件。国际发展援助协议的内容一般包括序文、主文和结尾三个部分。序文一般列明缔约双方的国名和国际组织的名称、缔约的原则和目的；主文部分主要是分条说明援助的形式、条件、执行、管理、监督等问题；结尾部分需要载明协议的批准程序、生效期限、文本份数、使用文字、签字日期和地点等。国际发展援助协议通常采用协定、议定书、换文、合同和会谈纪要等形式。协议是双方顺利援助的法律依据和保证，采用哪种形式主要依据其内容而定。

二、国际发展援助协定

（一）概念

国际发展援助协定是指援助国或国际组织，在向受援国提供发展援助或与受援国建立和发展经济技术合作关系时，规定双方权利和义务的一种原则性协议。发展援助协定是发展援助最基本的文件。

（二）基本形式

1. 综合贷款协定

综合贷款协定一般是为一批项目提供一笔援助性贷款而达成的协议。

2. 专项贷款协定

专项贷款协定是指援助方与受援方就有关提供用于建设双方商定的某一具体项目的援助性贷款问题所达成的协议。

3. 意向性援助协定

意向性援助协定是指援助方与受援方就开展经济技术合作意向和有关合作问题的基本原则所达成的协议。

4. 一般物资贷款协定

一般物资贷款协定是指参与国际发展援助的双方就援助方向受援方提供用于一般生产或消费物资的援助性贷款所达成的协议。

5. 现汇贷款协定

现汇贷款协定是援助方为帮助受授方解决财政困难和国际收支应急的需要，而与受援方达成的一项有关提供一笔现汇贷款的协定。

6. 经济技术合作协定

经济技术合作协定是指援助方和受授方就双方意愿建立友好外交关系，开展长期经济技术合作问题所达成的协议。

7. 无偿援助协定

无偿援助协定是援助国或国际组织与受援国所达成的就有关提供赠款或无偿提供设备、仪器、商品等问题所达成的协议。

三、国际发展援助议定书

(一) 概念

国际发展援助议定书是援助国或国际组织与受援国就对某个发展援助协定的解释、补充、实施、修改等问题所达成的协议。

(二) 主要形式

1. 确定项目议定书

确定项目议定书是由援助方与受援助方所达成的、用以确定发展援助协定项下的具体项目，以及实施项目有关原则的协议。确定项目议定书可用于确定一个项目，也可用于确定一批项目。该类议定书签订之后，如果援助方和受援方需要再确定援助一个或若干个新项目，可以用换文作为确定项目议定书的补充部分，也可以再签订第二个确定项目议定书或称补充议定书。此外，确定项目议定书还可用于撤销或更换项目，或用于修改项目的规模和内容等。

2. 实施项目议定书

实施项目议定书是援助方和受援方为了保证大型援助项目的设计、施工等阶段工作的顺利进行，就有关援助项目的勘测、设计、技术原则、设备材料的交付等具体细节问题所达成的协议。一个援助项目可以签订一个实施项目议定书，即在该议定书中规定一个项目所有的实施细节问题；也可以就项目实施的不同问题签订若干议定书。

3. 确定贷款金额、偿还方式等议定书

如果援助国或国际组织与受援国就援助问题签署的只是一种意向性协定，或者在签订贷款协定时未确定贷款金额、偿还期限和偿还方式，就需要签订此类议定书对贷款金额、偿还期限和偿还方式等事项加以确定。如果援助项目在实施中需要继续补充贷款的数额，则双方还可以签署补充贷款议定书。这类议定书实际上是确定项目议定书的补充。

4. 派遣医疗队、培训实习生和技术人员等议定书

在国际发展援助活动中，援助国或国际组织经常向受援国派遣医疗队，或帮助受援国培训实习生和有关技术人员等。为了实施此类援助活动，参与国际发展援助的双方可以签订这类议定书，以明确双方的职责、权利、援助国派出的人员和接收受援国前来培训的实习生和技术人员待遇及各项杂费等问题。这类议定书往往是一个独立的协议文件，属于技术援助性质的协议。

四、国际发展援助换文

（一）概念

国际发展援助换文是参与国际发展援助的双方为对其已达成协定或议定书的内容进行解释、补充、实施、修改等所交换的内容相同的外交文件。

（二）常用的国际发展援助换文

1. 确定项目换文

确定项目换文是援助国和受援国的政府就有关确认、撤销、更换项目及修改项目内容所达成的协议。确定项目换文主要用于确定规模较小、内容较简单的项目。

2. 项目考察和可行性研究换文

项目考察和可行性研究换文是援助方与受援方为确认承担项目考察与可行性研究任务所签署的协议。如果某项目考察和可行性研究换文是对双方已签订某个协定或议定书所确定的项目考察和可行性研究的确认，则该换文则是对双方已签署协定或议定书的补充；如果某项目考察和可行性研究换文是在有关协定或议定书的签订之前签署，则该换文所规定的项目考察和可行性研究任务将成为双方日后签署协定或议定书内容的依据。

3. 当地费用换文

当地费用换文是援助方和受援方就有关受援国对双方已确定项目的付费范围、付费方式等问题所达成的协议。

4. 专家待遇换文

专家待遇换文是援助方和受援方所达成的有关援助国向受援国派遣专家所应享受的各项待遇的协议。援助国向受援国派遣专家的各种待遇在发展援助协定或议定书中一般不便一一列出，往往以换文的形式加以确认。这种换文完全属于发展援助协定或议定书的补充文件。

五、国际发展援助合同

（一）概念

国际发展援助合同是援助国或国际组织指定的具有法人资格的援助项目执行

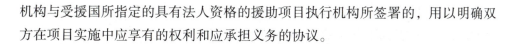

机构与受援国所指定的具有法人资格的援助项目执行机构所签署的，用以明确双方在项目实施中应享有的权利和应承担义务的协议。

（二）合同种类

1. 设计合同

设计合同是援助国承担援助项目设计的部门与受援国签订的合同。这种合同一般包括援助项目的勘测、专业考察和设计等内容，因此又称考察设计合同。

2. 施工合同

施工合同是援助国承担援助项目施工任务的部门与受援国签订的合同。施工合同一般包括设备材料的提供，工程技术人员的派遣，设备的安装、试生产等方面的内容。施工合同一般在项目的设计和施工单位确定之后签署。如果援助项目的设计和施工由同一部门承担，则只需签订一个设计施工合同；如果援助项目的设计和施工分别由不同的部门承担，则需要分别签订设计合同和施工合同。

3. 设备材料供应合同

设备材料供应合同是援助国负责供应援助项目的设备材料的部门与受援国签订的合同。它一般在项目设计完成之后签订。

4. 技术人员派遣合同

技术人员派遣合同是援助国为了向受援国派遣工程技术人员，以承担组织或指导援助项目的施工、设备安装、试生产等任务而与受援国签订的合同。

5. 技术服务或合作合同

技术服务或合作合同既可以是援助国和受援国就提供技术援助的具体问题所签订的合同，也可以是双方就援助项目建成移交后就技术合作问题所达成的协议。此外，援助国与受援国签订的有关培训实习生和技术人员等合同也属于这类合同。

六、国际发展援助会谈纪要

在两国政府的外交活动中，会谈纪要不是正式的外交函件，对会谈双方并不具有法律约束效力。在国际发展援助活动中，会谈纪要原有的意义已经得到发展。目前，有些国家已将有关国际发展援助方面的会谈纪要视为具有法律约束力的一种协议文件。

国际发展援助会谈纪要一般是由援助国和受援国政府各自指定的执行机构，为实施援助项目而签署的协议文件。它是援助国与受援国的政府间所签协议有关内容的具体化。与国际发展援助合同相比，国际发展会谈纪要简单得多，而且法律效力也低得多。由于并非所有的国家都将国际发展援助会谈纪要视为有法律效力的协议，因此在项目援助的实施中，是签订国际发展援助合同，还是签订国际发展援助会谈纪要，一定要根据双方协商取得一致意见后再决定。对于不承认国际发展援助会谈纪要具有法律效力的国家，一般不要采取国际发展援助会谈纪要的形式，或在双方签署会谈纪要以后，还应签订相应的国际发展援助合同。

七、国际发展援助协定、议定书、换文、合同、会谈纪要之间的关系

（一）国际发展援助协议五种形式的归类

协定、议定书、换文、合同和会谈纪要是国际发展援助协议的五种形式。在实际运用中，可以将这五种形式分为两大类：一类是协定、议定书和换文；另一类是合同和会谈纪要。

（二）两大类协议之间的区别

国际发展援助协议两大类之间的区别如表 13.1 所示。

表 13.1 国际发展援助协议两大类之间的区别

比较项目	发展援助协定、议定书、换文	发展援助合同和会谈纪要
缔约主体不同	在援助国和受援国的国家政府之间签订，主体是援助国和受援国政府	在援助国和受援国政府所指定的执行机构之间签订的，其主体是执行机构
缔约的目的和解决的问题不同	是为了建立和发展援助国和受援国相互间的经济技术合作关系，解决的问题是明确双方在经济技术合作中的基本原则和内容	是援助项目实施中的具体细节问题，如项目的考察、设计、施工、设备安装及技术人员和专家的派遣等
法律关系不同	通过国际公法调整，不受缔约国国内法律的约束	既受国际法的约束，也受缔约国法的约束

（三）两大类协议内部协议的区别

两大类协议内部各协议的具体内容和作用也不尽完全相同。

（1）发展援助协定、议定书和换文在实际运用中的作用不同。

协定一般是援助活动最根本的文件，而议定书和换文则用于对协定内容的解释、补充、修改及具体化等，属于协定的辅助性或派生性文件。

（2）发展援助合同和会谈纪要虽然均属于依据协定、议定书或换文而订立的

业务性文件，但会谈纪要的作用远远低于合同，其内容笼统而且不够严密，不符合国际法的要求，在很多国家不被视为具有法律效力的文件。

第四节 国际发展援助的实施程序

一、联合国发展系统技术援助的实施程序

联合国发展系统采用的主要援助方式是提供无偿的技术援助。联合国发展系统提供无偿技术援助的整个程序又称项目的援助周期。到目前为止，某些程序均以 1970 年在联合国大会通过的第 2688 号决议为主要依据，并在此基础上根据项目实施的实际需要加以引申和发展而成的。实施的具体程序如下。

（一）相关概念

1. 国别方案的概念

国别方案是受援国政府在联合国发展系统有关组织或机构的协助下，编制的关于受援国政府与联合国发展系统有关出资机构在一定时期和一定范围内开展经济技术合作的具体方案。

2. 国别方案的具体内容

国别方案的具体内容主要包括：（1）受援国的国民经济发展规划；（2）需要联合国提供援助的具体部门和具体项目；（3）援助所要实现的经济和社会发展目标；（4）需要联合国对项目所作的投入。

3. 国家间方案的概念

国家间方案亦称区域方案或全球方案，是联合国在分区域、区域、区域间或全球的基础上对各国家集团提供技术援助的具体方案。

4. 国家间方案的内容

国家间方案的内容与国别方案的内容基本相同，但必须与各参加国优先发展的次序相吻合，根据各国的实际需要来制定。

5. 国别方案和国家间方案的批准（方式）

国别方案和国家间方案均是一种含有许多项目的"一揽子"方案，每一个具体方案须逐个履行审批手续。

（二）项目文件编制

1. 项目文件

项目文件是受援国和联合国发展系统有关机构为实施援助项目而编制的文件。

2. 项目文件的主要内容

项目文件的主要内容应该包括封面及项目文件的法律依据，项目及与此有关的具体情况，项目的监督、审评和报告，项目的预算四部分。

（三）项目实施

1. 任命项目主任

任命项目主任是直接负责实施援助项目的组织者和责任者，一般由受援国政府主管业务的部门任命，并须征得政府协调部门和联合国发展系统有关机构的认可。

2. 征聘专家和顾问

一般由受援国政府决定，但在项目实施前的 4 个月提出征聘请求，并与联合国发展系统的有关机构协商和编写拟聘报告。

3. 选派出国培训人员

4. 购置项目实施所需设备

联合国发展系统出资机构提供的援助资金只能用于购买在受援国采购不到的设备或需用国际可兑换货币付款的设备，价格在 2 万美元以上的设备可以直接采购，购置实施项目所需要设备的种类和规模需经联合国发展系统出资机构的审核批准。

（四）项目评价

1. 项目评价

项目评价是指对正在进行中的或已完成项目的实施、结果、实际的或可能的功效等，作出客观和实事求是的评价。其在于尽可能客观地对项目的实施和功效作出论证。

2. 项目评价工作内容

项目评价工作内容主要包括对项目准备的审查，对项目申请的评估，对各项业务活动的监督和对项目各项成果的评价。其中对各项业务活动的监督和对项目各项成果的评价最为重要。

（五）项目后续活动及类型

1. 项目后续活动

项目后续活动亦称项目后续援助，指联合国发展系统技术援助项目按照原定实施计划完成了各项近期目标之后，由联合国发展系统有关机构、受援国政府、其他国家政府或其他多边机构继续对项目采取的援助活动。

2. 项目后续活动的类型

项目后续活动一般可分为三种类型：（1）原项目实现后的继续投入；（2）原项目实现后，由其他国家或多边组织的相关投入；（3）原项目实现后，受援国政府的相关投入。

二、世界银行的贷款发放程序

世界银行贷款的发放过程也被称为项目的周期，一般包括以下几个阶段。

（一）项目的选定

项目的选定至关重要，能否从借款国众多的项目中选出可行的项目，直接关系到世界银行贷款业务的成败。世界银行对项目的选定主要采取四种方式：（1）与借款国开展各个方面的经济调研工作；（2）制定贷款原则，明确贷款方向；（3）与借款国商讨贷款计划；（4）派出项目鉴定团。

（二）项目的准备

世界银行与借款国进行项目鉴定，共同选定贷款项目之后，项目进入准备阶段。世界银行派出由各方面专家组成的代表团，与借款国一起正式开展对项目利用贷款的准备工作，为下一阶段的可行性分析和评估打下基础。项目准备工作一般由借款国承担直接和主要责任。

（三）项目的评估

项目准备完成之后，即进入评估阶段。项目评估是由世界银行来完成的。世界银行评估的内容主要有五个方面，即技术、经济、财务、社会和环境。世界银行在对申请贷款的项目进行了详细的评估之后，如果认为该项目符合世界银行的贷款条件，就提出两份报告书，其中先提出一份项目可行性研究的"绿皮报告书"随后再提出一份同意为该项目提供贷款的通知书，即"灰皮报告书"。

（四）项目的谈判

项目谈判由世界银行和借款国政府双方谈判，由世界银行邀请借款国派出代表团到华盛顿进行谈判。双方就贷款协议和项目协定的条款进行讨论。

（五）项目的执行

谈判结束后，借款国和项目受益人要对谈判达成的贷款协定和项目协定进行正式确认。世界银行将项目提交世界银行执行董事会批准，项目获批准后，世界银行和借款国在协议上正式签字。世界银行宣布贷款协议正式生效，项目进入执行阶段。

（六）项目的总结评价

世界银行对该项目进行总结，即项目的后评价，评价项目预期收益的实现程度。对项目的总结评价一般在世界银行对项目贷款全部发放完毕后一年左右进行。在对项目进行总结评价之前，一般先由项目的银行主管人员准备一份项目的完成报告，然后再由世界银行的业务评价局根据项目完成报告对项目成果进行全面的总结评价。

三、外国政府贷款程序

政府贷款指援助国政府利用其财政资金，向受援国政府提供的一种期限较长、无息或低息的贷款。政府贷款一般都具有优惠性和限制性两重性质。我国借用外国政府贷款的程序根据贷款国有所不同，但一般可归纳为以下几步。

（一）窗口部门对外接触

先由贷款国有关机构向我国对外窗口部门（日本能源贷款的对外窗口为中国银行，其余外国政府贷款的对外窗口为财政部）提出贷款意向，再由财政部将贷款国的贷款意向及要求告国家发展改革委。

（二）确定备选项目方案

国家发展改革委根据贷款条件、贷款国特点以及各地方、部门上报的项目或批准的项目建议书、可行性研究报告，按照国家产业政策、行业规划、地区政策、项目建设条件及贷款偿还能力等选择备选项目，并下达备选项目安排方案。

（三）窗口部门对外谈判

对外窗口部门按照国家发展改革委下达的备选项目方案对外提出并进行谈判，对方承诺贷款和项目，双方签署贷款备忘录或贷款协议。

（四）项目审批

国家发展改革委审批限额以上项目的可行性研究报告或利用外资方案。限额以下项目按隶属关系由主管部门或省市（区）发展改革委审批项目可行性研究报告后，上报财政部。

（五）国际招标

国内承担对外采购任务的外贸公司，按照国内有关规定及贷款国有关规定进行对外技术和商务谈判或国际招标，并签订商务合同。

（六）办理转贷手续

国内有关金融机构根据政府贷款协议和商务合同与对方签订金融协议，并办理国内转贷手续。外国政府贷款一般要经过中国进出口银行对下转贷；日本输出、输入银行贷款一般要经过中国银行转贷。

（七）项目实施

商务合同生效，项目进入实施阶段。

第五节　中国与主要发达国家的对外发展援助

一、中国的对外发展援助

作为一个社会主义国家和发展中大国，中国一直将对外援助当作一项应尽的国际主义义务和推动建设和谐世界的重要方式。新中国成立以来，中国在致力于自身发展的同时，在南南合作框架下向其他经济困难的发展中国家提供了力所能及的经济和技术援助，增强了受援国的自主发展能力，深化了中国与受援国的友好合作关系，促进了南南合作，为人类社会共同发展作出了积极贡献。

（一）中国对外援助的发展历程①

以下为中国开展对外援助 60 年的主要历程：

1950 年，即新中国成立后的第二年，中国便开始对外提供经济技术援助，援助对象首先是朝鲜、越南等社会主义国家。

1955 年万隆亚非会议后，随着对外关系的发展，中国援助对象扩展至亚非二十多个友好的发展中国家。

1964 年初，周恩来访问非洲十国期间，宣布了中国对外经济技术援助的八项原则，其核心是平等互利、不附带条件，受到发展中国家的普遍欢迎。此后，中国同更多的发展中国家建立了经济和技术合作关系，积极帮助这些国家建立工业基础，发展民族经济。中国真诚无私的援助赢得了受援国的高度赞扬。

1971 年，中国恢复了在联合国的合法席位。正如毛泽东所说，是第三世界国家"把我们抬进了联合国"。中国对外关系迅速发展，受援国数量迅速增加。自 1973 年起，中国开始向联合国多边发展机构提供捐款。

1979 年中国共产党十一届三中全会以后，中国在总结经验的基础上，逐步调整和改革对外援助体制机制，使对外援助的发展更加适合中国国情和受援国实际发展需求。

1995 年，中国在继续向发展中国家提供政府无偿援助和无息贷款援助的基础上，开始通过中国进出口银行提供具有政府援助性质的中长期低息优惠贷款，有效扩大了援外资金来源。援外方式也开始朝多样化方向发展。这一时期，对外援助在更有效地促进受援国经济社会发展的同时，对推动中国与广大发展中国家开展多种形式的互利经贸合作作出了重要贡献，为中国改革开放创造了良好的外部环境。

进入 21 世纪以来，中国进一步加大援外投入，更加关注扶贫、民生和受援国能力建设。中国政府先后在 2005 年联合国发展筹资高级别会议、2006 年中非合作论坛北京峰会、2008 年联合国千年发展目标高级别会议、2009 年中非合作论坛第四届部长级会议等国际和多边场合宣布一系列有针对性的对外援助举措，涉及农业生产、基础设施建设、医疗卫生服务、能力建设、清洁能源开发、债务减免等领域的合作。面对国际金融危机的影响，中国在克服自身困难的同时，积极兑现援助承诺，有力推动了联合国千年发展目标的进展，中国负责任大国形象得到极大的提升。

截至 2020 年底，中国累计向 160 多个国家提供了各种类型的援助，包括实

---

① 《中国的对外援助》白皮书（中文）[EB/OL]. 国家国际发展合作署，2018 - 08 - 06.

施数千个成套和物资援助项目，开展了上万个技术合作和人力资源开发项目，为发展中国家培训了各类人员 40 多万人次。

（二）中国对外援助的方式

1. 成套项目

成套项目援助是指中国通过提供无偿援助和无息贷款等援助资金帮助受援国建设生产和民用领域的工程项目。中方负责项目考察、勘察、设计和施工的全部或部分过程，提供全部或部分设备、建筑材料，派遣工程技术人员组织和指导施工、安装和试生产。项目竣工后，移交受援国使用。

成套项目是中国最主要的对外援助方式，在对外援助支出中一直占有较大比例。目前，成套项目援助占对外援助财政支出的 40% 左右[①]。

截至 2009 年底，中国共帮助发展中国家建成 2000 多个与当地民众生产和生活息息相关的各类成套项目，涉及工业、农业、文教、卫生、通信、电力、能源、交通等多个领域，如表 13.2 所示。

表 13.2　　　　中国已建成援外成套项目行业分布（截至 2009 年底）

行业	项目数（个）	行业	项目数（个）
农业类	215	工业类	635
农牧渔业	168	轻工业	320
水利	47	纺织	74
公共设施类	670	无线电电子	15
会议大厦	85	机械工业	66
体育设施	85	化工	48
剧场影院	12	木材加工	10
民用建筑	143	建材加工	42
市政设施	37	冶金工业	22
打井供水	72	煤炭工业	7
科教卫生	236	石油工业	19
经济基础设施类	390	地质矿产勘探	12
交通运输	201	其他	115
电力	97		
广播电信	92	总计	2025

资料来源：《中国的对外援助》白皮书（中文）[EB/OL]. 国家国际发展合作署, 2018 - 08 - 06.

---

① 白皮书详细介绍中国对外援助方式 [EB/OL]. 中国新闻网, 2011 - 04 - 21.

2. 一般物资

一般物资援助是指中国在援助资金项下，向受援国提供所需生产生活物资、技术性产品或单项设备，并承担必要的配套技术服务。中国对外援助最早是从提供一般物资开始的。

3. 技术合作

技术合作是指由中国派遣专家，对已建成成套项目后续生产、运营或维护提供技术指导，就地培训受援国的管理和技术人员；帮助发展中国家为发展生产而进行试种、试养、试制，传授中国农业和传统手工艺技术；帮助发展中国家完成某一项专业考察、勘探、规划、研究、咨询等。技术合作是中国帮助受援国增强自主发展能力的重要合作方式。

4. 人力资源开发合作

人力资源开发合作是指中国通过多双边渠道为发展中国家举办各种形式的政府官员研修、学历学位教育、专业技术培训及其他人员交流项目。

中国从 1953 年开始实施人力资源开发合作项目。目前，每年在华培训发展中国家人员约 1 万名[1]。此外，中国还通过技术合作等方式为受援国就地培训了大量管理和技术人员。

5. 援外医疗队

援外医疗队是指中国向受援国派出医务人员团队，并无偿提供部分医疗设备和药品，在受援国进行定点或巡回医疗服务。

1963 年，中国向阿尔及利亚派出第一支医疗队。截至目前，中国已向亚洲、非洲、欧洲、拉丁美洲、加勒比和大洋洲 69 个国家派遣了援外医疗队[2]。援外医疗队一般工作在受援国缺医少药的落后地区，条件十分艰苦。

中国 1963 年向阿尔及利亚派出首支中国医疗队，开创了新中国援非医疗的历史。58 年来，中国累计向非洲派出医疗队员 2.3 万人次，诊治患者 2.3 亿人次。目前在非洲 45 国派有医疗队员近千人，共 98 个工作点。[3] 中国为非洲各国培训各类医务人才 2 万人次。

6. 紧急人道主义援助

紧急人道主义援助是指中国在有关国家和地区遭受各种严重自然灾害或人道主义灾难的情况下，主动或应受灾国要求提供紧急救援物资、现汇或派出救援人员，以减轻灾区人民生命财产损失，帮助受灾国应对灾害造成的困难局面。

---

[1] 中国的对外援助 [EB/OL]. 新闻办网站，2011 – 04 – 21.
[2] 中国在外国援建的项目有哪些（中国支援外国）[EB/OL]. 诚辉百科，2023 – 04 – 05.
[3] 白皮书：中国累计向非洲派出医疗队员 2.3 万人次诊治患者 2.3 亿人次 [EB/OL]. 人民资讯，2021 – 11 – 26.

多年来，中国积极参与对外紧急救援行动，并在国际紧急人道主义救援事业中发挥着越来越重要的作用。为使救援行动更加快速有效，中国政府于2004年9月正式建立人道主义紧急救灾援助应急机制。

7. 援外志愿者

援外志愿者是指中国选派志愿人员到其他发展中国家，在教育、医疗卫生和其他社会发展领域为当地民众提供服务。目前，中国派出的志愿者主要有援外青年志愿者和汉语教师志愿者。

8. 债务减免

债务减免是指中国免除部分发展中国家对华到期政府债务。对于受援国对华政府债务，中国政府从不施加还款压力。在受援国偿还到期无息贷款遇到困难时，中国政府一向采取灵活的处理方式，通过双边协商延长还款期限。

为进一步减轻经济困难国家的债务负担，中国政府先后6次宣布免除与中国有外交关系的重债穷国和最不发达国家对华到期无息贷款债务。截至2009年底，中国与非洲、亚洲、拉丁美洲、加勒比和大洋洲50个国家签署免债议定书，免除到期债务380笔，金额达255.8亿元人民币，如表13.3所示。

表13.3　　　　　中国政府免除受援国债务统计（截至2009年底）

地区	国家数（个）	免债笔数	免债金额（亿元人民币）
非洲	35	312	189.6
亚洲	10	41	59.9
拉丁美洲和加勒比	2	14	4.0
大洋洲	3	13	2.3
总计	50	380	255.8

资料来源：《中国的对外援助》白皮书（中文）[EB/OL].国家国际发展合作署，2018-08-06.

（三）新时期中国对外援助的方针

新时期中国对外援助的方针主要是帮助受援国发展当地有需要又有资源的中小型项目，并与发展双边、多边经贸关系及互相合作相结合，让有限的援外资金为受援国发挥更大的效益，促进受援国和中国的共同发展。

（1）提供援款方式多样化。从实际出发，根据不同国别、不同情况、不同需要，并视我国的可能，向受援国提供不同内容、不同性质的援款。

（2）根据受援国需要，尽可能选择那些适合受援国发展经济，既建设又经营的中小型项目。鼓励并支持生产经营项目走双方企业合资经营、合作经营的路子，加强各种形式的技术援助。

（3）对外提供物资援助，除救灾外，要为发展外贸市场服务，保证救援物资质量。

（4）支持对外贸易、境外投资及其互利合作。除政府贷款转贷给企业外，从援外费用中拨出一点款项，通过借贷方式支持我国企业到发展中国家建立合营企业和承包境外工程。

（5）继续采取比较灵活、及时的援助方式，向受援国提供小额赠送。

（6）加强多边合作。将一部分援外资金与联合国或其他多边发展机构资金相结合，开展发展中国家间的经济技术合作。

（7）对外援助的实施方式和做法既保持我国特色，又要与国际通行的规则、做法接轨。

（8）允许受援国以多种形式偿还我国贷款。

二、主要发达国家的对外发展援助

（一）美国的对外发展援助

（1）美国是世界上提供发展援助最早和数量最多的国家。美国的发展援助政策是与它的政治利益紧密联系在一起的，其援助政策往往取决于它的政治经济需要。

（2）国际开发署是美国负责实施发展援助的政府机构，美国的发展援助方案也是由国际开发署制定的。

（3）美国对外发展援助的主要地区是中东，其次是拉丁美洲和非洲，其中以色列和埃及是美国援助最多的国家。

（二）日本的对外发展援助

（1）日本对外援助的主要机构是 1961 年设立的海外经济协力基金，直属经济企划厅领导，负责具体实施日本的对外发展援助。

（2）日本援助的主要形式有贷款、赠款和技术援助。

（3）日本援助的主要对象是亚洲，尤其是东南亚国家。

（三）法国的对外发展援助

（1）法国是发展援助委员会的第三大援助国。

（2）法国主管对外发展援助的机构有合作部、文化科学和技术关系管理总局、中央经济合作金库、财政部，它们分别负责不同国家和地区的发展援助工作。

（3）法国提供援助的主要形式有赠款、贷款和技术援助。

（四）德国的对外发展援助

（1）德国是发展援助委员会五大援助国之一。

（2）德国发展援助的方式主要有贷款、无偿援助和技术援助，并只提供给那些经双方商定的项目。德国提供技术援助的形式主要有培训、科研和咨询。

（3）德国从事双边发展援助的主要机构有德意志开发银行和复兴信贷银行。

（五）英国的对外发展援助

（1）英国是世界上最早从事发展援助的国家之一。

（2）英国开展双边援助的主要方式有赠款、贷款及援助与贸易基金。

（3）英国主管对外发展援助工作的机构是 1964 年设立的海外开发局。英国发展援助的执行机构是英联邦开发公司，它只对英联邦国家提供有偿援助，不提供无偿援助。英国援助的主要对象是非洲，以撒哈拉以南的非洲为首，其次是南亚国家。英国对外发展援助的主要部门是教育、健康、人口、公共管理等，其次是能源、农业和采矿等部门。

 复习思考题

一、名词解释

国际发展援助、双边援助、财政援助、国际发展援助机构、国际发展援助协议

二、简答题

1. 国际发展援助有哪些方式？
2. 国际发展援助出现了哪些新特点？
3. 国际发展援助有哪些常用换文？
4. 新时期中国对外援助的方针。

第十四章

国 际 租 赁

第一节 国际租赁概述

一、国际租赁的概念

(一) 租赁业务的概念

所谓租赁业务，是指出租人（租赁公司）按照契约规定将其从供货人（厂商）处购置的资本货物在一定时期内租给承租人（用户）使用，承租人则按规定付给出租人一定的租金。在租赁期间，出租人对出租的设备拥有所有权；承租人享有使用权与收益权。租赁期满后，租赁设备则退还出租人或按合同规定处理。在租赁业务中，如果当事人分属不同的国家时，就称之为国际租赁业务。

(二) 国际租赁的概念

国际租赁又称国际租赁贸易、租赁贸易或租赁信贷，也称为国际金融租赁或购买性租赁。国际租赁贸易是商品信贷和金融信贷相结合，由出租人、承租人、供货人及金融界共同参与的一种新型贸易方式。出租人通过出租设备等向承租人提供信贷便利，而承租人则以定期支付租金的形式取得设备的使用权，供货人则向出租人提供货物买卖，其实质是出租人向承租人提供信贷的一种交易方式。国际租赁贸易实质上是一种分期付款的信贷方式。

以三边贸易情况为例，租赁贸易的一般程序如图14.1所示。

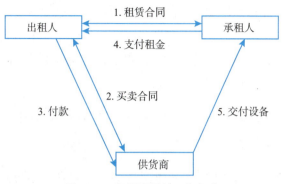

图 14.1 租赁贸易的一般程序

国际租赁作为一种独特的中、长期信贷方式，与一般中、长期贷款有很大的区别。主要区别是：用国际租赁方式筹措设备，是企业直接借入设备商品和取得设备使用权的同时，就解决了资金问题，融资融物同时进行。而以中、长期贷款方式购买设备，企业要先借入资金，通过购买行为转换成设备商品，取得设备的所有权。

二、现代国际租赁的特点

现代租赁不同于销售、分期付款和租用，也不同于古代租赁和近代租赁。现代租赁是以融资为主要目的的，它的主要特征有以下几点。

（一）是以融资和融物相结合，并以融资为主要目的的经济活动

在现代租赁业务中，出租人按承租人的需要购得设备后，再将其出租给承租人使用，目的在于收取超过贷款本息的租金，这实际上是出租人的一种投资行为。而承租人则通过取得设备的使用权，解决其资金不足的问题，并用租来的设备生产出具有高额利润的产品来偿还租金。租赁的设备在使用一段时间后，可以将其设备退回、续租或留购。在现代租赁合同中，租期往往与租赁物的寿命一样长，这就等于将所有权引起的一切责、权、利转让给了承租人，实际上已经变成了一种变相的分期付款交易，即融资与融物相结合。

（二）承租人对租赁物的所有权和使用权是分离的

现代租赁虽然在租期结束时，出租人和承租人可能成为买卖关系，或在租期未到之前就已含有买卖关系。但在租期内，由于设备是由出租人购进的，设备的所有权属于出租方，承租人只是按时支付租金并在履行租赁合同各项条款的前提下对所租设备享有使用权而不是所有权。

（三）一笔租赁业务往往存在两个或两个以上的合同，并涉及三方或更多的当事人

在现代租赁活动的过程中，有些租赁方式往往要在一笔交易中签订两个或两个以上的合同。例如，融资租赁至少涉及三方当事人，即出租人、承租人和租赁物的供应商，并由出租人与承租人之间签订一个租赁合同及由出租人与供货商之间签订一个购货合同。如果出租人需要融资，那不仅要涉及银行或金融机构，还需要由出租人与银行或金融机构签订一个贷款合同。

（四）承租人有选择设备和设备供货商的权利

在现代租赁业务中，承租人租赁的设备往往是根据承租人提供的型号、规格、技术指标和性能购置的，甚至连提供设备的供货商及购买设备的商务条件都是由承租人指定和商定的。

三、国际租赁的种类

目前国际上通用的租赁方式有以下几种。

（一）融资租赁

融资租赁指出租方按承租方的意向购买机器设备，并以租金的形式给予出租方补偿，出租方收取的租金不仅弥补了其本金，而且还可以获取收益。这种租赁方式的租赁合同一般时间较长，包括了整个设备的使用年限，当合同结束时，机器的价值已全部以租金形式返还出租者，因此残存设备的所有权属于承租方，而且承租方不得中途解除合同或更改协议内容。承租人负责设备的维修与保险等费用。融资租赁交易程序如图 14.2 所示。

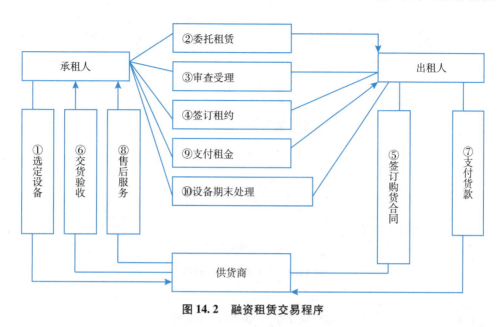

图 14.2　融资租赁交易程序

在整个设备使用期内只租给一个用户，租赁公司按设备成本、利息和费用，分摊成租金向承租人收取，是最基本的租赁形式。

（二）杠杆租赁

杠杆租赁多见于价格昂贵的设备和固定资产。由于所需资金金额巨大，出租人无力独自购买，以设备本身和设备出租后租金的受让权为担保，向银行贷款，用贷款和一部分自有资金购买设备，再把设备出租给承租人，用租金偿还贷款本息。

在这种租赁方式中，出租人居中，从承租人处收取租金，并须归还银行贷款。出租人对其所贷款项负责，若承租方违约，出租人承担损失，银行本息照付。

杠杆租赁方式结构复杂、当事人较多，是租赁贸易中较特殊的方式。租赁合同一经达成协议，不得中途撤销。杠杆租赁并非完全属于全部回收性租赁，也不是仅一次性就签订租赁合同。

杠杆租赁的交易程序如图 14.3 所示。杠杆租赁与传统的单一投资租赁有很大不同，如表 14.1 所示。

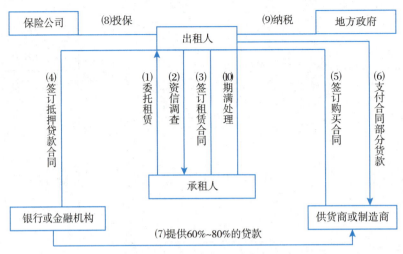

图 14.3　杠杆租赁交易程序

表 14.1　　　　　　　　　　　杠杆租赁与单一投资租赁的比较

项目	单一投资租赁	杠杆租赁
参与当事人	出租人、承租人、制造商	物主出租人、物主受托人、承租人、债权人、合同受托人、制造商、经纪人、担保人
资金来源	出租人	20%～40%由物主出租人垫付 60%～80%来源于债权人贷款
合同文本	购买合同、租赁合同	参加协议、购买协议、转让协议、物主信托协议、合同信托协议、租赁合同
项目规模	较小	较大

（三）经营租赁

经营租赁的交易程序如图 14.4 所示。

经营租赁方式中，出租人拥有原始设备，承租人可以根据自己的需要确定租赁机器设备时间的长短，付给出租人租金。租期结束后，如果承租人无意再租或购买该设备，可以把设备归还给出租方，出租人可以继续把设备出租给下一个承租人。

经营租赁合同期间，承租人可以中途解约，若合同中附有违约责任条款，应遵照执行。租赁期间，设备的维修费、保险费和资产税均由出租方负担，租金也较高。这种形式的租赁期限较短，在设备使用有效期内不只租给一个用户，每个用户所缴付的租金只相当于设备投资的一部分。经营租赁的标的物是通用设备，出租人通常是生产制造商兼营的租赁公司或者专业租赁公司。

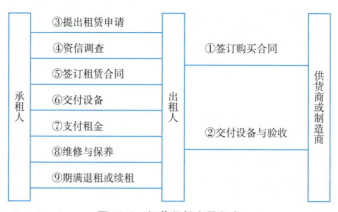

图 14.4 经营租赁交易程序

（四）回租

回租，即承租人将自有设备作价卖与出租者。回租的方式是先将固定资产转变为现有资金后，再将原设备反租过来，采用分期交付租金的办法。

承租人向出租人租赁原来属于自己的设施，一般做法是：先由承租人和出租人签订租赁协议，然后再签订买卖合同，由出租人购进标的物，将其租给承租人，即原物主。这种租赁方式主要用于不动产，由于承租人缺少资金而出售不动产以筹措所需资金。

回租租赁方式下当事人双方关系如图 14.5 所示。

图 14.5 回租租赁交易结构

回租租赁均为融资租赁。标的物的售价将分摊在各期租金中，往往并不反映真正的市场价，多取决于承租人所需资金的数额。

（五）综合性租赁

综合性租赁是租赁与合资经营、合作经营、对外加工装配、补偿贸易及包销等其他贸易方式相结合的租赁方式。但租赁与合资经营、合作经营相结合的方式，必须是合营公司注册资本以外的部分。具体来说，由出租人将机器设备租给承租人后，承租人或用租赁的设备生产出的产品偿付租金，或用加工装配所获工缴费顶替租金分期偿付，或把产品交出租人包销，由其从包销价款中扣取租金。

从我国的租赁市场主要由租赁专业公司、中国银行的信托部门（中国银行信托咨询公司）及各级国际信托投资公司等组成。这些公司在租赁业务的经营中一般是通过将外国制造的设备租给本国企业使用，或把我国的部分机器设备出租给国外公司、企业的形式来进行。有时这些租赁部门也为国内用户单位介绍国外的租赁公司，由租赁部门作担保，国内用户可直接与国外租赁公司签订租赁合同，租入设备。

从我国国际租赁业务来看，租赁方式多以融资租赁（金融租赁）为主，即由国外租赁公司或我方公司垫付资金，购进企业所需设备，并分期支付租赁费，以取得设备的使用权。在租期内，企业用设备投产所创外汇，分期偿还总租赁费，最后以象征性的付款取得设备的所有权。

四、我国国际租赁的现状

（一）我国国际租赁业务的产生和发展

我国的国际租赁主要以融资租赁为主，兴起于 20 世纪 70 年代末 80 年代初，经过 30 年来的发展我国租赁业务具有了一定的规模和实力。

1979 年的中国国际信托投资公司成立，开创了中国以租赁的国际业务为标志的现代租赁业的新篇章。1981 年 4 月，由中国国际信托投资公司、北京市机电设备公司与日本东方租赁公司合资成立了中国第一家中外合资，也是中国第一家租赁公司——中国东方租赁有限公司。同年 7 月，中信公司又与国家物资部等单位联合组建了中国第一家属于非银行金融机构类的、完全由中资组成的租赁公司——中国租赁有限公司。这两家租赁公司的成立，标志着中国融资租赁业的开端。到 2008 年各类融资租赁企业注册资本超过 300 亿元人民币，可承载的资产管理规模可达 3000 亿元左右。我国租赁渗透率仅为 3% 左右，与我国每年经济增长率 8% 左右进行比较，可以判断中国租赁业的发展潜力巨大。2012 ~ 2020 年，我国外资租赁企业数量呈现逐年增长的趋势，增长速度从 2014 年开始有所下降，但企业数量在我国融资租赁行业中始终排名第一。企业数量从 2012 年的 460 家，增长至 2020 年的 11671 家，同比增长 0.12%。2021 年，外资租赁公司数量减少1 家，调整至 11670 家。①

---

① 1979 年 10 月 4 日中国第一家信托机构成立［EB/OL］.北京新视觉，2015 - 10 - 04；
预见 2022：《2022 年中国融资租赁行业全景图谱》（附市场规模、竞争格局和发展前景等）［EB/OL］.前瞻经济学人，2022 - 02 - 14.

（二）我国国际租赁业务的特征

与世界其他国家的租赁业务相比，中国的国际租赁业务有其自身的特点，主要表现在以下几个方面。

1. 中国合资租赁企业是中国租赁业的骨干

中国第一家专门从事租赁业务的企业就是中外合资设立的中国东方租赁有限公司。目前，在中国境内专营租赁业务的公司中，中国合资设立的租赁公司占一半以上。这是由于中外合资租赁公司熟悉国际业务和国际惯例，以及在当前形势下我国利用外资、引进国外先进技术设备的特殊需求，决定了我国租赁业先有国际业务后有国内业务的发展进程。

2. 中国的租赁企业多以从事进口融资租赁业务为主

这是由目前国内落后的技术状况和企业资金短缺造成的。我国的汽车、飞机等大型运输工具及其他一些大型设备比西方发达国家落后，而这些大型设备价格昂贵，企业又缺乏资金购买，这就使中国企业需要通过国际租赁公司，运用融资租赁的方式，从国外租赁大型运输工具和设备。

3. 中国利用租赁进行融资的行业较广，但多为技术改造项目

中国通过租赁进行融资的行业主要有运输、邮电、电力、机电、轻工纺织等，行业分布十分广泛，但80%以上的融资租赁项目是技术改造项目，其中相当一部分是出口创汇项目。

4. 承租人可以提前向出租人偿还租金

在租金的偿还上，承租人被允许可按规定的金额提前偿还租金，而这方面在西方发达国家法律是禁止的，否则被处以罚款。

5. 中国租赁业仍然较落后

租赁业务在我国国内起步较晚，发展也非常缓慢，就整个世界来说，中国的租赁业还处于落后行列。

第二节　国际租赁合同

一、合同条款

国际租赁合同属于经济合同的范畴，是出租人和承租人为租赁一定资产而明确相互权利和义务的契约文件。由于国际租赁业务本身的特殊性，一笔国际租赁

业务涉及多方当事人和多笔业务，因此与租赁业务有关的合同包括进出口购销合同、国际租赁合同、贷款合同等多项合同。其中，租赁合同是最基本的合同。

国际租赁合同的内容往往根据不同的租赁方式而有所差异。国际租赁合同包括一般性条款和专业特殊性条款两类法律条款。下面以融资租赁合同为例进行介绍。

（一）租赁合同的一般性条款

1. 合同说明条款

（1）确定合同性质；（2）阐述清楚合同当事人的名称住所；（3）标明合同签订的日期地点；（4）说明出租人应承租人的要求购进经承租人选定的设备，按照双方商定的条款租赁给承租人使用。

2. 合同实施的前提条件条款

有些合同规定了实施合同的前提条件条款，此类合同虽经当事人签字，但必须在履行了前提条件或生效条款后方能生效。租赁合同实施的一般前提条件：项目批准文件，进口许可证和偿还租金保证函等。

3. 租赁设备条款

租赁合同中要写明租赁设备的名称、制造厂家、出厂日期、规格、型号、数量、设备的技术性能，交货地点和使用地点等。由于此类合同条款多烦琐详细，且多属于工程技术方面的说明，因此，租赁设备一般可另具附表详列。

4. 租赁设备的交货和验收条款

（1）承租人确认出租人与供货人之间有关进口销售合同中的租赁设备是承租人根据自己的需要所选定的；（2）承租人须向出租人提供出租人认为必要的各种证明；（3）交付人不能按时交付租赁设备应负的责任；（4）验收的有关事项。

5. 税款费用条款

租赁交易中涉及的进口关税、进口工商税、海关规定的增值税等税款和费用，如果未作其他规定，则应由承租人支付。

6. 租期和起租日条款

租期即合同有效期或承租人使用租赁设备的基本期限，其长短可由当事双方协商而定。租期包括基本租期和续租租期。起租日期就是租金的开始计算日，一般有付款日、提单日、开证日或交货日等几种计算方法。租期从何日开始到何日截止应有明确的规定。条款还应明确规定在合同的有效期内。

7. 租金支付条款

合同中必须明确规定，除非因出租人的过错，承租人有义务按合同规定向出租人支付租金。租金的支付方式由承租人与出租商协商而定，支付方式一般包括：（1）租金支付次数；（2）期前付租或期后付租；（3）均等付租或不均等付租。

在国际租赁合同中也应定明偿付租金的货币种类，以避免货币兑换率变动而引起纠纷。一般情况下租金与购货合同所支付的货币价款为同一货币。

（二）租赁合同的特殊条款

1. 购货合同与租赁合同的关系条款

在融资租赁交易中，租赁合同是购货合同成立的前提，是主合同；购货合同是租赁设备的依据，是辅合同。

2. 租赁设备的所有权条款和使用权条款

在租赁业务中，租赁设备的使用权和所有权相分离。出租人对租赁设备的保障非常重视，因为设备掌握在承租人手中，需要规定一些法律条款来保障出租人对租赁设备的所有权及承租人对租赁设备的使用权。

3. 承租人不得中途解约条款

融资租赁一经生效，承租人就不能单方面提出解除合同，租赁设备经承租人验收出具验收证书后，如发生丢失或毁损，承租人不得中止或解除租赁合同。全部损失由承租人负担，不能免除承租人支付租金的绝对义务。

4. 对出租人负责和对承租人保障条款

出于融资租赁的性质，出租人对承租人不承担和保证任何租赁设备质量、性能、适用与否等方面的责任；但为了保障承租人的利益，在租赁合同中应规定出租人将对租赁设备供货人的索赔权转让给承租人，所有向供货人索赔而支出的费用均由承租人负担，而取得的索赔金也归承租人所有。无论承租人取得赔偿与否，承租人均应无条件按租赁合同的规定缴纳租金。

5. 承租人违约和对出租人补救条款

承租人到期不支付租金，侵犯租赁设备所有权，违反租赁合同条款及承租人破产均构成违约。对于承租人违约，出租人为挽回或减轻损失，通常采取一些补救方式，包括终止合同、收回租赁设备、收取已经发生但尚未支付的租金及利息并收取赔偿金。

6. 租赁设备的使用、保管、维修和保养条款

在融资租赁合同中，一般都订有"租赁设备由承租人使用，承租人负责日常保管、维修和保养，使设备保持良好的状态，并承担由此产生的全部费用"的条款，要求承租人向自己所有财产一样保护租赁设备，使其经常处于良好的工作状态。对于那些零部件使用寿命低于设备本身的，需要定期更换，有些租赁业务还有卖主签订了设备维修保养合同，承租人有责任保证这些合同的全部执行。

7. 保险条款

租赁设备保险是保障出租人和承租人利益都不受损失的重要手段。几乎所有融资租赁合同都订有承租人应对租赁财产投保的条款，不仅要求投保设备本身的水灾、火灾、盗窃和损害险，而且还要求投保对第三者构成损害的险别和其他意外险。

8. 租赁保证金和担保条款

融资租赁中的租赁设备虽属出租人所有，但是一旦承租人违约，出租人虽可收回租赁物件，仍将蒙受损失，因为租赁项下设备是专门为特定承租人专购专用的，难以处理。所以，融资租赁合同常订有向承租人收取保证金和获得经济担保的规定。

9. 租赁设备租赁期满的处理条款

在我国，融资租赁的承租人在租赁期满后有三种选择权：留购、续租或退租。

10. 对第三方的责任条款

为了明确出租人或承租人在租赁设备租赁期限内对第三方的责任，一些租赁合同规定了涉及第三方的权益条款。如出租方应在租赁期内，保证租赁财产权益的合法性，排除第三方对财产权益的异议，保证承租方正常享受对租赁财产的使用权；承租方在使用租赁财产的过程中因自身过错致使第三方权益受到损失时，应负责赔偿等。

11. 转租赁条款

由于承租人在融资期间承担绝对的和无条件的支付租金的义务，承租人有权要求将租赁设备转租给其他人使用，但必须取得出租人的同意。

12. 租赁债权的转让和抵押条款

在融资租赁交易中，出租人可以不经承租人的同意将租赁合同规定的全部或一部分权利转让给第三者，或提供租赁物件作抵押。但这项转让和抵押的权利不影响承租人根据租赁合同享有的各种权益为限，并不能解除出租人在租赁合同中的任何义务，以保障承租人的权益。

13. 预提所得税条款

一个国家的企业因进口租赁设备向外国支付租金时，有义务对外国出租人扣缴预提所得税。

14. 争议解决条款

在履行租赁合同期间，出租人与承租人之间的争议如何解决应在合同中加以规定。我国主要根据《中华人民共和国合同法》以及经济合同仲裁有关法规执行。

国际租赁合同范本

出租方（甲方）：＿＿＿＿＿＿＿＿＿＿＿＿＿＿

地址：＿＿＿＿＿＿＿＿＿＿＿＿＿＿＿＿＿＿＿＿

法定代表人：＿＿＿＿＿＿＿＿＿＿＿＿＿＿＿

电话：＿＿＿＿＿＿＿＿＿＿＿＿＿＿＿＿＿＿＿＿

银行账号：＿＿＿＿＿＿＿＿＿＿＿＿＿＿＿＿＿＿

承租方（乙方）：＿＿＿＿＿＿＿＿＿＿＿＿＿＿

地址：＿＿＿＿＿＿＿＿＿＿＿＿＿＿＿＿＿＿＿＿

法定代表人：＿＿＿＿＿＿＿＿＿＿＿＿＿＿＿

电话：＿＿＿＿＿＿＿＿＿＿＿＿＿＿＿＿＿＿＿＿

银行账号：＿＿＿＿＿＿＿＿＿＿＿＿＿＿＿＿＿＿

甲乙双方经过友好协商，就租赁事宜达成协议如下：

第一条　租赁物件

甲方根据乙方的要求，购买租进本合同附件"设备清单"上所列的租赁物件，并出租给乙方。在租赁期限内，甲方拥有租赁物件的所有权，乙方具有完全的使用权，但不得对所租物件进行销售、转让、抵押或有其他任何侵犯租赁物件所有权的行为。

第二条　长租赁期

本合同一旦生效，甲乙双方开始履行合同中规定的各自的权利和义务，不得单方解约或退租。但本合同的生效并不是租期的开始。

租赁物件的议付日为起租日，物件一经议付，租赁期即告开始，由甲方以书面通知乙方确认。

本合同的租赁期为＿＿年。

第三条　租赁物件的购买/租赁

1. 乙方应向甲方提交租赁委托书。

2. 乙方应向甲方提交甲方认为必要的各种批准或许可证明。

3. 乙方根据自己的需要，选定租赁物件和货价，在购货合同的技术条款附件上正式签字，并在购货合同上作确认签字。

第四条　租赁物件的交货和验收

1. 甲方按甲乙双方约定的时间和地点向乙方交货。对因政府法令、不可抗力或延迟运输、卸货、报关等不属于甲方责任而造成租赁物件的延迟交货，甲方不承担责任。

2. 租赁物件运抵交货地点后，乙方应自负保管责任。乙方应分别在验收和试车后把验收证明和试车报告寄交甲方。如发生问题，甲方及时配合乙方对外索赔；如无问题，乙方应向甲方提交一份收货证明书，确认租赁物件如数收妥，并全部符合合同的要求。

3. 如交货的租赁物件在型号、规格、数量、技术性能等方面与购货合同的规定不符或有瑕疵等情况，属于卖方责任时，甲方同意将购货合同的索赔权转让给乙方，并尽可能地协助乙方向卖方索赔。但鉴于融资性租赁，甲方对此不负任何法律和经济责任。

第五条　租赁物件的维修与保养

1. 在租赁期内，租赁物件的保用期过后，乙方应负责设备的维修和保养，使之维持良好的状态，由此而发生的一切费用由乙方负担。

2. 在租赁期内，租赁物件受到损坏，乙方应负责维修和复原。如无法修复，乙方仍应无条件地履行按期偿还租金的义务。

第六条　租赁及费用

1. 租赁总成本包括租赁物件的价款、运费、保险费、融资利息、手续费及银行费用等。考虑到合同签署时尚不能确切估计上述成本的实际金额，本合同所列的租金是按概算成本计算的。

租赁物件议付后，如实际成本与概算成本有出入，应以实际成本为准。具体金额届时由甲方以书面正式通知乙方及担保人。

2. 甲方同意乙方每_____年偿还一次本息。

____年____月____日前为宽限期，仅支付利息。自____年____月____日起，每____年偿还一次本息，共分____次还清。乙方应在收到甲方的付款通知书后，如期如数将应付租金电汇甲方指定的账户。

3. 本合同的计算货币为____，利息采用该货币的固定/浮动利率。

固定：年息按____年期固定利息____%计算。

浮动：按每期付息之日伦敦同业拆放（LIBOR）期利率为基础另加____%利差计算。

4. 甲方向乙方收取租赁物件总金额的____%作为一次性手续费。用人民币支付的金额部分，可按付款当日外汇管理局公布的汇率折算人民币。本合同生效后，甲方即向乙方发出付款通知书，乙方应在收到通知书后十天内将手续费电汇给甲方指定的账户。

5. 乙方还应承担以下几种费用。

银行费用；

交货途中的保险费和运输费（CIF除外）；

从目的港到乙方企业的国内运输费；

租赁物件的进口关税；

租赁物件在国内的保险费；

由于乙方的原因推迟用款的承担费。

上述各种费用，如乙方需委托甲方代办者，均应在开证前把有关款项汇入甲方账户，或收到有关费用打入成本，否则不能开证。

第七条　保证金

1. 在本合同签订的十天内，乙方应向甲方支付合同总金额____％的保证金，作为履行本合同的保证。

2. 保证金不计利息，在租赁期满时归还乙方或抵作最后一期租金的一部分。

3. 乙方如违反本合同的任何条款，致使甲方遭到损失，甲方有权从保证金中扣抵乙方应赔偿的金额。

第八条　保险

1. 为保证甲乙双方的利益，租赁物件一经抵达目的地，甲方即代乙方在____保险公司以甲方的名义对物件投保财产险。其投保金额不得低于租赁物件的总金额，投保期不得短于租赁期。投保应使用外汇____。

2. 保险费在签约时按每年0.3％的比例一次打入成本，费用由乙方负担。

第九条　关税

租赁物件及附带原料等的海关关税等各项税款由乙方承付。如可全部或部分免除，乙方应自行向当地有关部门办理免税手续，甲方可提供必需的有关证明。核准后，乙方即应把免税证明寄交甲方，以办理报关手续。

第十条　迟延利息

如乙方未能按本合同所规定把到期租金及其他款项支付给甲方，甲方有权向乙方收取延付款的利息。罚息在合同规定的利率基础上加1.5％计收。

第十一条　经济担保

1. 乙方委托____为本合同乙方的经济担保人。

2. 担保人有义务担保和督促乙方切实履行本合同的各项条款。

无论出于什么原因（包括乙方发生倒闭、停产、合并等情况），当乙方不能按时偿还本合同规定的租金及其他款项时，担保人应在收到甲方书面通知后十天之内无异议地（代替乙方）履行支付义务。

第十二条　租赁物件在租赁期满时的处理

1. 租赁期满时，乙方可按____美元的象征性货价向甲方买进租赁物件，货款列入最后一期租金内。

2. 甲方应在收款后一周内送乙方一份"设备所有权转让书"，以确认租赁物件所有权的正式转让。

第十三条　争议的解决

有关本合同的一切争议，当事人首先应友好协商解决。如仍不能解决时，当事人得提请仲裁机构仲裁。对上述仲裁，当事人都应服从执行。有关仲裁或诉讼费用由败诉方负担。

第十四条　附件

下列各附件为本合同的不可分割的组成部分，与本合同具有同等效力：

1. 租赁委托书；

2. 租赁合同附表；

3. 购货合同及设备清单；

4. 经济担保人的"不可撤销担保书"。

第十五条　本合同正本一式两份，甲乙双方各执一份。经济担保人持合同副本一份。

甲方：_____

代表：_____

见证人：_____

乙方：_____

代表：_____

见证人：_____

担保人：_____

代表：_____

签订日期：_____

二、租金

（一）租金的含义

现代租赁是出租人与承租人之间的一种商品交换关系，是承租人为了取得租赁资产使用权与出租人之间的一种有代价的交换行为，即出租人让渡资产的使用价值，承租人支付给出租人等价物——租金。

因此租金就是承租人为取得出租人的租赁资产经营权或使用权而支付给出租人的费用。

租金是签订租赁合同的一项主要内容。租金的高低，直接关系到出租与承租双方的经济利益。出租人要从取得的租金中，得到出租资产的补偿和收益，即要收回租赁资产的购进原价、贷款利息、营业费用和一定利润；承租人要比照租金

核算成本，即租赁资产所生产产品的收入除抵偿租金外，还要取得一定的利润。

（二）租金的构成

根据国际租赁的实践，现代租赁的租金一般由下列几个因素构成。

1. 购买租赁资产的货款

租赁公司根据承租人的要求出资购置设备而发生的费用构成购置租赁资产的成本。购买租赁组成的货款一般包括购置租赁资产的货价、运输费、途中保险费等。

2. 预计的名义货价

预计的名义货价也叫设备残值，是指租赁物件在租赁期满后预计的市场价值。设备残值依租赁资产的种类、性能和市场需求等条件而各不相同。设备残值高意味着租金低，有利于承租者；设备残值少意味着租金高，有利于出租者。

3. 利息

购买设备的银行贷款利息是指出租人为承租人购置租赁设备向银行支付的贷款利息。一般而言，租赁公司的租赁资本可以有多种来源，不同资产来源决定了利息的多少，从而影响了资金筹措的成本。资金的来源不同，利率水平亦不同。

4. 租赁手续费

租赁手续费也叫初期费用，是指出租人为承租人办理租赁资产所开支的营业费用，如办公费、工资、差旅费、保险费和税金等。租赁手续费根据租赁项目的不同和市场供需情况的不同而变化。至于收取多少手续费，在计算租金时如何处理，各租赁公司的规定不尽相同。

以上四个因素，购买租赁资产的货款、预计的名义货价、利息及租赁手续费构成了租金的主体。由于租金不是一次付给，而是采取期限分额支付的办法，根据现值理论，不同时期支付的款项具有不同的现值，因此，租赁期限会影响租金的现值。

5. 租赁期限

租赁期限的长短主要取决于租赁设备的法定折旧年限和经济寿命。对于出租人来说，由于技术不断进步，为避免设备提前淘汰而遭受损失，因此愿意采取加速折旧的办法，把设备前期出租的租金定得较高；承租人则希望租赁期限长些，宁肯多付利息，而争取把租金支付次数增多。

国际租赁期限通常为 3～5 年，大型设备稍长一些。

从前文描述可知，在租金的各项组成中，租赁设备的购价事先已定，因此租金的高低主要取决于利息、手续费和估计残值的多少。

对承租人而言，如何提高残值和把利息、手续费降到最低限度是降低租金的关键。

（三）租金的计算

目前国际上对租金的计算方法很多，如平均分摊法、附加率法、年金法、租赁率法、平息法、银行复利和浮动利率法等。本书中主要介绍平均分摊法、附加率法和年金法三种计算方法。

1. 平均分摊法

租金的构成主要包括购置成本、利息、利润、手续费、预期名义货价等，平均分摊法的计算公式为：

每期租金=（购买租赁资产的货价+保险费+运费-预计设备残值+利润+利息+手续费)/租期内交付租金的次数

平均分摊法是一种简单的估算方法，但没考虑货币的时间价值，因而其适用于租期不是很长的租赁业务。

2. 附加率法

附加率法是在租赁资产的货价基础上再加上一个特定的比率来计算租金的方法。其计算公式如下：

$$R = \frac{PV(1+ni)}{n} + PV \times r \qquad (14-1)$$

式（14-1）中：

R——每期租金；

PV——租赁资产的货价或概算成本；

n——还款次数，可按月、季、半年或一年还款；

i——与还款次数对应的折现率；

r——附加率。

3. 年金法

年金法是以现值概念为基础，将一项租赁资产在未来各个租赁期间内的租金总额，按一定比率折现，使其现值总和等于租赁资产的概算成本。每期租金固定不变时为等额年金法。等额年金法分先付和后付之分。

后付的等额年金，即在每期期末支付等额租金，其公式如下：

$$R = PV \frac{i(1+i)^n}{(1+i)^n - 1} \qquad (14-2)$$

先付的等额年金，即每期期初支付等额租金，其公式如下：

$$R = PV \frac{i(1+i)^{n-1}}{(1+i)^n - 1} \qquad (14-3)$$

358

与前两种方法相比，年金法的优点是考虑了货币时间价值，因而算出的租金相对更加精确些，但计算量较大。

第三节 国际租赁机构与业务程序

一、国际租赁机构

目前，国际上开展租赁业务的机构可分为四类：租赁公司、金融机构、制造商和经销商、国际性联合机构，它们构成了国际租赁市场。

（一）租赁公司

租赁公司可分为专业租赁公司和融资租赁公司两种。专业租赁公司往往专营某一类或几类租赁业务，租赁的设备根据市场需求购置，或是根据承租人的指定代购。融资性租赁公司虽然以租赁的形式出现，但其主要作用是在保持对设备所有权的前提下为承租人垫付资本，向承租企业融通资金。

（二）金融机构

西方很多国家的银行和金融机构，利用雄厚的资金，在内部设立经营租赁业务部门，或几家金融机构联合组成从事租赁业务的机构。如日本东京租赁公司是日本第一劝业银行的子公司。

（三）制造商和经销商

20世纪70年代后，很多发达国家机械设备的制造商和经销商，在本企业内部设立从事租赁业务的部门，或直属的租赁公司，经营本企业生产或经营设备的租赁业务，扩大销售。

（四）国际性联合机构

国际性联合机构是由不同国家的企业联合组成的国际租赁组织。如1973年由美国、英国、德国、意大利、日本、加拿大等国银行组成的"东方租赁控股公司"等。

在上述四种经营租赁业务的机构中，各有各的优点。金融机构在融资条件上能提供很多优惠，而专业租赁公司、制造商、经销商则能在维修服务方面提供更多便利条件。

二、国际租赁的基本程序

国际租赁的程序随租赁方式和对象不同而有所不同，且各租赁公司有自己的一套程序。但是，基本程序大致相同。

（一）申请租赁

承租人向租赁公司提出租赁申请，填写租赁委托书。

（二）选定拟租赁的设备

承租人对所需要的设备与供货商就设备的品种、规格、交货期、价格等进行商谈，谈好后由租赁公司代为购买。除经营性租赁外，租赁公司一般不承担设备购买技术谈判的责任。

（三）租赁预约

承租人将与供货商谈好的设备主要条款通知租赁公司，与租赁公司商谈设备的租赁方式和期限，要求租赁公司出具租赁费用估价单。

（四）租赁公司审查

租赁公司对承租人的资信进行审查，决定是否接受租赁。

（五）签订租赁合同

如果租赁公司同意对承租人租赁，双方对租赁的一些细节进行磋商，达成一致意见后，签订租赁合同。

（六）订购设备

租赁公司按租赁合同所规定的设备的型号、规格，按承租人与供货商已达成的条件与供货商签订购货合同。承租人与供货商就设备安装、维修、人员培训、售后服务等签订技术服务合同。

（七）租赁设备的交接

制造商或供货商根据供货合同规定向承租人供货。承租人应做好租赁设备的报送和提货等工作，以保证租赁设备能顺利进口和交换。

（八）租赁设备的验收

根据签订的供货合同和技术合同，承租人负责设备的验收，若验收合格，租赁期则从验收的合格日开始起算。

（九）支付设备价款

租赁公司应根据购货合同规定的支付条件向供货商支付设备价款。

（十）支付租金

承租人收到租赁的设备，并验收合格后，按租赁合同的规定按期向租赁公司支付租金。租金按月、季、半年、年支付，在期末或期初支付。

（十一）投保

由租赁公司或承租人以租赁公司的名义投保。

（十二）维修与保养

租赁设备的维修和保养，因租赁方式不同而不同，具体会在租赁合同中明确规定。可由承租人或租赁公司维修保养。

（十三）缴纳税金

出租人和承租人根据租赁合同的规定分别缴纳各自应负责支付的税款。

（十四）租赁设备的期后处理

租赁合同期满后，对租赁设备的处理一般有三种方法：退租、续租、留购。期后处理方法应在租赁合同中规定。

 复习思考题

一、名词解释
国际租赁、杠杆租赁、经营租赁、回租、租金

二、简答题

1. 现代国际租赁的特点。

2. 我国国际租赁业务的特征。

3. 租赁合同的特殊条款有哪些?

4. 国际租赁的机构有哪些?

5. 租金有哪些构成要素?

6. 国际租赁的基本程序。

第十五章

国际融资

第一节 国际融资概述

一、国际融资的概念

（一）融资的含义

融资是融通资金的简称，指在金融市场上运用各种金融手段，通过各种金融机构进行的，使资金从剩余部门流向不足部门的活动。

从狭义上讲，融资即是一个企业资金筹集的行为与过程。也就是公司根据自身的生产经营状况、资金拥有的状况，以及公司未来经营发展的需要，通过科学的预测和决策，采用一定的方式，从一定的渠道向公司的投资者和债权人去筹集资金，组织资金的供应，以保证公司正常生产需要、经营管理活动需要的理财行为。从广义上讲，融资也叫金融，就是货币资金的融通，当事人通过各种方式到金融市场上筹措或贷放资金的行为。

（二）国际融资的含义

国际融资是指在国际金融市场上，运用各种金融手段，通过各种相应的金融机构而进行的资金融通。随着国际资本流动速度的加快，对资金需求的增加，国际融资越来越成为一国融资的重要手段之一。

国际融资业务是国际金融市场的基本业务。在世界经济一体化高度发达的今天，各国间的经济关联性和依存度不断提高，国际融资发挥了越来越大的作用，对各国经济的发展也越来越重要。

二、国际融资的特点

（一）偿还性和增值性

绝大多数国际融资方式都是在信用基础上的借贷行为，都具有信贷的基本特征，即偿还性和生息性。因此，偿还性和增值性是国际融资的两个最基本的特征。

（二）主客体较复杂

国际融资是在不同国家的政府、企业、金融机构和个人之间进行资金融通的活动，涉及的交易主体繁多，既包括本国的政府、银行、工商企业及个人，又包括外国政府、银行、工商企业和个人以及国际金融组织。

（三）国际融资风险较大

国际融资除面临国内融资手段一般风险外，还面临着其特有的外汇风险和国家风险。国际融资通常以外国货币计值，如果汇价波动，融资货币发生贬值或升值，既可能影响借款人的偿债负担和能力，又可能影响贷款人的按期收回贷款和债权收益。国家风险又称为政治风险，通常指由于有关国家政局或政策的变化，导致投资环境的变化，从而给国际融资活动的预期收益带来不确定性。

（四）政府管制

国际融资涉及资金在不同国家之间的转移和流动，对各国经济的发展和稳定具有重大的影响。各国政府从本国政治、经济利益出发，为了平衡本国的国际收支，审慎管理本国金融体系的风险，以及贯彻执行本国的货币政策等，一般都会对本国企业或居民的对外融资行为实施不同程度的干预和管制。

我国目前对国际融资实施的管理措施包括国家授权制、计划与审批制度、登记管理制度等。

三、国际融资的作用

(一) 积极作用

1. 有利于推动国际贸易的发展

国际资金流动最先是依附于国际商品和劳务而流动的。但在一定条件下，国际资金流动会起反作用，即会进一步促进国际商品和劳务的流动。例如，贸易融资，银行对进出口商融通资金，提供信贷担保等，对国际贸易的发展起着极大地推动作用。

2. 有利于解决闲置资金的出路

无论是企业还是国家，在一定时期内，所持的资金往往是余缺不均的。国际融资作为一种调剂资金余缺的手段，可以把各种闲置的资金按照市场经济的规律，加以筹集并合理疏导，充分发挥资金应有的作用。

3. 有利于促进世界经济的增长

国际融资是在国际范围内配置资金资源，使资金在国际范围内得到优化配置，从而推动各国经济的发展。

(二) 消极作用

国际资金的流入或流出对一国经济的影响也是双向的，是一把"双刃剑"，既有积极作用，同时又会有消极影响。利用得好可以促进对外贸易或国内经济的发展，利用不好则会影响一国经济、金融的稳定，从而对其经济贸易带来负面影响。

四、国际融资的分类

国际融资可以从不同的角度予以分类。

(一) 按是否通过金融中介划分

国际融资按是否通过金融中介，可分为直接融资和间接融资。

直接融资是指不通过金融中介机构（主要是银行、保险公司和信托投资公司等），由资金供应者（投资者）直接向资金需求者（筹资者）提供资金的融资活动，如发行股票和债券。

间接融资是指通过金融中介机构进行的融资活动。金融中介机构主要通过吸收存款、保险金或信托资金等手段汇集闲置资金，同时又通过发放贷款或购买原始有价证券等方式将其所汇集的资金转移到资金短缺的筹资者手中。间接融资存在着双重的债权债务关系。

从图 15.1 可以看出直接融资与间接融资的区别。

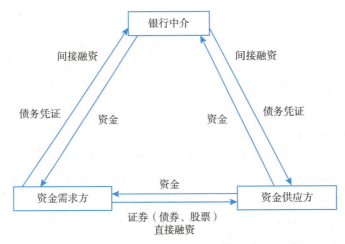

图 15.1　直接融资与间接融资

（二）按融资期限划分

国际融资按融资期限可分为短期融资、中期融资和长期融资。

短期融资是指融资期限在 1 年以内的融资活动。其融通资金周转较快，大多属于信用融通，往往是为了解决进出口商短期资金需要、克服临时性的资金短缺、调剂外汇资金、弥补国际收支逆差或维持货币汇率等问题。

中期融资是指融资期限为 1~5 年的融资活动。一般需由资金的供需双方签订融资协议，有的还需要担保或抵押。

长期融资是指融资期限在 5 年以上（最长甚至可达 50 年）的融资活动。中长期融资的目的一般是为了解决大型机器设备和技术出口的资金需求，或重要工程项目和基础设施建设的资金需求。

（三）按融资资金的来源划分

国际融资按融资来源可分为官方融资、商业融资和混合融资。

官方融资是指资金来源于各国政府和国际金融机构的国际融资，如国际货币基金组织贷款、世界银行贷款或各国政府贷款等。

商业融资是指资金来源于私人部门的国际融资，如国际商业银行贷款、国际债券融资等。

混合融资则是将官方融资和商业融资结合在一起进行的国际融资，其目的通常是为了降低融资的风险和成本。

（四）按融资目的划分

国际融资按融资目的可分为国际贸易融资、国际项目融资和一般融资。

国际贸易融资是指与进出口贸易相联系的融资活动，是国际融资中最早的类型。国际贸易融资包括对出口商提供的融资和对进口商提供的融资，如买方信贷、出口押汇、打包放款、福费廷等。

国际项目融资是指为东道国特定的工程项目提供的融资，如大型采矿、能源开发、交通运输、基础设施建设等。项目融资一般具有资金需求量大、专款专用、期限较长、风险比较大等特点。

一般融资泛指不与进出口贸易，又不与特定工程项目直接联系的融资。这类融资往往是出于克服资金短缺、调剂外汇资金，或弥补国际收支逆差，维持货币汇率等原因而进行的。

五、国际融资在我国的应用

党的十一届三中全会确立了发展对外经济合作，吸引和利用外国资金和先进技术的对外开放政策。为弥补国内建设资金的极度匮乏，我国企业的国际融资活动迅速展开，融资方式和途径主要有三种：利用外国直接投资、对外借款和对外证券融资。

（一）利用外商直接投资

我国利用外资是指利用中国境外的外国资本和中国香港、澳门、台湾地区的资本。改革开放以来，我国利用外商直接投资取得了很大的进展。详见本书第八章。

（二）对外借款

对外借款是利用外资的重要组成部分之一，它对弥补一国建设资金不足、促进国民经济发展起到了重要作用。所谓以对外借款方式利用外资是指通过对外正式签订借款协议，从境外筹措资金的方式，它包括外国政府贷款、国际金融组织贷款、外国银行商业贷款、出口信贷及对外发行债券等（1996 年及以前还包括发行股票），它属于间接投资的范畴。

我国借用外债开始于 20 世纪 50 年代，主要向苏联贷款。而 1957 年后随着中苏关系破裂，西方发达国家对中国进行经济封锁，以及我国受极左思潮的影响，完全否定利用外资和拒绝接受外援，以致 1959～1979 年的 21 年时间里我国几乎没有任何外国援助。

到 20 世纪 70 年代末期，我国开始实行改革开放政策，为了促进我国经济建设稳步发展，弥补我国建设资金的不足，对外借款成了我国融通资金的重要措施。经过 30 多年的发展，我国对外借款的规模稳定增长，来源渠道趋向多元化，借款结构也趋于合理。

（三）对外证券融资

国际证券融资已经成了当今世界各国融资的一种重要形式。随着我国国际信誉的提高和我国融资业务水平的上升，国际证券融资也逐渐成为我国一种有效利用外资的方式。我国对外证券融资主要体现在三个方面：对外发行债券、中国企业在境外上市及中国企业通过国内 B 股上市融资。

第二节 BOT 项目融资

一、BOT 项目融资的概念

BOT 是英文 build-operate-transfer 的缩写形式，可译为建造—运营—移交。BOT 是 20 世纪 80 年代国际上兴起的一种项目融资和建设模式，主要用于基础设施的建设。

国际 BOT 项目融资为世界各国，特别是发展中国家基础设施和大型工业项目建设开辟了新的融资和建设途径。运用 BOT 模式建设的基础设施项目包括发电厂、机场、港口、收费公路、隧道、电信、供水和污水处理设施等。

BOT 通常有三种具体方式及四种衍生方式。

（一）BOT

BOT（build-operate-transfer），即建设—运营—移交。政府授予项目公司建设新项目特许权协议时通常采取此种方式。

（二）BOOT

BOOT（build-own-operate-transfer），建设—拥有—运营—移交。这种方式明确了 BOT 方式的所有权，项目公司在特许期内既有经营权又有所有权。一般 BOT 就是指 BOOT。

（三）BOO

BOO（build-own-operate），建设—拥有—运营。这种方式是开发商按照政府授予的特许权，建设并经营某项基础设施，但是，并不在一定时期后将该项目移交给政府部门。

为了适应不同的条件，BOT 又衍生出许多变种，如 BOOST、BLT、BT、BTO 等。

（四）BOOST

BOOST（build-own-operate-subsidize-transfer），建设—拥有—运营—补助—移交。在该模式中，如果承包商的运营收入与预期收入不相符时，政府可以考虑给予一定的补贴，待项目授权期满后再将项目移交给当地政府。

（五）BLT

BLT（build-lease-transfer），建设—租赁—移交，指政府出让项目建设权。在项目运营期内，政府有义务成为项目的租赁人，在租赁期结束后，所有资产再转移给政府公共部门。

（六）BT

BT（build-transfer），建设—移交。在这种模式中，承包商在项目建成即将项目资产以一定的价格转让给政府，由政府负责项目的经营和管理。

（七）BTO

BTO（build-transfer-operate），建设—转让—经营，指承包商在项目建成后将项目资产转让给政府，但承包商仍然负责项目的经营管理，并从中取得效益。

二、BOT 项目融资的特点

国际 BOT 项目是一种涉及多方当事人、以项目融资和建设为主的复杂项目，它既不同于一般的融资项目，也不同于国际工程承包项目，其具体特征主要表现为以下几个方面。

（一）采用BOT项目融资的主要是基础设施项目

通常采用BOT模式的项目主要是基础设施建设项目，包括道路、桥梁、轻轨、隧道、铁路、水利及发电厂等。特许期内项目生产的产品或提供的服务可能销售给国有单位（如自来水厂、电厂等），或直接向最终使用者收取费用（如收取通行费、服务费等）。

（二）项目规模大、经营周期长、投资难度大

BOT项目一般都是由多国的十几家或者几十家银行或金融机构组成银团贷款，再由一家或数家承包商组织实施。同时，从东道国政府协商谈判、进行可行性研究到经营周期最终结束，时间跨度往往达数年甚至更长。并且每个BOT项目都各具特点，一般无先例可循，所以投资难度较大。

（三）减轻政府的直接财政负担

在BOT项目中，项目融资责任转移给项目发起人，政府无须保证或承诺支付项目的借款，不会影响东道国和发起人为其他项目融资的信用，避免了政府的债务风险，政府可以将原来这些方面的资金转用于其他项目的投资与开发。

（四）有利于提高项目的运作效率

BOT模式多被视为提高设计管理实效的一种方式。因为BOT项目一般有巨额资本投入、项目周期长等因素带来的风险，同时由于私营企业的参与，贷款机构对项目的要求会比政府更加严格。另外，私营企业为了减少风险，获得较多的收益，客观上会加强管理，控制造价。因此，尽管项目前期工作量较大，但是进入实施阶段，项目的设计、建设和运营效率都会比较高。

（五）给项目所在国带来先进的技术和管理经验

BOT项目通常是由外国公司进行承包，可以给项目所在国带来先进的技术和管理经验，尤其对发展中国家更具有重要的意义。

三、BOT项目融资的基本结构

一个BOT项目往往会涉及多个方面，如图15.2所示。每个角色与项目公司

之间的关系都是一种双边协议关系，也就是说 BOT 项目公司是基于一系列协议书基础上的、由多种角色组合而成的、严密的商业组织。众所周知，所有的基础设施计划都需要几个要素的结合：设计、融资、建设和运营。BOT 方式的独特之处在于，以上所有要素一般均在单一的公司内完成。股东（财团成员）可以提供所有要素，不同的要素被财团的不同成员所实施，如下所示：

设计：由工程师或建筑师完成；

融资：由银行、资本市场、国际贷款机构、当地的合伙人等落实；

建设：由建筑承包商或物业发展商承担；

运营：由富有经验、专长此行的专家获取专营权。

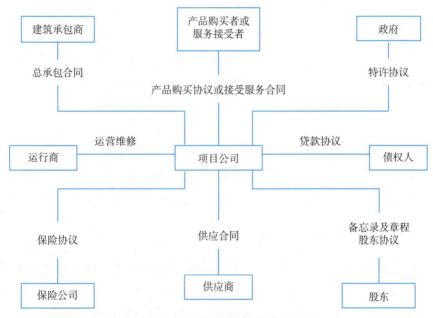

图 15.2　BOT 项目融资基本结构

某些大公司可能不只扮演一个角色，即可能集设计、建设、运营于一身。相关的各角色之间在项目的特许期内，必须相互配合，遵守协议，并对不可预见因素的处理遵从在不严重损害本身利益的前提下互相谅解的原则，才能使项目最终得以顺利实现。由于 BOT 项目具有长期性和环境变化大等特点，对于加入 BOT 项目财团的各角色有着比较严格的要求。

四、BOT 模式运作程序

在不同的国家和地区，对 BOT 项目运作的监管有不同的规定，项目实施程序上有很大的差别。我国的 BOT 项目还处于成长阶段，还没有比较成熟规范的项目操作程序，但投资项目一般要求采用招标方式取得项目投资建设资格。项目实施程序可分为以下几个阶段。

（一）项目方案准备

首先，政府在某些咨询机构的协助下，确定项目是否采用 BOT 方式进行建设。政府对 BOT 项目给出某些基本目标、要求和条件，并委托某咨询机构进行组织实施工作及邀请投标商。其次，政府鼓励邀请的投标商在确定项目构想、设计等方面提出方案建议，对于如何达到项目基本目标、要求和条件，邀请的投标商可发挥各自优势，提出各种不同的方案。

（二）招标准备

由咨询机构负责组织，建立一个能使所有投标商进行投标的基本框架。包括：项目技术参数研究、制定资格预审标准及文件、准备招标文件和特许权协议（草本）及制定评标标准。

（三）资格预审

根据邀请的投标商所提交的公司情况，包括技术力量、工程经验、财务状况等方面的资料，进行比较分析，确定一个数量不多的合格的参加最终投标的名单。

（四）投标、评标与决标

通过资格预审的投标商投标，并按照招标文件的要求，提出详细的建议书。投标后，政府有一套标准来进行评标和决标，让项目的综合目标达到最优，如最终消费者支付的价格最低、公共开支最低、项目资金费用最低。

（五）合同谈判

政府与中标者进行一系列合同谈判，以把项目交给最合适的投标者。如果不能与第一中标者达成协议，政府可能转向第二中标者与之谈判。该阶段以项目特许权协议谈判与签署为主要标志。

（六）项目授予

首先，特许权签署并取得政府主管部门批准后，中标者将组建项目公司。其次，项目公司将正式与贷款人、建筑承包商、运营维护商、保险商等签订其他协议。

（七）项目建设与运营

项目公司在完成融资并与各方签订有关协议后，建筑承包商将负责项目的建设。建设合同一般是固定价格和工期的总承包合同。运营期间，项目公司将回收投资、偿还债务、赚取利润；运营维护承包商负责项目的运营与维护。为了确保运营和保养按照协定的要求进行，贷款人、投资者和政府都拥有对项目进行检查的权利。

（八）项目的移交

特许经营权期满后向政府移交项目。一般情况下，项目的设计应能使 BOT 发起人在特许经营期间还清项目债务并有一定的利润。这样项目最后移交给政府时是无偿的移交。政府在移交时应注意项目是否处于良好的状态，以确保政府能够继续运营该项目。

五、国际 BOT 项目中的各类合同和协议

国际 BOT 项目涉及一系列合同，其中最重要的合同是特许权协议或称项目协议，它是最能代表 BOT 项目特征的合同。BOT 项目涉及的所有合同必须成为一体，各项合同、协议对于权利、义务和风险分配的定义必须保持一致，各合同之间及每个合同的前后条款，都应保持连续性和互补性。

（一）BOT 项目涉及的重要合同和协议

1. 咨询协议

BOT 项目涉及大量的法律、金融和技术问题，政府机构通常缺乏专业经验，因此政府机构一般会聘请有经验的咨询公司，BOT 项目中的第一个合同就是政府与咨询公司之间签署的咨询协议。

咨询协议的主要内容包括：咨询公司的工作范围、主要咨询专家的资格和经验、服务价格和付款方式以及双方的责任等。

2. 初步联合体协议

一般情况下，项目发起人之间首先要签署一个初步联合体协议，以便作为共同的项目发起人对政府的公开招标作出反应。

初步联合体协议主要内容包括项目可行性研究、前期费用的分担、各方的投资比例方式、各方的主要职责等。

3. 项目公司协议

项目公司协议就是在初步联合体的基础上，在项目协议和各方中建立长期有约束力的合约关系。具体的承诺主要有租约、公司章程、公司法律地位、合伙协议等。

4. 购买协议

项目公司通常会要求与政府以"或取或付"为基础签订购买协议，保证以约定的价格购买项目公司最低数额的产出量。购买协议适用于任何的购买者（如电厂、水厂、通信）提供服务和产品的长期项目。

5. 供应合同

供应合同属于一般的合同，与其他传统基础建设的供应合同没有实质性的区别，目的都是为确保有稳定持续的原材料、燃料和设备的供应，确保公司生产经营的正常进行。

6. 运营和维护合同

项目公司经常将项目运营和维护外包给有经验的项目运营维护商。该协议通常包括根据特定运营维护标准制定的惩罚条款和奖励条款。东道国政府一般会要求项目公司在运营和维护协议中包含鼓励使用当地劳动力、培训当地员工和转移技术等条款。运营和维护合同应确保其各种条款和与其他协议的连续性和互补性，并确保项目各方在项目建设、运营和维护中的权利和职责得到贯彻落实。

7. 保险合同

BOT 项目需要广泛的保险参与，涉及事故险、第三者责任险及其他商业保险，国际保险市场目前已开发出多种适用于 BOT 项目的险种。由于保险市场越来越复杂，为了搞好项目的保险，有关项目各方应向有关保险专家咨询。

8. 融资协议

典型的 BOT 项目融资过程中，通常由商业银行组成辛迪加为项目提供建设贷款和长期融资。在某种情况下，当没有人愿意提供贷款时，如发生不可抗力时，BOT 项目可以从政府获得备用贷款。

9. 担保文件

BOT 项目贷款人通常要求项目有较为翔实的偿付或担保安排。例如第三者保管账户、履约保证金、保险金、投保等。

（二）BOT 特许权协议

特许权协议对 BOT 项目公司和当地政府在项目开发和运营过程中的权利与责任做了严格的界定。政府授予项目公司在一定期限内（特许期内）建设和运营基础设施的权利，而项目公司则同意为项目进行投融资、建设、运营和维护。特许权协议是 BOT 项目框架的核心，决定了 BOT 项目的基本结构。

BOT 项目中特许权协议的主要内容包括：特许权协议签约各方的法定名称、住所；项目特许权内容、方式及期限；项目工程设计、建造施工、经营和维护的标准；项目的组织实施计划与安排；项目成本计划与收费方案；签约双方各自权利、义务与责任；项目转让、抵押、征收、中止条款；特许权期满，项目移交内容、标准及程序；罚责与仲裁。

在特许权协议中应明确项目各方的权利与义务。

（1）政府部门对项目公司的活动依法进行监督、检查和审计。如发现有不符合特许权协议的行为，有权要求采取修正措施，如拒不接受，有权进行处罚。

（2）出于项目融资的目的，项目公司可以通过抵押等方式转移自己在特许权协议中合法拥有的权利与义务。

（3）现有的特许权项目已能满足需要，签约方的政府部门不再投资重复建设与之有过度竞争性的另一个项目。

（4）项目公司所组织的投标活动，同等优先选择国内的设备供应商、工程承包商等，以促进公平竞争。

（5）特许权项目的工程设计、建造施工、经营和维护人员要雇用本地劳动力，并组织培训。

（6）政府依法保证项目公司将其收益所得按有关规定兑换外币，以对外支付外汇。

第三节　国际融资风险及其管理

在国际融资活动中存在着许多的不确定因素，使得融资的成本和收益随时可能发生变化，蕴含着一定的风险，如国家风险、外汇风险、利率风险等，本书主要介绍外汇风险与利率风险，以及对这两种风险的规避与管理。

一、外汇风险及其管理

（一）外汇风险及其种类

在国际融资活动各种不确定性中，尤为显著的是外汇风险。外汇风险是指在国际经济交易中，经济实体和个人以外币计价的资产或者负债因未预料到的汇率突然变动而产生的价值的不确定性，具体表现为以外币计价或定值的资产或负债的货币价值由于汇率变动而变动。

外汇风险可以分为交易风险、折算风险和经济风险三类。

1. 交易风险

交易风险也称为汇兑风险、头寸风险，指以外币计价或成交的交易中，经济主体因外汇汇率变动而引起收益或亏损的风险。可能产生交易风险的经营活动是以外币标价进行的，且成交与交割不是同时完成的外币业务。

2. 折算风险

折算风险又称转换风险、评价风险、账面风险或会计风险等，是指企业在进行外币债权、债务决算和财务报表的会计处理时，对于必须换算成本币的各种外汇计价项目进行评议所产生的风险。折算风险造成的损失或收益并不会真正地实现，即不会影响企业未来的现金流量，只会改变公司合并财务报表或外币换算财务报表上所反映的经营成果和财务状况，但这些账面上的损益会影响企业向股东和社会公开营业报告书的结果。

3. 经济风险

经济风险即经营风险，是指由于汇率的意外变动使企业未来的产销数量、价格和成本等经济指标发生变动，从而使企业未来一定时期利润和现金流量发生变动的风险。经济风险有时也称为现金流量风险，与前面两种风险相比，经济风险对企业健康发展的影响更大，它直接影响企业的经营成果和投资效益，而且其影响是广泛和长期的。

（二）外汇风险的管理

外汇风险给企业经营带来很大的影响，因此如何有效管理外汇风险对企业的生存发展至关重要。根据不同种类的风险应选择不同的管理方法。

1. 交易风险的管理

（1）选择好对外交易中的计价结算货币。

可以采取的策略有：第一，在对外交往中的计价货币争取以"硬"付"软"成交，即进口争取以软币成交，出口以硬币成交；投资选择硬币，借款采用软币。第二，尽可能借用与本国或本企业还款来源相一致的货币，如企业的创汇来源主要为美元，尽可能借入美元债务，使二者风险相互抵消。第三，在货币汇率剧烈波动时期，货币的软硬之分往往是相对而言的，这时，采用软硬货币搭配的方法可以分散风险。

（2）利用外汇交易方式进行保值。

由于外汇风险产生于货币汇率，即货币对外价值的变动，因此，可主动采取各种措施对货币保值，易消除风险。一般可以通过远期外汇交易、外汇掉期交

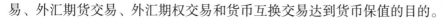

易、外汇期货交易、外汇期权交易和货币互换交易达到货币保值的目的。

（3）利用货币市场保值。

利用货币市场保值又称借款法，即有远期外汇收入的出口商通过货币市场借入一笔与其远期外汇收入相同币种、相同金额和相同期限的款项以防范外汇风险。一般情况下，出口商将借入的外汇按即期汇率兑换成本币补充流动资金，待收回外汇货款后偿还外汇借款，其保值成本为净利率支出。

（4）利用超前或滞后收付外汇方式保值。

如果预期计价结算货币的汇率趋跌，出口商或债权人就应设法在规定时间之前收汇，以避免应收款项的贬值损失；进口商或债务人设法推迟付汇。若预测汇率趋升，则出口商或债权人应尽量推迟收汇，进口商或债务人应尽量提前付汇。超前或滞后收付外汇常见的方法有：一是更改购买和销售时间；二是争取有利的支付信用期。

（5）利用货币保值条款保值。

利用货币保值条款保值是在合同中规定以一种或几种币值较稳定的货币作为保值货币，将计价结算货币与保值货币之间的汇率固定下来，如果结算支付时汇率变动超过规定幅度，则按原定汇率支付。

（6）其他常用的保值方式。

其他常用的保值方式如利用清算协定方式保值，双方交易通过记账进行，一定期限后清算，因大部分交易相互冲抵，可避免汇率风险；利用国际信贷方式保值，如出口信贷、福费廷等，参加外汇保险等。

2. 折算风险的管理

折算风险的管理是通过调整资产负债表中资产与负债构成进行的，使某种外币表示的资产总额与负债总额相等，从而使折算风险为零。

3. 经济风险的管理

经济风险的管理主要是通过多样化策略进行的，即企业通过对其产品生产、经营、筹资等方面的多样化经营，消除汇率变动带来的影响，甚至获得获利的机会。

（1）经营多样化。

经营多样化指企业在国际范围内对其原料来源、产品生产及销售采取分散化的策略，当汇率变动时企业就能增强其在某些市场的竞争优势，抵消在另一些市场的竞争劣势，从而消除经济风险。

（2）筹资多样化。

筹资多样化指企业从多个资本市场以多种货币形式获得借贷资金。这样可以根据汇率、利率走势改变融资途径，尽量从资金成本低的金融市场筹资；而多种货币比价互有升降，又可以减少或抵消风险。

综上所述，无论运用哪一种策略来防范外汇风险，都必须付出一定的代价和成本。因此，是否调整和在多大程度上调整风险管理策略取决于成本效益估算。只有进行风险管理所获得的收益大于所付出的成本，风险管理才是有效率的。

二、利率风险及其管理

（一）利率风险的含义及成因

利率风险是指由于利率水平和到期时的实际市场利率水平的差异而造成损失的可能性。利率波动是国际市场上常有的现象，要防范利率风险，必须要了解影响利率波动的原因，并能够对市场利率的走势进行预测。

1. 利率作为宏观经济调控的工具

在市场经济发达的国家，利率是调节经济的重要手段之一，政府通过提高或降低利率来干预宏观经济，进行经济结构和产业结构的调整。频繁的利率变动常常使得其他国家竞相调整利率，从而导致国际融资活动可能遭受意外损失。

2. 通货膨胀对利率变化的直接影响

当社会物价水平上涨、货币贬值时，会导致实际利率水平下降。实际利率水平下降又必然需要增加货币投放和信贷供应，从而导致进一步的通货膨胀。这种不断的相互影响导致了利率的波动和风险。一些国家为了控制通货膨胀，在一定时期内可能采取调整利率的紧缩措施，这也会导致利率的波动和风险。

3. 国际货币市场利率变化的影响

国际货币市场作为一个开放的商业竞争场所，其市场利率的变化是经常性的。尤其是一些主要发达国家，为了提高本国经济的国际竞争能力和改善国际收支状况，往往通过提高利率的办法来达到降低通货膨胀率和吸收外国资金的目的。这种竞争成为国际货币市场利率变动的重要原因。

4. 金融创新的发展增加了利率风险

与国际金融领域逐渐放松金融管制相呼应，国际金融创新的势头愈演愈烈。国际金融创新提供了多方位的服务，在融资方面主要是浮动利率的发行，以及对筹资者的信用标准要求的下降。这样在增加债务的同时，信用不稳定性也在增加，利率风险也相应增大了。

（二）利率风险的管理

利率风险的管理是指通过采取一定的方法来防止利率风险的发生。在现代国际金融市场上，利率风险起源于政治经济各种因素的共同作用，因此在对利率风险进行管理时，必须对整个国际金融市场进行周密的调查分析与论证，并在科学预测的基础上力求使预期利率与到期市场实际利率保持高度一致。但市场预测的难度很大，在具体的经营过程中，可以实施利率保值措施来防范利率风险。

1. 利率选择

当预测市场利率趋升时，选择固定利率借款；当预测利率趋降时，选择浮动利率借款。但是，在选择利率时应注意与汇率走势结合一并考虑。

2. 利率保值措施

利率风险管理的基本原则是将未来的不确定性降低到可承受范围之内。可以对利率风险进行保值的金融工具有很多，如利率期货、利率期权、利率互换和远期利率协议等。

【案例】

（一）华能国际电力公司的股票发行[①]

华能国际电力公司发行了 6.25 亿美元的股票，并于 1994 年 11 月在纽约证券交易所挂牌上市。这是当时以美元为面值股票发行数额最大的一家中国公司。莱曼兄弟公司是这次发行的国际协调人和牵头经理。

华能国际电力公司是一家中国最大的电力公司，总部在北京，下辖 5 个发电厂，分布在河北、辽宁、江苏、福建和广东五个省。公司希望建立三个新项目，以提高供电能力，因而需要建设资金。为此，华能国际电力公司到纽约交易所进行了初次公募。市场认为华能国际电力公司具有良好的管理队伍和宏伟的发展计划。

华能国际电力公司在发行之前进行了重大改造。华能公司原是政府下属国有企业，为一些地方电力部门共有，它们各持有不同的股份。在股票发行前，这些必须划定清楚。在这笔业务中，莱曼兄弟公司作为投资银行、阿瑟·安德森公司作为审计师、贝克·麦肯兹公司作为律师共同设立了一个控股公司，即华能国际电力发展公司（HIPDC），将公司股份的 25% 出售。华能国际电力发展公司持有 40% 的股份，仍保留控股权，地方政府的投资公司拥有的股份共占 35%。公司 25% 的股份以 3125 万份美国股票存托凭证的形式出售，这代表着 12.5 亿 N 股，即纽约股。

在进行公司资产估值时，牵头投资银行与公司密切合作，它们比较了同类公司的股票价格，然后根据预定的 1995 年盈利水平确定了一个价格范围。由于首次发行这类股票，且发行规模较大，各承销投资银行在向投资者推销时格外谨慎。莱曼兄

---

① 寇哲铭. 国际工程项目融资案例分析［D］. 人人文库，2022－07－25.

弟公司派出公共事业分析家和经济学家与投资者接触、交流。紧接着进行了范围广泛的推介活动，横跨美国、加拿大、新加坡、香港和东京五个国家和地区。

　　莱曼兄弟公司认为这次推介与营销效果良好，但投资者接受的股价较低。投资银行曾希望价格能达到 1995 年收益预测的 16～20 倍之间，但随着发生日临近，国际市场不看好来自新兴市场的公司，结果它们仅以每股 20 美元售出，发行市盈率为 14 倍。

（二）中国壳牌项目融资①

　　由于国内对乙烯的巨大需求，使得进口依存度达 55%。早在 1989 年，壳牌公司就和包括中海油、中石化在内的 5 家公司签订了合作意向，但由于种种原因，直到 2003 年 8 月才达成总值 43 亿美元的合作协议，其中 60% 的融资为项目融资。2001 年，壳牌公司将总值 26.77 亿美元的项目融资进行了招标，结果国内的工商银行、国家开发银行、中国银行组成牵头行动小组，分担了其中的 19.77 亿美元，8 家国外银行获得其余项目融资额度。由于大型设备需要从日本购买，日本银行的加入将对项目有利，故其中有 3 家日本银行中标。

　　由于数额巨大，为体现风险分担的原则，此项目融资采取了不同于股东完全担保和完工担保（建设期间担保）的过渡形式，即担保递减形式，就是指在项目建设时期，无法产生现金流时，由发起人全额担保，项目建成后，此担保比例逐步下降。融资安排如表 15.1 所示。

表 15.1　　　　　　　　　　　　　　融资安排

贷款类别	种类	金额	期限	方式	利率
A 类贷款	人民币基本贷款	95.45 亿元	17.5 年	分期付款	5.184%
	人民币备用贷款	18.84 亿元	17.5 年	分期付款	5.184%
B 类贷款	美元在岸贷款	3 亿美元	15.5 年	分期付款	分阶段
C 类贷款	美元在岸双币无担保贷款	3 亿美元	15.5 年	分期付款	分阶段
D 类贷款	离岸美元无担保贷款	3 亿美元	11.5 年	分期付款	分阶段
E 类贷款	出口信贷机构贷款	4 亿美元	15.5 年	分期付款	单独规定

　　这个项目给出最大的启示是担保形式的灵活，还可以结合以上相关知识和资料进一步分析这样做的益处。

---

① 王以超，曹海丽，刘安田. 中海壳牌大融资［J］. 财经，2003（16）：6.

（三）澳大利亚悉尼海底隧道工程①

针对悉尼港湾大桥车流量逐年增多并已超过大桥设计能力的现状，澳大利亚新南威尔州政府在 1979 年就向社会公开发出邀请，就解决悉尼港湾的交通问题请私人企业提出建议，最初提出的建议（主要是修建悉尼港湾第二大桥）由于种种原因均未被政府所接受。1986 年，澳大利亚最大的私人建设公司 Gransfield 和日本的大型建设公司之一 Kumagai Gumi Co Ltd（熊谷组）联合向州政府提出了建设海底隧道作为悉尼港湾第二通道的建议。州政府在经全面研究后，认为这个建议是可以接受的，于是授权这两个公司用自有资金进行筹资，对建设和经营隧道进行全面的可行性研究。

1. 技术可行性研究

在对未来悉尼港湾交通量进行预测分析的基础上，提出了 8 条可能的走向，然后根据地质条件、隧道的结构、隧道与现有快速车道的连接方式、隧道通风方式、对通航航道及行船的影响等多方面比选，选择了最佳的线路走向。

2. 环境影响研究

澳大利亚对环境保护的要求很多，为此特别提交了一个环境影响报告，从对建设海底隧道项目对环境及公众的各种影响，主要包括大气质量、噪声、历史性重大建筑、城市规划、公共设施、过往船只、水质和海洋生物、当地居民的生活等方面，作出全面的评估论证，同时也提出了避免和减少对环境和公众影响的措施。在环境影响报告完成后，州政府向社会广大民众予以公布，并邀请相关人士和单位对环境影响报告提出意见。根据公众意见，除对原设计进行了小的优化修改以外，最大变化是将隧道预制件浇注施工场地由原来的波特尼湾移到肯布拉港，以避免对波特尼港湾附近的化工厂产生不利影响。

3. 资金筹措方案

资金筹措方案聘请了澳大利亚 WESTPAC 银行为财务咨询单位，对筹资方式进行了咨询并协助提出了初步方案。该项目可行性研究报告历时 18 个月，共投入 400 万澳元，并在 1987 年被州政府批准，两家私人公司为保证该项目的实施，正式成立了悉尼港隧道有限公司，并与州政府进行谈判，签订了特许权合同。1987 年 5 月，州议会通过立法形式批准了《悉尼港隧道法》，该法对政府的职责、悉尼港隧道公司职责以及相应的部分的职责等都做了十分明确的规定。

最后确认的项目达到了政府以下的目标：

（1）项目在经济上是可行的，但政府的财政预算内不承担提供资金的义务。

（2）隧道收费要保持在最低水平上。

---

① 何韶. 悉尼海底隧道介绍［J］. 世界建筑，1992（5）：2.

（3）政府承受的风险限制在最低限度上。

（4）政府能影响项目的设计，建设和经营，以保证项目的财政能力。

（5）长期性地解决悉尼港大桥的交通问题。

（6）政府仅承担项目实际收入与设计收入之间的差额风险，保证项目有足够的收入归还贷款。

4．主要参与者

本项目融资结构如图 15.3 所示。

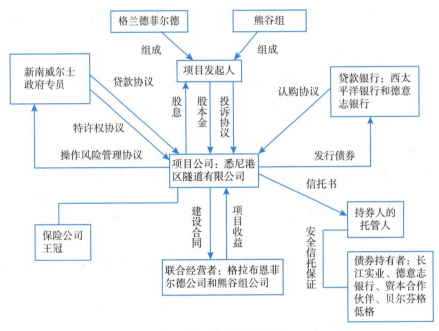

图 15.3　项目融资结构图

主要参与者有：

（1）政府：澳大利亚新南威尔士州政府（New South Walse），为该项目提供无偿贷款 2.23 亿澳元。

（2）项目发起人：澳大利亚最大的私人建设公司（GRANSFIELD）和日本的大型建设公司之一（KUMAGAL，熊谷组）。这两个联合企业给该项目贷款 4000 万澳元，各投入 350 万澳元的资本金。

（3）项目公司：悉尼港区隧道有限公司（Sydney Harbour Tunnel Company，SHTC）。

（4）项目的贷款者：西太平洋银行（WESTPAC），德意志银行股份公司（Deutsche Bank），两家银行共认购了 4.86 亿澳元的 30 年固定利率债券，其中 2.20 亿澳元由 Cheung Kong Infrastructure（50%），DB Capital Partners（30%）

和 Bilfinger Berger （20%） 三家企业分别购买。

 复习思考题

一、名词解释

国际融资、直接融资、BOT、外汇风险、折算风险、经济风险、利率风险

二、简答题

1. 国际融资的作用。

2. 国际融资在我国有哪些应用？

3. BOT 项目融资的特点。

4. 外汇风险的种类。

5. 利率风险的成因。

第十六章

国 际 税 收

第一节　国际税收概述

一、国际税收的概念

（一）税收与税收制度

税收是国家为实现其职能，凭借政治权力，按照法律规定，通过税收工具强制地、无偿地征收参与国民收入和社会产品的分配和再分配取得财政收入的一种形式。税收体现了国家与纳税人在征收、纳税的利益分配上的一种特殊关系，是一定社会制度下的一种特定分配关系，与其他分配方式相比，具有强制性、无偿性和固定性的特征。

税收制度简称"税制"，它是国家以法律或法令形式确定的各种课税办法的总和，反映国家与纳税人之间的经济关系，是国家财政制度的主要内容。税收制度是国家以法律形式规定的各种税收法令和征收管理办法的总称。

（二）国际税收的概念

国际税收是指两个或两个以上国家政府在对跨国纳税人行使各自的征税权力中形成征纳关系从而发生的国家之间的税收分配关系。

国际税收有以下几层含义。

1. 国际税收不能离开国家税收而单独存在

征税总是在一个国家政府与其纳税人之间进行的。没有各个国家政府对其管辖范围内纳税人的课税，就不会产生国际税收活动，也就不会产生国家之间的税收分配关系。

2. 国际税收不能离开跨国纳税人这个因素

作为一个一般的而不是跨越国境的纳税人，它通常只承担一个国家的纳税义务，这个国家也就不可能由此而发生与其他国家之间的税收关系。只有跨国纳税人同时承担两个或两个以上国家的纳税义务，才有可能引起国家之间的税收关系。

3. 国际税收的本质是国家之间的税收分配关系

国际税收与国家税收有着严格的区别。国家税收体现的特定征纳关系是一个主权国家政府与其所管辖的纳税人之间的税收分配关系。而国际税收虽然是依附于国家凭借其政治权力对跨国纳税人的课征行为，但本质上反映的是国家之间的财权利益分配关系。如对跨国纳税人的同一笔所得，两个国家政府都行使征税权力，必然引起重复征税问题，要减轻纳税人的税收负担，不可能由一国政府单独解决，必须要有国家之间的协调与合作，或这个国家征，或另一个国家征，或两个国家互相给予优惠待遇。它所反映的实际是国家之间的财权利益的分配。

二、国际税收的产生与发展

税收分配关系根源于社会物质生活条件。国际税收的形成，是国际税收这种分配关系发生的必然结果。因此，了解有关国际税收分配关系产生和发展的历史背景，有助于更好地认识国际税收的概念及其特征。

（一）国际税收的产生

1. 国际经济交往的发展与纳税人收入的国际化是国际税收形成的经济前提

国际税收既是一个经济范畴，又是一个历史范畴，它不是从来就有的，而是历史发展到一定阶段的产物。垄断资本主义以前，无论是奴隶社会、封建社会还是自由资本主义时期，都没有产生引起国际税收的分配关系。

19 世纪 70 年代以后，自由资本主义向垄断资本主义逐步过渡，至 19 世纪末 20 世纪初，世界历史进入垄断资本主义时代。资本输出是垄断资本主义的特征，垄断资本家为了争夺市场，在继续输出商品的同时，越来越多地把生产资本输出国外，开办或收购企业，进行生产或从事其他经活动，以便避开各国的关税壁垒和其他贸易壁垒，占领国际市场，继续保持着获取超额利润的有利地位。资本输出使得生产经营跨出了国界，出现了企业跨国投资经营、国际融资，以及科技、资金和人员国际移动等跨国经济活动。

跨国经济活动必然地带来纳税人收入的国际化。投资者通过跨国投资经营获得丰厚的利润；金融家通过国际贷款在投入国获得巨额利息；大批受雇的外籍职员、技术人员和劳工将在东道国获得工资津贴和劳务报酬等汇回本国。跨国纳税人不仅在国内同时在国外也面临着对多个国家纳税的问题，而有关国家由于某些概念不同，产生对跨国纳税人的重叠征税问题，进而导致有关国家之间税收权益的分配关系问题。

从以上分析可以看出，国际税收是国际经济交流发展的产物，纳税人收入的国际化是国际税收形成的经济前提。

2. 所得税的普遍实施，对跨国所得重叠征税是国际税收形成的直接动因

税收一般分为三大体制，即对所得的课税、对商品的课税和对财产的课税。一个主权国家采取何种税收体系，不是凭主观想象所能决定的，而是受一定社会经济条件所制约的。从历史上考虑，人类税收制度的发展经历了一个曲折的过程，国际税收的形成与之密切相关。

在古代奴隶制社会和中世纪封建社会时期，社会生产力的发展比较迟缓，各国的经济基本上是自给自足性质的封闭式经济，税收只能采取土地税、人头税等简单的直接税形式，以满足国家对财政收入的需要。这种古老直接税的征税形式特点使税收不可能形成跨国的纳税人和跨国的征税对象，从而也就不可能发生由此而引起的国际税收分配关系。

随着人类社会从封建社会进入资本主义社会，商品生产迅速发展，商品交换日益扩大，并出现国际间的商品流通，以商品流转额为征税对象的间接税便代替了以农业生产者的收获物为征税对象的古老的直接税。许多国家开征了货物税、销售税、关税等，形成了主要以商品流转额为征税对象的税收体制。对商品流转额的课税一般在商品交易发生之时，在交易的发生地点课征。纳税义务的发生地点明确，不易引起交易双方所在国之间的财权利益矛盾。因此，对商品流转额征收的间接税体系，虽然已经介入了国际领域，但还不是国际税收的内容。

18世纪末，英国首创所得税。到20世纪初，纳税人收入国际化的现象日益普遍，所得税已在世界大多数国家中得到普遍推行，并在一些主要资本主义国家中代替间接税成为主要的税类。当一个主权国家依据其所制定的所得税法对纳税人的跨国所得进行征税时，这种所得税法就具有国际性。这种对跨国所得税的征收必然带来国与国之间财权利益关系的矛盾，这才促使国际税收的最终形成。

（二）国际税收的发展

国际税收形成于19世纪末20世纪初，距今还不到200年的历史。纵观国际

税收的发展，大致可划分为以下三个阶段。

1. 国际税收的萌芽阶段

在 1843 年由比利时和法国签订全世界第一个双边税收协定之前，国际税收还处于一个萌芽阶段。在这一时期，所得税已经创立，一些纳税人的经营活动越出国境，国际税收问题也随之出现。但当时纳税人所得的国际化还尚未形成一种普遍现象，有关国家之间的财权利益矛盾还是个别的、偶然的，尚未达到十分尖锐的程度。国际税收问题还没有引起世界各国政府的广泛关注。因此，在这个阶段，对国际税收的分配及国际税收问题的处理，只是从一国国内法的角度单方面规范来实现的。

2. 非规范化的税收协定阶段

随着国际经济交流的不断发展，纳税人所得国际化的广泛出现，从一国国内法的角度，单方面对国际间双重征税作出暂时的权宜处理，已经不能适应形势发展的需要。1843 年，比利时和法国签订了互换税收情报的双边税收协定，标志着国际税收进入了非规范化的税收协定阶段。在这一时期，有关国家针对出现的国际间双重税问题，经过双边或多边谈判，共同签订书面协议，以协调相互之间在处理跨国纳税人征税事务和国家之间的财权利益关系。这种通过签订国际税收协定的办法固然能解决国际税收中的一些问题，并能较好地处理国家之间的财权利益关系，但由于该时期内所签订的国际税收协定都是根据各自的情况所签订的，在某些概念、定义的理解上，以及协定的内容、格式上都不尽相同，还很不规范。

3. 税收协定的规范化阶段

在国际税收的实践中，有关国家不断总结经验，税收协定由单项向综合、由双边向多边发展，逐步实现规范化。真正具有普遍意义并为大多数国家所接受的、规范化的国际税收协定出现于 20 世纪 60 年代。从此将国际税收活动推上了规范化阶段。20 世纪 60 年代初到 70 年代末，经过很多专家、学者、工作人员的努力，世界上产生了两种国际税收协定的范本。即经济合作与发展组织制定的《关于所得和财产避免双重征税协定范本》和联合国专家小组制定的《关于发达国家与发展中国家间避免双重征税协定范本》。这两个范本提供了国际税收活动共同的规范和准则，基本起到了国际税收公约的作用。各有关国家在处理相互间税收问题时有了可参照的标准和依据。它标志着国际税收活动在深度和广度的规范化，标准化方面的飞跃使国际税收的发展向前大大地推进了一步。以上两个范本的公布，也标志着国际税收的发展进入了较成熟的阶段，它作为国际间处理国际税收关系经验的总结，虽然对世界各国并没有任何法律约束力，但对于协调国际税收关系却起着重要的指导作用。

自从两个协定范本产生以来，国家之间缔结税收协定的活动十分活跃，国际税收协定的网络不断发展。20 世纪 80 年代以来，老协定的修订与新协定的缔约持续不断。随着第三世界国家在国际经济生活中的地位和作用的日益提高与增大，国家之间缔约税收协定的速度还会加快，尤其是发展中国家对外缔约。国际税收协定将成为国家间经济关系的一个重要特征，必将对发展国际经济交往发挥重大作用。

三、国际税收的研究内容

国际税收研究的目的主要在于消除或缓和国际重复征税，取消税收歧视待遇，使国家之间财权利益分配公正合理，从而促进国际商品、劳务、技术和资本的自由与合理流动，促进国际经济的发展。因此，总的来说，国际税收的研究内容是国家之间税收分配关系的形成，以及处理、协调这种关系的准则和规范。具体来说，国际税收的研究内容主要有以下几个方面。

（一）税收管辖权问题

税收管辖权问题是国际税收的重要内容之一，也是国际税收的一个基本理论与实务问题。国际税收的种种问题，如国际重复征税的发生、国家间税收分配关系的协调等，都与税收管辖权密切相关。

（二）国际重复征税问题

国际重复征税问题是国际税收的重要理论问题与实务问题。它不仅直接影响纳税人的切身利益，而且对有关国家的财权利益也有不同程度的影响，对所涉及的国际经济活动也会带来极大影响。国际重复征税又是与有关国家行使的税收管辖权密切相关的，所以在研究税收管辖权之后，必须进一步研究重复征税的问题。

（三）国际避税与反避税问题

国际避税问题是国际税收的重要问题之一。跨国纳税人的国际避税活动不仅违背了"公平税负"的原则，而且还严重影响了有关国家的财权利益及分配关系。所以国际税收也必须研究国际避税与其防范的问题。

（四）国际税收协定问题

国际税收协定是对国际税收的全面实践和总结。由于世界上还没有一种超国家的国际税法或国际税收法律制度，国家间的税收分配关系只能依靠国家间签订的税收协定来处理和规范。国际税收协定体现了主权国家之间的相互尊重和平等协商，并赋予跨国纳税人履行跨国纳税义务的安全保障，有利于解决国家之间财权利益矛盾，防止纳税人利用跨国条件进行国际避税，促进国际经济的交往与发展。因此研究国际税收问题，必须研究国际税收协定。

第二节 税收管辖权与国际重复征税

一、税收管辖权

（一）税收管辖权的概念

税收管辖权是指国家在税收领域中的主权，是一国政府行使主权征税所拥有的管理权力。税收管辖权具有独立性和排他性，其意味着一个国家在征税方面行使权力的完全自主性，在处理本国税务时不受外来的干涉和控制。税收管辖权是主权国家根据其法律所拥有和行使的征税权力，是国际法公认的国家基本权利，主权国家有权按照各自政治、经济和社会制度，选择最适合本国权益的原则确定和行使其税收管辖权，规定纳税人、课税对象及应征税额，外国无权干涉。

（二）确立税收管辖权的原则

一个主权国家的政治权利所能达到的范围主要包括两个方面：一方面，从地域的概念来说，它包括该国领土领海疆界范围内的全部空间；另一方面，从人的概念来说，它包括该国所有的公民或居民（包括自然人和法人）。由于地域标准和国籍标准之间存在差异，这就产生了属地原则和属人原则的法律管辖权划分原则。

1. 属地原则

属地原则是以纳税人的收入来源地或经济活动所在地为标准，确定国家行使税收管辖权范围的一种原则，也称属地主义或属地主义原则，它是由领土（或领域）最高管辖权引申出来的，是各国行使管辖权的最基本原则。

根据国际法的要求，任何一个国家对其所属疆界范围内的人、物、行为或发生的事件，都有权按各自的法律和政策实行管辖。按照属地主义原则，一国政府在行使课税权力时，必须受到这个国家领土疆界范围的制约，即只对纳税人来自本国境内的收入或在本国境内从事经济活动依照本国税法规定征税，而对其来自国外的收入则不予征税。一般国家对间接课税采取属地主义原则，对所得税则有所不同，通常对居民纳税人采取属人原则，对非居民纳税人采取属地原则。

2. 属人原则

属人原则是以纳税人的国籍和住所为标准，确定国家行使税收管辖权范围的一种原则，也称属人主义或属人主义原则。按照这一原则，一国政府在行使课税权力时必须受人的概念范围所制约，即对该国的居民或公民（包括自然人和法人）所得行使课税权力。属人主义通常适用于直接税类的所得税、遗产税等。

对于税收管辖权的确立和行使，在国际上并无统一的规定，各主权国家都有权根据本国的政治经济和财政政策来自行决定。与一个国家政治权力范围相适应，一个国家的税收管辖权可以按照属地主义和属人主义两种不同的原则来自行决定，从而就有了地域管辖权和居民或公民管辖权之分。

（三）税收管辖权的类型

1. 地域管辖权

一个主权国家按照属地原则所确立起来的税收管辖权，称为地域管辖权。在实行地域管辖权的国家，以收益、所得来源地或财产存在地为征税标志。也就是说，它要求纳税人就来源于本国领土范围内的全部收益、所得和财产缴税。

地域管辖权实际上可以分解为两种情况：一是对本国居民而言，只须就其本国范围内的收益、财产和所得纳税，即使在国外有收益、所得和财产，也没有纳税义务；二是对于本国非居民（外国居民）而言，其在该国领土范围内的收益、所得和财产必须承担纳税义务。

在实行地域管辖权的条件下，由于主权国有权对非居民征税，所以必然引起国家与国家之间税收关系的重复课税，必须对此加以协调。值得一提的是，在同样实行地域税收管辖权的国家中，对收入来源的确定是一个棘手的问题，由于各国有不同的规定，不同国家对收入来源地会有不同的看法，在具体处理中很难把握。如对外国公司的国际贸易所得的归属，时常引起争议。

2. 居民管辖权

居民管辖权是按照属人主义原则确立的税收管辖权，一国政府对于本国居民的全部所得拥有征税权，也称居住管辖权。

一个国家行使居民管辖权，所考虑的是纳税人的居民身份，它以纳税人是否居住在本国并拥有居民身份为依据，确定对其是否行使课税权利及征税范围。一般来说，凡是本国居民（包括自然人和法人），不论其收入或所得包括多少种类，也不管其所得或收入是来自本国还是外国，本国政府都有权对其来自世界各地的全部所得进行征税。因此，居民管辖权的特征是对本国居民纳税人来自国内外的所得同等课税。

3. 公民管辖权

公民管辖权是按照属人主义原则确立的税收管辖权，一国政府对于本国公民来自国内和国外的所得都拥有征税权。

一个国家在行使公民管辖权时，所考虑的只是纳税人的公民身份，而不问其居住在何国，它是以纳税人是否具有本国公民身份为依据确定对其是否行使课税权力。一般来说，凡是本国公民，无论其居住在哪里，本国政府都有权对其来自世界范围内的全部所得进行征税。但如果这个纳税人不具有本国身份，本国政府就不能对其行使公民管辖权。

一国采用何种税收管辖权，由该国根据其国家权益、国情、政策和在国际所处的经济地位等因素决定。一般地说，资本技术输入较多的发展中国家，多侧重维护地域管辖权，而资本技术输出较多的发达国家，则多侧重维护居民（公民）管辖权。大多数国家为维护本国权益，一般都同时行使两种税收管辖权。世界主要国家或地区对税收管辖权的实施情况如表 16.1 所示。

表 16.1 世界主要国家（地区）税收管辖权

税收管辖权	主要国家或地区
同时行使地域管辖权和居民管辖权	中国、新加坡、马来西亚、泰国、阿富汗、日本、印度、印度尼西亚、巴基斯坦、菲律宾、奥地利、比利时、丹麦、挪威、瑞典、芬兰、瑞士、卢森堡、德国、希腊、意大利、西班牙、葡萄牙、英国、爱尔兰、摩纳哥、墨西哥、哥伦比亚、萨尔瓦多、孟加拉国、洪都拉斯、秘鲁、澳大利亚、新西兰、斐济、巴布亚新几内亚等
单一行使地域管辖权	文莱、法国、荷兰、玻利维亚、多米尼加、危地马拉、尼加拉瓜、巴拉圭、巴西、厄瓜多尔、巴拿马、委内瑞拉等
同时行使地域管辖权和公民管辖权	罗马尼亚、菲律宾等
同时行使地域管辖权、居民管辖权和公民管辖权	美国、墨西哥

二、国际重复征税

（一）国际重复征税的概念

国际重复征税又称国际双重征税，是指两个或两个以上国家对同一跨国纳税人的统一征税对象进行分别课税所形成的交叉重叠征税。在跨国公司大量发展以后，母公司、子公司以及多层子公司独立经济实体之间的重叠征税，在一定条件下也视为国际双重征税。

国际重复征税产生的前提条件有两个：一是纳税人，包括自然人和法人，拥有跨国所得，即在其居住国以外的国家取得收入或占有财产；二是两国对同一纳税人都行使税收管辖权。两国对同一纳税人重复管辖，主要是一国按居民税收管辖权，另一国按收入来源地税收管辖权，对同一纳税人的同一所得重复征税。

国际重复征税有狭义和广义之分。前者强调纳税主体和课税对象的同一性。仅包括对同一跨国纳税人的同一课税对象所进行的国际重复征税。而后者不仅包括因纳税主体和课税客体的同一性所产生的国际重复征税，而且包括纳税主体的非同一和课税对象的非同一但属同一税源的国际重复征税，以及对同一笔所得或收入的确定标准和计算方法的不同所引起的国际重复征税。

（二）国际重复征税产生的原因

国际重复征税是由各国税收管辖权的重叠行使造成的。税收管辖权的重叠方式主要有三种：地域税收管辖权与居民税收管辖权重叠，地域税收管辖权重叠，居民税收管辖权重叠。国际重复征税的存在加重了跨国纳税人的税收负担，违反了税收的公平原则，影响了有关国家之间的财权利益关系，因而对国际经济尤其是国际投资的发展会产生十分不利的阻碍作用。

（三）国际重复征税的避免方式

1. 免税法

免税法全称"外国税收豁免"（foreign tax exemption），是指居住国政府对本国居民来源于境外并已向来源国政府缴税的所得免于征税的方法。

免税法的指导原则是承认收入来源地税收管辖权的独占地位，对居住在本国的跨国纳税人来自外国并已由外国政府征税的那部分所得，完全放弃行使居民（公民）管辖权，免予课征国内所得税。这就从根本上消除了因双重税收管辖权而导致的双重课税。免税法包括全额免税法和累进免税法。

（1）全额免税法。全额免税法即居住国政府对本国居民纳税人课税时，允许从其应税所得额中扣除来源于境外并已向来源国纳税的那一部分所得。这种办法在目前国际税务实践中已不多见。

（2）累进免税法。累进免税法即居住国政府对来源于境外的所得给予免税，但在确定纳税人总所得的适用税率时，免税所得并入计算。也就是说，对纳税人其他所得征税，仍适用其免税所得额扣除前适用的税率。目前实行免税制的国家，大多采用这一办法。

2. 抵免法

抵免法的全称为外国税收抵免（foreign tax credit），是目前国际上比较通行的消除双重征税的方法。根据这一方法，居住国政府按照居民纳税人来源于国内外的全部所得计算应纳税额，但允许纳税人从应纳税额中抵免已在收入来源国缴纳的全部或部分税款。

抵免法的指导原则是承认收入来源地税收管辖权的优先地位，但并不放弃行使居民（公民）税收管辖权。抵免法包括直接抵免和间接抵免。

（1）直接抵免。所谓直接抵免，是相对于间接抵免而言的，其含义是允许直接抵免的外国税收必须是跨国纳税人直接向来源国缴纳的。

直接抵免的基本特征是外国税收可以全额直接充抵本国税收（称全额抵免），可能的限定条件是同一项跨国所得的外国税收抵免不能超过居住国的税收负担（称限额抵免）。

（2）间接抵免。一般适用于对公司、企业的国外子公司所缴纳的所得税的抵免。

子公司不同于分公司，它只是母公司的投资单位，它与母公司不是统一核算的同一经济实体，而是两个不同的经济实体，两个不同的纳税人。所以，母公司从子公司可得到的，只是子公司缴纳所得税税后按照股份分配的一部分股息。因此，对母公司从子公司取得股息计征所得税时应该予以抵免的，不能是子公司缴纳的全部所得税只能是这部分股息所承担的所得税额。所以，这种抵免不是根据实纳税额直接进行，而是按换算的股息应承担的税额进行间接抵免。

3. 扣除法

扣除法是居住国政府允许纳税人就境外所得向来源国缴纳的税款从国内外应税所得中扣除的一种方法。

扣除法的指导原则是把居住在本国的跨国纳税人在收入来源国交纳的所得税视为一般的费用支出，并在计税所得中减除。与免税法对比，在扣除法下，纳税人的税收负担水平高，国外所得并没有完全消除重复征税，只是有所减轻。

4. 低税法

低税法是指对居住国居民来源于国外的所得或对来源于本国所得的非居民纳税人，采用较低的税率或减免等优惠政策。低税法只能在一定程度上降低重复征税的数额，即在某种程度上缓和了实际重复征税的矛盾，不能根本解决重复征税的问题。

第三节　国际避税与反避税

一、国际避税及其性质

国际避税是指跨国纳税人利用两个或两个以上的国际税法和国际税收协定的差别、漏洞、特例和缺陷，规避或减轻其总纳税义务的行为。与国内避税相比，国际避税问题涉及两个或两个以上国家，比国内避税问题更复杂，矛盾更突出。

与国际避税紧密相关的问题是国际逃税，国际避税和国际逃税的最终结果都导致有关国家的财政收入减少、财权利益受到损失，在这方面并没有根本的区别。但两者性质却不一样，因此对国际避税与逃税的处理方法也不一样。对于国际避税，一般是有关国家通过调整纳税人的收入或费用，要求纳税人进行补税。因避税暴露出来的税收法规方面的问题，有关国家会对其国内税法或税收协定作出相应的修改和补充，使税法不断完善，杜绝税法漏洞，防止再次发生避税行为。对于国际逃税，则一般是根据税收协定的规定，由有关国家依照其国内税法和有关法律法规追缴税款、加处罚金，直至查封财产、追究刑事责任。因此，在遇到具体问题时，必须对国际避税加以判定，与逃税相区别。判别国际避税的主要依据是看纳税人为少缴税而采取的手段是否违法。如果纳税人是利用两个或两个以上国家的税法和国际税收协定的差别、漏洞、特例和缺陷，规避或减轻其总纳税义务，且其行为不违反税法和税收协定的有关规定，就属于国际避税。如果纳税人少缴税所采取的手段违反了有关的税收法规就是逃税行为。

逃税与避税只是两个相对而言的概念，以合法与否来作为区分二者的标准本身也是相对的。特别是当逃税与避税成为一种跨国界行为时，就更难区分了，因为各国对合法的理解不一样。同一行为在甲国是合法的，在乙国可能是非法的。

二、国际避税的成因

国际避税产生的原因包括主观原因和客观原因。

（一）主观原因

任何避税行为其主观原因都可以归结为一条，那就是利益驱动。获得最大利益是经济人普遍遵循的原则，避税则为常用的手段之一。根据美国联邦收入局1983年的调查显示，有一些企业表示愿意到税收优惠地区去处理他们的生产经营活动，其原因主要是税负轻、纳税额少。可以看出，越少纳税，甚至不用纳税，是企业所一贯追求的。税负的高低通常成为企业在选择投资地、经营地时考虑的重要因素。

因此，从主观方面来讲，国际避税的原因在于跨国纳税人具有的减轻税收负担、实现自身经济利益最大化的强烈愿望。

（二）客观原因

国际避税除了主观因素外，还有各种客观原因。主要表现在以下几个方面。

1. 各国税收管辖权的差异

税收管辖权有地域管辖权、居民管辖权和公民管辖权。地域管辖权国家，以纳税人是否有来源于本国的所得或位于本国境内的财产为课税依据，而不问纳税人是否为本国人或外国人。但是，在确定一笔所得是否来源于本国境内时，各国采用的标准有所不同。有的采用劳务提供地标准，有的采用合同签订地标准，有的采用权利使用地标准。因此，就使得所得纳税人可以利用这些标准的差异，让自己的所得变为来源于其他国家境内的所得，从而逃避所得来源地管辖权的管辖。对于居民管辖权，要求对本国居民在世界范围所得课税，但各国对居民的判别标准又不尽相同。如对自然人居民身份的判定，有的以住所为标准，有的还结合自然人的定居意愿，有的以居所为标准，还有的以居住时间为标准。对法人居民身份的判定，各国同样标准不一，有的采用注册成立地标准，有的采用总机构所在地标准、实际管理和控制中心所在地标准，甚至有的采用控股权标准。这些差异也为纳税人避税创造了前提条件。

2. 各国税率的差异

税率是税法的核心，它反映了税收负担的基本情况。各国在所得税制度中，采用的税率大致可以划分为比例税率和累进税率两种，而税率高低的幅度和应税所得级距的大小，各国的规定又相差很大。这种差异客观上也为纳税人对纳税避重就轻地选择创造了前提条件。各国税率的差异是避税行为形成的外部原因之一，如果各国采取相同幅度的同种税率，则避税行为就会有相当程度的减少，然而这几乎是不可能的。

3. 税基的差异

税基是某一税种的课税依据。在所得税中，税基为应税所得，各国税法对应税所得的规定差异很大。一般来说，税收优惠越多，税基越小、越窄；反之，税收优惠越少，税基越大越宽。在税率确定的条件下，税基的大小、宽窄决定着税负的轻重。因此，各国税法对税基的不同规定意味着某一纳税人的某项所得在一国不能扣除而在另一国却可能获得扣除的待遇，于是为纳税人避税提供了机会。

4. 避免双重征税方法的差异

国际避税除了上述原因外，各国税制或税收协定中规定的避免双重征税方法的差异，也是国际避税产生的外部条件之一。为避免双重征税，许多国家都采取了一定方式，如免税法、抵免法等，也有的国家在某些税收协定中规定了税收饶让。在适用免税法和税收饶让的前提下，就可能为纳税人创造避税机会，某些避税港提供的便利条件就是很好的证明。

5. 避税地及离岸中心的存在

避税地通常指那些可以被人们借以进行所得税或财产税国际避税活动的国家和地区，它常常提供普遍的税收优惠。没有国际避税地，跨国纳税人经常性的国际避税活动就很难开展。离岸中心是指给外国投资者在本地成立但从事海外经营的离岸公司提供一些特别优惠，从而使跨国公司借以得到更大经营自由的国家或地区，离开了税收优惠离岸中心就不能存在，因此离岸中心往往是国际避税地。

国际避税的形成，客观上还有一些非税原因。例如，外汇管制方面的宽严程度以及公司法、移民法、银行保密条例、通货膨胀等方面的差异，也可能对跨国纳税人的避税行为产生影响。[①]

三、国际避税的主要方式

国际避税的方法分自然人避税方法和企业法人避税方法两个方面。

[①] 补充资料：国际主要的避税地：安道尔、安圭拉岛、阿鲁巴、巴哈马、巴巴多斯、伯利兹、百慕大、英属维尔京群岛、开曼群岛、库克群岛、哥斯达黎加、塞浦路斯、都拜、直布罗陀、格林纳达、格恩西岛、中国香港、爱尔兰、曼岛、泽西岛、纳闽岛、列支敦士登、卢森堡、马德拉、马耳他、毛里求斯、摩纳哥、荷属安第列斯群岛、巴拿马、塞舌尔、瑞士、特克斯和凯科斯群岛、瓦努阿图。

（一）自然人进行国际避税的主要手段

1. 避免成为税收居民

避免成为税收居民即采取改变居民身份和避免成为居民的做法，逃避居民的无限纳税义务。对于采用"住所标准"判定税收居民的国家，通过流动性居留或频繁迁移住所，避免成为居住国的税收居民，成为"税收难民"，从而可以避免居民的无限纳税义务。对于采用"居住时间标准"判定税收居民的国家，通过利用有关国家之间确定居民居住时间的不同规定，选择居住期，或缩短在一国的居住时间，回避在居住国的纳税义务。例如，甲国和乙国在税法上都规定，在该国居住满 365 天，就成为税收上的居民，一个纳税人在甲国居住不到一年，又到乙国居住也不到一年。那么，此人不是这两个国家的居民，合法地避免了居民的纳税义务。

2. 转移财产所在地

跨国纳税人可以不改变自己所在国的居民身份，而用各种方式将其财产转移到低税国或无税国，以逃避原居住国的所得税和遗产税。如一国的某纳税人为躲避所在国的高税率的遗产权，利用信托形式把其财产转移到不征收遗产税的国家和地区。跨国纳税人可以利用某些国家不征或少征所得税、遗产税，以及对信托组织的税收优惠待遇，在该国成立信托组织，然后将其在别国的财产挂在该信托组织的名下，这样就可以合法地逃避掉这笔财产或所得原应承担的税额。如果该纳税人去世，其信托财产还可能享受免纳遗产税的好处。

3. 利用某些制度的漏洞

跨国纳税人可以利用有关国家税法与其他制度的漏洞，而避免所得税。例如，有的国家税法允许在应税所得中扣除个人退休金、养老金、福利费和保险赔偿款等，纳税人可以把一些不易划清名目的所得归到扣除项目，减少税基以减轻税负。更有甚者，跨国公司可将本应作为工资或薪金支付给纳税人的报酬以费用的形式支付，应分配的股息也以费用或佣金等形式支付，这样，纳税人便能进一步避免应纳的个人所得税。

（二）法人进行国际避税的主要手段

1. 利用转让定价进行避税

转让定价（transfer pricing）指公司集团内部机构之间或关联企业之间相互提供产品、劳务或财产而进行的内部交易作价。转让定价是现代企业特别是跨国公司进行国际避税的重要工具。利用转让定价进行国际避税，本质在于利用转让定价转移利润，使集团利润尽可能多地在低税国或避税地企业中实现。通常情况下，跨国公司利用转让定价转移利润，都是把利润从高税率国家转移到低税率国家。例如，高税国母公司可以按低于市场价格甚至低于成本的价格向低税国子公司出售产品，而以高于市场价格的价格从低税国子公司购进产品。由此带来的母公司所在高税率国家内的亏损和低税率国家内子公司的巨大盈利，使跨国公司的整体所得税负担获得客观的减除。

2. 利用国际避税地进行避税

国际避税地也称避税港或避税乐园，是指一国为吸引外国资本流入、繁荣本国经济、弥补自身资本不足和改善国际收支情况，或引进外国先进技术以提高本国技术水平，在本国或确定范围内允许外国人在此投资和从事各种经济活动，取得收入或拥有财产可以不必纳税或只需支付很少税收的地区。避税最常见、最一般的手法就是跨国公司在国际避税地虚设经营机构或场所转移收入、转移利润以实现避税。

3. 滥用国际税收协定进行避税

国际税收协定是两个或两个以上主权国家为解决国际双重征税问题和调整国家间税收利益分配关系，本着对等原则，经由政府谈判所签订的一种书面协议。为达到消除国际双重征税目的，缔约国间都要作出相应的约束和让步，从而形成缔约国居民适用的优惠条款。这些优惠条款对非缔约国居民的纳税人则不适用。利用国际税收协定避税指非缔约国居民为获得该税收协定的优惠待遇，通过在协定的缔约国一方境内设立一个具有该国居民身份的公司，从而间接享受税收协定提供的优惠待遇。

目前，我国已同80多个国家签订税收协定。然而国际避税活动是无孔不入的，一些原本无资格享受某一特定税收协定优惠的非缔约国居民，采取种种巧妙的手法，如通过设置直接的导管公司、直接利用双边关系设置低股权控股公司而享受税收协定待遇，从而减轻其在中国的纳税义务，这种滥用税收协定避税的行为还将随着我国对外开放的扩大而产生。

4. 利用电子商务避税

电子商务是采用数字化电子方式进行商务数据交换和开展商务业务的活动，是在互联网与传统信息技术系统相结合的背景下产生的相互关联的动态商务活动。在实现了书写电子化、信息传递数据化、交易无纸化、支付现代化的同时，也引起了审计环境、审计线索、审计信息的储存介质、审计的技术方法、审计方式等一系列的重大变化。而这些使得国际税收中传统的居民定义、常设机构、属地管辖权等概念无法对其进行有效约束，无法准确区分销售货物、提供劳务或是转让特许权，因而电子商务的迅速发展既推动世界经济的发展，同时也给世界各国政府提出了国际反避税的新课题。

四、国际避税地

国际避税地也称为避税港、避税乐园、税务天堂、税收避难所等。一般来说，国际避税地是指国际上轻税甚至于无税的场所。从实质上说，国际避税地就是指外国人可以在那里取得收入或拥有资产，而不必支付高税率税款的地方。国际避税地的存在是跨国纳税人得以进行国际避税活动的重要前提条件。

国际避税地可以是一个国家，也可以是一个国家的某个地区，如港口、岛屿、沿海地区、交通方便的城市等。有时避税港还包括自由港、自由贸易区、自由关税区等。

（一）国际避税地的类型

1. 第一种类型的避税地

第一种类型的避税地是指没有所得税和一般财产税的国家和地区。人们常称之为"纯粹的""标准的"避税地。在这些国家和地区中，既没有个人所得税、公司所得税和资本利得税，也没有财产净值税、继承税、遗产税和赠与税。例如，英国殖民地开曼群岛就属于这一类型的避税港。外国人如果到开曼设立公司或银行，只要向当地有关部门注册登记并每年缴纳一定的注册费，就可以完全免缴个人所得税、公司所得税和资本利得税。除开曼群岛外，属于这一类典型避税地的国家和地区还有巴哈马、百慕大、瑙鲁、瓦努阿图、特克斯和凯科斯等。此外，像格陵兰、索马里、法罗群岛、新喀里多尼亚岛和圣皮埃尔岛等国家和地区，也基本上属于此类避税地。

2. 第二种类型的避税地

第二种类型的避税地是指那些虽开征某些所得税和一般财产税，但税负远低于国际一般负担水平的国家和地区。在这类避税地中，大多数国家和地区对境外来源的所得和营业活动提供某些特殊优惠的税收待遇。如安圭拉、安提瓜、巴林、巴巴多斯、英属维尔京群岛、坎彭、塞浦路斯、直布罗陀、格恩西岛、以色列、牙买加、泽西岛、黎巴嫩、列支敦士登、中国澳门、摩纳哥、蒙塞拉特岛、荷属安的列斯群岛、圣赫勒拿岛、圣文森岛、新加坡、斯匹次卑尔根群岛和瑞士等。还有些国家和地区对境外来源所得免税，只对来源于境内的收入按较低税率征税。如阿根廷、埃塞俄比亚、哥斯达黎加、利比里亚、巴拿马、委内瑞拉、中国香港等。

3. 第三种类型的避税地

第三种类型的避税地是指在制定和执行正常税制的同时，提供某些特殊税收优惠待遇的国家或地区。其特点是总的实行正常税制，征收正常的税收，只是在正常征税的同时，有较为灵活的税收优惠办法，对于某些投资经营给予特殊的税收优惠待遇。属于这一类型的避税地有：希腊、爱尔兰、加拿大、荷兰、卢森堡、英国、菲律宾等国家和地区。

（二）避税地形成的条件

1. 能提供具有特色的避税条件

能够进行避税，这是成为避税地的最根本条件。不但能提供避税条件，在激烈的国际竞争中，还要提供具有特色、能跟上国际形势发展的避税条件。例如，有的避税地特别有利于信箱公司活动，有的避税地特别有利于信托的建立。随着各国反避税法规的制定和健全，一些旧的避税方法已行之无效，但又会出现新的避税方法。只有那些跟得上形势发展需要、不断提供具有特色避税条件的国家和地区，才能成为满足国际避税者需求的避税地。

2. 有与自己避税地特色相符合的地理位置

避税地的特色往往离不开避税地的地理位置。例如，想成为欧洲的避税地，最好靠近欧洲；想吸引离岸基金，最好处在有利的时区位置；想吸引国际船舶公司，最好在国际航线的汇集处等。

3. 社会基础设施完善

一个国际避税者之所以愿意离开自己原来的居住国，到一个人生地疏的避税地，除了考虑避税外，还往往要考虑交通是否便利、通信是否发达、其他社会基础设施是否完善。

4. 政局稳定

国际避税者利用避税地避税往往要对避税地进行投资，而投资的可行性研究中政局稳定是一个很重要的因素，政局越稳定，则投资风险越小。因此，只有政局稳定的避税地才能吸引国际避税者，成为避税地。

五、国际反避税措施

由于国际避税影响了国家财政收入，而且在一定程度上造成了竞争条件的扭曲和国际资本的不正常流动。如何有效地防止国际避税行为的发生，无疑成为国际税收活动中的一个重要问题。因此，各国政府和国际组织近年来都在积极对国际避税行为采取行动，加强反避税措施。本书将国际反避税措施分为一般措施和具体措施来介绍。

（一）国际反避税的一般措施

1. 完善税收立法

由于避税是纳税人利用了有关国家的税收差别和税收漏洞与缺陷，或钻税法的空子，但它并不违法。因此，要防范避税，必须先完善税收法规，特别是要制定反避税措施或法规。许多国家制定了防范避税的单边措施，试图通过诉诸新的立法和完善税收法规的途径来改变不利的局面。如规定纳税人对纳税义务相关事实负有某种报告义务，或国内税法规定将举证的法律责任转嫁到纳税人或受益人身上，这样税务当局可以根据税法及时、尽快地正确处理那些缺乏确凿证据的涉嫌国际避税案件，可以迫使纳税人提供更多真实情况。同时，许多国家针对预计可能发生的所有避税行为制定相应的反避税条款，以完善单边反避税立法。

2. 加强税务征管和国际合作

反避税法的实施及国际避税的防范，还必须依靠有效的税务行政管理和国际政府间的密切合作。许多国家在制定单边反避税措施的同时，还特别注重税务行政管理的加强和双边或多边反避税措施的完善。这些国家在通过提高税务人员素质，建立一支训练有素、经验丰富的税务干部队伍，实现征管手段现代化，加强凭证账册管理，进行税收调查与税务审计，以及争取银行合作等措施，来加强税务行政管理。同时，加强政府间的双边合作和开展更广泛的国际多边合作，来完善双边或多边反避税措施。

3. 转让定价调整

对关联企业之间销售货物或财产的定价问题，一直是防止国际避税的一个焦点。其中的一个关键环节是确定一个公平的价格，以此作为衡量纳税人是否通过转让定价方式，压低或抬高价格，规避税收。美国税法在这方面有较详细、明确的规定，已被许多国家所仿效。美国在其《国内收入法典》中规定，关联企业或公司彼此出售货物或财产时，财政法规规定的公平价格，就是比照彼此无关联各方，在同等情况下，出售同类货物或财产付出的价格。调整转让定价的方法主要有三种：可比非受控价格法、转售价格法及成本加利法。此外，还有其他一些引申方法，如可比利润法，即把关联企业账面利润与经营活动相类似的非关联企业实际利润相比较，或者将关联企业账面利润与其历史同期利润进行比较，得出合理的利润区间，并据以对价格作出调整。

（二）国际反避税的具体措施

1. 对自然人国际避税的防范

（1）限制自然人避税性移居。

对以避税为动机的自然人的国际迁移，有些国家采取了使移居出境者在移居后的很长一段时间内，在其原居住国仍负有纳税义务的措施。如美国有保留追索征税权的规定。根据美国《国内收入法典》，如果一个美国人以逃避美国联邦所得税为主要目的，而放弃美国国籍移居他国，美国在该人移居后的 10 年内保留征税权。对其实现的全部美国来源所得和外国的有效所得，按累进税率纳税；出售位于美国的财产以及出售由美国人发行的股票或债券所实现的收益，被视为美国来源所得。美国税务当局通过对该人滞留在美国境内的银行存款、房地产等财产的留置权，实行有效的征管，从其在美国的财产中扣除应纳税款。

（2）限制自然人假移居和临时离境。

对自然人以避税为目的假移居和临时离境，居住国往往采用不予承认的方法加以约束。例如，英国曾有一个对移居出境的自然人仍保持 3 年居民身份的非正式规定。该规定限制一个自然人要放弃在英国的居民身份，必须为此提供证据，比如卖掉在英国的房子，并在国外建立一个永久住宅，才能于其离境之日，暂时批准其要求。然后等该人在国外居留至少一个完整的纳税年度，如果在这段时间内对英国的任何访问天数全年累计不超过 3 个月，那么，才正式认定其移居。否则，对其放弃英国居民身份要求的批准决定要延期 3 年。在这 3 年内，将仍视为英国居民征税。待 3 年届满，再参考在这一段时间内实际发生的情况作出决定。对于采用临时离境方式来避免达到法定居住天数的避税方法，有的国家采用对短期离境不予扣除计算的对策。有的国家则采用将前一两年实际居住天数按一定比例加以平均，来确定某个人在本年是否达到居住天数标准。

2. 对法人国际避税的防范

（1）限制迁移出境。

英国在税法中规定，在没有得到财政部允许的情况下，英国公司不能向避税地迁移和转移部分营业，或建立一个避税地子公司。违反者将受到严厉处罚，包括对当事人的 2 年监禁、总额为应纳税额 3 倍的罚款。

（2）限制转移营业和资产。

英国在税法中除了约束法人的直接迁移外，还规定居民公司将贸易或经营转让给非居民，居民母公司允许非居民子公司发行股票或出售债券以及售出子公司等行为，也必须事先得到财政部的批准，否则将受到处罚。

（3）限制利用公司组建、改组、兼并或清理避税。

在法国，当改组涉及法国公司被外国公司合并，或者法国公司以其资产缴付换取外国公司的股份时，应按适用于合并的一系列税务规定执行，并须经法国财政部批准。本期应纳税利润仍由被合并公司承担纳税义务，对合并前的亏损也准予核销。但是，所转让的资产必须保留在法国境内，并必须列入外国公司在法国的分支机构的资产负债表中。

（4）限制改变经营形式。

美国规定，对本国公司在国外以分公司形式从事经营的初期损失，允许从美国公司的盈利中予以扣除。但国外分公司如有盈利而改变为子公司，仍须责令美国公司退还以前的扣除额，以防止通过改革经营形式，从损失扣除和延期纳税两方面获利。

为了防止将股东投资改变为举债，以增加利息费用扣除，减轻税负，一些国家在税法中明确规定了债务与产权的比率，不得超过 3:1 或 5:1 等，超过这一比率的债务所支付的利息不予扣除。

3. 防止利用避税地避税的措施

针对国际避税地的特殊税收优惠办法，一些国家从维护自身的税收权益出发，分别在本国的税法中相应作出规定，以防止国际避税发生。其中美国的防范措施规定最复杂，也最典型。例如，美国《国内收入法典》规定，只要在国外某一公司的"综合选举权"股份总额中，有 50% 以上分属于一些美国股东，而这些股东每人所持有的综合选举权股份又在 10% 以上时，这个公司就被视为被美国纳税人控制的外国公司，即外国基地公司。而且这个股权标准只要外国一家公司在一个纳税年度中的任何一天发生过，该公司当年就被视为外国基地公司。在上述条件下，凡按股息比例应归到各美国股东名下的所得，即使当年外国基地公司未分配，也均应计入各美国股东本人当年所得额中合并计税，这部分所得称为外国基地公司所得，其应缴外国税款可以获得抵免，以后这部分所得实际作为股息分配给美国股东时，则不再征税。外国基地公司所得应认定多少归为美国股东，有更具体的规定。这样规定的目的就是为了避免美国公司向国际避税地转移利润，长期积累所得进行避税。

4. 对滥用税收协定避税的防范

国际税收协定的滥用使协定缔约国特别是收入来源地国家的税收权益严重受损，许多国家针对税收协定的滥用采取了措施以保护正当税收利益。就目前情况看，在国际税收实践中，各国主要采取下列方法来判定外国公司的身份以制止第三国居民纳税人滥用税收协定。

（1）禁止法。

禁止法要求一国应避免与低税国家或易于建立导管公司的国家签订税收协定，尤其尽量避免与那种被认为是避税地的国家签订税收协定。因为协定滥用往往是借助于在这类国家建立导管公司来实现的。鉴于此，几乎没有或很少有国家同列士敦士登、摩纳哥或巴拿马等国签订税收协定。

（2）排除法。

排除法即将缔约国另一方被课以低税的居民公司（如控股公司），排除在享受协定优惠待遇的范围之外。从而使这类公司虽然身为缔约国另一方居民，却无资格享受税收协定的优惠。

（3）透视法。

透视法即将享受税收协定优惠的资格不限于公司的居住国，而是要透过法律实体看其股东的居住国。它不考虑名义股东而是考虑受益人，即最终接收股息人的居住国。

（4）征税法。

征税法给予协定优惠应以获自一国的所得，在另一国必须承受起码的税负为基础，其目的是为避免同一笔所得在缔约国双方均不纳税。这种方法能最好地体现互惠原则，保证缔约国双方利益牺牲的均衡。

（5）渠道法。

渠道法限制一个公司一定比例的毛所得，不得用来支付不居住在缔约国任何一方的个人或公司收取的费用。否则，该公司付出的股息、利息、特许权使用费不给予协定优惠。这是一种针对踏脚石导管公司的对策，它可以制止将中介公司的所得以营业费用的形式支付给相关联的公司和个人。

（6）真实法。

真实法规定特许条款，来保证真实交易不被排除在税收协定优惠之外。这些条款包括：建立公司的动机、公司在其居住国的经营交易额、公司在其居住国的纳税额等。除非建立一个公司的动机具有充分的商业理由，公司在居住国有大量的经营业务，公司在居住国缴纳的税款超过要求的扣除额等，否则，不给予该公司协定优惠。

当然，税收协定滥用的规制不应影响正当的商业经营，或者说要考虑到规制措施对国际投资和经济往来的影响。需要注意的是，税收协定的基本功能是避免国际双重征税，而国际双重征税的产生与各国普遍行使征税有关。在一些国家签订有关税收协定而某些国家尚没有签订时，针对协定国居民和非协定国居民的不同税收待遇必将导致税收协定的滥用。因此，从根本上解决税收协定滥用还需要各国税制的国际协调。

第四节　国际税收协定

一、国际税收协定及其分类

　　国际税收协定是指两个或两个以上的主权国家为了协调相互间在处理跨国纳税人征纳事务方面的税收关系，本着对等原则，通过政府间谈判所签订的确定其在国际税收分配关系的具有法律效力的书面协议或条约，也称为国际税收条约。它是国际税收重要的基本内容，是各国解决国与国之间税收权益分配矛盾和冲突的有效工具。

　　国际税收协定按参加国多少，可以分为双边税收协定和多边税收协定。双边税收协定是指只有两个国家参加缔约的国际税收协定，是目前国际税收协定的基本形式。多边税收协定是指有两个以上国家参加缔约的国际税收协定，现在国际上还不多，但代表了国际税收协定的发展方向。国际税收协定按其协调的范围大小，可以分为一般税收协定和特定税收协定。一般税收协定是指各国签订的关于国家间各种国际税收问题协调的税收协定。特定税收协定是指各国签订的关于国家间某一特殊国际税收问题协调的税收协定。

　　国际税收协定与国内法二者都属于法律范畴，体现国家意志，并且相互依存相互渗透。但国内法协调的是一国内部的税收关系，国际税收协定协调的是一个国家与另一个国家的税收关系，并且二者法律强制力的程度和表现形式是不同的。在处理有关国际税务关系时，如果税收协定与国内税法发生矛盾和冲突时，大多数国家采取的是税收协定优先的做法，也有一些国家将国际法和国内法放在同等地位，按时间的先后顺序确定是优先还是服从。

二、国际税收协定的产生与发展

　　世界上最早的国际税收协定是 1843 年比利时与法国签订的互换税收情报的双边协定。其后，1845 年比利时又同荷兰签订了同样内容的税收条约。1899 年，奥匈帝国与德国也签订了租税条约。自 20 世纪 20 年代开始，免除双重征税和防止偷、漏税的国际合作得到了迅速发展，成为当今国际上的普遍现象，并由特定税收协定发展到一般税收协定。迄今为止，仍在执行中的税收协定中最早缔结的是奥地利与意大利 1925 年 10 月 31 日签订的双边税收协定。

联合国在接管国际税收问题的工作以后，其经济及社会理事会于 1949 年 10 月成立了财政委员会，专门研究有关财政税收的问题，但由于种种原因，于 1954 年停止了工作。而欧洲经济合作组织从 20 世纪 50 年代就已经开始着手草拟国际税收协定范本。1961 年 9 月，该组织改为由 24 个发达国家组成的经济合作与发展组织，并由其设立的财政事务委员会继续工作。1963 年制定公布了《关于对所得和资本避免双重征税的协定范本》（以下简称《OECD 协定范本》）。由于该范本较多地照顾了发达国家的利益，所以不利于发展中国家对外签订税收协定。为此，联合国经济及社会理事会于 1967 年通过了一项决议，要求秘书长成立一个由发达国家和发展中国家代表组成的专家小组，研究制定一个能够广泛适用于所有国家或地区的国际税收协定范本。这个专家小组于 1968 年正式成立，并由 8 个发达国家和 10 个发展中国家的代表组成。到 1979 年 12 月，该专家小组先后召开了 8 次会议，最后形成和正式公布了《关于发达国家与发展中国家间避免双重征税的协定范本》（以下简称《UN 协定范本》）。

两个国际税收协定范本产生以后，国家间缔结税收协定的活动十分活跃，并不断扩大。

三、国际税收协定范本

目前国际上有两个税收协定范本，《OECD 协定范本》和《UN 协定范本》。应该说，在税收协定范本的制定方面，经合组织范本起了主导作用。联合国范本在经合组织范本的基础上，作了适当的修改、补充，兼顾了发达国家和发展中国家的利益。联合国范本 2001 年公布了新的修订本，而经合组织范本在 2010 年 7 月公布了新的修订本。

国际税收协定范本的主要作用在于，为各国签订相互间税收协定树立一个规范性样本，保证各国签订双边或多边税收协定程序的规范化和内容的标准化，并为解决各国在税收协定谈判签订中遇到的一些技术性困难提供有效的帮助，为各国在处理税收协定谈判签订中出现的矛盾和问题提供协调性意见和办法。国际税收协定范本有两个特征：一是规范化。这种规范性主要表现在如格式的规范、内容的规范等方面；二是内容弹性化。国际税收协定范本所使用的范围是所有的国家，它的内容应当具有弹性，规定和列举具有一般性和原则性的条款，具体有关内容则由各谈判国家自己去明确规定。

（一）《OECD 协定范本》和《UN 协定范本》的内容

从总体上看，两个范本在结构上大体相似，都有开头语（协定名称和协定序言）、协定条款、结束语。在协定条款中，两个范本都分为七章，各章题目均一样，只是在具体条款多少上有所差异，《OECD协定范本》共有31条，《UN协定范本》共有29条。两个范本协定条款各章内容简要如下。

第一章，协定范围，包括2条，说明协定所适用的纳税人、税种的范围。

第二章，定义，包括3条。

第三章，对所得征税，包括16条，分别对各种所得的征税权给予确定。

第四章，对财产的征税，两个范本都只有1条，是缔约国双方对财产征税的管辖权的划分。

第五章，避免双重征税的方法，两个范本都包括1条，指出缔约国双方对对方已征税款，为了避免重复征税，可以选择免税法和抵免法，并对如何使用这两种方法作了说明。

第六章，特别规定，包括6条。

第七章，最后规定，是关于协定生效和终止的规定。

（二）《OECD协定范本》和《UN协定范本》的区别

尽管两个范本在结构和内容上大体一致，但由于站的角度不同，反映国家的利益不同，在一些问题的看法和处理上有些不同和分歧。《OECD协定范本》尽力维护发达国家利益，偏重居民税收管辖权，而《UN协定范本》则尽力主张发展中国家利益，强调收入来源国优先征税的原则。二者不同之处主要表现：

1. 总标题不同

《OECD协定范本》的总标题是《经济合作与发展组织关于对所得和财产避免双重征税的协定范本》，主要用于指导经合组织成员国签订相互间的税收协定；《UN协定范本》总标题是《联合国关于发达国家与发展中国家双重征税的协定范本》，主要用于指导发展中国家与发达国家签订双边税收协定，处理好发展中国家与发达国家的税收分配关系。

2. 协定适应范围的区别

在适用的税种方面，对财产税是否作为协定适用的税种，《OECD协定范本》比较肯定；而《UN协定范本》则采取了灵活的方法。

3. 关于常设机构理解的区别

在常设机构范围大小方面，两个范本有些区别。《UN协定范本》规定的范围更大一些，如对一些机构在一国经营活动时间的缩短，对一些活动范围的扩大等。

4. 关于营业利润征税的区别

两个范本除对常设机构营业利润是否采用"引力原则"的区别外，还在计算法人缴税利润中的各种费用的扣除上有所区别。《UN 协定范本》明确了常设机构由于使用专利或其他权利而支付的特许使用费、手续费、某些利息等，不允许从总利润中扣除，相应也不考虑取得的这些收入。另外，对于常设机构为企业采购货物或商品取得的利润是否归属到常设机构利润中去，《OECD 协定范本》持否定态度，而《UN 协定范本》则认为由双方谈判去解决。

5. 关于预提所得税税率限定的区别

在预提所得税税率高低限制方面，两个范本有所不同。《OECD 协定范本》对各项预提所得税税率都作了严格限制，目的是限制收入来源国行使管辖权。《UN 协定范本》则确定由缔约国双方协商解决，总的原则是，收入来源国对各种投资税收都有权行使税收管辖权。

6. 关于对独立个人劳务所得征税的区别

对独立劳务所得方面，《OECD 协定范本》采用了有关常设机构的做法，认为对个人在收入来源国所提供的专业性和其他独立劳务所得课税，在收入来源国设有固定基地为限。发展中国家认为这种固定基地的限制不合理，因此，《UN 协定范本》提出几条可选的条件，像对非独立劳务所得征税那样。

7. 关于交换情报条款的区别

在情报交换范围上，两个范本有所不同。《UN 协定范本》强调缔约国双方应交换防止欺诈和偷漏税的情报，并指出双方主管部门应通过协商确定有关情报交换事宜的适当条件、方法和技术，包括适当交换有关逃税的情报。《OECD 协定范本》则没有强调这一点。

四、国际税收协定的基本内容

国际税收协定的目标，首先是要妥善处理国家之间的双重征税问题，这也是国际税收协定的基本任务，各类协定的主要条款内容，都是围绕解决这一问题而订立的，即通过采取一定的措施（如免税法、抵免法等）来有效地处理对跨国所得和一般财产价值的双重征税问题；其次是要实行平等负担的原则，取消税收差别待遇；最后是要互相交换税收情报，防止或减少国际避税和国际偷逃税。

国际税收协定，在很大程度上受《OECD 协定范本》和《UN 协定范本》的影响及制约。从各国所签订的一系列双边税收协定来看，其结构及内容基本上与两个范本一致，都包括以下七个主要内容。

（一）协定的适用范围

1. 人的适用

一切双边税收协定只适用于缔约国双方的居民，外交代表或领事官员的外交豁免权除外。

2. 税种的适应

各类税收协定一般将所得税和一般财产税列为税种适应的范围。

3. 领域的适应

一般的税收协定规定各缔约国各自的全部领土和水域。

4. 时间的适应

一般国际税收协定在缔约国互换批准文件后立即生效，通常没有时间限制。

（二）基本用语的定义

1. 一般用语的定义解释

一般用语的定义解释主要包括"人""缔约国""缔约国另一方""缔约国一方企业"等。

2. 特定用语的定义解释

特定用语对协定的签订和执行具有直接的制约作用，必须对特定用语的内涵和外延做出解释和限定。如"居民""常设机构"等。

3. 专项用语的定义解释

国际税收协定中有一些只涉及专门条文的用语解释，一般放在相关的条款中附带给定义或说明。

（三）税收管辖权的划分

对各种所得征税权的划分，是双边税收协定中包括的一项主要内容。各国对所得的征税有不同的内容，涉及的所得范围各不一样，但总的来看，可分为四大项。

1. 对营业所得的征税

对缔约国一方企业的营业所得，双边税收协定奉行居住国独占征税的原则；对常设机构的营业利润，一般规定适用来源地国优先征税的原则。

2. 对投资所得的征税

国际税收协定一般适用来源地国与居住国分享收入的原则。

3. 对劳务所得的征税

区分不同情况，对居住国、来源地国的征税权实施不同的规范和限制。

4. 对财产所得的征税

在各国所缔结的双边税收协定中，对上述各项所得如何征税，应有一个明确的权限划分，并对有关问题加以规定。如对各项所得由哪方先行使税收管辖权，先行使税收管辖权的一方应有什么样的条件限制，征税国应对某些收入采取什么样的税率征税等。

（四）避免双重征税的方法

在签订税收协定时，还应考虑采用什么样的方法来避免对优先行使征税权而已征税的那部分所得的重复征税。如何在免税法、抵免法和扣除法中选择采用方法以避免国际间重复征税，如果缔约国双方确定给予对方跨国纳税人的全部或部分优惠以饶让，也必须在协定中列出有关条款加以明确。

（五）税收无差别待遇

税收无差别原则在国际税收协定条款规定中具体表现为以下四点。

1. 国籍无差别条款

即缔约国一方国民在缔约国另一方负担的税收或者有关条件，不应与缔约国另一方国民在相同情况下负担或可能负担的税收或有关条件不同或者比其更重，禁止缔约国基于国籍原因实行税收歧视。

2. 常设机构无差别条款

即缔约国一方企业设在缔约国另一方的常设机构的税收负担，不应高于缔约国另一方进行同样业务活动的企业。

3. 扣除无差别条款

缔约国一方企业支付给缔约国另一方居民的利息、特许权使用费和其他款项，应与在同样情况下支付给本国居民一样，准予列为支出。

4. 所有权无差别条款

即资本无差别条款，是指缔约国一方企业的资本不论是全部还是部分、直接或间接为缔约国另一方一个或一个以上的居民所拥有或控制，该企业税负或有关条件，不应与该缔约国其他同类企业不同或比其更重要。

（六）税务情报交换

两个范本都规定，缔约国双方主管当局应交换为实施本协定的规定所需要的情报，或缔约国双方关于本协定所涉及的税种的国内法，按此征税与本协定不相抵触的情报。

（七）相互协商程序

缔约国财政部门或税务主管当局之间通过缔结互助协议完善相互协商程序用以解决有关协定使用方面的争议和问题。该程序是各税务主管当局之间的一个讨论程序，旨在尽可能找到为各方所能接受的办法。

五、我国参与或签订的国际税收协定

我国为促进对外经济技术合作交流，一向重视对外缔结税收协定。早在20世纪60年代中期，我国曾与巴基斯坦政府缔结了关于互免海运企业运输收入税收的协定。20世纪70年代，我国先后又与南斯拉夫、日本和英国分别缔结了关于互免空运企业运输收入税收的协定。1980年和1981年，我国连续颁布了《中外合资经营企业所得税法》《个人所得税法》《外国企业所得税法》，这一系列涉外税收法规的颁布，基本上确立了我国涉外税收的法律体系。1983年我国同日本签订了避免双重征税的协定，这是我国对外签订的第一个全面性的避免双重征税协定。

我国实行改革开放40多年来，对外签订避免双重征税协定的工作取得了很大进展。截至2010年1月1日，与我国缔结避免双重征税协定，且协定经法定程序生效并已开始执行的国家共89个。此外，我国中央政府还与香港、澳门两个特别行政区分别签署了《内地与香港对所得避免双重征税的安排》和《内地与澳门对所得避免双重征税的安排》。这些税收协定的签署为加强我国与缔约对方国家或地区间经贸往来，尤其在吸引外资和促进我国企业"走出去"战略的实施等方面发挥了重要作用。

（一）我国对外税收协定工作文本

我国参考《OECD协定范本》和《UN协定范本》两个通行的国际税收协定范本，拟定了一个对外缔结避免双重征税税收协定的工作文本，其全称是《中华人民共和国和××国政府关于对所得避免双重征税和防止偷税漏税的协定》。该文本的作用在于同其他国家政府进行谈判时，作为我方的意见提交双方商议。

我国的工作文本只是就对外谈判税收协定做出原则性规定。在对外具体谈判过程中，仍要视对方国家的不同情况，做到因国而异，有所侧重，提出既能适合我国国情，维护我国的经济权益，又能为对方国所接受的意见，而不是局限于某一种谈判格局。

（二）我国对外税收协定所遵循的原则

我国与外国谈判和签订税收协定，既要尊重国际惯例，又要坚持一定的原则；既要有利于维护我国的主权和利益，又要有利于吸引外资和引进技术，并促进本国企业走向世界；既要坚持原则，又要友好协商；对有争议的问题，既要据理力争，又要争之合理，让之适度，提高谈签工作的效率。具体地讲，需要坚持的原则主要有以下几项。

1. 坚持所得地域税收管辖权的征税原则

现阶段，我国仍是一个发展中国家，在国际经济技术交往中，主要还是从国外吸引资金和技术，由此产生的营业利润和投资所得也主要是来源于我国。为了维护我国的权益，需要更多地采纳能较好体现所得来源地征税权，也就是地域税收管辖权的《UN 协定范本》，同时也不排除《OECD 协定范本》所具有的参考价值。

2. 坚持平等互利的原则

平等互利原则是国际间开展经济交往所应共同遵守的准则，也是我国对外缔结税收协定所应遵循的一条重要原则。就国家间的税收关系而言，它要求有关国家都处于完全平等的地位，相互对等，反对一方只享有权利，另一方只负有义务；也反对一国强加于另一国以某些不平等的条款。在签订税收协定过程中，要切实保证各方都有实际的经济利益，真正做到各方都有利可得，而不能只利于己，不利于人，或只利于人，不利于己。同时，也应当要求各方利益相当，不能益损悬殊。协定中所有条款规定都要体现对等，对缔约国双方具有同等约束力。我国在对外签订的税收协定中，本着平等互利精神，要求承认双方国家都拥有征税权，反对由一方独占征税权，既维护我国的税收权益，又充分考虑对方国家的税收利益。

3. 税收饶让原则

为确保我国所提供的税收优惠能真正落实到外来投资者身上，起到鼓励和吸引外来投资的作用，我国在对外谈签避免重复征税协定时，一般均尽力争取对方在采取抵免法免除重复征税时给予税收饶让抵免。从我国已签署的避免重复征税协定看，除少数协定外，其余均不同程度地列有税收饶让抵免条款。其中，有些国家（主要是发达国家）同意单方面给予饶让抵免，有些国家（主要是发展中国家）则要求双方承担饶让抵免义务。

（三）我国对外税收协定发展的新趋势[①]

截至 2017 年 10 月，我国已正式签订 103 个税收协定（99 个已经生效），并且和港澳台地区都已分别签署税收安排和税收协议，形成比较稳定的税收协定格局。就目前国际发展大环境来看，中国的税收协定在"一带一路"倡议的实施、BEPS 行动计划的发布及《OECD 税收协定范本》第 26 条修订的影响下发生了很多新趋势。

1. "一带一路"下的中国税收协定新形势

毫无疑问，经济合作是"一带一路"建设的重要内容，丝绸之路沿线国家间的跨境经济贸易行为必然牵涉税收冲突问题，税收问题在"一带一路"的发展中不容忽视。目前，我国已积极地开展"一带一路"沿线国家税收协定的签署工作。截至 2017 年，我国已完成与 53 个国家的签订，还有很多国家的签署已经列入日程。另外，我国还发布了新的税收政策，包括国家税务总局提出的服务"一带一路"发展的十项税收措施及《税收协定相互协商程序实施办法》。

不难看出，未来我国税收协定的新趋势必定是推进"一带一路"沿线国家税收协定的谈签工作。其中，最核心的应该是税收协定的落实工作，维护我国的税收权益，和"一带一路"沿线国家实现共赢。主要包括两个方面的工作：一是根据形势的发展和变化对旧的税收协定进行修订和完善。随着时代的发展，现在的国际环境已经发生翻天覆地的变化，旧的税收协定毫无疑问不适用应对现在的国际形势，但是整体框架和基本原则我们依旧需要遵守和重视，所以在旧的税收协定上进行跟随新形势变化的改变是必要的；二是加强协商涉税争议，充分发挥税收协定的双边互助作用，尽力避免对跨境贸易的双重征税。"一带一路"丝绸之路上涉及几百个国家，不同国家之间难免会有政策的冲突和摩擦，更何况是涉及国家主权的税收管辖权，加强这些国家之间的涉税政策冲突问题可以说是当前"一带一路"的重中之重。而且，协商之下避免对企业商家的双重征税更有益于"一带一路"商贸的发展和进步，税负减轻的效益是无法估量的。

2. BEPS 行动计划下中国税收协定的反避税与防止偷漏税

为了应对国际逃避税和税基流失问题，自 2013 年起，OECD 发布了共 15 项 BEPS 行动计划成果，特别要注意的是，BEPS 第 6 项行动计划"防止税收协定优惠的不当授予"直接影响着各国税收协定的签订。2017 年 6 月 7 日，OECD 举行了《实施税收协定相关措施以防止税基侵蚀和利润转移（BEPS）的多边公约》的签署，中国国家税务总局有关负责人出席并签订此公约。该公约涉及混合错配

[①] 何禹希. 中国税收协定新趋势 ［J］. 合作经济与科技，2018（8）：136 – 137.

安排、协定滥用、常设机构及改进争议解决等方面，具有重要的里程碑意义，在中国历史上有着重大的意义。中国基本上采纳了 BEPS 第 6 项行动计划的成果及多边工具中 BEPS 应对措施的最低标准条款。

显然，为了迎合 OECD 及国际的税收协定趋势，我国将在税收协定中加大PPT 的运用，加强对偷漏税的防范与打击。另外，中国基本选择不适用不属于多边工具最低标准的条款，尤其是常设机构条款。但是，其他缔约方的立场必然影响我国税收协定的抉择，所以也可能会使国家税务总局更加谨慎地签订税收协定来应对这个新的税收格局。

关于税基侵蚀和利润转移问题已经成为国际热点话题，世界各国都在积极开展应对策略，国际上更是联合起来以 OECD 的身份进行应对。我国虽然也积极重视，活跃于国际舞台并参与多种公约的签订，但是我国企业仍然存在一定的本国历史性问题，需要国家特殊应对，需要国家在制定政策的时候更多地考虑中国国情的特殊性。

3. 强化税收透明度，加快税收协定的情报信息交换

首先，2004 年修订的《OECD 税收协定范本》第 26 条，明确了税收透明度和信息交换原则的确定，并获得国际社会一致认同。中国在这方面也积极接轨国际，采纳 OECD 协定范本第 26 条。自 2008 年在与塔吉克斯坦签署的税收协定中采纳了第 26 条起，在之后的税收协定中，中国都规定了信息交换的条款且不受人和税种的范围限制，加强了与其他国家的信息交流与合作。另外，在将近 20份的双边税收协定中也采纳了第 26 条的约定，进一步加快了国家之间的信息交换，增强了国家之间的信息透明度，降低了国家之前对境外税收监控的难度。其次，与避税地签署《税收情报交换协定》。2010 ~ 2014 年，中国总共与 10 个避税地签订《税收情报交换协定》。这意味着中国将加强与避税地的信息交换，同时也意味着企业无法再利用避税地做中介逃避税收转移利润，一方面，这一行为一定程度上有益于税收的公平公正，让国家的税收更透明的展现，一定程度上有益于提高企业的税收遵从度；另一方面，会加强企业的税收筹划意识，让企业更加认真地对待税务问题，也许会催生更多新的税收筹划思路和方案。最后，《金融账户涉税信息自动交换多边主管当局协议》的签署。2018 年 9 月中国将进行首次信息交换。这个协议将使很多国人的海外资产情况纳入国家税收监管体系，更高效快捷地实现信息的全方面监控和交流。《金融账户涉税信息自动交换多边主管当局协议》将签订协议国家的境外财产和收入全部纳入监控体系，让本国居民和企业无法通过海外账户转移财产，从而获得受益或者避免惩罚。不难看出，这个监控系统一旦建成，其效益无法想象，从国家层面，不仅有益于税收的监控，对政治、经济的益处同样显而易见；从企业的角度，也更有利于整个公司的

监控和管理，能有效地防止私人挪移共有财产、滥用公共财产。

 复习思考题

一、名词解释

国际税收、税收管辖权、属地原则、属人原则、国际重复征税、国际税收协定

二、简答题

1. 国际税收的研究内容主要有哪些？

2. 国际重复征税产生的原因及避免方式。

3. 国际避税的成因及方式。

4. 国际避税地的类型有哪些？

5. 避税地形成的条件有哪些？

6. 国际税收协定的基本内容。

参 考 文 献

[1] 蔡洁，周世民. 国际直接投资消减国际冲突的实证分析 [J]. 南开经济研究，2008（3）：104-117.

[2] 常欣欣. 和平与经济相互依赖关系的理论考察 [J]. 北京行政学院学报，2001（5）：64-69.

[3] 储祥银. 国际经济合作实务 [M]. 北京：对外经济贸易大学出版社，2001.

[4] 崔杰. 中国对外承包工程：稳步提升、挑战不断 [J]. 国际经济合作，2021（5）：64-71.

[5] 崔日明，李兵，等. 国际经济合作 [M]. 北京：机械工业出版社，2018.

[6] ［德］费·李斯特. 政治经济学的国民体系 [M]. 北京：商务印书馆，1997.

[7] 邓力平，罗君伟. 论战后世界经济中的相互依赖与矛盾中突——从国际贸易结构变化角度的分析 [J]. 经济问题探索，1986（1）：57-60.

[8] 付勇生. 国际承包工程市场复苏曲折——2019 年度 ENR 全球最大 250 家国际承包商业绩解读 [J]. 建筑，2019（21）：26-29.

[9] 高鹏飞，胡瑞法，熊艳. 中国对外直接投资 70 年：历史逻辑、当前问题与未来展望 [J]. 亚太经济，2019（5）：94-102，151-152.

[10] 黄苏. 区域经济集团化与相互依赖的新格局 [J]. 世界经济，1992（5）：27-32.

[11] 黄苏，徐尧兴. 世界经济中的相互依赖 [J]. 世界经济，1989（9）：2-9.

[12] 靳梦霞. 复合相互依赖理论较之于现实主义理论的发展 [J]. 国际公关，2020（2）：4-5.

[13] 邝艳湘. 国际贸易和平效应的演化：理论与实证研究 [J]. 数量经济技术经济研究，2009，26（5）：81-93.

［14］邝艳湘．经济相互依赖与国际和平［J］．外交评论（外交学院学报），2007（1）：65－72．

［15］邝艳湘．中美学者的相互依赖理论研究——种比较的视野［J］．世界经济与政治论坛，2011（3）：160－172．

［16］郎平．贸易是推动和平的力量吗？［J］．世界经济与政治，2005（10）：45－51，55．

［17］雷达．国际经济协调和世界三大经济组织［J］．求是，2003（24）：53－55．

［18］李金华．新时代中国对外经济合作：现实、特征与政策［J］．东南学术，2021（5）：108－119，247．

［19］李旭．国际经济合作［M］．北京：科学出版社，2010．

［20］李雅．建筑工程项目施工现场的合同管理与索赔［J］．现代商贸工业，2021，42（25）：163－164．

［21］刘善仕，王鹏程，裴嘉良，等．相互依赖理论视角下危机治理中管理主义和专业主义的冲突与合作［J］．管理学报，2022，19（6）：821－831．

［22］卢进勇，等．国际经济合作理论与实务［M］．北京：高等教育出版社，2013．

［23］卢进勇，杜奇华．国际经济合作（第三版）［M］．北京：首都经济贸易大学出版社，2020．

［24］卢进勇，杜奇华．国际经济合作教程（第五版）［M］．北京：首都经济贸易大学出版社，2019．

［25］卢林．国际相互依赖理论的发展轨迹［J］．世界经济研究，1990（3）：49－52．

［26］卢林．论国际相互依赖与相互冲突［J］．上海社会科学院学术季刊，1990（3）：65－73．

［27］马飒．生产要素国际流动：规律、动因与影响［J］．世界经济研究，2014（1）：3－9，87．

［28］梅然．经济相互依赖与和平［J］．欧洲，1998（5）：20－27．

［29］聂虹．权力政治和相互依赖——两种不同的国际政治观［J］．世界经济与政治，1989（4）：63－68．

［30］桑百川．我国外商直接投资的变迁与前景展望［J］．中国流通经济，2021，35（11）：112－119．

［31］司训练，李颖．国际工程EPC总承包项目风险管理研究综述［J］．项目管理技术，2022，20（1）：25－32．

［32］宋国友．东亚为什么是安全的［J］．战略与管理，2003（6）：55－60.

［33］宋国友．中美经济相互依赖及其战略限度［J］．现代国际关系，2007（5）：58－64.

［34］苏长和．经济相互依赖及其政治后果［J］．欧洲，1998（4）：34－39.

［35］苏迪尔·阿曼波．国际租赁完全指南［M］．李命志，等译，北京：北京大学出版社，2007.

［36］苏婕，付勇生．国际工程承包市场再度下行——2020年度ENR全球最大250家国际承包商业绩解读［J］．国际工程与劳务，2020（10）：40－45.

［37］王林生．跨国经营理论与实务［M］．北京：对外经济贸易大学出版社，1994.

［38］王世浚．论国际经济相互依赖［J］．四川大学学报（哲学社会科学版），1990（2）：3－9.

［39］王婷，程豪，王科斌．区域间劳动力流动、人口红利与全要素生产率增长——兼论新时代中国人口红利转型［J］．人口研究，2020，44（2）：18－32.

［40］辛灵．国际工程承包市场新特点及前景［J］．国际经济合作，2019（1）：38－43.

［41］许焕兴，赵莹华．国际工程承包［M］．大连：东北财经大学出版社，2009.

［42］薛荣久．国际贸易［M］．北京：对外经贸大学出版社，2016.

［43］叶京生．新编国际经济合作教程［M］．上海：立信会计出版社，2003.

［44］于军．相互依赖与国际冲突［J］．国际政治研究，2003（3）：147－150.

［45］余万里．中美相互依赖的结构——理论分析的框架［J］．国际论坛，2007（2）：52－57，80－81.

［46］郁岭．制度距离、双边关系与中国对外承包工程区位选择［J］．经营与管理：1－10.

［47］张嘉军．国际经济协调与全球经济发展［J］．商业文化，2021（32）：39－40.

［48］张立友．国际工程承包项目的设备供应管理［J］．项目管理技术，2009，7（1）：33－38.

［49］张蕴岭．世界经济相互依赖关系中的矛盾［J］．世界经济，1988（10）：83.

［50］周建平．欧洲共同体成员国经济相互依赖的加深和存在问题［J］．世界经济文汇，1986（1）：54－58.

［51］周密. 2022 中国对外承包工程发展展望［J］. 中国勘察设计，2022
（4）：44 － 45.

［52］庄宗明，蔡洁. 国际贸易和国际直接投资能消减国际冲突吗？［J］. 国
际经济评论，2008（3）：57 － 60.